DIE
GEHEIMNISSE
DES
UNIVERSUMS
⊰ IN ⊱
100
SYMBOLEN

DIE GEHEIMNISSE DES UNIVERSUMS IN 100 SYMBOLEN

SARAH BARTLETT

Librero

INHALT

Titel der Originalausgabe: *The Secrets of the Universe in 100 Symbols*

© 2016 Librero IBP (für die deutschsprachige Ausgabe)
Postbus 72, 5330 AB Kerkdriel, Niederlande

Copyright © 2015 Quintessence Editions Ltd

Redaktion	Becky Gee
Layout	Rod Teasdale
Redaktionsassistenz	Zoë Smith
Programmleiterin	Jane Laing
Verleger	Mark Fletcher

Übersetzung aus dem Englischen: Barbara und Veronika Knesl, Graz
Redaktion und Satz der deutschen Ausgabe:
Print Company Verlagsges.m.b.H., Wien

Printed in China

ISBN: 978-90-8998-674-0

EINLEITUNG

„In der Tat ist das Symbol der einzig mögliche Ausdruck einer unsichtbaren Wesenheit, eine transparente Lampe mit einer geistigen Flamme darin ... "

William Butler Yeats

Der Kessel von Gundestrup zeigt den gehörnten Gott Cernunnos, der allgemeinhin als keltischer Gott und als „Herr der Tiere" gilt.

Die Menschheit hatte seit jeher das Bedürfnis, prägenden Aspekten wie Kindheit, Virilität, Fruchtbarkeit, Tod, Opfer und Liebe durch Mythen und Legenden, Kunst und Architektur sowie Glaubenssystemen Ausdruck zu verleihen. Und jede Kultur auf der Erde hat zu jedem Zeitpunkt der Geschichte Symbole benutzt, um diese Erfahrungen in einer universellen Sprache auszudrücken, die alles übersteigt.

Das Wort „Symbol" leitet sich vom Griechischen *symballein* („zusammenwerfen" ab). Die Verwendung eines leicht erkennbaren Symbols verbindet das Seltsame oder Mysteriöse mit dem Bekannten, um unmittelbare Erleuchtung und Verständnis zu bewirken.

Im frühen 20. Jahrhundert schrieb der Schweizer Psychologe und Psychiater C. G. Jung, dass jede psychologische Ausdrucksform ein Symbol ist, wenn wir annehmen, dass sie etwas weiteres und anderes aussagt oder bedeutet als sich selbst, das sich unserem gegenwärtigen Wissen entzieht. Deshalb ist es mit solch einem Mysterium und solcher Faszination behaftet. Blitzartig „sieht", „versteht" oder „ruft" der intuitive Geist oder die Erinnerung eine kosmische oder geheime Wahrheit „ab". Jung glaubte, dass alle Menschen durch das kollektive Unbewusste miteinander verbunden sind. Dabei handelt es sich um einen Wissensspeicher, zu dem jeder Geist Zugang hat. Seiner Ansicht nach erbt jedes Individuum das gesamte zuvor erworbene Wissen, so wie es körperliche Eigenschaften erbt.

Die Geheimnisse des Universums in 100 Symbolen ist ein wunderschön bebilderter Wegweiser durch die Ursprünge, Anwendung, Bedeutung und den Zweck von 100 sorgsam ausgewählten geheimnisvollen Objekten, Zeichen, Symbolen und Motiven, die Einblicke in die Mysterien der Welt gewähren, wie sie von vielfältigsten Kulturen im Verlauf der Geschichte wahrgenommen wurden. Vom aztekischen Kalenderstein bis hin zu Medizinrädern, Hieroglyphen und den Sandbildern der Navajo wird jedes Relikt, jede Darstellung und jeder Code im Detail präsentiert und analysiert, um die Glaubensvorstellungen und Praktiken früherer Zivilisationen auf der ganze Erde offenzulegen.

Leider liegt die Bedeutung einiger Artefakte, die im vorliegenden Buch vorgestellt werden, im Dunkeln. Historiker, Kryptografen, Linguisten und Übersetzer sind weiterhin damit beschäftigt, das im 15. Jahrhundert in Italien entdeckte Voynich-Manuskript zu entschlüsseln. Die Porta Alchemica aus dem 17. Jahrhundert, die sich ebenfalls in Italien befindet, ist mit geheimnisvollen Sigille versehen, die der Legende nach die Formel für die Verwandlung von Blei in Gold offenbaren.

Allerdings gilt es diese noch zu entziffern. Dieses faszinierende Werk, das sich in vier Kapitel gliedert, führt den Leser zunächst in die Welt der Natur. Tiere, Pflanzen und die Landschaft lieferten die Inspiration für die allerersten urzeitlichen Symbole, vom Phönix und der Schlange bis hin zum Regenbogen und dem Lotos. Die verschiedenen Inkarnationen dieser Symbole werden gezeigt sowie ihre ursprünglichen und weiterentwickelten Bedeutungen erläutert. Das

Das Voynich-Manuskript wurde in einer bisher nicht identifizierten Schrift und Sprache verfasst.

Die Regenbogenschlange am Ubirr Rock, Kakadu-Nationalpark, Australien, ist ein kraftvolles Motiv für die Schöpfung des Universums.

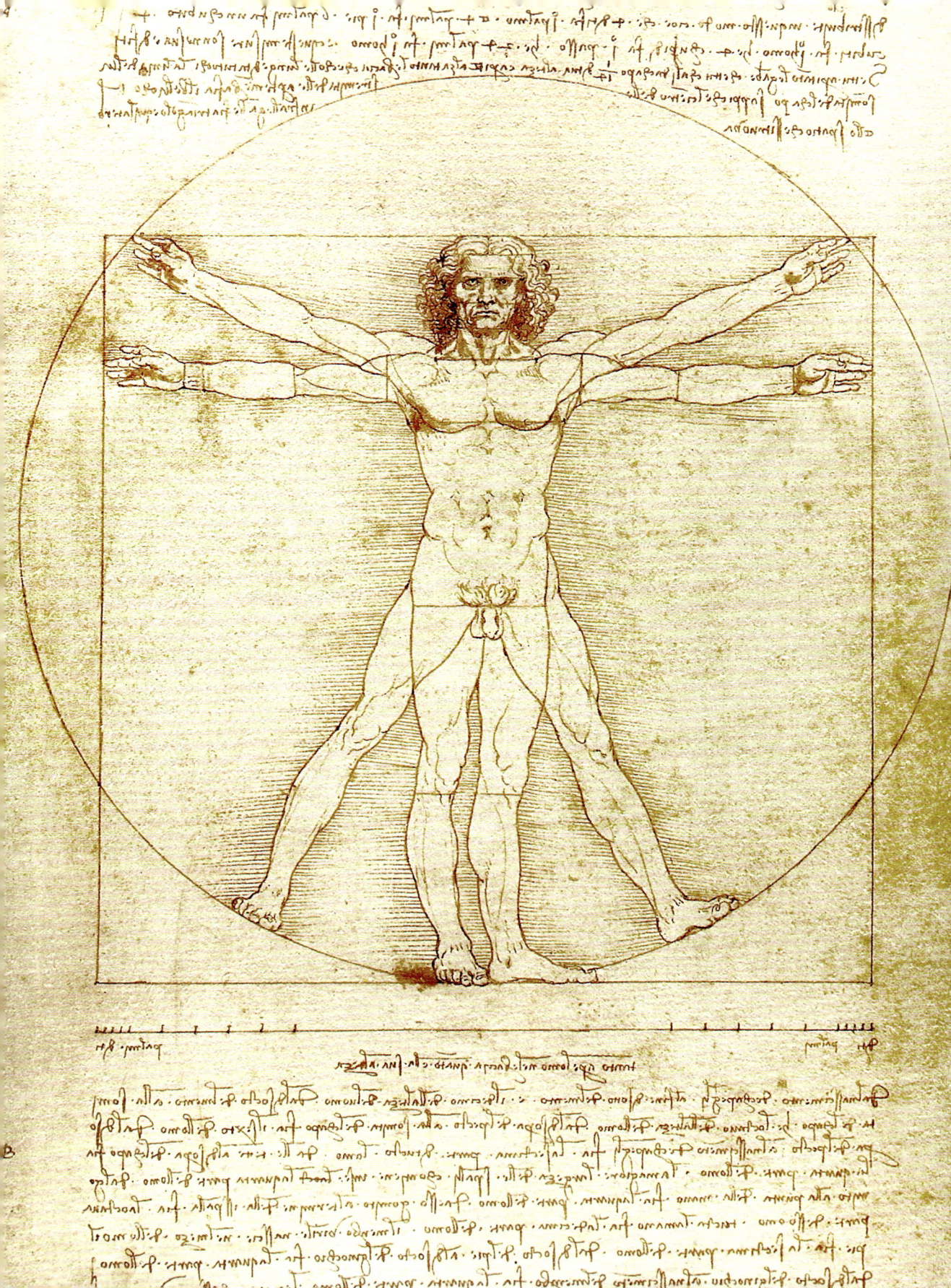

zweite Kapitel macht den Leser mit der Welt des Göttlichen vertraut, in der Götter und Göttinnen mit eigenen Beinamen, Motiven und Assoziationen bedacht wurden, vom Halbmond und Heiligenschein bis zum Allsehenden Auge und dem Kreuz. Mit dem zunehmenden Handel gelangten auch Symbole um den Globus. So ist etwa der gehörnte Gott Cernunnos sowohl auf dem Kessel von Gundestrup aus dem 2. Jahrhundert v. Chr. abgebildet, den man in einem skandinavischen Moor fand, als auch auf dem Pashupati-Siegel (2500–2400 v. Chr.), einer uralten Darstellung des vedischen Gottes Rudra, das Tausende Kilometer entfernt im Indus-Tal entdeckt wurde.

Das dritte Kapitel beschäftigt sich mit Zeichen und kodifizierten Systemen: mysti-

schen Zahlen, heiliger Geometrie, Mandalas, Mantren und Mustern in der Natur. Frühe Schriftsysteme wie die sumerische Keilschrift entwickelten sich aus einfachen Zeichen und Piktogrammen, die in Ton gedrückt wurden, zu einem leicht benutzbaren Inventar aus Zeichen, das spätere Alphabete beeinflusste. Mit der Weiterentwicklung der Mathematik und des geschriebenen Wortes wurden auch Vorstellungen zwischen den Kulturen übermittelt. Jeder Buchstabe hatte eine göttliche Entsprechung, und symbolische Bedeutungsschichten flossen ebenso in Schriftwerke wie in Kunstwerke ein. Shakespeares Werke etwa strotzen in ihren Figuren, Handlungen und ihrer Sprache nur so vor symbolischen Anspielungen. Dies wird in der Tragödie *Othello* (1565) deutlich, in der das Taschentuch, das der Protagonist Desdemona gibt, ein Symbol seiner Liebe, und die darauf gestickten Erdbeeren ein Symbol der Keuschheit sind. Die geometrischen Idealproportionen, wie sie

Der Kalenderstein der Azteken zeigt das Gesicht des aztekischen Sonnengotts Tonatiuh umgeben von detaillierten Glyphen.

Diese Maori-Schnitzarbeit aus dem 19. Jh. zeigt Rangi und Papa, den Vater Himmel und die Mutter Erde.

Gegenüber: Leonardo da Vincis *Vitruvianischer Mensch* (1490) zeugt vom eingehenden Wissen des Künstlers über die perfekten Proportionen.

Nordische Götter stehen in enger Verbindung zu den magischen Kräften von Runensteinen. Dieser Wandteppich zeigt Odin, Thor und Freyr.

Gegenüber: Aus alten Zeiten von William Blake erschien ursprünglich als Titelbild in *Europe a Prophecy* (1794).

chen aus Petelia, die für solche Zwecke benutzt wurden.

Im Laufe der Geschichte verspürte die Menschheit stets das Verlangen, eine Sprache zu sprechen, die nicht von allen verstanden wird, und zwar um Geheimnisse innerhalb eines bestimmten Kreises zu bewahren. Einige Geheimbünde wie die Rosenkreuzer und Freimaurer bedienen sich einer exklusiven Sprache, die die Verbreitung von Ritualen und Glaubensvorstellungen beschränkt. Das Verlangen, eigene Geheimnisse zu bewahren und die der anderen zu entschlüsseln, führte oft zu Machtspielen zwischen Kaisern und Königen. Katharina von Medici und Elisabeth I. von England förderten die bedeutendsten Magier der Renaissance. Einigen Quellen zufolge benutzte der englische Mathematiker und Okkultist John Dee einen Spiegel aus Obsidian, um Elisabeth I. die Zukunft der Nation zu prophezeien, während der französische Physiker und Seher Nostradamus spirituell inspirierte Weissagungen an Katharina im Louvre weitergab.

Dieses Buch enthält zahlreiche Doppelseiten mit Darstellungen und Beschreibungen von zwölf wichtigen Symbole aus einem bestimmten Themengebiet, so etwa die zwölf Götter des Olymps und ihre Attribute, Tiergeister der Ureinwohner Amerikas, Vögel und Blumen, Hindu-Götter, Alchemie-Symbole, Schutzamulette, die Tierkreiszeichen und die großen Arkana im Tarot. Ihre Bedeutung wird sowohl in historischer als auch in kultureller, mythischer und religiöser Hinsicht erörtert.

In seinem Gedicht *Weissagungen der Unschuld* (ca. 1803) schrieb William Blake:

„Die Welt zu sehn im Korn aus Sand
Das Firmament im Blumenbunde
Unendlichkeit halt' in der Hand
Und Ewigkeit in einer Stunde."

Diese Worte liefern eine treffende Zusammenfassung für die Macht der Symbole und wie diese nicht nur in uns allen Emotionen und Inspiration wecken, sondern auch den Sinn für das Göttliche wachrufen und das Wissen, dass wir alle dieselben Erfahrungen und Erinnerungen teilen.

etwa beim *Vitruvianischen Menschen* (1490) von Leonardo da Vinci zu sehen sind, finden sich in der Planung antiker Bauten wie etwa in Ägypten und Griechenland wieder.

Kapitel vier enthüllt die symbolische Sprache der mystischen Welt, wie man sie in der Astronomie, den Tierkreiszeichen, dem Tarot und der Weissagung findet. Geheimes Wissen übt große Macht aus, und diese Praktiken haben seit jeher viele Kontroversen hervorgerufen, aber auch eine große Faszination ausgeübt. Im Jahr 1633 veröffentlichte der englische Astrologe William Lilly seinen ersten Almanach über astrologische Vorhersagen, während zeitgleich der italienische Mathematiker und Astronom Galileo Galilei für seine Theorie, wonach sich die Erde um die Sonne drehe, wegen Ketzerei angeklagt wurde. Beide Männer galten als radikal und wurden für ihre Vorstellungen verurteilt. Mystische Symbole dienten auch seit jeher zur Anrufung von Göttern und Geistern, und dieses Kapitel präsentiert zahlreiche geheimnisvolle Objekte wie chinesische Orakelknochen oder das altgriechische Goldplätt-

Der galaktische Schmetter-ling stellt angeblich alles Bewusstsein dar, das je im Universum existiert hat. Er ist das Symbol von Hunab Ku, dem obersten Schöpfergott der Maya.

DIE NATURWELT

Seit Urzeiten haben die Menschen ihre kommunikativen Fähigkeiten nicht nur durch Sprache, sondern auch durch Markierungen und Darstellungen in Höhlen oder in freier Landschaft entwickelt. Die Natur diente der Menschheit als erste Inspirationsquelle für die Sprache der Symbole, und alles in der Natur – vom Vogel über die Blume bis zum Insekt – wurde mit bestimmten Geistern oder göttlichen Wesen in Verbindung gebracht. Diese Gottheiten, die in Form von Symbolen verewigt wurden, wurden oft mit spezifischen Aspekten der Fauna oder Flora assoziiert. So wurde etwa dem Hindu-Gott Ganesha ein Elefantenkopf zugeschrieben, der Maya-Gott Camazotz wurde als Fledermausgott der Unterwelt verehrt und die Eule mit der griechischen Göttin Athene assoziiert. Der Einfluss der mesopotamischen und griechischen Zivilisationen und ihre Achtung vor der Natur spiegeln sich auch in vielen Sternbildern und -zeichen wider. Noch heute beherrschen die archetypischen Symbole der Natur unser kollektives Unbewusstes, so etwa die Taube als Friedenssymbol, der Phallus als Zeichen der Männlichkeit und die Schlange als Sinnbild für den Lebenszyklus.

VENUS-DARSTELLUNG
CHAUVET-HÖHLE, ARDÈCHE, FRANKREICH ca. 30000 v. Chr.

Prähistorische Darstellung der Vulva als Fruchtbarkeitssymbol

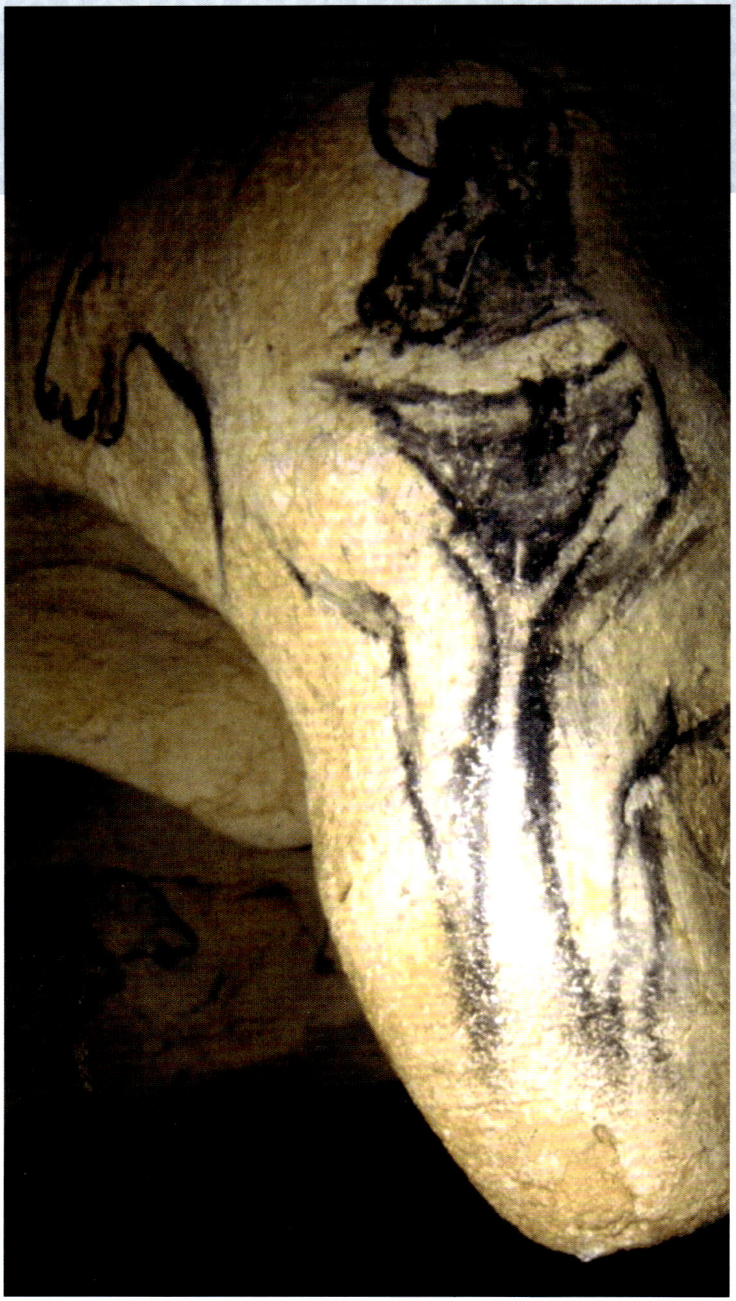

Bereits zehntausende Jahre bevor die Ägypter begannen, ihre Hieroglyphensprache zu entwickeln, hinterließen prähistorische Jäger und Sammler grafische Spuren in den Höhlen Europas. Verborgen zwischen den tiefen Kalkschluchten und Klippen des Flusstals der Ardèche in Frankreich liegt eine außergewöhnliche Höhle, die 1994 entdeckt wurde und auf ein Alter von über 30.000 Jahren datiert wird. Unter den ältesten bisher entdeckten Höhlenmalereien und -zeichnungen findet sich vermutlich auch die erste Darstellung eines Fruchtbarkeitssymbols, das bei den Urvölkern weite Verbreitung fand.

Die Chauvet-Höhle war tausende von Jahren verborgen, nachdem eine überhängende Klippe vor etwa 29.000 Jahren einzustürzen begann und den Eingang letztlich 8.000 Jahre später verschloss. Im Inneren der zahlreichen Kammern findet sich eine Sammlung erlesener künstlerischer Darstellungen. Diese umfassen lebendige Zeichnungen von Rotwild, Bisons, Moschusochsen, Bären, Panthern, Pferden, Löwen und Hyänen. Unter dieser Vielfalt an Tieren findet sich auch eine bizarre Darstellung eines Mischwesens mit dem Unterkörper und übertriebenen Schamdreieck eines weiblichen Körpers. Zudem gibt es eine Sammlung aus ockerfarbenen Handumrissen und eine Reihe von gepunkteten Darstellungen, sowie ein keulenförmiges (claviformes) Symbol, das einem verdrehten „P" ähnelt. Die Bedeutung dieses Symbols ist unter Forschern umstritten und lässt einigen Deutungsspielraum. Einige meinen, es stehe für den weiblichen Oberkörper von der Seite betrachtet, andere halten es für ein frühes Phallussymbol.

Diese überzeichnete Darstellung der Vulva einer Frau, oder Venus, dürfte eines der ältesten Fruchtbarkeitssymbole sein, das bisher entdeckt wurde.

ABSTRAKTE ZEICHNUNGEN

Überall in der Chauvet-Höhle finden sich abstrakte Darstellungen aus Linien und Punkten sowie zwei Abbildungen, die Schmetterlinge oder Vögel darstellen könnten. Aufgrund dieser Kombination aus Motiven glauben einige Experten für prähistorische Kunst, dass die Malereien einen rituellen Hintergrund hatten. Es wird angenommen, dass die verschiedenen Anordnungen von roten Punkten eine Art Wegweiser vom Schamanen an die Menschen waren, ähnlich blinkenden Neonlichtern von heute. An anderen Stellen sind Handabdrücke aus Rötel zu sehen. Dabei wurde Pigment über die Hände gestreut und diese dann gegen die Höhlenwand gepresst. Sie waren vermutlich die Visitenkarte derjenigen, die sich auf der Suche nach Schutz oder für rituelle Praktiken in der Höhle einfanden. Altsteinzeitliche Kulturen entwickelten ihre eigenen Rituale und Glaubensvorstellungen, in denen Mensch, Tier und Fruchtbarkeit heilig waren. Zweifelsohne erweckt die Höhlenkunst mit ihren symbolischen Darstellungen die ferne Vergangenheit zum Leben und gewährt Einblicke in eine wenig bekannte Kultur.

Eine der bedeutendsten Darstellungen in der Chauvet-Höhle wird als „Venus und der Zauberer" bezeichnet und befindet sich in der tiefsten Kammer, der Salle du Fond. Von der Decke der 7 m hohen Höhle ragt ein vertikaler Kegel aus Kalkstein, der 1,10 m über dem Boden endet. Darauf prangt die Venus in schwarzer Kohle.

VENUSDARSTELLUNG

Das Schamdreieck der Venus auf Augenhöhe im Zentrum der Darstellung, ist, wie man heute weiß, mehrere tausend Jahre älter als der „Zauberer" oder Mann-Bison. „Zauberer" ist ein Ausdruck, den Archäologen oft zur Beschreibung von anthropomorphen Abbildungen, die vermutlich Schamanen darstellen, verwenden. Der Zauberer von Chauvet ähnelt einer späteren Gestalt der griechischen Mythologie – dem Minotauros. Die Venusdarstellung stammt aus der ersten Periode der Ausgestaltung der Chauvet-Höhle, also aus dem Aurignacien des Jungpaläolithikums. Wie auch an späteren Venusfigurinen in Zentral- und Osteuropa wie der Venus von Laussel (ca. 25000 v. Chr.) in der Dordogne, Frankreich, zu sehen ist, war die übertriebene

Vulva der Frau ein Symbol für die lebensspendende Macht und dürfte ihre Ursprünge in den Höhlenritualen dieser Zeit haben. Die Kulturstufe des Aurignacien bestand von 37000 bis 27000 v. Chr. und zeichnet sich durch den Einsatz von Knochenwerkzeug und Klingen aus Feuerstein aus. Die Venusdarstellung bestätigt, dass die Malereien der Chauvet-Höhle bisher die ältesten sind, die entdeckt wurden.

Mit ihrer eindrucksvollen Vielfalt an Tierdarstellungen stellt die Höhle eine wahre Galerie paläolithischer Kunst dar und veranschaulicht durch die Bilder und Symbole die Lebensweise und das Glaubenssystem der Kultur. In einer Kammer wacht ein prachtvolles Porträt einer Eule über dem Schädel eines Bären auf einem Felsen. Vermutlich handelte es sich dabei um eine Form eines heiligen Rituals, zu dem wilde Höhlenbären gehörten, die sowohl gejagt als auch verehrt wurden. Bären, Panther, Löwen und Pferde waren so heilig wie die Geister oder Kräfte von Donner, Regen und Sonne. Sie sind vermutlich die ältesten Symbole, die auf einen Glauben an Animismus, also die Beseeltheit aller Naturerscheinungen, sei es Tier, Donner oder Sonne, hindeuten.

Die Punkte und Muster der Höhlenkunst stellen vermutlich die früheste Form des Schreibens dar, lange vor der Entwicklung von Hieroglyphen.

REGENBOGENSCHLANGE

KAKADU-NATIONALPARK, AUSTRALIEN ca. 25.000–20.000 v. Chr.

Mächtiges Aborigine-Schöpfungsmotiv

Die Regenbogenschlange am Nourlangie Rock ist viel grausamer dargestellt als jene am Ubirr Rock, mit zwei spitzen Zahnreihen.

In der Felsformation Ubirr im Kakadu-Nationalpark, Australien, gibt es eine heilige Stätte, die als Rainbow Serpent Gallery bezeichnet wird. Hier ist auf einer schlichten aber lebendigen Aborigine-Felszeichnung eine Schlange zu sehen, die sich einer Felswand entlang schlängelt. Obwohl die Schlange nicht wirklich die Farben des Regenbogens aufweist, ist sie ein kraftvolles Symbol für die Schöpfungszeit des Universums, die bei den Völkern der Aborigines als „Traumzeit" bezeichnet wird. Diese Malerei ist eine der ältesten bekannten Darstellungen in der Kunst der Aborigines. Noch heute prägt die Regenbogenschlange die Kultur der indigenen Völker Australiens.

Einigen Erzählungen zufolge, tauchte die Regenbogenschlange aus einem Wasserloch auf oder steig während der Traumzeit vom Himmel herab und brachte das Leben, das Wasser und die Fruchtbarkeit hervor. Während sie sich über den Kontinent schlängelte, ließen ihre Bewegungen die Täler, Berge und Wasserwege entstehen, die die heilige Landschaft der Ahnen bildeten.

Beim Durchqueren des Landes „sang" die Regenbogenschlange Felsen, Pflanzen, Tiere und Menschen zum Leben. Die als Songlines oder Traumpfade bezeichneten Pfade, denen sie folgte, wurden zu heiligen unsichtbaren Pfaden, die durch ganz Australien verlaufen. In verschiedenen lokalen Sagen ist die Schlange weiblich, männlich oder androgyn und trägt Bezeichnungen wie Julunggul, Kunmanggur, Ungar oder Yurlunggar.

Einigen Forschern zufolge war die Verbindung zwischen Schlange und Regenbogen ein kraftvolles Symbol für den Zyklus der Jahreszeiten und die Bedeutung von Wasser für das menschliche Leben. Ist ein Regenbogen am Himmel zu sehen, so heißt es, zieht die Regenbogenschlange von einem Wasserloch zum anderen. Während sie sich durch die Landschaft schlängelt, füllt sie die Wasservorräte auf und bildet Rinnen und tiefe Kanäle, was erklärt, warum manche Wasserlöcher während einer Dürre nie austrocknen. Ohne die Kraft der Schlange würde kein Regen fallen und die Erde würde austrocknen. Die Regenbogenschlange wird auch mit dem Mondring gleichgesetzt, der als Zeichen des Regens gilt und göttliche Heilkraft besitzt. Quarzkristalle und Seemuscheln werden mit der Schlange assoziiert und in Ritualen eingesetzt, um ihre Kraft anzurufen. Für die indigenen Einwohner Arnhemlands, Australien, tritt die Schlange noch heute als Regenbogen, als die Farben im Perlmutt oder als Lichtspektrum über einem Wasserloch in Erscheinung.

Die Regenbogenschlange wird auch mit menschlichem Blut, insbesondere dem Menstruationszyklus assoziiert. Früher wurden Blutrituale zu Ehren der Muttergöttin der Aborigines, Kunapipi, abgehalten. Sie folgte der Regenbogenschlange auf die Erde und schuf Menschen, Pflanzen, Tiere und Insekten. Traditionell ist der weibliche Menstruationszyklus der Regenbogenschlange geweiht. Der am weitesten verbreitete Mythos über die Regenbogenschlange ist die Geschichte der Wawalag-Schwestern. Der Legende nach reisen die Schwestern samt ihren Kindern durchs Land, als die ältere ein Kind gebar und ihr Blut zu einem Wasserloch floss, in dem die Regenbogenschlange lebte. Die Schlange verfolgte den Geruch bis zu den Schwestern zurück, die in ihrer Hütte schliefen, und verschlang die Frauen und ihre Kinder. Nachdem sie von einer Ameise gebissen wurde, würgte die Schlange die Schwestern wieder hoch und schuf somit Arnhemland. Die Stätte ist noch heute Frauen vorbehalten, obwohl für Touristen eine Ausnahme gemacht wird.

AFRIKANISCHE MYTHOLOGIE

Die Regenbogenschlange taucht als wichtiger Teil der Schöpfung in vielen afrikanischen Mythen auf, wie etwa im Benin, in Nigeria und im Kongo, ist aber auch in Haiti, Polynesien und Papua-Neuguinea verbreitet. Wenn, wie angenommen, vor rund 50.000 Jahren Völker aus Afrika nach Australien migrierten, brachten sie wahrscheinlich das archetypische Bild der Regenbogenschlange mit, sei es durch mündliche Überlieferungen oder ihr kollektives Unbewusstes. Diese Urvölker, die sich nach und nach auf dem australischen Kontinent ausbreiteten, teilten sich in hunderte verschiedene Gruppen mit eigener Sprache und Kultur.

Die Fon im Benin glaubten, die Regenbogenschlange, Ayida-Weddo genannt, diente der androgynen Schöpfergottheit Nana Buluku, indem sie den Himmel hochhielt. Eine andere westafrikanische Sage erzählt, wie eine riesige Schlange unter der Erde 7000 Spiralen formte und damit verhinderte, dass die Erde in das Abysmal Sea fiel. Sie verteilte die Sterne am Firmament, feuerte Blitze auf die Erde und befreite die heiligen Gewässer, damit sie den Planeten mit Leben füllten. Als die ersten Regengüsse niedergingen, erschien ein Regenbogen am Himmel und paarte sich mit der Schlange. Der spirituelle Nektar, den sie schufen, wurde zur Milch der Frauen und zum Samen der Männer. Die Schlange und der Regenbogen lehrten die Menschheit die Verbindung zwischen Blut und Leben – Menstruation und Geburt – das Voodoo-Sakrament der Blutrituale.

Noch heute wird die Regenbogenschlange von indigenen Völkern in Australien und Afrika verehrt. Indigene Völker ahmen die Geschichte der Regenbogenschlange und der Wawalag-Schwestern in Liedern und Tänzen nach. In Australien findet jedes Jahr ein eigenes Musikfestival zu ihren Ehren statt, und die Kunst der Aborigines ist noch heute von den Mythen und Bildern inspiriert.

Die orangefarbene Regenbogenschlange soll, während sie alles ins Leben „sang", am Ubirr Rock angehalten haben. Seither ist er eine heilige Stätte für Frauen.

Ayida-Weddos *Veve* ist stets mit jenem ihres Gatten, des Himmelsgottes Damballa, kombiniert.

SCHLANGEN

MUCALINDA

Mucalinda war der König der Nagas, schlangenartiger Gottheiten. Als Buddha unter dem Bodhibaum nach Erleuchtung suchte, verdunkelte sich der Himmel. Mucalinda erhob sich von der Erde und beschützte Buddha vor dem Sturm, indem er seine Köpfe über ihm ausbreitete. Als der Regen vorüber war, verbeugte sich die Schlange vor dem Buddha und kehrte in ihren Palast zurück.

JÖRMUNGANDR

Jörmungandr stammte von der Riesin Angrboða und dem Trickster Loki ab und wurde zur Seeschlange, als Odin ihn in den Ozean stieß. Er wurde so groß, dass er die ganze Erde umspannen und seinen eigenen Schwanz fassen konnte. Daher wurde er als Weltschlange bekannt. Wenn er seinen Schwanz loslässt, geht die Welt unter.

SHESHA

Dem *Mahabharata* zufolge war Shesha ein Nagaprinz. Brahma war von ihm beeindruckt und übertrug ihm die Aufgabe, die Welt zu tragen. Daraufhin glitt Shesha durch ein Loch in der Erde bis zum Grund und zog sich die Erde über seinen Kopf, um jene Schlange zu werden, auf der Krishna schlief.

NEHEBKAU

Die ägyptische Schlangengottheit Nehebkau zählte zu den Urgöttern. Er wurde mit dem Sonnengott assoziiert und schwamm vor der Schöpfung im turbulenten Gewässer umher. Zu Beginn der Zeit war er Begleiter des Sonnengottes. Er beschützte auch den Pharao im Diesseits und Jenseits. Nehebkau ist oft mit zwei Köpfen dargestellt.

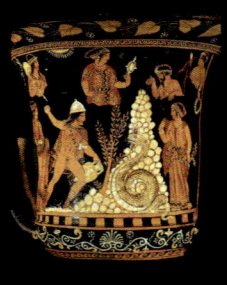

PYTHON

Im vor-olympischen Griechenland war Python ein Erddrache, der in Delphi lebte und ursprünglich das Orakel für Gaia, die Mutter Erde, war. Später wurde Python zum Feind von Apollon, der ihn schließlich tötete. Apollon machte Delphi zu seinem eigenen Orakel, und die Priesterin Pythia bezog ihre Macht aus dem verfaulenden Kadaver der Schlange.

SERPENS

Serpens ist ein Teil des Sternbilds Ophiuchus. Er ist so dargestellt, dass er sich entweder um Ophiuchus am Nachthimmel windet oder durch ihn verläuft. Ophiuchus wurde mit Laokoon gleichgesetzt, dem Priester, der die Trojaner vor dem Trojanischen Pferd warnte. Laokoon wurde später von zwei Seeschlangen getötet. Eine davon war Serpens, die Poseidon entsandt hatte.

WADJET

Die Schutzgöttin der Könige und gebärenden Frauen wird mit dem Land assoziiert und als schlangenköpfige Frau oder als tödliche ägyptische Kobra dargestellt. Sie wird als Göttin identifiziert und ihr Orakel soll im Tempel in Per-Wadjet liegen. Dieses Orakel war vermutlich die Quelle für die Orakeltradition, die sich von Ägypten nach Griechenland ausbreitete.

COATLICUE

Die Aztekengöttin, die den Mond, die Sterne und die Sonne gebar, wird als „Herrin der Schlangen" bezeichnet. Sie wurde zu Beginn der Schöpfung geopfert, und zwei Schlangenköpfe traten aus ihrem enthaupteten Körper hervor. Sie repräsentiert die verschlingende Erdmutter, in der sowohl Mutterleib als auch Grab existieren.

DIE SCHLANGE IM GARTEN EDEN

Obwohl Gott Adam gewarnt hatte, vom Baum der Erkenntnis im Garten Eden zu essen, führte die Schlange Eva in Versuchung. Als Gott dies herausfand, verbannte er Adam und Eva. Zur Strafe sollte die Schlange für immer auf ihrem Bauch im Staub kriechen müssen.

NAGA

Die Nagas waren Schlangengottheiten, die im ständigen Kampf mit dem großen Adlerkönig Garuda standen. Ihre epischen Geschichten finden sich im *Mahabharata*. Einer der acht großen Schlangenkönige, Vasuki, der als Shivas Schlange bekannt ist, half den Göttern, den Unsterblichkeitstrank aus den Tiefen des Milchozeans zu bergen.

BASILISK

Im Europa des Mittelalters war der Basilisk ein mythisches Tier, das von einem Hahn aus dem Ei einer Schlange oder Kröte ausgebrütet worden sein soll. Allein schon der Blick des viel gefürchteten Tiers soll tödlich gewesen sein. Einigen Mythen zufolge konnte es durch das Krähen eines Hahns vernichtet werden oder wenn es sich selbst im Spiegel erblickte.

AVANYU

Die von den Tewa verehrte Schlangengottheit Avanyu ist die Hüterin des Wassers. Sie wird als gehörnte oder gefiederte Schlange dargestellt. Ihre vielen Darstellungen repräsentieren das fließende Wasser oder das Zick-Zack-Muster des Blitzes und finden sich an Höhlenwänden hoch über den Gebirgsflüssen im Südwesten der USA und in New Mexico.

HANDABDRUCK

CUEVA DE LAS MANOS, PATAGONIEN, ARGENTINIEN ca. 7000 v. Chr.

Handabdrücke und -negative in Jäger- und Sammlerkulturen

Hunderte Handabdrücke auf Höhlenwänden in einem entlegenen Flusstal Patagoniens deuten darauf hin, dass Nomadenvölker einst die Höhlen als Zwischenziel bei der Jagd nutzten.

Die Cueva de las Manos (Höhle der Hände) ist eine Fundstätte, die nicht nur die Geschichten von Jägern und den von ihnen gejagten Tiere dokumentiert, sondern auch ein außerordentliches Repertoire an Handabdrücken und -negativen aufweist. Viele Forscher nehmen an, dass es sich bei den Handabdrücken um die persönliche Unterschrift jedes Besuchers handelt – wie Visitenkarten, Schnappschüsse oder Selbstporträts, die für die Nachwelt hinterlassen wurden. Andere Forscher vermuten, dass die Hand-Darstellungen, deren Größe vorwiegend der von männlichen Jugendlichen entspricht, Teil eines Initiationsritus oder einer Zeremonie zur Feier der Männlichkeit sind. Diese Volksgruppen waren vermutlich die

Vorfahren der historischen Jäger- und Sammlerkulturen Patagoniens, die von europäischen Siedlern im 19. Jahrhundert entdeckt wurden und als Tehuelche bezeichnet werden.

Der Name der Höhle rührt von den zahlreichen Zeichnungen und Handabdrücken her, die die Höhlenwände zieren. Die Höhlen zählen in Forscherkreisen zu den wichtigsten Stätten der frühesten Jäger- und Sammlerkulturen Südamerikas und datieren auf rund 7000 v. Chr.

Sie liegen in einer entlegenen Schlucht inmitten der Wüste nordwestlich von Santa Cruz. Der nächste Ort, Perito Moreno, ist etwa 163 km entfernt. Das gesamte Gebiet einschließlich des Nationalparks Perito Moreno ist eine reiche ar-

chäologische und paläontologische Stätte. In dem Flusstal sind nur das Flüstern des patagonischen Windes und die Rufe der üppigen Vogelwelt zu vernehmen. Ein paar Sträucher am Boden der Schlucht setzen einen grünen Kontrapunkt zu den kahlen Bergen, die über ihnen emporragen. Vor 9000 Jahren passierte eine Gruppe von primitiven Jägern und Sammlern das Flusstal und fand in der Cueva de las Manos Unterschlupf, während sie ihre Beute durch Patagonien verfolgte.

Die Höhlen waren zum letzten Mal um rund 700 n. Chr. bewohnt. Die Malereien zeigen Szenen, in denen der Raffinesse der Jagdmethoden mehr Bedeutung zukommt als der Tötung selbst. In einer Malerei symbolisiert ein Riss in der Felswand eine Schlucht, in die die Jäger ihre Beute trieben. Einige Tiere sind von Männern umgeben; andere im Hinterhalt gefangen. Einige Tiere werden von Jägern mit Wurfwaffen, „bolas" genannt, angegriffen. Dabei handelte es sich um zusammen geknotete Leinen, die an großen Steinen befestigt sind, und auf die Beine der Jagdtiere geschleudert werden, sodass diese stürzen.

DREI KULTUREN

Die Höhlenmalereien gehören drei eigenständigen Kulturen an, die ältesten von ihnen datieren auf 7300 v. Chr. Die Felskunst innerhalb der Felsstätte konzentriert sich auf fünf Bereiche. Häufig wurden ältere Figuren und Motive von neueren überlagert. Die erste Menschengruppe umfasste Jäger, die vor allem Guanakos (die Stammform der Lamas, die die Hauptnahrungsquelle bildeten) jagten. Um 7000 v. Chr. lässt sich eine zweite Kultur feststellen, die durch zahlreiche Handnegative gekennzeichnet ist. Sie währte bis rund 3300 v. Chr., als die künstlerische Darstellung stilisierter wurde und eine Reihe von zoomorphen und anthropomorphen Figuren umfasste.

Die letzte Kultur nahm rund 1300 v. Chr. ihren Anfang. Die Pigmente sind in einem viel kräftigeren Rot, und es dominieren abstrakte geometrische Figuren und stilisierte Darstellungen von Menschen und Tieren. Diese Malereien stammen vermutlich von den historischen Jägern

Einige Handabdrücke datieren auf rund 1300 v. Chr. und überdecken noch ältere Exemplare, die bis ins Jahr 7000 v. Chr. zurückreichen.

und Sammlern der Tehuelche, die das riesige Gebiet Patagoniens bis zur Ankunft der ersten spanischen Handelsleute und Siedler bewohnten. Die Tehuelche waren im Grunde Nomaden, die im Winter im Tiefland von der Jagd nach Fisch und Schalentieren lebten. Im Frühling zogen sie ins zentrale Hochland Patagoniens und in die Anden, wo sie den Sommer verbrachten und Wild jagten.

Erst im 19. Jahrhundert fand mit der Entstehung riesiger Rinderfarmen in vielen Teilen Patagoniens das Nomadendasein der Tehuelche ein Ende. Die Gemeinschaft existiert heute nicht mehr, doch die außergewöhnliche Ansammlung von roten Handabdrücken dient als bleibendes Zeugnis einer Volksgruppe, die im Einklang mit den Jahreszeiten lebte und Tiere wie das Guanako jagte und verehrte, das den täglichen Überlebenskampf eines urzeitlichen Volkes symbolisierte.

Die Felskunst in der Cueva de las Manos umfasst auch geometrische Formen, Zickzackmuster, rote Punkte, Darstellungen der Sonne, von Eidechsen und Spinnen, trächtigen Tieren, Tierjungen und bösen Geistern. Punkte an der Decke wurden von einigen Archäologen als Sterne am Firmament gedeutet, oder als ein Spiel, bei dem Kinder bemalte Bälle an die Decke warfen. Die ersten Bewohner der Cueva de las Manos gehören zu den ältesten Geschichtenerzählern, die mit ihrer Kunst tiefgehende Einblicke in frühe Glaubensvorstellungen und Lebensweisen gewähren.

Alte Handabdrücke in Höhlen sind vermutlich persönliche Unterschriften von Jägern.

JUDACULLA ROCK

JACKSON COUNTY, NORTH CAROLINA, USA ca. 3000–1000 v. Chr.

Heilige Stätte, in der die Cherokee Kontakt zur Geisterwelt aufnehmen

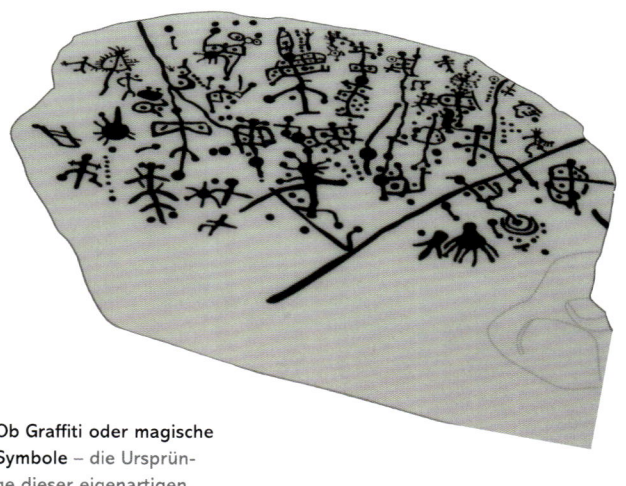

Ob Graffiti oder magische Symbole – die Ursprünge dieser eigenartigen Markierungen beschäftigen die Archäologen seit vielen Jahren.

Der Judaculla-Petroglyph ist mit einer bemerkenswerten Kombination aus Zeichen und Symbolen überzogen und die Frage nach deren Urhebern ist seit jeher Gegenstand hitziger Debatten. Der große Felsblock aus Sandstein, der vermutlich tausende Jahre alt ist, wurde in jüngster Zeit von Archäologen in North Carolina näher untersucht. Nach derzeitigem Wissensstand entstanden die Inschriften vor der Ankunft der Cherokee und datieren wahrscheinlich auf 3000 bis 1000 v. Chr. Die Forscher gehen davon aus, dass im Laufe von tausenden Jahren verschiedene Ureinwohner zum Judaculla Rock kamen, um dort Schalen, Pfeifen und Ritualwerkzeuge zu schnitzen. Es könnte ein heiliger Ort gewesen sein, an dem Rituale und Zeremonien abgehalten wurden. Die kleineren Petroglyphen auf dem Fels lassen auf eine Art „Graffiti" schließen, die Besucher hinterlassen haben oder es könnten magische Symbole von indianischen Schamanen sein.

Andere Archäologen gehen davon aus, dass es sich bei dem Stein um eine riesige Landkarte handelt, die verschiedene Flüsse und Markierungen für Handels- und Reiserouten darstellt. Dazu gehören der Little Tennessee River und der Nantahala River. Die Positionen der Flüsse entsprechen beinahe denen auf heutigen Karten.

Im Südosten der USA finden sich mehrere Petroglyphen, der Judaculla Rock ist einer der größten in Jackson County, North Carolina. Der große Stein ist dicht mit Petroglyphen übersät, es ist schwierig, einzelne Symbole auszumachen. Doch kein anderer Fels in der Umgebung weist ähnliche Markierungen auf: abstrakte Linien, Menschen, Tiere, Gitter und Punkte sowie Himmelsgestalten und geometrische Figuren. Mehrere dieser Symbole oder Glyphen wie etwa die Darstellung der Großen Sonne entsprechen den Piktogrammen der Chontal Maya von Mexiko. Die Sagen der Chontal Maya strotzen vor übernatürlichen Kreaturen aus Wasser- und Mangrovengebieten, wie es auf mehreren Darstellungen auf dem Fels zu sehen ist, und es ist gut möglich, dass ihre Handelswege sie weit führten. Aber so weit?

Jüngeren Legenden der Cherokee zufolge stammen die Markierungen von einem Riesen mit schiefen Augen, der den Namen Tsul'kalu' trägt und als Jäger in den Bergen in der Umgebung lebte. Eines Tages sprang er vom Berggipfel und landete auf dem Sandstein. Dabei hinterließ er mit seinen siebenfingrigen Händen Kratzspuren im Fels. Andere Legenden berichten von verschiedenen Riesen, die den Cherokee einen Besuch abstatteten. Sie waren fast doppelt so groß wie ein durchschnittlicher Mensch und hatten schiefe Augen. Die Cherokee nannten sie Tsunil'kälû (die schiefäugigen Menschen). Diese Riesen lebten in weiter Ferne dort, wo die Sonne untergeht. Die Cherokee empfingen sie als Freunde und sie blieben einige Zeit, bis sie wieder in ihre Heimat im Westen zurückkehrten.

Die Cherokee verwendeten äußerst dekorative Symbole und waren dafür bekannt, alles vom Pferd bis hin zu ihrem Körper und ihrer Behausung zu schmücken. Viele dieser Symbole waren spiritueller Natur und stellten eine Verbindung zwischen den Cherokee und den Geistern ihrer

Vorfahren her. Andere waren geheime Botschaften, mit denen die Stämme gegenseitig kommunizierten. Es ist durchaus auch möglich, dass es sich bei den Symbolen um Botschaften oder Wegbeschreibungen für verschiedene Stämme oder Clans handelt.

Der Judaculla Rock weist eine Reihe von Mustern auf, die aus sieben Punkten oder Speichen sowie aus Kreisen und Kreuzen bestehen. Die Zahlen Vier und Sieben tauchen immer wieder in Mythen, Geschichten und Zeremonien der Cherokee auf. Die Vier steht für die vier Himmelsrichtungen. Die Sieben repräsentiert die sieben Stämme der Cherokee. Neben den vier Himmelsrichtungen gibt es noch drei weitere Ebenen, sodass sich sieben Speichen ergeben. Diese sind oben (die Oberwelt), unten (die Unterwelt) und Mitte (wo wir gerade leben).

Die legendäre Figur Tsul'kalu', der schiefäugige Riese, war als großer Herrscher des Jagdwilds bekannt und wurde bei Jagdritualen der Cherokee beschworen.

SPHINX

GIZEH, ÄGYPTEN ca. 3000–2500 v. Chr.

Mächtiges Symbol des Pharaos als Sonnen- und Löwenkönig

![Sphinx von Gizeh]

Die Sphinx ist eines der bekanntesten Symbole weltweit, doch ihr wahrer Ursprung gibt noch heute Rätsel auf.

Die Sphinx ist ein uraltes Symbol, das im Nahen Osten mit der Sonne assoziiert wird. Traditionell wurden auf den Grabkomplexen der dynastischen Pharaonen deren Gesicht und Kopf auf einem Löwenkörper dargestellt. Diese Verbindung zwischen Pharao und Löwe demonstrierte, dass der König mit der mächtigen löwenköpfigen Sonnengöttin Sekhmet, der Tochter des Sonnengotts Re, vereint war. Als Sonnensymbol wurde die Sphinx auch mit Harmachis, Horus im Horizont, assoziiert, der die aufgehende und untergehende Sonne darstellt, die mit Wiedergeburt und Auferstehung gleichgesetzt wird. Die duale Natur der Sphinx spiegelt später die duale Natur Christi wider, der sowohl Mensch als auch

Gott war. Wie andere Sonnensymbole wurde die Sphinx auf oder in der Nähe von frühchristlichen Gräbern als Symbol für das göttliche Licht der Welt platziert.

Die meisten Forscher gehen davon aus, dass die Große Sphinx von Gizeh in Ägypten gegen 2500 v. Chr. vom Pharao des Alten Reichs Chephren errichtet wurde. Andere meinen, dass sie der Sonnenanbetung zwischen 3000 und 2700 v. Chr. diente, lange bevor das Plateau von Gizeh eine Nekropolis wurde.

Die ägyptische Sphinx wurde ein mächtiges Symbol des Pharaos als Sonnen- und Löwenkönig. Tier und Pharao verschmolzen zu einem allmächtigen Wesen, das nicht der symbolische

VORFORMEN DER SPHINX

Der Löwenmensch ist eine 32.000 Jahre alte Skulptur aus dem Aurignacien und die älteste bekannte Darstellung eines menschlichen Körpers mit Löwenkopf. Umstritten ist, ob es sich um eine männliche oder weibliche Figur handelt. Eine weitere wahrscheinliche Vorform der Sphinx ist der assyrische Lamassu, oder Schedu (rechts), der erstmals um 3000 v. Chr. dargestellt wurde. Er gilt als Schutzgeist und wurde in der Kunst als Löwe mit Flügeln oder Stier mit menschlichem Kopf abgebildet. Im Hinduismus gilt Narasimha, der Menschlöwe, als Avatara des Hindu-Gottes Vishnu. Er hatte einen menschenartigen Torso und einen Unterkörper mit löwenartigem Gesicht und Klauen. Er verteidigte und beschützte seine Anhänger in Zeiten der Not. In persischen Fabeln gibt es ein Wesen namens Mantikor, das den Körper eines roten Löwen, einen menschlichen Kopf mit drei Reihen scharfer Zähne, mitunter Fledermausflügel und eine trompetenähnliche Stimme besaß. Gelegentlich hatte es Hörner und Flügel sowie einen Drachen- oder Skorpionschwanz. Es feuerte giftige Stacheln ab, um seine Opfer zu lähmen und im Ganzen zu verschlingen.

Wächter über das Grab war, sondern auch Symbol für die göttliche Macht und Weisheit, mit der der Pharao herrschte und sein Volk schützte. Später wurde sie zum Symbol von Mythen, Wahrheit und Einheit. In Gizeh listet die Inschrift auf einer Stele von Thutmosis IV. von 1400 v. Chr. drei Erscheinungsformen des Re, Harmachis-Chepre-Re-Atumb genannt, einer komplexeren Sonnen-Gottheit, die in jener späteren Zeit verehrt wurde.

GRIECHISCHE SPHINX

Die Sphinx der griechischen Mythologie ist ein Wesen mit Löwenkörper, Frauenkopf und Adlerflügeln. Der Ödipus-Sage nach thronte sie auf einer Klippe vor den Toren der griechischen Stadt Theben und gab jedem Reisenden, der in die Stadt wollte, ein Rätsel auf. Wer es nicht lösen konnte, wurde von der Sphinx erwürgt und verschlungen. Das Rätsel – „Was geht am Morgen auf vier Füßen, am Mittag auf zweien und am Abend auf dreien?"– wurde von Ödipus folgendermaßen beantwortet: „Der Mensch. Als Kleinkind krabbelt er auf allen vieren, als Erwachsener geht er auf zwei Beinen und als Greis bedarf er eines Stocks als drittem Bein." Auf diese richtige Antwort hin stürzte sich die Sphinx vom Felsen in den Tod. Einigen Überlieferungen zufolge gab es ein weiteres Rätsel: „Wer sind die beiden Schwestern, die sich unentwegt gegenseitig zeugen?" Die Antwort lautete „Tag und Nacht", die im Griechischen beide als weibliche Gestalten personifiziert wurden. Seit der griechischen Antike steht die Sphinx als Symbol für Rätsel, Schwellen und den Übergang von Leben und Tod.

In der Bildenden Kunst der Renaissance erfuhr die griechische Sphinx eine Wiedergeburt. Besondere Beliebtheit erlangte sie im Spätbarock des frühen 18. Jahrhunderts sowie in der Romantik und im Symbolismus des 19. Jahrhunderts.

Als Hüterin von Geheimnissen wurde sie zum Symbol der Freimaurer auserkoren. Sie ziert als Skulptur die Eingänge von Freimaurertempeln oder Freimaurer-Dokumente. Allerdings ist dieser Usus relativ neu und die Sphinx dient wohl eher als allgemeines Dekor denn als Symbol für einen bestimmten Glauben.

Schedu war eine der frühen Vorformen der ägyptischen Sphinx. Dieses seltsame mesopotamische Wesen besaß einen Stierkörper, Flügel und einen menschlichen Kopf.

Die Sphinx dient seit den Römern als Symbol für Rätsel und als Motiv in der europäischen Kunst.

SKARABÄUS

ÄGYPTEN ca. 2613–2160 v. Chr.

Ein weitverbreitetes heiliges Symbol für Wiedergeburt und Erneuerung

Altägyptischen bedeutet *Cheper* „entstehen", und als eine Erscheinungsform von Re brachte Chepre nicht nur den Sonnenaufgang, sondern erweckte auch die Welt zum Leben. Doch warum hatte er den Kopf eines Skarabäus und wie lässt sich die Entstehung der Amulette erklären?

Archäologen und Forschern zufolge fiel den ägyptischen Gelehrten bei ihren Beobachtungen das seltsame Verhalten des Skarabäus auf, Dungkugeln vor sich herzurollen, aus denen nach einer Weile Larven schlüpften. Da die kleinen Käfer wie durch ein Wunder völlig ausgebildet waren, genauso wie die Sonne jeden Tag am Horizont aufgeht, schrieb man ihnen dieselben magischen Kräfte wie dem Sonnengott zu. Daher wurden sie

Der Herzskarabäus von Sobekemsaf II. (ca. 1590) zeigt einen grünen Jaspis-Skarabäus auf goldenem Sockel. Die Hieroglyphen, die dem Totenbuch entnommen sind, geben einen Spruch wieder, der das Herz davon abhält, „gegen den Toten auszusagen", damit dessen Seele ewigen Frieden finden kann.

Der goldene Anhänger Tutanchamuns aus Halbedelsteinen und buntem Glas symbolisiert seinen Thronnamen Neb-cheperu-Re („Herr der Gestalten, ein Re"): Der türkisfarbene Korb ist die Hieroglyphe für Neb, der Skarabäus aus Lapislazuli für Cheperer und die mit Karneol besetzte Sonnenscheibe für Re.

D er Skarabäus-Käfer war eines der bekanntesten Symbole im alten Ägypten und galt als heiligstes Insekt. Die Darstellung des Skarabäus stand zunächst in Verbindung mit der Sonnengottheit Chepre, die eine Erscheinungsform des großen Sonnengottes Re war. Daher wurde der Skarabäus von Königen und Verstorbenen in Form eines Schutzamuletts getragen. Heute ist er ein beliebtes Motiv auf Schmuck und manche Ägypter glauben noch heute, dass die Einnahme von pulverisierten Skarabäen die Manneskraft steigert.

Der Gott Chepre wurde als Mann mit dem Kopf eines Skarabäus oder manchmal ganz als Skarabäus dargestellt. Er symbolisierte die aufgehende Sonne, die selbst ein tiefgründiges Symbol für den Beginn der Menschheit und die Entstehung von Mythen des alten Ägypten ist. Im

zum heiligen Symbol schöpferischer Manifestation und sicherten wie Chepre die tägliche Wiedergeburt der Sonne.

Da in den Glaubensvorstellungen des alten Ägypten Wiedergeburt und Auferstehung eine zentrale Rolle spielten, wurde das Verhalten des Käfers ebenso zum Symbol dieser Elemente, und das Insekt wurde mit der täglichen Bewegung der Sonne am Himmel in Verbindung gebracht. Ähnlich wie die rollende Dungkugel rollte Chepre die Sonne jeden Tag über den Himmel und brachte sie nachts ins Jenseits. Mitunter wurde der Skarabäus-köpfige Chepre in einer Sonnenbarke über den Horizont fahrend dargestellt und verwandelte dabei nicht nur die Nacht zu Tag, sondern fungierte auch als Psychopomp, der die menschlichen Seelen ins Jenseits geleitete.

SCHUTZAMULETTE

Die ersten Amulette mit Skarabäen, die eine Schutzfunktion hatten, tauchten im Alten Reich – gegen 2613 bis 2160 v. Chr. auf. Sie wurden hauptsächlich zum Schutz gegen den bösen Blick getragen und aus Edelsteinen gefertigt. Sie waren oft personalisiert und mit Siegeln sowie den Namen von Pharaonen und Gelehrten versehen. Sie wurden weithin für offizielle und politische Zwecke und später als Grabschmuck verwendet.

Der sogenannte „Herzskarabäus" wurde aus schwarzem oder dunkelgrünem Stein wie Jaspis oder dunklem Karneol gefertigt und war für gewöhnlich 4-12 cm lang. Er wurde entweder auf das Herz der Mumie gelegt oder mit einem Golddraht wie ein Anhänger um ihren Hals befestigt. In den Skarabäus war der Name des Verstorbenen sowie ein Totenbuchspruch eingraviert. Der Spruch wies das Herz des Verstorbenen an, vor dem Totengericht nicht gegen den Toten auszusagen, sonst komme dessen Seele in die schreckliche Unterwelt und nicht ins friedvolle Jenseits.

Ab etwa 760 v. Chr. wurden den Mumien an der Brust große, flache, schlichte Skarabäen mit Löchern auf beiden Seiten angenäht, sowie ein Paar separater ausgebreiteter Flügel. Diese waren meist aus blauer Fayence oder aus blauen Edelsteinen wie Lapislazuli.

Unlängst gewannen die Zoologin Emily Baird und ihr Team von der Universität Lund, Schweden, erstaunliche Erkenntnisse, wie sich winzige Insekten orientieren. Der Mistkäfer stößt die Dungkugel mit seinen Hinterbeinen in einer perfekt geraden Linie nach vorn und blickt dabei mit seinem Kopf nach hinten auf den Boden. Ab und zu hält er inne, klettert auf die Kugel und vollführt einen kleinen Tanz. Dr. Baird nimmt an, dass die Käfer hochklettern, um die Sonne zu sehen und sich ihre Strahlen als Himmelskompass zunutze zu machen. Anhand der Position der Sonne können sie sich orientieren. Erkannten womöglich bereits die Gelehrten im alten Ägypten, dass der Käfer innehielt, um direkten Kontakt zur Sonne aufzunehmen? Es ist nicht ganz geklärt, warum der Skarabäus so heilig war, doch seine Verwendung als Schutzmechanismus und seine Verbindung zur Quelle allen Lebens, der Sonne, haben ihn zu einem archetypischen Symbol gemacht, das noch heute die Fantasie vieler beflügelt.

Diese aus dem Neuen Reich (1570–1070 v. Chr.) **stammende Skarabäusstatue des Gottes Chepre liegt im Tempelkomplex von Karnak, nahe Luxor, Ägypten.**

ALTÄGYPTISCHE SYMBOLE

MENAT

Das Menat ist eine Art kleiner Kupferschild mit Perlenstrang, das in enger Verbindung mit der Göttin Hathor stand und zunächst von ihren Priesterinnen getragen wurde. Später wurde es als Halskette getragen, die für Schutz vor bösen Geistern und Glück sorgen sollte. Es diente auch zum Schutz im Jenseits und wurde mit den Toten begraben.

BA

Der Vogel mit menschlichem Kopf repräsentiert die Persönlichkeit, eine der fünf grundlegenden Elemente der Seele. Die anderen sind Ib (das Herz, physisch und metaphorisch), Schut (der Schatten, der eine Widerspiegelung des Körpers ist und somit einen Teil seiner Essenz enthält), Ren (der Name) und Ka (der Geist, der den Körper beim Tod verlässt).

DJU

Dju (was so viel wie „Berg" bedeutet) symbolisiert die beiden Gipfel, zwischen denen der Nil fließt und die angeblich den Himmel wie zwei Zeltpfosten hoch hielten. Der Gipfel am Westufer hieß Manu, der östliche Bakhu. Beide hatten einen Schutzlöwen, der dafür sorgte, dass die Sonne bei Tag ungehindert über den Himmel wandern konnte.

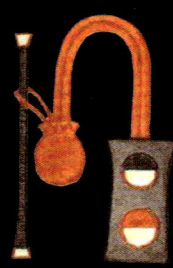

MENHED

Als Menhed wird das Schreibgerät der antiken Schreiber bezeichnet. Es umfasste eine Palette, schwarze und rote Farbe sowie einen Wassernapf und eine Schreibbinse. Es taucht in künstlerischen Darstellungen von Monarchen und Würdenträgern auf, um zu zeigen, dass sie gebildet waren oder als Schutzherren und Wohltäter von Schriftgelehrten dienten.

NECHBET

Der weiße Geier, der Oberägypten symbolisierte, wird als Nechbet bezeichnet. Geiern wurden mystische Kräfte zugeschrieben, da es keinen merklichen Unterschied zwischen Männchen und Weibchen gab und man annahm, sie pflanzen sich durch Parthenogenese (ohne Paarung) fort. Demgemäß glich der Geier dem Staat: abgesondert, unverletzlich.

KA

Von den fünf Seelen, auf denen das Leben beruhte (Ba, Ib, Schut, Ren und Ka), war für die alten Ägypter der Ka die Quintessenz. Obwohl der Ka den Körper beim Tod verließ, bestand er im Jenseits weiter, solange er in oder rund um die Grabmäler der Toten Nahrung und Getränke sowie Opfergaben fand.

PSCHENT

Als Pschent wird die – oft teils rote, teils weiße – Doppelkrone bezeichnet, die ein vereintes Ägypten und im weiteren Sinne Einheit im Allgemeinen symbolisiert. Viele ihrer Darstellungen zeigen auch Uraeus (eine aufgerichtete Cobra), die Unterägypten symbolisiert, und dessen Schutzgöttin Wadjet, sowie einen weißen Geier, das Symbol Oberägyptens und seine Göttin Nechbet.

RECHIT

Der gefesselte Kiebitz steht in der ägyptischen Symbolik für den gewöhnlichen Menschen. Er taucht in vielen künstlerischen Darstellungen zu Füßen der Reichen und Mächtigen auf und soll vermutlich die Unterwerfung des gewöhnlichen Volks symbolisieren. Daraus wurde geschlossen, dass es sich um ein radikales, politisches Symbol handelte.

SA

Dieses Symbol, das – so wird angenommen – entweder die zusammenrollbare Schilfmatte, die Hirten als Unterstand diente, oder eine Art Schwimmweste altägyptischer Seemänner repräsentiert, ist Sinnbild für den Schutz. Es taucht häufig in Verbindung mit Taweret, der Schutzgöttin der schwangeren Frauen, als Glücksbringer auf.

BES

Der ägyptische Zwerggott Bes war der Schutzgott der Geburt und verjagte, so der Glaube, Dämonen, die den Neugeborenen Schaden zufügen wollten. Bes war der Gegner des Bösen und verschreckte die Feinde Ägyptens sowie sämtliche böse Geister. Amulette mit seinen Abbildungen sollten Schlangen und Skorpione abschrecken.

TIT

Das Zeichen ist auch als Isisknoten bekannt, da es dem Gewandknoten der Isis geähnelt haben soll. Tit-Amulette sind aus Edelsteinen oder buntem Glas und finden sich in vielen Gräbern. Ihre Bedeutung ist nicht ganz geklärt, doch Ägyptologen vermuten, dass sie Wiederauferstehung und ewiges Leben symbolisieren.

USCHEBTI

Statuetten in Mumiengestalt wurden in Gräber gelegt, um im Jenseits für die Verstorbenen zu arbeiten. Grabmäler hochrangiger ägyptischer Würdenträger enthielten 401 solcher Artefakte: eines für jeden Tag des Jahres plus 36 Aufseher. Hierarchie war im Jenseits von gleich großer Bedeutung wie im Diesseits.

TAUBE

MESOPOTAMIEN ca. 2400–1500 v. Chr.

Weitverbreitetes Symbol für Frieden und Liebe

In der prähistorischen Welt waren der allmächtigen Muttergöttin, die von den Völkern des Paläolithikums verehrt wurde, Vögel geweiht. Besonders Tauben wurden mit ihrer Fruchtbarkeit und lebenspendenden Kraft in Verbindung gebracht, und zwar nicht nur aufgrund ihres Balzverhaltens, sondern auch aufgrund der Tatsache, dass ein Tauben-Paar ein Leben lang zusammenbleibt. Zahlreiche archäologische Funde von lebensechten Vogelfiguren neben Figuren der Muttergöttin, die aus der Bronzezeit (2400–1500 v. Chr.) im sumerischen Mesopotamien stammen, zeugen von diesen alten Wurzeln.

Die Verehrung der Muttergöttin und ihres Vogels breitete sich nach Kreta aus, wo sie mit Tauben am Kopf dargestellt wurde, und weiter nach Zypern, wo auf römischen Münzen Darstellungen von Vögeln zu erkennen sind, die auf den Tempeldächern nisten. Im griechischen Glauben galt Aphrodite primär als die Göttin der Liebe, der Opfer dargebracht wurden, um ihren Segen und ihre Gunst in Liebesangelegenheiten zu erbitten. Sie wurde oft mit Tauben dargestellt. Demeter, die griechische Version der Muttergöttin, wurde ebenso mit der Taube assoziiert.

Eine griechische Sage aus der Antike erzählt von zwei schwarzen Tauben, die von Theben entflogen seien. Die eine flog zu einem Eichenwald in Dodona und die andere nach Libyen. In Dodona verlautbarte die Taube, dass hier bald Orakel gesprochen würden. Die zweite Taube verwandelte sich in die Gestalt von Amon, dem mächtigen Götterkönig, der in Theben verehrt wurde. Die Tauben in den Orakelhainen in Dodona wurden Zeus geweiht; ihr sanftes Gurren wurde von den Hohepriesterinnen als Prophezeiungen von Zeus gedeutet.

Eine weitere Sage aus dem antiken Syrien, die aus etwa dem 4. Jahrhundert v. Chr. stammt, erzählt von

Ein Maler der Romantik des 19. Jahrhunderts, William Bouguereau, stellte Venus umgeben von Tauben dar.

der legendären Königin Semiramis, der sterblichen Tochter der Göttin Derketo. Aus Scham über die Geburt eines sterblichen Kindes setzte Derketo dieses aus und stürzte sich in einen See nahe Askalon. Ihr Körper verwandelte sich darauf hin in einen Fisch und sie wurde als Fischgöttin verehrt. Tauben fütterten Semiramis, bis ein königlicher Hirte, Simmas, das Kind fand und es aufzog. Semiramis heiratete später König Ninos, aber nachdem dieser Asien erobert hatte, wurde er von einem Pfeil tödlich getroffen. Da ihr Sohn zu jung war, um den Thron zu besteigen, übernahm Semiramis die Regentschaft und eroberte selbst einen Großteil Asiens. Der Kulttempel für die syrische Göttin Atargatis im antiken Hierapolis Bambyke wurde der Sage nach von Semiramis gegründet; ihre Tempelstatue zeigt sie mit einer goldenen Taube am Kopf.

Im späten 19. Jahrhundert besann sich die Romantik auf die griechischen und römischen Sagen und ließ die alten Geschichten von Göttern und Göttinnen, Nymphen, Satyren und Engeln wieder aufleben, um zu zeigen, dass mythologische Bilder noch immer so bedeutsam sind wie vor tausenden Jahren. Viele der antiken Mutter- und Liebesgöttinnen wie Venus und Aphrodite wurden in Begleitung von Tauben dargestellt, ebenso die älteren mesopotamischen Göttinnen wie Ishtar, Astarte und die große Muttergöttin selbst.

TAUBEN IM CHRISTENTUM

Mit ihren Schriften integrierten die Kirchenväter viele heidnische Symbole, Gottheiten und Mythen in ihre eigene religiöse Doktrin und versuchten zugleich andere zu ihrem Glaubenssystem zu bekehren. Diese symbolischen Assoziationen wie das Bild der friedensliebenden Taube, das tief im kollektiven Unbewussten verwurzelt ist, wurden alsbald mit der christlichen Botschaft verbunden.

Eine der frühesten und bekanntesten Geschichten aus der Genesis erzählt, wie Noah nach der Flut eine Taube losschickte, um Ausschau nach Land zu halten. Bei seiner Rückkehr hielt der Vogel einen Olivenzweig im Schnabel, als Zeichen, dass es in der Nähe trockenes Land und somit Hoffnung gab. Für die alten Griechen und Römer symbolisierte der Olivenzweig Frieden, und die ersten Christen gliederten dieses Bild mit der Taube bald in ihr eigenes Symbol der göttlichen Liebe ein. Die Taube wurde mit dem Heiligen Geist assoziiert, dem Boten des Göttlichen, und bei der Verkündigung überbrachte eine Taube die Botschaft Gottes an Maria. Im Mittelalter wurden Tauben in Kirchen zur Verzierung des Kirchengestühls und Taufbeckens sowie der Behälter für die Heiligen Sakramente abgebildet. Für die Gnostiker des 2. Jahrhunderts n. Chr. wurde die Taube zum Symbol der Göttin der Weisheit, Sophia, die sie als den weiblichen Heiligen Geist erachteten.

Im Islam werden die Tauben geachtet, da eine Taube bei der Hidschra die Verfolger des Propheten Mohammed vor einer Berghöhle abgelenkt haben soll. Obwohl ihr Ursprünge in den Sagen und Glaubensvorstellungen der antiken Welt liegen, ist die Taube noch heute ein archetypisches Bild für Frieden, Liebe und Güte. Der Pariser Weltfriedenskongress 1949 wählte Pablo Picassos Lithographie *La Colombe* (*Die Taube,* 1949), die eine traditionelle Taube ohne Olivenzweig darstellt, als Friedenssymbol.

Tauben sind häufig auf den bunten Glasfenstern christlicher Kirchen als Symbol des Heiligen Geistes und göttlicher Liebe zu sehen.

Die Taube wurde weltweit zum Sinnbild für den Frieden.

VÖGEL

FALKE

Der Falke wird meist mit Sonnengöttern assoziiert und symbolisiert Kraft, den Himmel, Königlichkeit und Weisheit. In China verheißt der Anblick von mehr als einem Falken Krieg; bei den Azteken waren Falken Boten der Götter. Im alten Ägypten repräsentierte er den Flug der Seele, und der Himmelsgott Horus wurde durch eine Hieroglyphe in Form eines Falken dargestellt.

KONDOR

In den Sagen Mesoamerikas war das Auge des Kondors die Sonne selbst und ein Symbol des verborgenen Lichts des Göttlichen. Der Andenkondor war ein Wetterbote und brachte Blitz und Donner, Weisheit, Vision, Weissagung, Erleuchtung und schöpferische Kraft. Der Kalifornische Kondor soll übernatürliche Kräfte besessen haben.

ALBATROS

Der Wanderalbatros wird seit jeher mit Seereisen assoziiert. Im Westen verkörperten Albatrosse die Seelen verstorbener Seeleute. Die Vorstellung, das Töten eines Albatrosses bringe Unglück, fand Eingang in die Ballade *The Rime of the Ancient Mariner* (1798) von Samuel Taylor Coleridge. Bei den Maoris steht der Vogel für Schönheit, Kraft, Ausgeglichenheit und Freiheit.

WIEDEHOPF

Er wurde lange mit Magie und Übernatürlichem assoziiert. Er war der Vogel, der König Salomon Geheimnisse über die Königin von Saba verriet. Bei den Arabern war er ein göttlicher Heiler, der jede Krankheit heilte. Mit seinem Blut wurden Zaubersprüche niedergeschrieben, seine Innereien wurden getrocknet und als Amulett gegen den bösen Blick getragen.

BUSSARD

Der Bussard spielt im Schöpfungsmythos der Cherokee eine wichtige Rolle: Großvater Bussard flog über die Erde und schuf mit seinen Flügeln die Berge und Täler. Er steht mit seinem Scharfblick für die Freiheit des Geistes und soll auch als Bote der Ahnen fungieren.

KOLIBRI

Die nordamerikanischen Hopi und Zuni malten Kolibris auf Wasserkrüge, da sie glaubten, dass die Vögel mit den Göttern zusammenarbeiteten, um der Menschheit Regen zu bringen. In einer Sage der Cherokee verwandelte sich ein Schamane in einen Kolibri, um die wertvolle Tabakpflanze zu finden. Als Totem symbolisiert der Vogel Leichtigkeit des Lebens und Widerstandsfähigkeit.

EULE

Bei den alten Griechen wurde die Eule mit der Göttin der Weisheit, Athene, assoziiert und war die Wächterin der Akropolis. Sie war auch die Begleiterin von Hekate, der Göttin der Magie, der Nacht und der Unterwelt. Als nachtaktiver Raubvogel wurde die Eule bei den Römern mit Bösem in Verbindung gebracht, gilt aber noch heute in esoterischen Kreisen als Symbol der Weisheit.

KRANICH

Im Fernen Osten symbolisiert der Kranich Langlebigkeit und Treue. Die alten Chinesen bezeichneten die Vögel als „gesegnet" oder „himmlisch" und glaubten, dass sie bei ihren Flügen zwischen den Welten sagenumwobene Weise auf dem Rücken trugen. Im antiken Griechenland war der Kranich ein Symbol des Sonnengottes Apollon, der die Erde in Gestalt dieses Vogels besuchte.

RABE

In der nordischen Mythologie hatte der Gott Odin zwei Raben, die auf die Erde flogen, um Bericht über die Menschheit zu erstatten. Raben symbolisieren Intelligenz und Weisheit. Die ersten Einwohner Nordamerikas hielten den Vogel für ein Symbol des Schöpfers. Der Rabe galt im europäischen Volksglauben als eine sich verwandelnde Hexe und in den Mythen der Hindus als Todesbote.

GEIER

Die Maya nahmen an, dass der Geier als aasfressender Vogel in der Lage war, Tod in Leben zu verwandeln. Der Vogel galt daher als Symbol der Reinigung und Verwandlung. Bei den Ureinwohnern Amerikas war der Geier ein Symbol der Erneuerung. Sie verbanden ihn mit wiederkehrenden Phänomenen wie dem täglichen Sonnenaufgang.

SCHWALBE

Im antiken Griechenland wurde die Schwalbe mit Aphrodite, der Göttin der Liebe, assoziiert und brachte Glück und Zufriedenheit. Die alten Römer glaubten, dass Schwalben die Seelen von Kindern verkörperten, die bei der Geburt gestorben waren. Im modernen Christentum gilt die Schwalbe als Symbol für Opfer, Wiedergeburt und Neuanfang.

SPATZ

Dieser Vogel ist ein Vorbote von Glück oder Unglück. Im Westen gilt der Spatz als Zeichen des Wohlwollens Gottes, aber auch als Todesomen. In Indonesien verheißt ein Spatz, der ins Haus fliegt, eine Hochzeit, und wenn eine Frau am Valentinstag einen Spatz erspäht, wird sie nur glücklich durch die Heirat mit einem armen Mann.

MEDIZINRAD

BIGHORN MOUNTAINS, WYOMING, USA ca. 1500 v. Chr.–500 n. Chr.

Kultstätte der amerikanischen Ureinwohner

In der Tradition der amerikanischen Ureinwohner repräsentieren Medizinräder wie dieses am Bighorn den „Großen Geist" Wakan-Tanka, die Lebenskraft, die allem Leben einhaucht.

Sogenannte „Medicine wheels" (Medizinräder) aus Steinen sind im Flachland des Nordens der USA und im Süden von Kanada verbreitet. Einige haben sogar einen Durchmesser von über 12 Metern. Die prachtvolle prähistorische Steinformation in den Bighorn Mountains gilt als kraftvoller und heiliger kosmologischer Ort für die Ureinwohner Amerikas. Das Medizinrad, das von einer Aztec-Tanoan-Kultur zwischen 1500 v. Chr. und 500 n. Chr. erschaffen wurde, wurde erstmals von Crow-Indianern vor fast 300 Jahren entdeckt. Jedoch fürchteten sie dessen Energie; als sich der Fund in der Gegend herumsprach,

begannen auch andere indigene Völker, das Rad zu fürchten. Für die Crow-Indianer tauchten am Medizinrad die ersten Menschen auf der Erde als Geister aus der Unterwelt durch einen mit einem Steinhaufen gekrönten Gang auf. Angehörige der Crow, die Medizinräder für Rituale nutzten, glaubten, dass der Ort im Zusammenhang mit einem Jungen namens Burnt Face stand. Dieser fiel als Baby ins Feuer und trug schwere Narben davon. Als Jugendlicher begab er sich auf Visionssuche in die Berge, wo er fastete und das Medizinrad errichtete. Dabei half er, ein Tier zu vertreiben, das Adlerjunge angriff. Im Gegenzug wurde er

von einem Adler davongetragen und sein Gesicht wurde wieder narbenlos.

Für die meisten Urvölker Amerikas steht der Kreis oder das Rad für Wakan-Tanka, den „Großen Geist". Bei ihnen hat das Wort „Medizin" eine andere Bedeutung als heute üblich. Es bezeichnet die Lebenskraft, die der Natur selbst innewohnt, sowie die persönliche Kraft in einem selbst, die es einem Lebewesen ermöglicht, ganz zu werden. In der Spiritualität der amerikanischen Ureinwohner steht das Medizinrad für Verbindung und Harmonie und ist ein wichtiges Symbol für das friedliche Miteinander aller Lebewesen auf Erden. Forscher vermuten, dass die Räder einen zeremoniellen oder rituellen Zweck hatten, und vieles deutet darauf hin, dass einige von ihnen für Tänze genutzt wurden. Andere Räder kamen wohl im Rahmen einer rituellen Visionssuche zum Einsatz.

ASTRONOMIE

Der amerikanische Astronom John A. Eddy stellte im 20. Jahrhundert die Theorie auf, dass einige der Medizinräder in astronomischer Hinsicht von Bedeutung waren, und dass die längste Radspeiche zu einem bestimmten Zeitpunkt des Jahres auf einen bestimmten Stern hindeuten könnte, sodass die Räder bestimmte Tage des Jahres kennzeichneten. Eine Reihe von Felsen oder großen Steinen wurde am Boden in Kreisform aufgelegt. Linien aus Steinen, mitunter vier oder mehr, wurden als Speichen platziert oder um Segmente des Kreises zu kennzeichnen. Man nahm auch an, dass Medizinräder geographische Richtungen und astronomische Ereignisse von Sonne, Mond, Fixsternen und Planeten in Relation zum Erdhorizont an der Stelle markieren. Diese Stätten wurden für wichtige Zeremonien und Unterweisungen genutzt und dienten als heilige Orte, um dem Schöpfergott Dank zu erweisen.

Das Medizinrad weist für gewöhnlich ein signifikantes Symbol im Zusammenhang mit den vier Himmelsrichtungen sowie Vater Himmel, Mutter Erde und Großmutter Mond auf. Sie alle symbolisieren Dimensionen der Gesundheit und der Lebenszyklen. Für gewöhnlich wird jede der vier Himmelsrichtungen (Ost, Süd, West und Nord)

durch eine bestimmte Farbe repräsentiert wie Schwarz, Rot, Gelb und Weiß. Andere Symbole der vier Himmelsrichtungen beinhalten die Phasen des Lebens: Geburt, Jugend, Erwachsensein, Alter; die Jahreszeiten: Frühling, Sommer, Herbst, Winter; und Naturelemente: Feuer, Luft, Wasser, Erde. Tiere wie Adler, Bär, Wolf und Büffel sind ebenso oft dargestellt. Zeremonielle Pflanzen wie Tabak, Süßgras, Salbei und Zeder entsprechen den Elementen, ebenso wie Wettermuster und menschliche Merkmale. Ein Medizinrad kann vielerlei Gestalt haben, meist ist es als Kunstwerk, Malerei oder Felszeichnung zu finden oder als greifbares Gebilde wie in den Bighorn Mountains.

Noch heute nutzen unterschiedlichste Gruppierungen das Medizinrad und seine symbolischen Kräfte für diverse Zwecke. Der Kreis symbolisiert natürliche und persönliche Kräfte in vollkommenem Gleichgewicht und zeigt, dass alles miteinander verbunden und Teil des kosmischen Ganzen ist. Es ist eine schamanische Landkarte oder ein philosophisches System, das uns dabei helfen kann, unseren Weg zu finden, und uns zu erden, wenn wir uns auf eine Reise ins Innere begeben. Es kann uns dabei helfen, Orientierung im Leben zu finden, und uns mit den natürlichen Energien in Einklang bringen, die unser Leben beeinflussen.

Ein Medizinrad in Arizona, USA. Obwohl einige Astronomen das Rad für eine Sternkarte halten, geht man im Allgemeinen davon aus, dass es sich um eine symbolische Schnittstelle zwischen geistiger und greifbarer Welt handelt.

Die vier Himmelsrichtungen des Medizinrades – Nord, Süd, Ost und West – sind oft durch Tiere, Farben oder Naturelemente symbolisiert.

LOTOSBLUME
INDIEN ca. 1400 v. Chr.

Symbol der Reinheit im Buddhismus und der göttlichen Liebe im Hinduismus

Die hinduistische Kunst zeigt den großen Gott Vishnu und seine Frau Lakshmi stets mit einer offenen Lotosblume, die göttliche Liebe symbolisiert.

Die Lotosblume hat sich zu einem unverkennbaren Symbol des Hinduismus entwickelt und geht bis auf die frühen Vedischen Texte von etwa 1400 v. Chr. zurück. Am stärksten wird sie mit den beliebten Hindu-Göttern Vishnu und dessen Gefährtin Lakshmi assoziiert. Aus den Tiefen eines schlammigen Teichs begibt sich die Lotosblume auf ihre Reise Richtung Licht und Luft. In der Morgendämmerung öffnet sie ihre prächtigen acht Blütenblätter wenige Zentimeter über der Wasseroberfläche. Die mehrjährige Wasserpflanze, die im Nahen und Fernen Osten beheimatet ist, unterscheidet sich von der bekannten Wasserlilie durch ihren runden Fruchtstand in der Mitte der Blüten.

Seit tausenden Jahren ist die Lotosblume ein kraftvolles Symbol der Reinheit im buddhistischen Glauben und der göttlichen Liebe im Hinduismus. Da sie vom dunklen Gewässer zum Licht empor wächst, wurde sie im Laufe der Jahrhunderte zum beliebten Symbol für die Überwindung von Hindernissen und schweren Zeiten sowie zum

Symbol des Wiedererwachens des Geistes, der Seele oder des Selbst.

Im Hinduismus haben viele Götter und Göttinnen eine Lotosblume als Attribut oder sind auf einer geöffneten Blüte sitzend oder mit einer Blüte in der Hand dargestellt. Vishnu wird als der „Lotosäugige" bezeichnet und ist oft mit einem rosafarbenen Lotos neben Lakshmi, der Göttin des Wohlstandes, dargestellt. Brahma, der Gott der Schöpfung, wiederum entsteigt einer Lotosblume in Vishnus Nabel.

Im alten Ägypten symbolisierte der Lotos die Sonne und Schöpfung. In vielen hieroglyphischen Schriften ist dargestellt, wie der Lotos aus dem Urwasser hervortritt, auch bekannt als Gott Nun, der den Sonnengott Re gebar. Die Lotosblume war auch ein Symbol für die Wiedergeburt, und das ägyptische Totenbuch enthielt Sprüche zur Verwandlung einer Person in einen Lotos, um ihre Wiederauferstehung zu ermöglichen. Der Lotos fand in den Hieroglyphen und der Kunst des Königreichs Oberägypten Eingang, während in Unterägypten die Papyruspflanze dominierte. In der späteren ägyptischen Kunst letztlich verbinden sich Abbildungen von Lotos und Papyrus als Symbol für die Vereinigung beider Königreiche.

BUDDHISTISCHE TRADITION

Als Symbol für Reinheit im Buddhismus stellt die Lotosblume Weisheit und spirituelle Erleuchtung in einer Person dar. Der Spruch „om mani padme hum", der als Mantra während der Meditation dient, bedeutet „Heil dem Juwel des Lotos". In zeitgenössischen spirituellen Kreisen steht die ungeöffnete Knospe für eine im Entstehen begriffene Seele, die das Potential hat, sich zu entfalten und sich der göttlichen Wahrheit zu öffnen. Der Legende nach hinterließ der Buddha Siddhartha Gautama auf all seinen Wegen zum Zeichen des spirituellen Erwachens und der Erleuchtung eine Spur aus weißen Lotosblumen. In den meisten buddhistischen Traditionen steht der rote Lotos für Liebe und innige Leidenschaft.

Der rare blaue Lotos, eine Art Wasserlilie und kein echter Lotos, wurde von Priestern auf dem Grab Tutanchamuns verstreut. Diese wertvolle Blume taucht in vielen antiken ägyptischen Darstellungen auf, etwa in stilisierten Friesen an Tempel- und Palastwänden. Sie enthält eine Substanz, die einen tranceähnlichen Zustand herbeiführt, und symbolisierte heilige Kraft. In kleineren Dosen diente die Pflanze bei den alten Ägyptern auch als Aphrodisiakum.

In der griechischen Mythologie findet der Lotos in der Odysseus-Sage Erwähnung, als eines seiner Schiffe auf einer Insel strandet, wo die sogenannten Lotosesser leben. Die Seeleute essen Lotosblumen, wahrscheinlich den blauen Lotos, und sinken in einen tiefen Schlaf. Diese Erzählung inspirierte Alfred Tennyson zu dem Gedicht „The Lotos-Eaters" (1832).

Die acht Blütenblätter der Lotosblume symbolisieren angeblich die acht Haupthimmelsrichtungen sowie deren Herrscher, die im Hinduismus Lokapalas genannt werden. Die Lotosblume ist auch ein Symbol der Chakren, der kreisenden Energiezentren im menschlichen Körper. Wenngleich es nur sieben Chakren gibt, repräsentiert das achte Blütenblatt die Vereinigung des Kronenchakra mit dem Göttlichen, was nur von jenen erreichbar ist, die den höchsten Zustand der Erleuchtung erlangt haben. Wie sich die Blütenblätter des Lotos entfalten, so entwickelt sich auch der Geist und erwacht in das spirituelle oder transzendente Reich.

Im Kapaliswarar-Tempel von Chennai, Indien, erteilen Vishnu, Brahma und Shiva auf einer Lotosblume sitzend ihren Segen.

Lotos-Blütenblätter werden mit dem Chakrensystem als Symbol spirituellen Erwachens gleichgesetzt.

FLEUR-DE-LIS
ÄGYPTEN UND MESOPOTAMIEN ca. 900–300 v. Chr.

Weitverbreitetes dekoratives Motiv der Reinheit

Ein Porträt von Albrecht Dürer (16. Jahrhundert) zeigt den französischen König Karl den Großen mit der Fleur-de-Lis.

Die an die Form der Schwertlilie angelehnte Fleur-de-Lis diente auf Dekorationsgegenständen weithin als Symbol der Macht und Wiederherstellung.

Die Fleur-de-Lis wird seit jeher mit französischen Königen assoziiert, doch schmuckvolle Darstellungen der Blume, bei der es sich vermutlich um eine stilisierte Version der Schwertlilie (Iris) handelt, wurden auch auf antiken mesopotamischen und ägyptischen Keramiken sowie am babylonischen Ischtar-Tor aus dem 6. Jahrhundert v. Chr. entdeckt. In der indischen und ägyptischen Kunst stand sie für Leben und Auferstehung.

Die französische Fleur-de-Lis leitet sich vermutlich von einer Art gelb-weißer Schwertlilie ab, die an Flüssen, Sümpfen und feuchten schattigen Orten gedeiht. Einigen Forschern zufolge lebten die Franken vor ihrer Ankunft in Gallien in den Niederlanden nahe einem Fluss namens Luts. Dieser ist von wilden Schwertlilien umgeben, sodass es wahrscheinlich ist, dass die fränkischen Könige eben dieses Bild aus ihrer Umgebung zum Symbol ihrer Macht auserkoren. Andere Historiker meinen, dass sich die Fleur-de-Lis von der deutschen Bezeichnung *Lieschblume* ableitet.

Die meisten Forscher sind sich einig, dass die Assoziation zwischen Fleur-de-Lis und der französischen Monarchie mit der Krönung von Chlodwig I. 496 n. Chr. aufkam. Im Zuge seines Übertritts zum Christentum wurde bei seiner Taufe angeblich Schwertlilienöl verwendet. Der Legende nach soll ein Engel mit einer Phiole des Öls herabgestiegen sein, um den König zu salben.

Seit damals galt es als Symbol göttlicher Reinheit. Später „gesalbte" Könige von Frankreich wie Karl der Große aus dem 8. Jahrhundert glaubten wie Chlodwig, dass sie dadurch direkt von Gott göttliche Autorität erhielten. Ein Mosaik aus dem 9. Jahrhundert in der Kirche San Giovanni in Rom zeigt den heiligen Petrus, wie er die Reichsfahne, „Oriflamme" genannt, an den Eroberer Karl den Großen übergibt. Das Ende der Oriflamme ist ein Speerkopf, der aber auch stark der Fleur-de-Lis ähnelt. Vermutlich wurde aufgrund der Assoziation zwischen der Oriflamme und Karl dem Großen die Fleur-de-Lis zum Symbol der französischen Monarchie. Seit damals ist die Fleur-de-Lis ein beliebtes religiöses, politisches, dynastisches Symbol in der französischen Heraldik.

GÖTTIN DES REGENBOGENS

Bei den alten Ägyptern galt die Iris als Symbol der Macht. Sie platzierten etwa ein Abbild der Blume auf der Braue einer Sphinx und auf Zeptern ihrer Könige. 1479 v. Chr. ließ Pharao Thutmosis III. zur Erinnerung an seinen Sieg in Syrien Schwertlilien auf die Mauern seines Tempels malen.

Die Iris hat ihren Namen von der griechischen Göttin Iris, der Göttin des Regenbogens, der Brücke zwischen Himmel und Erde, Sterblichkeit und Unsterblichkeit. Iris war eine Botin am Olymp, führte aber auch die sterblichen Seelen zu den elysischen Gefilden. Im antiken Griechenland pflanzten die Männer am Grab ihrer Geliebten oft eine Schwertlilie als Tribut an die Göttin, in der Hoffnung, dass sie die Verstorbene durch die gefährliche Landschaft der Unterwelt zu ewigem Frieden geleiten würde. Als heilige Blume wurden der Schwertlilie heilende Kräfte zugeschrieben. Im 1. Jahrhundert n. Chr. empfahl der griechische Arzt Dioskurides einen Trank aus Schwertlilienwurzel, Honig, Essig oder Wein als Mittel gegen Husten, Erkältung, Verdauungsbeschwerden und Ischiasschmerz.

Im Christentum wurde die Schwertlilie wie die Lilie mit der Jungfrau Maria assoziiert. Unter dem französischen König Ludwig IX. im 13. Jahrhundert galten drei Blütenblätter der Blume als Symbol für Treue, Weisheit und Ritterlichkeit sowie als Zeichen Gottes Wohlwollens gegenüber Frankreich. Die symbolische Dreifaltigkeit breitete sich mit der Kolonialisierung der Neuen Welt auf andere Länder aus. Die Fleur-de-Lis taucht auf der Flagge von Quebec sowie von Montreal und Trois-Rivieres auf. In den USA ziert sie die Flaggen und Wappen von St. Louis, Detroit, New Orleans und Baton Rouge. Nach dem Hurrikan Katrina im Jahr 2005 war die Fleur-de-Lis in New Orleans das Symbol der Bürgerinitiativen zum Wiederaufbau der Stadt.

BLUMEN

ROSE

Die Rose wurde antiken Göttinnen wie Isis und Aphrodite zugeschrieben und ist ein Symbol für Fruchtbarkeit, Schönheit, Leidenschaft und göttliche Liebe. Weiße Rosen zierten die Decken römischer Bankettsäle, um die Speisenden daran zu erinnern, dass alles, was bei Tisch gesagt wurde, geheim war. Daher stammt die lateinische Wendung *sub rosa*, was „unter der Rose" bedeutet.

SCHWERTLILIE

In der griechischen Mythologie war die Schwertlilie die Personifizierung des Regenbogens und repräsentierte die Kraft des Lichtes, Botschaften, Hoffnung und die Verheißung der Liebe. In China steht sie für einsame Schönheit, im alten Ägypten für Auferstehung. Bei den Franzosen symbolisiert die Fleur-de-Lis – eine Schwertlilie, nicht Lilie – Treue, Weisheit und Mut.

KIRSCHBLÜTE

Die Kirschblüte ist ein nationales Symbol Japans. Zur Blütezeit wird das Land für etwa zehn Tage in ein Blütenmeer getaucht, doch die Pracht ist rasch vorüber. Für die Samurai symbolisierte die Blume die Vergänglichkeit des Lebens und Furchtlosigkeit. Bei den Japanern steht der Baum auch für asketische Schönheit und die dankbare Annahme des eigenen Lebens, wie kurz oder lang es auch sein mag.

GÄNSEBLÜMCHEN

Diese Blume wurde seit jeher mit der Sonne assoziiert. Sie ist ein Symbol für Bescheidenheit, Einfachheit, und Unschuld sowie Treue in der Liebe. Im Mittelalter prüften die Mädchen ihre Verehrer, indem sie ein Blütenblatt nach dem anderen auszupften und dabei sagten: „Er liebt mich, er liebt mich nicht." Das letzte Blatt gab die Antwort.

VERGISSMEINNICHT

Um den Namen dieser Blume, die im Zeichen der Erinnerung und Treue steht, ranken sich viele Legenden. In der christlichen Überlieferung bemerkte Gott beim Spazieren im Garten Eden eine kleine blaue Blume und fragte nach ihrem Namen. Sie flüsterte: „Herr, ich habe ihn vergessen." Gott erwiderte, „Vergissmeinnicht. Ich werde dich nicht vergessen."

TULPE

Die Tulpe war das einstige Emblem des Osmanenreichs und in Persien ein altes Symbol für Liebe. Als sie im 16. Jahrhundert nach Europa kamen, wurden die Blumen zum Statussymbol der Reichen, nur für sie waren die Blumen erschwinglich. Rote Tulpen standen für Liebe aus vollstem Herzen und wurden als Liebesbeweis verschenkt.

NELKE

Einer christlichen Legende nach begann Maria beim Anblick von Jesus, der das Kreuz trug, zu weinen und überall, wo ihre Tränen hinfielen, wuchsen Nelken. Die von der Plage gebeutelten Kreuzfahrer mischten Nelkenblätter mit Wein als Mittel gegen Fieber. Ab der Renaissance symbolisierte die Blume Liebe, Fruchtbarkeit, Ehe und Mutterschaft.

HYAZINTHE

Als Apollons Gefährte Hyakinthos getötet wurde, benannte Apollon eine Blume, die aus dessen Blut entstand, nach ihm. Die violette Hyazinthe symbolisierte Vergebung, Beständigkeit und Klugheit. Im 19. Jahrhundert entschuldigten sich Liebende mit ihr für hitzige Worte, während sie in der Hexenkunst zum Schutz gegen das Böse und Flüche eingesetzt wurde.

CHRYSANTHEME

Im Fernen Osten wird diese Blume mit Langlebigkeit, Wohlstand und Freude assoziiert. Der Legende nach soll Christus als Bettler verkleidet von einer armen Familie aufgenommen worden sein. Am nächsten Morgen fanden sich zwei weiße Chrysanthemen vor der Tür. In Deutschland heißt man mit diesen Blumen am Weihnachtsabend Christus willkommen.

LILIE

Lilien, in China Symbol für Frieden und Reinheit, sind ein Zeichen des Überflusses. In der griechischen Mythologie wurden sie mit der Göttin Hera assoziiert, aus deren herabtropfender Muttermilch die ersten Lilien entstanden. Der christlichen Legende nach waren Lilien bis zu dem Tag, an dem die Jungfrau Maria sie pflückte, gelb. Daraufhin wurden sie weiß.

RINGELBLUME

Die Blume wurde seit jeher mit der Kraft der Sonne assoziiert. Sie ist ein Symbol für Vitalität, Lebenskraft und Leidenschaft. In China steht sie für Langlebigkeit und in Indien wird sie mit dem Gott Krishna in Verbindung gebracht.

VEILCHEN

Die Athener erachteten Veilchen als Emblem ihrer Stadt. Der Gründer Athens wurde von Wassernymphen begrüßt, die ihm zum Zeichen des Wohlwollens Veilchen überreichten. Sie wehren Böses ab und symbolisieren Treue. Blaue Veilchen sind ein Zeichen für Beständigkeit, weiße deuten auf den Wunsch hin, sein Liebesglück zu versuchen.

REGENBOGEN
GRIECHENLAND 8. Jahrhundert v. Chr.

Einflussreiches Symbol, das oft mit Hoffnung assoziiert wird

Iris Carrying the Water of the River Styx to Olympus for the Gods to Swear By (ca. 1793) von Guy Head zeigt die Göttin als Botin zwischen dem Himmel und der Unterwelt.

Iris war eine Götterbotin und Göttin des Lichts, ihre Schwestern hingegen waren die gefürchteten Göttinnen der Dunkelheit, die Harpyien. Iris ist vielen Göttern zu Diensten und agiert in vielen Sagen als Vermittlerin oder Informantin. So übermittelte etwa Zeus mittels Iris Demeter eine Nachricht, die sie nach der Vergewaltigung und Entführung von Persephone versöhnlich stimmen sollte. Hera wiederum schickte Iris zu Menelaus in Kreta, um ihm die Nachricht von Helenas Flucht mit Paris nach Troja zu überbringen.

Iris war mit dem Gott des Westwindes Zephyr verheiratet. In der griechischen Tragödie *Herakles* von Euripides taucht sie neben Lyssa, der Verkörperung des Wahnsinns, auf, um den heldenhaften Herakles in den Wahnsinn zu treiben, woraufhin er seine drei Söhne und seine Gattin Megara tötet. Iris tritt ebenso in Virgils *Aeneis* auf, wo sie im Auftrag Junos eine Haarlocke der sterbenden Königin Dido abschneiden soll, damit ihr Geist für die Unterwelt freigegeben wird.

DARSTELLUNGEN

Im *Gilgamesch-Epos* wird der Regenbogen als mit Edelsteinen besetzte Halskette der Göttin Ishtar dargestellt, die sie in den Himmel hält, zur Erinnerung, dass sie nie die große Flut vergisst, die alle ihre Kinder zerstört hat. In der nordischen Mythologie wird der Regenbogen als brennende Brücke Bifröst beschrieben, die Asgard, das Reich der Götter, mit Midgard, der Erde, verbindet. Bifröst kann nur von den Göttern und denen benutzt werden, die im Kampf sterben. Sie wird schlussendlich während des Weltuntergangs Ragnarök zerstört werden. Im Hinduismus ist der Regenbogen der Bogen von Indra, dem Gott des Regens und Donners, während nach traditionellem Shinto-Glauben in Japan Regenbogen Brücken waren, über die die Geister der Ahnen auf die Erde

In den meisten Mythen der Erde galt der Regenbogen als Brücke zum Himmel: eine Verbindung zwischen der offensichtlichen und der göttlichen Welt und ein Zeichen für Hoffnung und Frieden. Eines der einflussreichsten Symbole ist jedoch das des Regenbogens als Personifikation der griechischen Göttin Iris.

hinabstiegen. Nicht nur der Regenbogen, sondern auch seine Farben haben große Symbolkraft. Im tantrischen Buddhismus stellen sie den vorletzten meditativen Zustand vor Erlangen der Erleuchtung dar. Auch im Islam haben die Spektralfarben eine tiefe Bedeutung. Die verschiedenen Töne gelten als die Eigenschaften des göttlichen Wesens, die sich in der materiellen Welt manifestieren. Im Hinduismus repräsentieren die sieben Farben jeweils einen der sieben Himmel.

In Zentralasien trugen Schamanen Kleidung oder Feder-Kopfschmuck in den Farben des Regenbogens als Unterstützung bei ihrer Reise in die Geisterwelt. In der Mythologie der Inka war der Regenbogen die bunte Federkrone von Illapa, dem Gott des Donners, des Blitzes und des Regens. Aus Angst vor ihm schauten sie keinen Regenbogen an und hielten sich die Hände vor den Mund. Ein gesprochenes Wort würde bedeuten, dass Illapa Gewitter über ihr Land bringen würde.

Viele Kulturen wie die indigenen Völker Australiens sahen den Regenbogen als Mutterschlange, die die Erde schuf. Auch in der afrikanischen Mythologie werden Regenbögen mit Schlangen in Verbindung gebracht. Dasselbe gilt für chinesische Legenden, in denen einer der Acht Unsterb-

lichen in einen Regenbogen verwandelt wird, der wie eine schlafende Schlange gewunden ist. In der Flagge der Navajo steht der Regenbogen für Souveränität und die Vereinigung aller Völker in der Regenbogen-Nation. Die Maori riefen in Kriegszeiten den Regenbogengott Kahukura an. Er ist Symbol für die Sterblichkeit des Menschen und den Weg zum Himmel.

In der Bibel symbolisierte der Regenbogen, der am Ende von Noahs Reise in der Arche erschien, die Wiedervereinigung von Gott und den Menschen. In der Genesis 9:13 sagt Gott: „Meinen Bogen setze ich in die Wolken; er soll das Bundeszeichen sein zwischen mir und der Erde."

Der Volksglauben, dass sich ein Topf Gold am Ende eines Regenbogens befindet, rührt von irischen Legenden über Kobolde, die Leprechauns genannt werden. Sie sind reiche Schuster, die ihr Gold in einem verborgenen Topf am Ende des Regenbogens aufbewahren. Natürlich ist das Ende des Regenbogens unerreichbar und somit auch der symbolische „Goldtopf".

Überall in der Mythologie, Kunst und Literatur wurde der Regenbogen als Symbol der göttlichen Gegenwart, der Erleuchtung und des Friedens verehrt. Als Zeichen für klärende Gewitter, ersehnte Regenfälle und Brücke zwischen den Welten erweckt sein Erscheinen am Himmel ein Gefühl der Freude und Verwunderung in uns.

Als Noah einen Regenbogen am Himmel sah, sagte Gott, dass dies das Zeichen seines Bundes mit der Erde sei (Stich eines originalen Aquarells von Jacques Le Moyne de Morgues.)

Die sieben Farben des Regenbogens symbolisieren in verschiedenen Religionen und Mythologien jeweils eine göttliche Essenz.

Dieses Titelbild des *Book of the Epic* (1916) von H. A. Guerber zeigt Bifröst, die brennende Brücke in der nordischen Mythologie.

PHÖNIX

GRIECHENLAND ca. 800–146 v. Chr.

Mystischer Vogel als Symbol der Erneuerung und Auferstehung

Im Europa der Renaissance wurde der Phönix zum kraftvollen Symbol in okkulten Kreisen. Königin Elisabeth I. trug ihn auch als Anhänger.

Die Ursprünge des Phönix reichen bis ins 9. Jahrhundert v. Chr. zurück, als der griechische Dichter Hesiod das mystische Wesen erstmals beschrieb. Viele Forscher gehen aber davon aus, dass sich der Phönix vom ägyptischen Mythos des Benu in seiner Erscheinungsform als Purpurreiher ableitet. Während der alljährlichen Überflutung des Nils blieb er unversehrt, da er in der Hochebene nistete. Als er über der Flut flog, ähnelte er der über dem Wasser wandelnden Sonne. Der Vogel galt als Seele des Sonnengottes Re. Er wurde besonders in Heliopolis, der „Stadt der Sonne", verehrt. Einem Mythos zufolge erschuf sich der Benu selbst aus einem Feuer, das auf einem heiligen Baum in der Umgebung des Tempels von Re gebrannt hatte. Der Benu hatte sich auf einer Säule niedergelassen und war dort seinen ersten 1000-Jahr-Zyklus über verblieben. Die Priester zeigten diese Säule Besuchern, die sie als heiligsten Ort der Welt erachteten. In einem anderen Mythos wurde der Vogel mit dem Gott Osiris in Verbindung gebracht: Er entspringt dem Herz des Gottes nach seiner Auferstehung.

In der griechischen Mythologie erinnerten viele Legenden an den Phönix, der entweder durch die Auferstehung aus der Asche seines Vorgängers oder durch eigene Regeneration als unsterblich galt. Hesiod glaubte, dass der Vogel einen Zyklus von 100.000 Jahren durchlebte, bevor er ver-

MYSTISCHE VÖGEL

GARUDA

Der Garuda ist ein großer Vogel, der sowohl in der buddhistischen als auch in der hinduistischen Mythologie auftaucht. Er wird oft mit einem goldenen Menschenkörper mit weißem Gesicht, roten Flügeln und Adlerschnabel dargestellt. Er soll groß genug gewesen sein, um die Sonne zu verstellen, und war der ewige Feind der tödlichen Schlangenrasse der Nagas.

FENGHUANG

Der Fenghuang wird in China oft als Mischung aus vielen Vögeln beschrieben. Er repräsentiert die sechs Himmelskörper: Kopf – Himmel, Augen – Sonne, Rücken – Mond, Flügel – Wind, Füße – Erde und Schwanz – Planeten.

SIMURGH

Der Simurgh, der in der iranischen Kunst als geflügelte Kreatur in Gestalt eines Vogels dargestellt wird, ist so groß, dass er einen Elefanten oder Wal tragen kann. Oft erscheint er als Pfau mit Hundekopf und Löwenklauen und mitunter mit menschlichem Gesicht. In iranischen Legenden ist er so alt, dass er die Zerstörung der Welt drei Mal miterlebt hat.

brannte und aus seiner Asche wieder auferstand. Der Phönix wurde schließlich in der frühen christlichen Ikonografie als Symbol für den Opfertod und die Auferstehung Jesu übernommen.

In der Kunst und Literatur des Mittelalters wurde der Phönix mit einem Nimbus oder sonnenartigen Heiligenschein aus sieben Strahlen dargestellt, wodurch seine Verbindung mit dem Sonnengott Helios in der griechischen Mythologie betont wurde, der stets mit einem Sonnen-Heiligenschein abgebildet wurde. Der römische Dichter und Historiker Plinius schrieb im 1. Jahrhundert n. Chr., dass der Vogel einen Kamm aus Federn am Kopf habe, während Ezechiel, der Tragiker, ihn mit einem Hahn verglich. In der Renaissance wurde der Phönix mit Königlichkeit und der Farbe Purpur assoziiert. Um 1575 entstand ein Porträt von Elisabeth I., das Nicholas Hilliard zugeschrieben wird. Zur damaligen Zeit hatte sich die Vorstellung von Elisabeth I. als „ jungfräuliche Königin" zu einem Mysterienkult entwickelt. Obwohl viele der symbolischen Elemente in einigen ihrer Porträts vermutlich auf ihren ledigen Status anspielten, lag noch etwas Geheimnisvolleres dahinter. Das Porträt, das zu einer Zeit entstand, als die Königin Anfang vierzig war und fast die Hälfte ihrer Regentschaft hinter sich hatte, zeigt einen prächtigen Phönix-Anhänger, den Elisabeth I. angeblich als Zeichen der Zusicherung an ihre Hofleute wählte, dass sie die Dynastie regenerieren wollte, ob Jungfrau oder nicht.

Zu den engsten Beratern Elisabeths zählten der Alchemist Sir Philip Sidney und der Astrologe John Dee. Beide wussten, dass in der Alchemie der Renaissance Phönix und Pelikan geheime Symbole für die letzten Phasen der Transzendenz des menschlichen Geistes zur Unsterblichkeit waren. Der Phönix war somit ein ideales Sinnbild für die Königin, der ein langes Leben beschieden war, und die somit unsterblich erschien.

Als Symbol der Erneuerung in der christlichen Ikonografie steht der Phönix auch für die Auferstehung.

DRACHE
CHINA ca. 475–221 v. Chr.

Symbol für Weisheit, Stärke und Glück

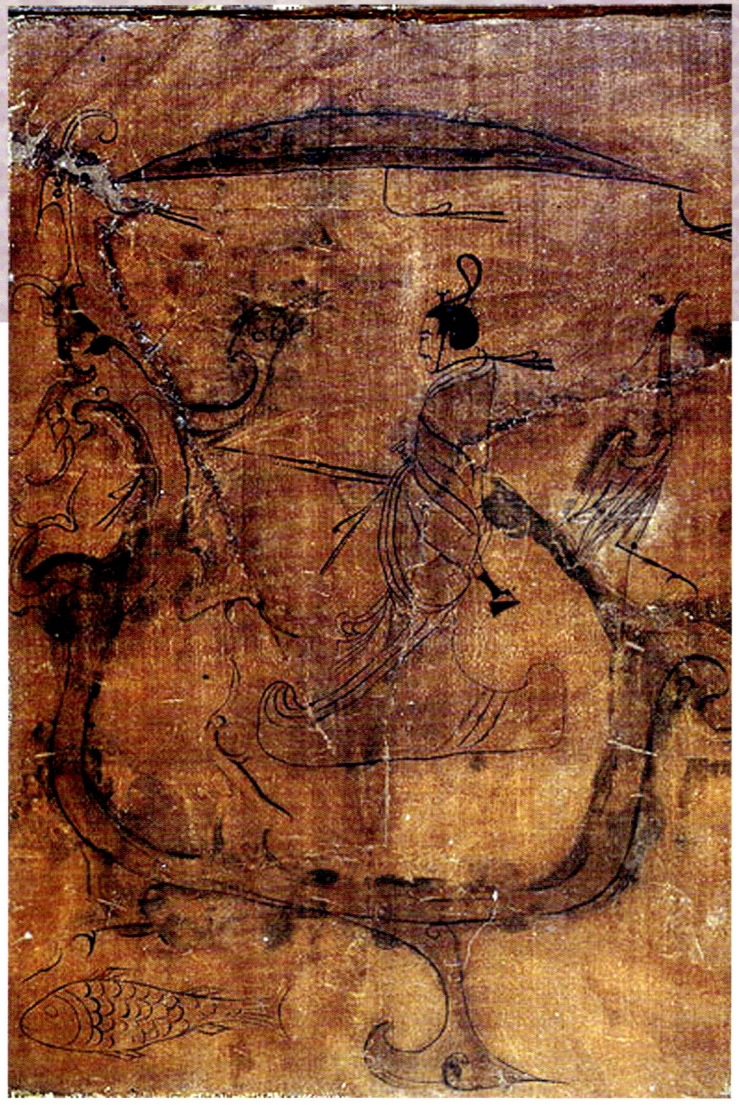

Diese Seidenmalerei aus dem 3. Jahrhundert n. Chr. symbolisiert den Aufstieg eines reichen Mannes auf einem Glücksdrachen in die spirituelle Welt.

Der Drache, um den sich in der chinesischen Tradition zahlreiche Legenden ranken, symbolisiert Glück und ist seit jeher vorrangiges Symbol des Kaisers von China. Der Legende nach war der Gründer von China, Kaiser Yu, eine Drachen-gestalt, und alle folgenden Kaiser gelten als Yus Inkarnation. In der Zhou-Dynastie (ca. 1046–256 v. Chr.) wurden einzelnen Drachen unterschiedliche Eigenschaften zugeschrieben. Der wichtigste war der fünfklauige blaugrüne Drache, der himmlische und kaiserliche Kraft, die Sonne, Freude, Fruchtbarkeit und Weisheit symbolisierte.

Im chinesischen Volksglauben werden die Drachen traditionell mit der Herrschaft über Wasser, Regenfälle, Wirbelstürme und Fluten assoziiert. Sie gelten als Herrscher über bewegliche Wassermassen wie Wasserfälle, Flüsse oder Meere. Sie können als Wasserhosen, Tornados, Strudel und stürmische Meere in Erscheinung treten. Als Herrscher über Wasser und Wetter wird der Drache oft als König mit einem Kopfschmuck aus Seegras, tosender Brandung oder wilden Wellen personifiziert. Vier große Drachen repräsentieren die vier Meere: der Drache des Ostmeers, der dem Ostchinesischen Meer entspricht; der Drache des Südmeers, der dem Südchinesischen Meer entspricht; der Drache der Westsee, der den Qinghai-See repräsentiert; und der Drache der Nordsee, der für gewöhnlich den Baikalsee symbolisiert.

Im heutigen China gilt der Drache noch immer als Symbol der Kraft, der Stärke und des Glücks und spielt eine wichtige Rolle im Feng Shui. Wenn sich Drachen über das Land bewegen, bündeln sie die ganze Energie in der Natur und können sowohl für gutes Wetter als auch für Unwetter sorgen. Dem Feng Shui zufolge bestimmen die Drachen auch die Form der Landschaft, und Gebäude sowie Möbel werden gemäß „Drachenlinien", den starken Strömen von Drachenenergie, die durch die Erde verlaufen, ausgerichtet.

In der chinesischen Astrologie wird der Drache mit der Zahl Neun assoziiert, die im Feng Shui besonders glücksverheißend ist. Eine sogenannte

Neun-Drachen-Wand findet sich in zahlreichen chinesischen Palästen und Gärten wie jenen in Peking, Datong und Hongkong. Die Wände zeigen eine Reihe von neun Drachen, die der Stadt Wohlstand, Kraft und Erfolg bringen. Von den zwölf Tieren im chinesischen Tierkreiskalender gilt das Jahr des Drachen, das alle zwölf Jahre wiederkehrt, als besonders glücksverheißendes Geburtsjahr. Im Jahr des Drachen Geborene gelten als willensstark und arrogant, aber meist auch erfolgreich und geschäftstüchtig.

Historisch gesehen hat sich der Drache auf der ganzen Welt wahrscheinlich aus Mythen entwickelt, die mit Schlangen zu tun haben. Es gibt viele Mythen, in denen monströse Tiere von sterblichen oder halb-göttlichen Helden bezwungen werden. Im antiken Nahen Osten etwa finden sich Mythen wie die über Humbaba, die feuerspeiende Bestie mit Drachenzähnen, die

erstmals im Gilgamesch-Epos beschrieben wird. In der indischen Mythologie wird, wie im *Rigveda* beschrieben, der Monsterdrache Vritra von Indra besiegt. Das mittelalterliche Legendentum strotzt nur so vor Drachentötern wie Beowulf, Sigurd und Tristan. Hier jedoch gilt der Drache als böse.

In der Offenbarung 12 besiegte der Anführer der himmlischen Engel Michael einen siebenköpfigen Drachen, der die Verkörperung des Satans war. Die sieben Köpfe symbolisierten die sieben Todsünden, und in den meisten westlichen Traditionen symbolisiert Drachenblut tödliches Gift. Seit dem Mittelalter ist der Held, der einen Drachen besiegt, eines der bekanntesten Motive in der westlichen Kunst und Literatur. Einer der bekanntesten von ihnen ist wohl der heilige Georg, der eine libysche Prinzessin vor einem Drachen rettet und diesen schließlich mit seinem Schwert tötet.

Der Hl. Georg und der Drache (ca. 1470) von Paolo Uccello zeigt die Legende vom Heiligen Georg, eine Metapher, wie das Christentum in Gestalt des Hl. Georg das Böse in Gestalt des Drachen besiegte.

Das Drachensymbol bringt entweder Glück oder Unglück.

MYTHISCHE UNGEHEUER

BEHEMOTH

Behemoth war ein Ungeheuer, das erstmals im Buch Hiob erwähnt wurde. Ihm wurden viele Gestalten zugeschrieben, vom mythischen Wesen bis hin zum Elefanten, Nilpferd, Nashorn oder Krokodil. Es soll sich um ein Ungeheuer handeln, das von einer Schöpfergottheit vernichtet wird. Der Name wird heute als Metapher für eine besonders große oder mächtige Organisation verwendet.

KENTAUR

Die Figur aus der griechischen Mythologie mit Kopf, Armen und Oberkörper eines Menschen sowie Beinen und Körper eines Pferdes soll die ungezähmte und die zivilisierte Natur des Menschen symbolisieren. Der bekannteste Kentaur war Cheiron, ein geachteter Heiler, der sich ironischerweise nicht selbst heilen konnte und als Sternbild Zentaur in den Himmel gesetzt wurde.

CHIMÄRE

Dieses feuerspeiende Ungetier aus dem antiken Kleinasien setzte sich aus Löwe, Ziege und Schlange zusammen und wurde üblicherweise als Löwe mit Ziegenkopf und einem Schwanz dargestellt, der in einem Schlangenkopf endet. Sie war eine Tochter von Typhon und Echidna, und ihre Geschwister waren alle Ungeheuer wie Zerberus, der dreiköpfige Hund der Unterwelt.

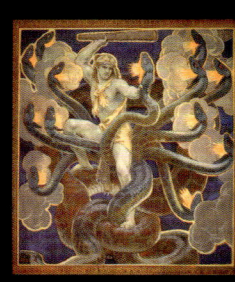

SATYR

Die Satyren, Begleiter von Dionysos, wurden meist mit pferdeähnlichem Schwanz und Ohren, und manchmal mit Phallus dargestellt. Bei den Römern erhielten sie ziegenähnliche Züge und wurden in lateinischen Schriften mit menschlichem Oberkörper und dem Unterkörper sowie Schwanz einer Ziege beschrieben.

GORGONEN

Die Gorgonen waren weibliche Ungeheuer, die in den frühesten Werken der griechischen Literatur beschrieben wurden. Die drei Schwestern, deren Haar aus lebendigen Giftschlangen bestand, hatten grauenhafte Gesichter, die jeden, der sie anblickte, zu Stein erstarren ließen. Die bekannteste ist Medusa, die von Perseus getötet wurde.

HYDRA

Das antike griechische Wasserungeheuer besaß eine endlose Anzahl von Köpfen und für jeden abgeschlagenen Kopf wuchsen zwei neue. Ihr Atem und ihr Blut waren giftig. Herakles gelang es, die Hydra von Lerna zu töten, indem er ihr einen Kopf abschlug und sein Schwert in ihr Gift tauchte. Damit brannte er die Hälse aus, sodass die Köpfe nicht nachwachsen konnten.

GREIF

Der Greif war ein mythisches Ungeheuer der griechischen Antike mit
dem Körper, dem Schwanz und den
Hinterläufen eines Löwen sowie dem
Kopf, den Flügeln und Krallen eines
Adlers. Der Löwe galt als König der
Tiere und der Adler als König der
Vögel. Folglich hielt man den Greif
für ein besonders mächtiges und
majestätisches Wesen, ein Symbol für
göttliche Kraft und Schutz.

INCUBUS

Ein Incubus war ein männlicher Dämon, der sich verschiedenen Mythen
und Legenden zufolge nachts mit
schlafenden Frauen paart. Sein weibliches Pendant wird als Succubus
bezeichnet. Der legendäre Zauberer Merlin soll bei einer Paarung
zwischen einer sterblichen Frau und
einem Incubus gezeugt worden sein.

MINOTAUROS

Der Minotauros besaß den Kopf
eines Stieres und den Körper eines
Menschen. Er lebte in einem Labyrinth in Knossos, Kreta, das von dem
Architekten Daidalos im Auftrag von
König Minos errichtet worden war.
Minotauros war der Nachkomme eines Opferstiers und Minos' Frau und
wurde schließlich von dem atheni-
schen Helden Theseus getötet.

MAKARA

Der Makara ist in der hinduistischen
Mythologie ein Seeungeheuer, das
vorne die Gestalt eines Elefanten,
Krokodils, Hirsches oder Rehs hatte,
und hinten die Gestalt eines Fisches,
einer Robbe oder eines Pfaus. Makara
diente der Göttin des Ganges Ganga
und dem Gott der Ozeane Varuna als
Reittier auf den Gewässern.

TENGU

Der Tengu hatte in der japanischen
Shinto-Tradition die Gestalt eines
Raubvogels und menschliche sowie
vogelartige Züge. Die frühesten Tengu wurden mit Schnäbeln dargestellt,
die schließlich zu einer unnatürlich
langen Menschennase stilisiert wurden. In der buddhistischen Tradition
wurden sie mit lästigen oder boshaf-
ten Geistern assoziiert.

DONNERVOGEL

In der nordamerikanischen Mythologie war der Donnervogel eine
übernatürliche Kreatur der Kraft und
Stärke. Der Schlag seiner riesigen
Flügel soll Donner und Winde
heraufbeschworen haben. Mit seinen
blitzenden Augen erzeugte er Wet-
terleuchten, einzelne Blitze entstanden durch leuchtende Schlangen, die
zu Boden schlitterten.

VISIONSSCHLANGE
MEXIKO ca. 400 v. Chr.

Die Visionsschlange diente als Brücke zur Geisterwelt

Lintel 15 zeigt Lady Wak Tuun mit Utensilien für den Aderlass und einer Schlange, einer Erscheinungsform des Blitzgottes K'awiil, den sie aus dem Jenseits herbeirief.

Visionsschlangen waren ein bedeutender Bestandteil des Aderlasses, der bei den Maya ab etwa 400 v. Chr. eine übliche Praxis und einen essentiellen Bestandteil öffentlicher Herrschaftsrituale darstellte. Diese Rituale wurden auf den Spitzen von Pyramiden oder in offenen Höfen abgehalten, wo das Volk den Aderlass mitverfolgen konnte. Die herrschende Elite zapfte mittels Lanzetten, die aus dem Stachel des Stachelrochens, Feuerstein, Knochen oder Obsidian gefertigt wurden, Blut aus verschiedenen Körperteilen ab. Schlangen symbolisierten den Lebensgeist und nach dem Glauben der Maya tauchten heilige Ahnen als Visionsschlangen auf, um zu bestätigen, dass der angehende Herrscher der Richtige war. Während des Aderlasses wurde Pergament oder Papier in Blut getaucht und verbrannt, um die Visionsschlange zu befreien, die sich als Ahnengeist im Rauch manifestieren würde.

Im Tempelkomplex der historischen Mayastätte Yaxchilan, Mexiko, finden sich verschiedene Türstürze aus dem 8. Jahrhundert, die Szenen aus dem Leben der Maya zeigen. Der sogenannte Lintel 15 zeigt eines der Aderlass-Rituale unter der Herrschaft von Yaxun B'alam IV. Darauf blickt seine Frau zur Visionsschlange empor. In ihrer linken Hand hält sie eine Schale, in der sich der Stachel eines Stachelrochens, eine Lanzette aus Obsidian und mit Blut bespritztes Papier befinden. Während des Rituals erhebt sich die Visionsschlange in rauchenden Flammen aus der Schale und wie durch Magie taucht aus ihrem Maul ein Ahnenkrieger auf. Yaxun B'alam IV. setzte seine Herrschaft nach der von seinem Vater B'alam II. herbeigeführten Blütezeit fort. Er galt jedoch nicht als rechtmäßiger Thronerbe und hielt sich nur mit Mühe an der Macht. Dieses Aderlass-Ritual diente als Nachweis, dass Yaxun B'alam IV. der rechtmäßige Thronfolger war.

Auf Lintel 24 hält König Itzamnaaj B'alam II. eine brennende Fackel. Vor ihm kniet seine Gemahlin, die ein mit Dornen oder Stacheln besetztes Seil direkt durch ihre Zunge führt. Blut tropft auf das Papier in einem Korb vor ihr. Aus ihrem Blut steigt eine riesige, sich windende Schlange empor, aus deren Maul ein Ahnenkrieger erscheint.

MYTHOLOGIE DER MAYA

Die Visionsschlange hat ihre Ursprünge in der frühesten Maya-Mythologie als Mittelpunkt des geistigen Weltbaumes. Die Mythen beschreiben Schlangen als Medium, durch das Himmelskörper

wie die Sonne und die Sterne den Himmel überqueren. Durch ihre Häutung wurden die Schlangen zum Symbol für Wiedergeburt und Erneuerung. Ihre Verehrung war so groß, dass eine der wichtigsten Gottheiten Mesoamerikas, Quetzalcoatl („schöne Schlange"), als gefiederte Schlange dargestellt wurde. Durch Aderlass-Rituale bezeugte der König seine Verbindung mit der Visionsschlange und somit dem Mittelpunkt der geistigen Welt, indem er als Pforte zwischen der greifbaren und der geistigen Welt agierte.

In den 1930ern stellten Archäologen fest, dass die Kekchí-Maya in Belize noch immer ein ähnliches Ritual mit einer Visionsschlange bei der Initiationszeremonie eines Schamanen abhielten, wenngleich dabei kein Aderlass erfolgte. Man glaubte, dass der angehende Schamane im Zustand der Trance direkte Verbindung zu einer Riesenschlange aufnahm. Dadurch erlangte er das für Schamanen nötige Wissen.

Die Pyramide der Gefiederten Schlange (ca. 150–200) in Teotihuacan zeigt eine der ältesten Darstellungen von Quetzalcoatl.

Die Visionsschlange war bei den Maya ein wichtiges Symbol und diente als Medium zwischen der physischen Welt und den Gottheiten sowie zwischen Lebenden und Toten.

MAYA-GÖTTER

ACAN

Acan war der Gott der Berauscht-
heit, des Weines und der Kunst des
Brauens eines starken Met namens
Balché. Sein Name bedeutet „rülp-
sen" oder „stöhnen" und er wird mit
dem Maya-Gott der Trunkenheit Bohr
assoziiert, mit dem er offensichtlich
eng befreundet war. Acan war unge-
stüm und wurde bei allen möglichen
Feierlichkeiten verehrt.

BACABS

Die Bacabs waren die vier Götter der
Winde, die die vier Ecken der Welt
stützten: Mulac, Kan, Ix und Cauac.
Mulac und Kan erzeugten positive
Energien, während Ix und Cauac
negative Kräfte brachten. Dieses
Zusammenfließen ermöglichte es
den frühen Göttern, Menschen und
die physische und nicht physische
Welt zu erschaffen.

CAMAZOTZ

Der Fledermausgott der Unterwelt
ernährte sich vom Blut der Menschen, die geköpft oder bei rituellen
Hinrichtungen in Stücke zerfetzt
wurden. In dem heiligen Buch Popol
Vuh riss Camazotz Hunapu, einem
der Heldenzwillinge, einen Kopf ab,
der von seinem Bruder wiederbelebt
wurde. Camazotz wurde daraufhin
besiegt und verstoßen.

HUNAB KU

Der unsichtbare und gestaltlose Hunab Ku gilt als Erscheinungsform des
Gottes Itzamna, seines Sohns, und
auch als der Gatte von Ixazaluoh, der
göttlichen Mutter, die mit Wasser, Leben und der Weberei assoziiert wird.
Einige Inschriften bezeichnen ihn als
„die Augen und Ohren" der Sonne,
die wie der christliche Gott allgegenwärtig ist und alles weiß.

HURACAN

Huracan war der Gott des Sturmes.
Im heiligen Buch Popol Vuh war er
der höchste Schöpfer der Erde, der
die Existenz erdachte, an der Schöpfung der Menschen mitwirkte und
die große Flut schickte, um seine
minderwertigen Schöpfungen zu
zerstören. Er gilt auch als Herrscher
des Wirbelwindes.

ITZAMNA

Itzamna lehrte sein Volk das Schreiben,
die Medizin, Wissenschaft, Kunst und
Ackerbau, schuf und ordnete den Kalender und unterwies die Menschen im
Anbau von Mais und Kakao. Er war auch
ein Heiler und erweckte die Toten wieder
zum Leben. Itzamna wird mit dem Propheten Zamana assoziiert, der auf Befehl
der großen Göttin die heiligen Schriften
in die Stadt Izamal brachte.

CHAAC

Chaac war der oberste Gott der Stürme und des Regens und wurde auch mit Ackerbau und Fruchtbarkeit assoziiert. Er herrschte über wichtige Wasserquellen. Er war ein Todfeind der Herrscher der Unterwelt und galt als fürsorgliche, wenngleich unberechenbare Gottheit.

EK CHUAH

Ek Chuah wurde auch als „Gott M" bezeichnet. Er regierte über Reisende, Kaufleute und Krieger und beschützte sie. Er wurde als dunkelhäutiger Mann mit großer Unterlippe dargestellt. Über seiner Schulter trug er eine Tasche und einen Speer. Er galt auch als Schutzherr des Kakaos und der Kakaoerzeugnisse.

GUKUMATZ

Er ist auch als Kukulcan und insbesondere Quetzalcoatl (die gefiederte Schlange) bekannt und wurde bereits im 1. Jahrhundert v. Chr. in der Stadt Teotihuacan verehrt. Gukumatz ist eine der 13 Gottheiten, die die Welt formten und die Menschen schufen.

IXCHEL

Die Regenbogengöttin Ixchel wurde von Frauen verehrt, die schwanger werden wollten. Sie galt als Göttin der Heilung. Ihre andere Rolle war die der Göttin des Krieges. Sie konnte also sowohl Leben geben als auch nehmen. Sie wurde oft mit Klauen und umgeben von Knochen dargestellt.

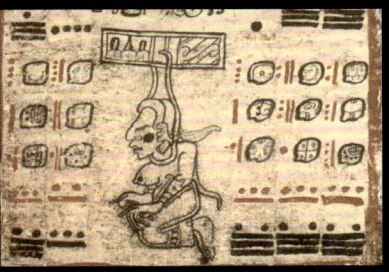

IXTAB

Ixtab war die Göttin des Selbstmordes, besonders jenes durch Erhängen. Sie wurde als am Strick hängende verrottende Frauenleiche dargestellt. Selbstmord garantierte den Menschen den sofortigen Übertritt ins Paradies in Begleitung von Ixtab und bedeutete, dass sie die Unterwelt umgehen konnten.

KINICH AHAU

Der als „Gesicht der Sonne" bekannte Sonnengott war ein Gott der Heilung und Medizin. Hunab Ku gilt als spätere Erscheinungsform von Kinich Ahau. In einigen frühen Mythen ist Kinich Ahau der Gefährte der göttlichen Mutter Ixazaluoh.

SCHMETTERLING
TEOTIHUACAN, MEXIKO ca. 200 v. Chr.

Weltweites Symbol der Verwandlung

Itzpapalotl wird in der aztekischen Kunst als skelettartige Figur mit Jaguarkrallen und Schmetterlingsflügeln mit Messern an den Spitzen dargestellt. Sie repräsentiert die dunkleren Aspekte der Erdmutterfiguren.

Der galaktische Schmetterling ist ein Symbol für alles im Universum Erdachte.

In der antiken Stadt Teotihuacan, die um 200 v. Chr. errichtet wurde, finden sich auf zahlreichen Tempeln, Gebäuden, Steinen, Türstürzen und Mauern Darstellungen von Schmetterlingen. Mitunter wurde der Schmetterling mit den Zähnen eines Jaguars abgebildet, während andere Exemplare als die Reinkarnationen der Seelen toter Krieger galten. Der bunt gefärbte Quetzal (Vogel) wurde im antiken Mesoamerika verehrt. Viele Abbildungen zeigen den Vogel mit den Flügeln eines Schmetterlings, ein Wesen, das unter der Bezeichnung Quetzalpapalotl bekannt wurde. Andere Abbildungen von Jaguar-Schmetterlingen und Vogel-Schmetterlingen wurden bei den Zapotec und Maya als Symbole für Kriegsführung und Tod entdeckt. Bei den Azteken war Itzpapalotl (Obsidian- oder Klauenschmetterling) eine grimmige Kriegsgöttin der Nacht.

Auch die alten Griechen und Römer verehrten, wenn auch aus anderen Gründen, Schmetterlinge. Die griechische Göttin Psyche war die Göttin der Seele und wurde in antiken Mosaiken mit Schmetterlingsflügeln dargestellt. Das Wort „Psyche" bedeutet „Seele" und „Schmetterling", wodurch deutlich wird, wie die symbolische Verbindung zwischen Schmetterling und Seele in der europäischen Überlieferung entstand.

Die Kelten hielten Schmetterlinge für menschliche Seelen auf der Suche nach ihrer Mutter. In Japan ist der Schmetterling ein Symbol für Eitelkeit, während zwei Schmetterlinge Ehe und Liebe versinnbildlichen. Nach japanischem Aberglauben verheißt ein Schmetterling, der ins Zimmer fliegt und sich hinter der Bambuswand niederlässt, Besuch von der Person, die man am meisten liebt.

Bei den alten Chinesen war der Schmetterling das taoistische Symbol der Veränderung und Verwandlung. Der Philosoph Zhuangzi soll beim Schlafen am Fluss davon geträumt haben, ein Schmetterling zu sein. Beim Aufwachen wusste er nicht, ob er wach war oder noch träumte. Er fragte sich, ob er Zhuangzi war, der davon träumte

Ein Relief im Palast von Quetzal-papalotl, Teotihuacan, zeigt den mythischen Vogel-Schmetterling-Gott Quetzal Mariposa.

ein Schmetterling zu sein, oder ein Schmetterling, der davon träumte, Zhuangzi zu sein.

Bei den Ureinwohnern Amerikas ist der Schmetterling ein Symbol der Freude, Veränderung und Verwandlung. Bei den Hopi flochten jungfräuliche Mädchen als Zeichen ihres ledigen Status ihr Haar zu Schmetterlingsflügeln.

Vom Ei zur Larve bis zur Puppe durchlebt der Schmetterling eine außergewöhnliche Metamorphose, um dann dem Kokon in all seiner geflügelten Pracht zu entsteigen. Als eines der vollkommensten Beispiele der Natur für Veränderung und Wachstum verwundert es kaum, dass der Schmetterling weltweit zum Symbol des Wandels wurde und oft als Mittler zwischen der geistigen und scheinbar realen Welt galt.

TIERE UND IHRE SYMBOLKRAFT

BIENE
Im Nahen Osten und der Ägäis herrschte der Glaube, dass Bienen zwischen der Ober- und Unterwelt wandeln. Bienen zieren Gräber und mykenische Gräber hatten sogar die Form von Bienenstöcken. Bienensymbole gibt es auch bei mesoamerikanischen Völkern, etwa in Gestalt des Maya-Bienengottes Ah-Muzen-Cab. Honigbienen waren als Symbol der Unsterblichkeit und Auferstehung Symbole des Königsgeschlechts der Merowinger.

KÄFER
Der Skarabäus galt im alten Ägypten als Symbol der Wiedergeburt und Erneuerung, während er in vielen europäischen Volkstraditionen für Veränderung und den Fluss des Lebens steht. Der Hirschkäfer etwa war dem nordischen Gott Thor geweiht und soll Blitz und Donner gebracht haben.

SKORPION
In der griechischen Mythologie war der Skorpion Sinnbild für Tod, Verrat und Wechsel, als Artemis mithilfe eines Skorpions Orion tötete. Darauf hin versetzte Zeus den Skorpion als Sternbild in den Himmel. Bei einigen Arten ist das Gift tatsächlich das Gegenmittel für den Stich. In Ägypten und Tibet wird dies als gutes Omen gedeutet, deshalb werden Skorpione oft in Amuletten dargestellt, die Schutz bieten und Böses abwehren.

SPINNE
Gemeinsam mit ihrem Netz ist die Spinne seit frühester Zeit ein weltweites Symbol für Rätselhaftigkeit, Macht und Schicksal. Im alten Ägypten wurde sie mit der Göttin Neith in ihrer Erscheinungsform als Spinnerin und Weberin des Schicksals assoziiert. In der griechischen Mythologie forderte Athene, die Göttin der Handarbeit, die Nymphe Arachne zu einem Wettstreit in der Webkunst heraus. Als Arachne gewann, verschonte sie die erzürnte Göttin zwar, verwandelte sie aber in eine Webspinne.

HALLEYSCHER KOMET
BABYLON, MESOPOTAMIEN ca. 164 v. Chr.

Omen für Gutes aber auch Böses

Der erste schriftliche Beleg zum Auftauchen des Halleyschen Kometen dürfte aus dem Jahr 467 v. Chr stammen, als im antiken Griechenland ein Komet verzeichnet wurde. Sein Zeitpunkt, der Ort, die Dauer und der einhergehende Meteorschauer deuten darauf hin, dass es sich um Halley handelte. Die einzig erhaltene Aufzeichnung bezieht sich jedoch auf das Auftauchen im Jahr 164 v. Chr. Diese findet sich auf zwei fragmentarischen Tafeln aus Babylonien, die im British Museum, London, ausgestellt sind. Ein weiteres Auftauchen im Jahr 87 v. Chr. wurde ebenso auf babylonischen Tafeln festgehalten. Ihnen zufolge war der Komet einen Monat lang Tag für Tag zu sehen. Das war das erste Mal, dass der Komet anscheinend mit einem Ereignis in

Verbindung gebracht wurde oder weitreichenden Einfluss ausübte. Das Ereignis diente dem armenischen König Tigranes dem Großen als Machtsymbol und wurde auf Münzen mit einer Krone sowie einem Stern mit gebogenem Schweif dargestellt. Dies könnte die Neue Ära des Königs der Könige eingeläutet haben. Aus dem Auftauchen von Halley im Jahr 12 v. Chr., nur wenige Jahre nach dem allgemein angenommenen Geburtsjahr Jesu, leiteten viele Astronomen und Theologen eine Erklärung für die Geschichte des Sterns von Bethlehem ab.

Der Halleysche Komet vollendet seinen Umlauf innerhalb eines Zeitraums von 200 Jahren oder weniger. Er ist der einzige Komet, der mit bloßem Auge sichtbar ist. Seine Umlaufzeit von etwa 76 Jahren bedeutet, dass er der einzige Komet ist, den die Menschen zumindest theoretisch ein, wenn nicht zwei Mal im Leben zu Gesicht bekommen können. Aufgrund dieser Einzigartigkeit und seines oft schillernden Auftretens gilt er als Omen für Unglück aber auch eine glanzvolle Zukunft.

Seltsame Erscheinungen am Himmel wurden seit jeher von verschiedenen Zivilisationen als gute oder böse Omen gedeutet. Dazu zählen Meteorschauer, Mond- und Sonnenfinsternisse, Kometen, die Nordlichter, Hurrikane, Tornados und das Auftauchen von zwei Planeten in Konjunktion. In früheren Zeiten galten die Kometen als „haarige Sterne", da sie unvorhersehbar zu sein schienen. Das Auftauchen eines Kometen war ein spektakuläres Ereignis, das eine bedeutende Zeit für Herrscher, Führer, Könige und Propheten kennzeichnete. Folglich wurde der Komet selbst zum Symbol oder Zeichen für Gutes oder Böses, das sich in der Zukunft ereignen würde.

Im finsteren Mittelalter finden sich wenige Belege für das Auftauchen des Kometen. Im Jahr 1066 änderte sich seine Symbolik, als das Auftauchen von Halley als Omen für eine Katastrophe

Antike babylonische Tafeln verzeichnen das Auftauchen des Halleyschen Kometen rund hundert Jahre vor der Geburt Jesu Christi.

galt. Im selben Jahr erlitt Harald II. von England eine Niederlage und starb in der Schlacht von Hastings. Der Komet aber erwies sich als gutes Omen für den Mann, der ihn besiegte – William der Eroberer. Im Teppich von Bayeux wird der Komet als feuriger Stern dargestellt. Berichte beschreiben, dass er vier Mal so groß wie die Venus war und mit einem Licht strahlte, das einem Viertel des Lichts des Mondes entsprach.

Halleys Wiederkehr im Jahr 1222 war laut Astrologen und Weissagern verantwortlich für ein noch erschreckenderes Ereignis. Dschingis Khan soll den Kometen als seinen persönlichen Stern erachtet haben. Seine Bahn Richtung Westen soll ihn dazu inspiriert haben, selbst dorthin aufzubrechen und eine Invasion in Südosteuropa zu starten, die eine Spur der Verwüstung hinterließ. Wahrscheinlich ließ sich Dschingis Khan jedoch kaum von Himmelszeichen beeinflussen und wollte die zivilisierte Welt erobern, egal was sich am Himmel abspielte.

Im Jahr 1456 wurde das Auftauchen von Halley in Kaschmir detailreich von Srivara, einem Sanskrit-Dichter und Biographen der Sultane von Kaschmir, aufgezeichnet. Er erachtete ihn als böses Omen für den drohenden Sturz von Sultan Zayn al-Abidin. Im selben Jahr gründete Kaiser Zara Yaqob, Herrscher von Äthiopien von 1434 bis 1468, nach Beobachten eines grellen Lichts am Himmel, das die meisten Historiker als Halleyschen Kometen deuten, die Stadt des Lichtes und machte sie zu seiner Hauptstadt.

Dass Kometen wiederkehrten, wurde erstmals von Sir Edmond Halley erkannt, der mithilfe des Newtonschen Gravitationsgesetzes und der Keplerschen Gesetze die Wiederkehr des Halleyschen Kometen für 1758 voraussagte. Dem Auftauchen von Halley im Jahr 1910 ging ein unerwartetes Erscheinen eines ganz anderen Kometen im Januar desselben Jahres voraus. Von der Presse wurde dieses Ereignis künstlich aufgeblasen und das drohende Ende der Welt verlautbart. Darauf hin wurden in Pariser Vororten der Durchgang Halleys und das Ende der Welt gefeiert. Es gab Befürchtungen, dass sein Schweif mit tödlichen Giftgasen gefüllt sein könnte, die die Welt ausrotten würden. Ein Journalist ätzte, dass sich kluge und wohlhabende Pariser für ein paar Tage ein U-Boot mieten und während des Durchgangs des Kometen in der Nordsee untertauchen sollten.

Damals wie heute werden Kometen und andere Himmelsereignisse als Vorboten für bedeutsame Ereignisse gedeutet.

Der Teppich von Bayeux stellt das Erscheinen des Halleyschen Kometen 1066 dar, das englische Astrologen als böses Omen für König Harald erachteten.

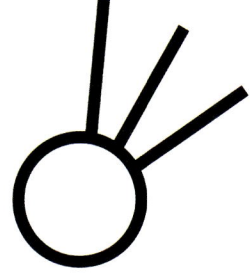

Kometen galten nicht nur als Symbole für drohendes Unheil und Unglück, sondern auch für positive Ereignisse.

GEHÖRNTER GOTT
DÄNEMARK 152–150 v. Chr.

Assoziiert mit Fruchtbarkeit, Wachstum, Natur und Wiedergeburt

Dieser reich verzierte Silberkessel aus dem 2. Jahrhundert v. Chr. wurde in einem Moor in Dänemark gefunden. Das Motiv dürfte thrakische, keltische oder gar hinduistische Bezüge haben.

Die mysteriöse Figur des Gehörnten Gottes auf dem prachtvollen Kessel von Gundestrup ist Cernunnos, der Gott des keltischen und heidnischen Polytheismus. Cernunnos wird oft mit Tieren wie dem Hirsch dargestellt und tritt mitunter mit einer widderhörnigen Schlange sowie mit Stieren, Hunden und Ratten in Erscheinung. Aufgrund seiner Assoziation mit Tieren wird er von Forschern oft als „Herr der Tiere" oder „Gott der wilden Dinge" beschrieben. Ebenso ist er aber auch als friedlicher Gott der Natur und Fruchtbarkeit bekannt. Einige Forscher vermuten, dass es sich bei Cernunnos um eine Gottheit handelte, die für eine magische Tradition von besonderer Bedeutung war, die in Eurasien verbreitet war und noch heute im tantrischen Yoga und sibirischen Schamanismus weiterbesteht. Interessanterweise findet sich ein ähnlicher Gehörnter Gott auf dem Pashupati-Siegel (2500–2400 v. Chr.), das in Mohenjo-Daro im Indus-Tal gefunden wurde. Es soll sich entweder um eine der ältesten Abbildungen des Hindu-Gottes Shiva in seiner Form Pashupati oder der vedischen Gottheit Rudra, des Gottes der Jagd und der wilden Tiere, handeln.

Der Name Cernunnos taucht zum ersten Mal als lateinische Inschrift auf dem Pfeiler der Nautae Parisiaci auf, einem Flachrelief aus Kalkstein mit Darstellungen verschiedener Gottheiten aus der römischen und gallischen Mythologie. Das Monument stammt aus dem frühen 1. Jahrhundert n. Chr. und stand ursprünglich in einem Tempel im gallorömischen Lutetia, dem heutigen Paris. Die Cernunnos-Darstellung zeigt einen Gott im Schneidersitz mit kurzem Hirschgeweih, an dem zwei „torques", metallene Halsringe, hängen.

Der Stein ist vornehmlich dem Gott Jupiter geweiht. Die übrigen Widmungen sind von Abbildungen anderer Götter begleitet, wenngleich sie nicht alle deutlich oder vollständig sind. Diese sind, gefolgt von Jupiter: Tarvos Trigaranus, Volcanus, Esus, Cernunnos, Castor, Smertrios und Fortuna. Es wird vermutet, dass Cernunnos ursprünglich im Lotossitz dargestellt werden sollte.

ÄGYPTISCHE URSPRÜNGE

Der Gehörnte Gott könnte auch auf ägyptische Gottheiten wie Hathor, die Kuhgöttin, und ihre Vorgängerin Bat, die Göttin der Viehzucht im prädynastischen Ägypten, zurückgehen. Im dynastischen Ägypten entstand ein Kult rund um den Gott Amun-Re, der mit Widderhörnern dargestellt wurde. Widder galten aufgrund ihres rabiaten Brunftverhaltens als Symbol der Virilität. Amuns Hörner repräsentierten auch die Richtungen Ost und West, oder den Auf- und Untergang der Sonne, bei dem es sich nach ägyptischem Glauben um den Sonnengott Re handelte, der über den Himmel wanderte.

Alexander der Große wurde mit den Hörnern Amuns infolge seiner Eroberung Ägyptens im Jahr 332 v. Chr. dargestellt. Amuns Priester empfingen Alexander als den Sohn Amuns, und der Gott wurde später mit Zeus assoziiert. Diese neue Göttermischung Zeus-Amun wurde zu einem eigenen Gott mit bärtigem Gesicht und markanten Widderhörnern, um den ein eigener Kult entstand.

Ab dem frühen Mittelalter war die christliche Kirche bestrebt, jegliche heidnische Verehrung in Europa auszurotten. Alte Kulte um Götter wie den griechischen Dionysos wurden wirksam unterdrückt, und der Gehörnte Gott Cernunnos wurde von der Kirche dämonisiert. Seine Anhänger wurden der Hexerei und des Bundes mit dem Teufel bezichtigt.

Als Symbol der Fruchtbarkeit, des Wachstums, der Natur und der Wiedergeburt werden gehörnte Götter wie Cernunnos aus verschiedenen Kulturen noch heute im Wicca und anderen Formen des Neuheidentums verehrt. In diesen Glaubenssystemen symbolisiert der Gehörnte Gott die Jahreszeiten in einem jährlichen Kreislauf aus Leben, Tod und Wiedergeburt. Cernunnos wird auch mit Natur, Wildnis, Sexualität, Jagd und dem Lebenszyklus assoziiert. Obwohl sich die Darstellungen der Gottheit unterscheiden, wird er entweder mit Hörnern oder Geweih und mitunter einem Tierkopf gezeigt.

Andere gehörnte Götter sind der altgriechische Gott Pan, dessen Heimat im ländlichen Arkadien lag. Er hat das Gesäß, die Beine und die Hörner einer Ziege und wird mit Natur, Bergen, Jagd und Musik assoziiert. Wie andere gehörnte Götter war er ein Symbol für Fruchtbarkeit und der Gott des Frühlings.

Diese römische Terrakotta-Skulptur aus dem 1. Jahrhundert. n. Chr. zeigt den bärtigen, widderhörnigen Jupiter-Amun.

Das astrologische Symbol für Stier repräsentiert einen Stierkopf und Hörner, wie sie mit vielen antiken Göttern assoziiert werden.

ALGOL, DER TEUFELSSTERN

ca. 2. Jahrhundert n. Chr.

Unheilsgestirn, das mit blutiger Gewalt assoziiert wird

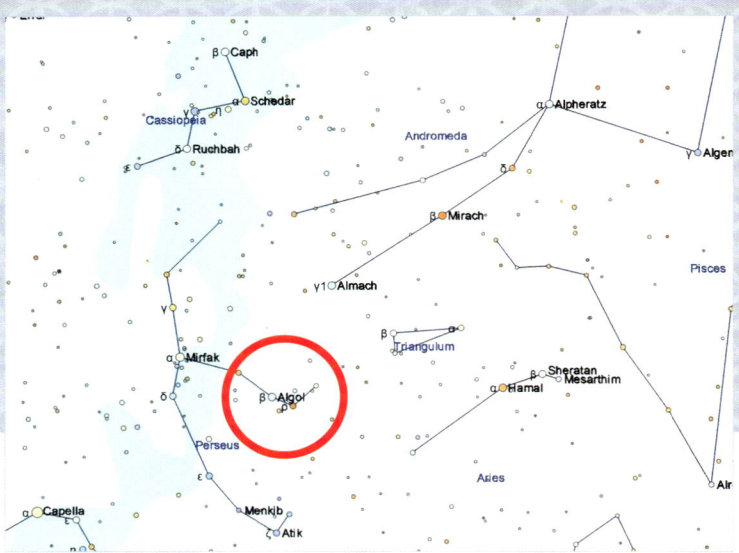

In der Astrologie liegt der berüchtigte Fixstern Algol im Sternbild Perseus. Algol galt in der antike als bösester Stern am Himmel.

Algol, der Teufelsstern, ist einer der 15 Fixsterne, die in der Astrologie und Magie des Mittelalters und der Renaissance in Europa und der arabischen Welt benutzt wurden. Er wird mit dem schlangenköpfigen Ungeheuer Medusa assoziiert und leitet seinen Namen von der arabischen Bezeichnung „Kopf des Dämons" ab. Der Stern stellte, so hieß es, aufgrund seines unvorhersehbaren Verhaltens den schrecklichen Schlangenkopf der Medusa dar. Der alexandrinische Astronom Ptolemäus bezeichnete Algol in seinem Schriftwerk aus dem 2. Jahrhundert als Gorgone von Perseus. Seither ist er in der Literatur und Kunst Sinnbild für Tod durch Enthauptung.

In der griechischen Mythologie war Medusa ursprünglich eine Tempeljungfrau der Athene. Sie war hübsch, charmant und klug und wurde für ihr prächtiges Haar bewundert. Von Lust überwältigt, vergewaltigte Poseidon sie im Tempel. Athene war darüber so erzürnt, dass sie Medusa in eine hässliche schlangenköpfige Gorgone verwandelte, deren Anblick jeden zu Stein erstarren ließ. Per-

seus wurde entsandt, um die Gorgone zu töten. Er schaffte es, Medusa zu enthaupten, indem er die ganze Zeit ihr Spiegelbild in dem polierten Schild betrachtete, den er von Athene erhalten hatte. Darauf hin entsprangen ihrem Körper Pegasos, ein geflügeltes Pferd, und Chrysaor, ein Riese mit goldenem Schwert. Bluttropfen aus Medusas Kopf verwandelten sich in das Ungeheuer Amphisbaena, eine Schlange mit jeweils einem Kopf an den Körperenden. Diese Kreatur symbolisierte Dualität, Uneinigkeit und das Unvorhersehbare, da sie nach Belieben von beiden Seiten angreifen konnte. Perseus benutzte Medusas Kopf, um seine Gegner zu versteinern, und übergab ihn später an Athene, die ihn auf ihrem Schild, der Aigis, platzierte. In jüngeren feministischen und psychologischen Kreisen gilt der furchteinflößende enthauptete Kopf der Medusa als Symbol weiblicher Rage.

Algol war seit jeher in verschiedensten Kulturen ein Sinnbild für blutige Gewalt. Im Hebräischen wird dieses Dreisternsystem Rosh ha Satan (der Kopf von Satan) genannt. Im Arabischen wird der Stern als Ra's al Ghul (Kopf des Dämons) und im Chinesischen als der Fünfte Stern des Mausoleums bezeichnet. In der Astrologie gilt er als einer der unheilvollsten Fixsterne und wurde als einer der 15 Fixsterne – *Behenii* – in der Magie und Astrologie der Frührenaissance gelistet.

Die von Heinrich Cornelius Agrippa von Nettesheim so bezeichneten *Behenii* sind Symbole, die in der Astrologie und Magie benutzt werden. Ihr Name leitet sich vom arabischen Wort *bahman* ab, das „Wurzel" bedeutet. Jeder von ihnen galt als Quelle einer bestimmten Kraft, wenn er in einer Linie mit einem oder mehr der Planeten war. Jedem Stern ist ein Edelstein sowie eine Pflanze zugeordnet. Wurden sie in der rituellen Magie miteinander kombiniert, so übertrug sich angeblich der Einfluss des Sterns auf den Talisman.

Stand ein Planet innerhalb von sechs Grad des Fixsterns, war dies ein besonders mächtiger Einfluss. Dann war es Zeit, das Ritual zu vollziehen.

Im 16. Jahrhundert beschrieb der Gelehrte Agrippa von Nettesheim in seinem dreibändigen Werk *De occulta philosophia* die 15 Sterne und ihr magisches Wirken. Dabei führte er auch deren esoterische Symbole und günstige Zeitpunkte für die Durchführung der magischen Rituale und die ihnen entsprechenden Pflanzen, Edelsteine und Planetenkonfigurationen an. Wenngleich der wahre Ursprung unbekannt ist, glaubte der Ägyptologe Sir Wallis Budge im frühen 20. Jahrhundert, dass sie sich von einer antiken sumerischen Quelle ableiteten.

STERNDEUTUNG

Stand der Mond in Konjunktion mit den aufgehenden Plejaden, die in der Antike als Gruppe von Fixsternen erachtet wurden, war es an der Zeit, die Dämonen (zur damaligen Zeit waren Dämonen vielmehr Naturgeister als etwas Böses) und die Geister der Toten sowie die Winde anzurufen, Geheimnisse zu offenbaren und zu gestehen.

Der Fixstern Aldebaran, sollte, wenn er bei seinem Aufgang in Konjunktion mit dem Mond stand, Reichtum und Ehre vermehren. Algol aber sollte eine gewünschte Person mit Hass und Rache heimsuchen. Man musste nur den entsprechenden Edelstein sowie Kräuter- oder Pflanzenextrakt nehmen, einen Ring aus dem dem Stern entsprechenden Metall fertigen und am Stein befestigen. Dann platzierte der Magier das Kraut unter dem Ring und fügte wichtige Inschriften und geheime Symbole hinzu. Damit Algols Magie wirkte, vermengte man Schneerosenextrakt mit der gleichen Menge Wermut und legte die Mischung unter einen Diamanten.

Die ersten Sternforscher sahen diesen seltsamen, fast blinzelnden Stern inmitten gleichmäßig strahlender Sterne. Kaum verwunderlich, dass Algol einen schlechten Ruf hatte, da er in seiner Andersartigkeit hervorstach; alles Ungewöhnliche, Variable und Ungewisse förderte bei den Menschen der Antike Angst und Aberglauben. Algol gilt als veränderlicher Stern, dessen

Helligkeit wechselt. Seine scheinbare Helligkeit schwankt in einem Zyklus von 2 Tagen, 20 Stunden und 49 Minuten, und dies ist auch mit bloßem Auge erkennbar. Das liegt daran, dass er ein bedeckungsveränderlicher Doppelstern ist. Anders gesagt, ist er aus zwei Sternen zusammengesetzt, wobei jeder Stern um den anderen kreist. Von der Erde aus sieht man fast genau von der Seite auf die Bahnebenen dieses Doppelsterns. Daher ist Algol, wenn der dunklere Stern vor dem helleren vorbeizieht, im Helligkeitsminimum zu sehen. Auf den Beobachter wirkt das Spektakel wie ein zwinkernder, böser Blick am Himmel.

Der Held Perseus konnte Medusa mithilfe eines verspiegelten Schildes töten. Ihr abgeschlagener Kopf wurde angeblich zum gefürchteten Stern Algol.

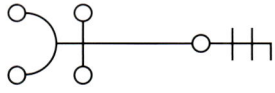

Das Sigill für Algol soll Hass gebracht haben.

PHALLUS
CERNE ABBAS, DORSET, ENGLAND ca. 183–1650

Kraftvolles Symbol der Fruchtbarkeit und Manneskraft

Dieser mysteriöse Riese mit seinem riesigen erigierten Phallus dürfte aus der Römerzeit stammen.

spektakuläre Figur wurde in der Nähe des malerischen Dorfes Cerne Abbas in Dorset, England, in einen Richtung Westen blickenden Hügel gescharrt. Seit Jahrhunderten ranken sich zahlreiche Legenden um den Riesen und seine Entstehung. Einigen zufolge war er ein echter Riese dänischen Ursprungs, der die Anwohner terrorisierte und ihre Schafe verschlang. Eines Nachts töteten ihn die Einwohner von Cerne Abbas, während er auf dem Hügel schlief, und gruben seine Umrisse in den Boden. Einige Ortsansässige behaupten heute, dass die Riesenfigur nachts zum Leben erwacht und sich zum Trinken an den nahegelegenen Fluss begibt.

Im Mittelalter errichteten die Dorfbewohner über seinem Kopf einen Maibaum. Kinderlose Paare tanzten um den Maibaum in der Hoffnung, dies würde ihre Fruchtbarkeit fördern. Es heißt, dass Unfruchtbarkeit durch Geschlechtsverkehr auf der Figur geheilt worden sein soll. Der Legende nach wurden unfruchtbare Frauen fruchtbar, wenn sie eine Nacht am Boden in der Nähe des Phallus des Riesen schliefen. Anderen Erzählungen zufolge konnten junge Frauen ihre Liebhaber zur Treue bewegen, indem sie drei Mal um die Figur herum spazierten.

GRIECHISCHE UND RÖMISCHE MYTHEN

Mit seinem riesigen erigierten Phallus und den Testikeln gilt der Cerne Abbas Giant als heidnisches Symbol der Fruchtbarkeit. Es ist zwar ungewiss, wann das Scharrbild entstand, doch wurde der Ort mindestens seit dem Mittelalter für Fruchtbarkeitsriten und Zeremonien benutzt.

Mit einer Größe von 55 m ist der in den Boden gegrabene Riese eines der bekanntesten und aufsehenerregendsten Phallussymbole Europas. Die

Historiker glauben, dass der Cerne Abbas Giant auch ein Abbild des griechisch-römischen Gottes Herkules sein könnte, der zwischen 180 und 192 n. Chr. mit einem im Heidentum verehrten lokalen Gott verschmolzen war. Zur damaligen Zeit hielt sich der römische Kaiser Commodus, er regierte in diesem Teil Großbritanniens, für eine Reinkarnation von Herkules, sodass es durchaus sein könnte, dass er den Kult in England als

Dieses Relief auf einer antiken griechischen Vase in der Sammlung von Comte de Lamberg (1813–1824) zeigt die Götter (von links nach rechts) Hermes, Dionysos und Priapos.

eine Form der persönlichen Selbstverherrlichung entwickelte.

Andere Forscher wiederum sahen eine Verbindung zwischen dem Riesen und dem altgriechischen Mythos von Priapos, dem missgestalteten Gott, der auf einem Hügel ausgesetzt wurde. Als Rache dafür, dass der Heroe Paris Aphrodite für schöner hielt als Hera, strafte Hera Priapos, während er noch in Aphrodites Mutterleib war, mit Impotenz. Auf der Erde reihte sich Priapos in die Gruppe anderer Fruchtbarkeitsgeister wie Pan und die Satyren ein. Eines Tages weckte die Göttin Hestia, die die Wiesennymphen auf der Erde besuchte, sein sexuelles Verlangen. Als sie schlief, versuchte er sie zu vergewaltigen, doch durch das Geschrei eines Esels schwand seine Erektion und Hestia erwachte. Von da an hegte er einen Hass auf Esel. Bei den Römern wurden die Tiere später oft zu seinen Ehren getötet.

In Griechenland meinte man, der Phallus habe einen eigenen Verstand, wie der eines Tieres, der vom Verstand des Mannes getrennt sei. Darstellungen des erigierten Phallus waren in fast allen Bereichen des Lebens allgegenwärtig, und Statuen des Priapos mit riesigem aufgerichteten Phallus sollten der bösen Blick abwenden. Um Priapos gütig zu stimmen, streichelten Reisende den Penis der Statue. Die Athener verschmolzen Priapos mit Hermes, dem Gott der Grenzen, und stellten eine Mischgottheit mit geflügeltem Helm, geflügelten Sandalen und riesiger Erektion dar.

Im alten Ägypten spielte der Phallus im Osiris-Kult eine wichtige Rolle, und der ägyptische Fruchtbarkeitsgott Min wurde meist mit einem erigierten Penis dargestellt. Der Phallus war auch im alten Rom ein bekanntes Symbol und als „Fascinum" bezeichnete Schutzamulette waren beliebte Schmuckstücke. Ebenso populär waren Gartenstatuen von Priapos, der die Fruchtbarkeit im Haus bewachte und förderte. Junge römische Knaben trugen bis zu ihrer Volljährigkeit ein Amulett, das als Bulla bezeichnet wurde und einen phallischen Talisman enthielt. Der lüsterne Priapos wurde von den Römern nicht nur in der erotischen Literatur und Kunst dargestellt, sondern war auch beim gewöhnlichen Volk ein wichtiges Symbol der Virilität und Kraft.

Der Phallus gilt seit jeher als Symbol der Virilität und Kraft.

Dieses Fascinum aus dem 3. Jahrhundert wurde als Schmuckanhänger getragen.

NAZCA-LINIEN
NAZCA-EBENE, PERU ca. 500

Zoomorphe und geometrische Scharrbilder in der Wüste

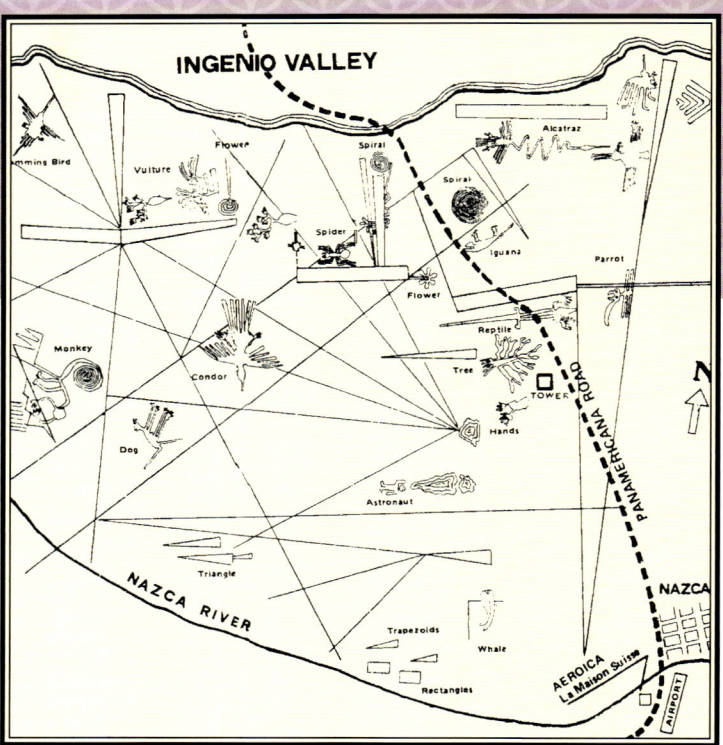

Die Nazca-Linien sind eine Sammlung riesiger, meist zoomorpher Symbole wie Affe, Kondor, Reiher, Spinne. Ihre Bedeutung ist bis heute nicht geklärt.

Vor zweitausend Jahren wurde die Stadt Cahuachi als Kultstätte in der heißen, staubigen Nazca-Ebene errichtet. Hier wurden geometrische Linien und Umrisse von Tieren, Vögeln und seltsamen Figuren, die als Nazca-Linien bekannt sind, in den trockenen Erdboden geritzt. Doch welcher Zweck steckte dahinter?

Cahuachi, das einst eine üppige Oase war, wurde durch zwei Naturkatastrophen im 4. Jahrhundert verwüstet. Zunächst durchschnitt eine riesige Flut die natürliche Wasserversorgung der Stadt, dann zerstörte eine heftiges Erdbeben die Tempel. Daraufhin schwand die religiöse Bedeutung Cahuachis. Da die Bewohner von Nazca glaubten, dass die Berge, der Himmel, die Flüsse, die Fluten und die Erdbeben von den Göttern beherrscht wurden, deuteten sie die Katastrophen als Zeichen ihres Unmuts und gaben daher die Stätte auf.

In Cahuachi waren die Priester der Elite anscheinend eher so etwas wie Schamanen oder Zauberer. Einer Legende nach konnten diese Priester durch die Luft fliegen und den Arbeitern bei der Schaffung der Nazca-Linien Anweisungen erteilen. Jenseits der Ebene erstreckte sich die riesige Stadt Ventilla. Forscher nehmen an, dass die Linien heilige Pfade waren, die die beiden Städte und ihre vitale Wasserquelle verbanden.

Die geheimnisvollen Linien, die am deutlichsten von der Luft aus erkennbar sind, haben möglicherweise auch eine astrologische oder astronomische Bedeutung. Andere glauben, dass sie das Werk antiker UFOs sind. Allgemein wird angenommen, dass die Linien eine Form der Anbetung des Himmels und der Berggötter waren und meist in Ritualen und Zeremonien benutzt wurden, um die Naturgötter anzurufen und Wasser zu erbeten.

ZOOMORPHE SYMBOLE

Tiersymbole sind in den Anden weit verbreitet, und die Nazca-Linien weisen eine bemerkenswerte Vielfalt an zoomorphen Symbolen wie Affe, Spinne, Hund, Kolibri, Kondor, Reiher, Wal und Pelikan auf. Bei den alten Andenvölkern galt eine Spinne, die aus einem Loch krabbelte, als Vorbote für Regen. Die Spinne, die für ihre Webkünste und ambivalente Natur – einige sind giftig, andere nützlich, weil sie Insekten töten – respektiert wurde, wurde zum Symbol stiller Kraft. Bei einigen indigenen Völkern Mesoamerikas wurde die Spinne oft als Gott verehrt, wie der Große Weber der Maya, der das Netz des Lebens spinnt.

In der Nazca-Kultur galt der Kolibri als Götterbote, da er als einziger Vogel rückwärts fliegen konnte, als ob von der göttlichen Welt in die

reale. Der Kolibri ist in den Anden von enormer spiritueller Bedeutung und ein Symbol der Auferstehung. Der Legende nach stirbt er in kalten Nächten, erwacht aber bei Sonnenaufgang wieder zum Leben.

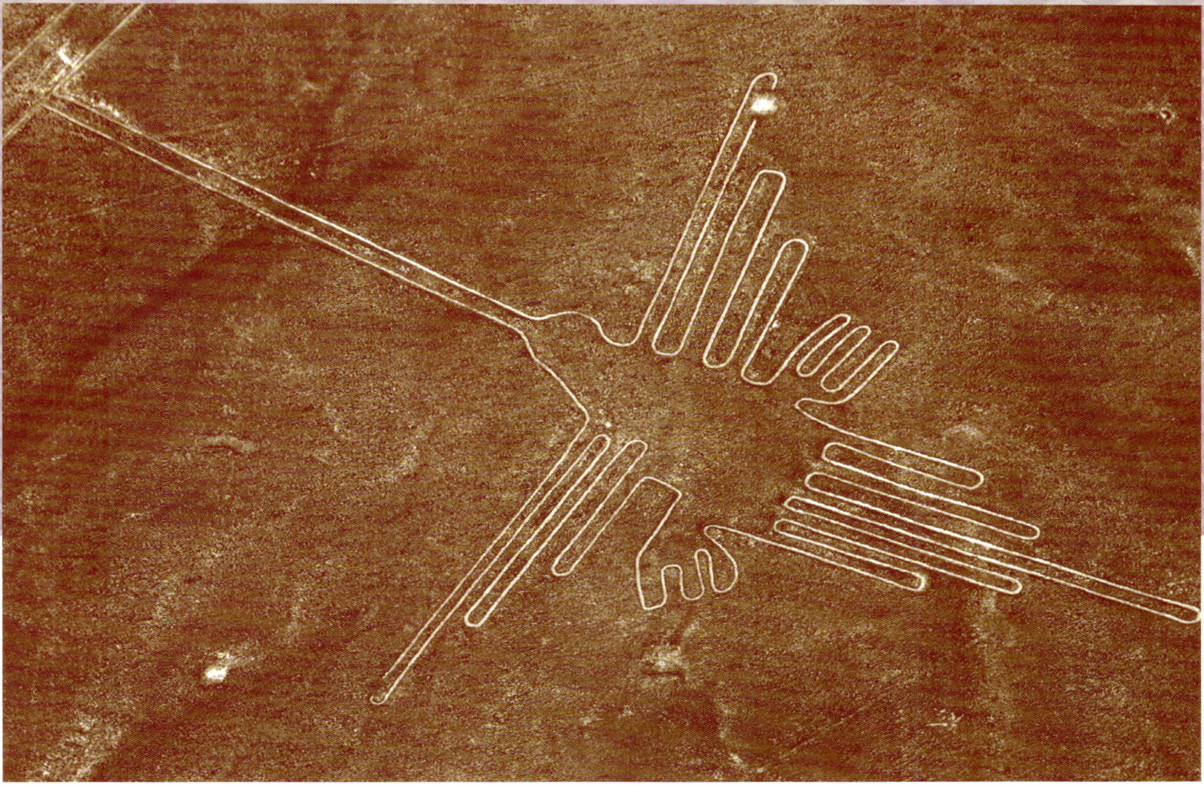

Affen waren im Amazonasgebiet reichlich vorhanden und beschworen starke Regenfälle herauf. In vielen Kulturen aber war der Affe ein Symbol menschlicher Eigenschaften wie Nachahmung, List, Falschheit und Gier. Affen sind oft Gestaltwandler und weit jenseits der Ozeane war der bekannte Affengott des indischen Hinduismus Hanuman ein mutiger, wenn auch durchtriebener Gestaltwandler, der dem göttlichen Heroen Rama dabei half, den Dämonenkönig Ravana zu besiegen.

Bei den Einwohnern von Nazca waren der Pelikan und der Reiher Sinnbilder für Wasserstellen. Ihre Besänftigung und Anbetung riefen Regen hervor oder ließen die Flüsse anschwellen. Der Kondor ist eines der größten Scharrbilder der Stätte. Wie andere Adler zog er hoch oben in der Luft seine Bahnen und hatte scharfe Augen. Daher galt er als Herrscher des Himmels. Er blickte auf das Land herab und sein Flugweg konnte zu Flüssen und fruchtbarem Land führen.

Heute ist die Küstenregion Südperus und Nordchiles eine der trockensten Gegenden der Erde. In dem kleinen, geschützten Becken, in dem sich die Nazca-Kultur entwickelte, fließen zehn Flüsse aus den Anden in den Osten hinab, einige davon sind zu einem Teil des Jahres trocken. Diese zehn Flüsse, die einen fruchtbaren Boden schufen, bildeten den idealen Ort für die Entwicklung einer frühen Zivilisation. Doch wahrscheinlich trockneten die Flüsse durch dramatische Klimaveränderungen schließlich aus.

Fast alle der Tierfiguren von Nazca wie die Spinne und der Kolibri sind einlinige Zeichnungen mit offenen Pfaden. Daraus schlossen Archäologen, dass sich die Linien von bloßen Bildern zu rituellen Pfaden entwickelten, mit denen man aufgrund von Wasserknappheit die Kräfte der Tiere herbeizurufen versuchte.

In vielen Andenkulturen glaubte man, der Kolibri könne zwischen den Welten umherfliegen und den Menschen Botschaften der Götter überbringen.

Der Kolibri verliert im Schlaf Körperwärme, die mit der aufgehenden Sonne wieder hergestellt wird. Daher gilt er als Symbol der Auferstehung.

TOTENKOPF
MESOAMERIKA ca. 600–1250

Symbol für den Tod in zahlreichen Zivilisationen auf der ganzen Welt

Die Azteken stellten die Totenköpfe der Kriegsopfer auf Gestellen wie diesem Tzompantli im Templo Mayor, Tenochtitlan, Mexiko, als Zeichen ihrer Macht zur Schau.

Der Totenkopf ist in vielen Zivilisationen und Religionen ein Symbol des Todes. Bei den mesoamerikanischen Zivilisationen wurden unzählige Totenköpfe auf einem sogenannten Tzompantli, einem Gestell für Schädel, zur Schau gestellt. Diese stammten meist von Kriegs- oder Menschenopfern. Das Gerüst bestand aus Holzpfählen, auf die die durchbohrten Köpfe oder Totenschädel platziert wurden. Die meisten dieser Gestelle stammen aus der Zeit 600 bis 1250.

Die Azteken stellten Trophäen ihrer Feinde mit besonderem Stolz zur Verfügung: Entweder wurden Krieger oder die Elite bei Gefangennahme den Göttern geopfert. Das Herz wurde dem Opfer gewöhnlich bei lebendigem Leib herausgerissen und der Leichnam die Treppen

des Tempels hinabgestoßen oder -geworfen. Am Fuße des Tempels wurden Körperteile und Kopf vom Torso abgetrennt und der Krieger, der den Gefangenen herbeigebracht hatte, erhielt die Körperteile; mitunter wurde dem Totenkopf die Haut abgezogen. Die Körperteile wurden oft als Zeichen des Respekts und des Machtgewinns verzehrt. Die Totenschädel oder Köpfe wurden dann auf dem Gestell platziert.

In dem mythologischen und religiösen Werk Popol Vuh (Buch des Rates) findet sich die Geschichte der Heldenzwillinge Hunahpú und Xbalanqué, die auf der Suche nach ihrem ermordeten Vater in die Unterwelt hinabsteigen. Als Hunahpú von den Herrschern der Unterwelt getötet wurde, wurde sein Kopf in einen

HEILIGE KÖRPERTEILE

FUSSGELENK

In der griechischen Mythologie wuchsen Hermes am Fußgelenk Flügel. In der Kunst und Literatur wurde das Fußgelenk zum Symbol für das Fliegen, Transzendenz und den Wechsel von der realen Welt in die spirituelle. Im chinesischen Volkstum gibt die Form des Fußgelenks einer Frau Auskunft über ihre Fähigkeiten als Liebhaberin.

HAARE

Als Samson im Alten Testament Delila verriet, dass seine Kraft in seinem Haupthaar gründe, verriet sie dies seinen Feinden, den Philistern, ließ es abschnitten und so konnte er gefangen genommen werden. Die Römer ließen ihr Haar zum Zeichen großen Leids wachsen, während die Griechen es bei Trauer oder Verlust abschnitten. Sikhs schneiden ihr Haar nie und sehen es als heiliges Symbol ihrer inneren Stärke.

MUTTERLEIB

Der Mutterleib gilt in den meisten Zivilisationen als Ort der Sicherheit, der Nestwärme und des spirituellen Wachstums. Der Eingang zum Mutterleib ist höhlenartig. In der Naturwelt gelten Höhlen oft als Symbole des Mutterleibs selbst und die Geheimnisse der Erdmutter sind dort zu finden.

In Mexiko feiert man den **Tag der Toten** mit Skeletten und Totenköpfen, und den Vorfahren werden Opfer dargeboten.

Kalebassenbaum neben einem Hof aufgehängt. In diesem Hof fanden die Zwillinge den Eingang zur Unterwelt, und Kalebassenbäume wurden zum Todessymbol, das in der dekorativen Kunst Mesoamerikas Verbreitung fand.

Das Symbol des Totenschädels taucht in vielerlei Form noch heute am Tag der Toten, einem wichtigen mexikanischen Feiertag, auf. Dabei versammeln sich Familie und Freunde, um der Toten zu gedenken und für sie zu beten. Totenkopfmasken und Skelette sind ebenso beliebt wie Totenköpfe aus Zucker und Schokolade, auf deren Stirn der Name des Empfängers geschrieben steht. Totenköpfe aus Zucker werden sowohl an die Lebenden als auch an die Toten verschenkt. Im Hinduismus wird die Göttin des Todes Kali oft mit einer Girlande aus Totenköpfen dargestellt. Ein Hindu-Mythos erzählt davon, wie sie der Stirn Durgas entsprang und dabei einen Stab mit Totenkopf hielt, eine Halskette aus Totenköpfen trug und mit einem Tigerfell bekleidet war. Alsbald verschlang sie die Ebenbilder des Dämonen Raktabija, trank sein Blut, tanzte dann auf dem Schlachtfeld und trampelte auf den Leichnamen der Getöteten herum. Im 20. Jahrhundert verwendete die nationalsozialistische SS das Totenkopf-Symbol für die Uniformen der Wächter in den Konzentrationslagern.

Eine positivere Bedeutung haben die tausenden Totenköpfe und Knochen von Mönchen, die sich in der Krypta der Kirche Santa Maria Immacolata a Via Veneto in Rom befinden. Totenköpfe und Knochen, die zwischen 1528 und 1870 gesammelt wurden, zieren die Wände der Krypta in einem spektakulären Barock- und Rokkostil. Die Sammlung soll den Betrachter an seine Sterblichkeit erinnern. Außerdem unterstreichen die Totenköpfe, dass wir jeden Augenblick so annehmen sollen, wie er ist, und weiterleben müssen. In ähnlicher Weise ist ein Totenkopf mit einem Kranz aus Rosen ein Verweis auf die lateinische Sentenz „carpe diem" („Genieße den Tag") von Horaz.

Der Totenkopf mit gekreuzten Knochen kennzeichnete Behälter mit giftigem Inhalt und wurde weithin auch mit Piraten auf hoher See assoziiert.

Der Totenkopf mit gekreuzten Knochen ist ein Symbol für Gefahr und Tod auf dem Ozean. Piraten benutzen es noch heute.

TOTEMPFAHL
NORDAMERIKA ca. 1500

Feierlicher Holzmonolith bei den indigenen Völkern Nordamerikas

Totempfahle wie dieser in den Rocky Mountains, Britisch-Kolumbien, Kanada, sind mit Darstellungen spiritueller Symbole und ikonischer Legenden versehen.

Das Wort „totem" leitet sich aller Wahrscheinlichkeit nach von dem Wort *odoodem* aus einer Algonkin-Sprache ab, das „Verwandtschaftsgruppe" bedeutet. Totempfahle sind physische Manifestationen einer spirituellen Glaubensvorstellung. Die Glaubensvorstellungen der amerikanischen Ureinwohner sind animistisch, in anderen Worten: Sie glauben, dass alles in der Natur von einem Geist durchdrungen ist, entweder von seinem eigenen oder dem einer immanenten Kraft, oder beidem. Totempfahle sind so vielfältig wie die Kulturen, die sie geschnitzt haben. Sie haben meist bekannte Legenden und Mythen, Stammeslinien, denkwürdige Ahnen oder Ereignisse sowie Geistersymbole zum Thema. Einige Pfähle feiern kulturelle

In der Mythologie vieler Kulturen der amerikanischen Ureinwohner gibt es bestimmte Helden- oder Kriegsfiguren, die Gemeinschaft und Kultur beeinflussten. Das kann ein Vorfahre sein, ein Held, ein Krieger oder auch ein Tier mit übernatürlichen Kräften. Die mit ihnen verbundenen Mythen und Symbole bedeuteten, dass die Menschen durch ihre Identifikation mit dem Totem mehr über ihre eigene Zivilisation, Kultur und Schöpfung erfuhren. Die Tierahnen sind ein gängiges Motiv auf Totempfählen. Kunstvolle Tiersymbole werden nicht nur in den Totempfahl geschnitzt, um der Gemeinschaft die grundlegende Essenz dieses Tiers kundzutun, sondern auch, um ihr Sinn und Glauben zu geben. Zum Beispiel symbolisiert ein Donnervogel Kraft, ein Frosch Wohlstand und ein Bär Schutz und Stärke. Totemtiere sind dem Clan heilig, und eines zu töten ist tabu. Die Abbildung von Menschengesichtern auf Totempfählen, die besonders weitverbreitet in Alaska ist, wurde mit Geistern von Ahnen in Verbindung gebracht.

Andere indigene Völker der Erde, bei denen sich ähnliche totempfahlartige Objekte finden, sind die Jilin in Nordost-China, die Ainu in Nord-Japan, die Maori in Neuseeland und die Madia Gond in Indien. Bei den Maori gibt es „pou whenuas", schmuckvolle Holzpfähle, die Territorialgrenzen oder heilige Orte kennzeichnen. Sie sind im Allgemeinen kunstvoll geschnitzt und überall in Neuseeland zu finden. Wie Totempfähle erzählen sie eine Geschichte, die für die Maori von Bedeutung ist. Sie spiegeln insbesondere die Beziehung zwischen den Ahnen, der Umwelt und den Ruf oder das Ansehen der Maori wider. In Indien sind schmuckvolle Säulen ebenso ein Zeichen des Ansehens. Bei den Madia Gond schnitzen zukünftige Ehemänner eine Säule, die Mundha genannt wird, und bewahren sie bis zur Hochzeitszeremonie als Zeichen der Loyalität der Gemeinde und der Fruchtbarkeit vor der Stammeswohnung auf.

Glaubensvorstellungen, während andere primär künstlerischer Natur sind. Bestimmte Arten von Totempfahlen sind oft Teil von Grabanlagen und enthalten Särge mit geschnitzten Stützpfeilern oder Aussparungen für Begräbnisreliquien. Die Pfahle veranschaulichen auch Erzählungen, die symbolisch für schamanische Kräfte stehen oder den Erfolg verschiedener Stämme und Familien verdeutlichen. Einige Historiker glauben, dass Totempfahle auf die Haida zurückgehen, deren Gebiete die Grenze zwischen Alaska und Britisch-Kolumbien überspannen.

Bei den indigenen Völkern des Pazifischen Nordwestens sind monumentale Skulpturen aus riesigen Baumstämmen weit verbreitet. Die meisten sind aus Zedernholz. Allerdings vermodert das Holz in dem feuchten Klima der Region rasch, weshalb heute, obwohl die ältesten Pfähle gegen 1500 entstanden, nur mehr wenige Exemplare existieren, die vor 1900 geschnitzt wurden.

Der Star House Pole wurde im 19. Jahrhundert von Anetlas, dem Häuptling des K'ouwas Adlerclan, für eine Aufnahmezeremonie in Auftrag gegeben.

FUCHS

Da er zwischen Licht und Dunkelheit lebt, blickt der Fuchs in beide Welten. Er ist körperlich und geistig auf Zack und lehrt uns, rasch auf Situationen zu reagieren, indem wir uns auf unsere inneren Instinkte und unser Wissen verlassen. Die Hopi, Cherokee und andere Stämme glauben, dass Fuchs-Medizin starke Heilungskräfte besitzt.

PFERD

Das Pferd symbolisiert Freiheit und die damit verbundene Kraft. Das Thema Freiheit dominiert bei allen, die den Geist des Pferdes suchen. Das Pferd erleichterte den indigenen Völkern die Fortbewegung. Sie lernten schnell, dass sie nun effizienter als je zuvor jagen und in neue Gebiete vordringen konnten.

OTTER

Otter sind offenherzig und verspielt. Sie symbolisieren die universelle Liebe, nicht die persönliche. Sie erinnern uns daran, uns zu lieben und Freude am Leben zu haben. Der Ottergeist lehrt uns, wie wir Probleme und emotionale Umbrüche im Leben durchschwimmen. Er steht für das Loslassen negativer Emotionen wie Wut, Neid und Angst.

KOJOTE

Der Kojote taucht in vielen Legenden, Liedern und Zeremonien der Ureinwohner Amerikas auf und wird oft als Trickster bezeichnet. Kojoten können sich an nahezu jede Umgebung anpassen, bevorzugen aber Prärien und Gebirgsausläufer. Der Kojote erinnert uns daran, dass Weisheit im richtigen Einsatz von Wissen besteht.

RABE

Der Rabe gilt bei einigen indigenen Völkern als Hüter von Geheimnissen. Seine pechschwarze Farbe wird gern mit Dunkelheit assoziiert. Er übermittelt Botschaften und Gebete an die Geister und kommt nur zu jenen, denen er seine Geheimnisse anvertrauen kann. Er ist ein Gestaltwandler und seine Medizin ist die der Veränderung.

PUMA

Der Puma ist agil und kraftvoll und zögert nicht. Bei der Puma-Medizin geht es darum, nichts zu überstürzen und verstohlen, weise und geduldig zu sein. Er lehrt uns, ein ausgeglichener Anführer zu sein. Ist jemand zum Handeln bereit, muss er sich zu hundert Prozent in die Sache stürzen – wie der Puma, wenn er zum Sprung auf seine Beute ansetzt.

BIBER

Der Biber ist allzeit bereit, sein Zuhause und seine Familie zu verteidigen. Seine Botschaft lautet: aktiv und beschäftigt zu bleiben, erfinderisch und pragmatisch und bei Bedarf offen für Veränderung zu sein; zur Erreichung von Zielen auf Teamarbeit zu setzen, offen für alternative Lösungen zu sein und weitestmöglich auf verfügbare Ressourcen zurückzugreifen.

BÜFFEL

Büffel wurden bei Zeremonien und im Alltagsleben angebetet und verehrt. Für die Indianer bedeutete der Büffel heiliges Leben und die Fülle des Segens des Schöpfers für Mutter Erde. Der Büffel ist ein kraftvolles Symbol für Opfer und Dienste an der Gemeinschaft.

BÄR

Die Ureinwohner Nordamerikas glaubten, dass das Große Mysterium im Geist des Bären wohnte. Viele indigene Völker Nordamerikas haben Bären-Clans und Bären-Zeremonien. Der Bär repräsentiert die Westseite des Medizinrades. Der Westen ist der Ort der Intuition, Verwandlung, inneren Weisheit, schamanischen Reise, von Träumen und Visionen.

KRÄHE

Die Krähe ist der Wächter der zeremoniellen Magie und Heilung und der heilige Hüter des Gesetzes. Krähen-Medizin bedeutet Kenntnis einer Ordnung von Richtig und Falsch, die höherrangig ist als jene, die durch menschliche Gesetze geschaffen wurde. Krähen-Medizinleute sind Meister der Illusion und überbringen Botschaften aus der Geisterwelt.

ADLER

Die Indianer sehen den Adler als heiligen Boten, der dem Schöpfer Gebete überbringt und mit Gaben und Visionen zurückkehrt. In vielen Kulturen ist er ein Symbol für Mut, Vision, Stärke und Ausdauer. Adler brauchen in der Wildnis Isolation, um gedeihen zu können. Dies lehrt uns, das ganze Muster des Lebens zu erkennen.

SPINNE

Der Überlieferung nach fertigte Großmutter Spinne den ersten Traumfänger, um die Albträume von Kindern zu fangen. Sie ist eine weise alte Lehrerin und Weberin vieler Geschichten. Ihr einmaliger Teppich des Lebens bietet viele Wege zum eigenen Zentrum und zur Schöpfung. Ihre Medizin spricht von Verbindungen und Einheit des Geistes.

In der Tempelanlage
Prambanan, einem
UNESCO-Weltkulturerbe
auf der Insel Java, nimmt
der weise Hindu-Gott
Ganesha alle Besucher in
Augenschein.

DIE GÖTTLICHE WELT

Mit der Entstehung und Weiterentwicklung der Religionen in den verschiedenen Kulturen erfuhr die Götterwelt stetigen Zuwachs, nicht zuletzt, weil Götter und Göttinnen aus anderen Kulturen übernommen wurden. Ihnen wurden je nach Bedarf von der Gesellschaft bestimmte Aufgaben übertragen. Göttinnen hatten es dabei vergleichsweise schlecht, wurden doch Fruchtbarkeitsgöttinnen wie Ištar und Lilith von furchtvollen hebräischen Patriarchen als Dämonen gehandelt. Mit dem Zoroastrismus und später dem Christentum und Islam gab es nur mehr einen einzigen Gott im Kampf gegen das Böse. Die Kirche machte alte heidnische Götter zu Heiligen oder dämonisierte sie als Teufel, wie die geheimnisvolle Statue in Rennes-le-Château in Frankreich illustriert. Legendäre Artefakte verkörperten göttliche Macht: die Schicksalstafeln, der Heilige Gral, die Heilige Lanze und die Bundeslade waren bei Herrschern als Symbole der Weltherrschaft heiß begehrt. Es galt die Vorstellung, der Mensch könne durch Manipulation des Göttlichen die Welt nach seinen eigenen Vorstellungen formen und dadurch sogar mächtiger als die Götter werden.

MONDSICHEL
VÉZÈRE-TAL, FRANKREICH ca. 22.000–18.000 v. Chr.

Eine der ersten Göttinnenstatuetten mit einer Mondsichel in der Hand

Die Venus von Laussel hält eine Mondsichel, ein Symbol für weibliche Fruchtbarkeit und für die Wichtigkeit der Mondphasen für die Jagd.

Im Jahr 1911 wurde auf einem in einen Kalkstein-Felsen eingemeißelten Halbrelief in der französischen Dordogne eine frühe Darstellung einer Mondsichel mit drei anderen antiken Schnitzereien entdeckt. Dieser Fund lässt darauf schließen, dass prähistorische Zivilisationen eine antike Göttin anbeteten, die als Verkörperung von Erde, Mond und Himmel galt,

lange bevor patriarchale Kulturen ihre Pantheons entwickelten. Der Felsüberhang überblickt ein Tal und gilt als antikes Zeremonialzentrum. Die vermutlich aus dem Jungpaläolithikum um das Jahr 22000 v. Chr. stammenden Schnitzereien zeigen eine Frau, deren Haupt offenbar mit einem Netz bedeckt ist, eine jüngere, schlankere Frauenfigur und eine üppige Venusfigur.

Die beeindruckendste der Schnitzereien ist die Venus von Laussel: eine 0,45 m große Frauenskulptur mit großen Brüsten, Bauch und Oberschenkeln und ausgeprägten Genitalien. In ihrer rechten Hand scheint sie ein großes Horn zu halten, in das 13 vertikale Linien eingeritzt sind. Experten glauben, dass sie den dreizehntägigen Zyklus des zunehmenden oder abnehmenden Monds oder einfach den dreizehnten Mondmonat repräsentieren. Es scheint sich daher weniger um ein Horn als vielmehr um eine Mondsichel bzw. den ersten Viertelmond des Mondzyklus zu handeln. Ungeachtet dessen, ob es sich um eine Fruchtbarkeits- oder Mondgöttin handelt, bezieht sich die Sichel vermutlich auf die Anzahl der weiblichen Menstruationszyklen innerhalb eines Jahres.

Diese antiken Kulturen beteten den Mond an und teilten die Zeit in Mondphasen ein. Die zunehmende Mondsichel bedeutete eine Zeit des Wachstums und der Erneuerung, der abnehmende Mond eine Zeit, um Dinge zu vollenden, eine Zeit der Ruhe und Untätigkeit. Eine Mondsichel symbolisierte auch in der vedischen Literatur die Muttergöttin. So heißt es darin, dass die Anbeter „sich vor der Mutter verneigen, die den Mond hält". In Sumer und Mesopotamien wurde die Muttergöttin mit Fruchtbarkeits- und Liebesgöttinnen wie Ištar und Inanna in Verbindung gebracht;

DIE VEREHRUNG ANTIKER GÖTTINNEN

IŠTAR

Die in Mesopotamien verehrte Ištar war die Göttin der Liebe, des Krieges, der Fruchtbarkeit und der Sexualität. Ihr Symbol ist der achtzackige Stern, im babylonischen Pantheon verkörperte sie den Planeten Venus.

KYBELE

Kybele stammt angeblich von einer anatolischen Muttergöttin ab und ähnelt einem Steinrelief aus Çatalhöyük (heutige Türkei), das eine auf einem Thron sitzende Frau beim Gebären darstellt, datiert auf das Jahr 6000 v. Chr. In Griechenland entwickelte sich um sie ein Kult als Muttergöttin und als Herrin der Tiere, weshalb sie meist umgeben von Falken und Löwen dargestellt wird.

ADITI

In den indischen Veden aus der Zeit um 1700 v. Chr. ist Aditi eine Muttergöttin. Sie ist eine kosmische Matrix und gebärt alle Himmelskörper. Als Himmelsmutter aller existierenden Formen und Wesen – die Synthese aller Dinge – wird sie mit dem Weltraum und mystischer Weisheit assoziiert.

Der achtzackige Stern, Symbol von babylonischen Himmelsbeobachtern für den Planeten Venus oder den Morgenstern Ištar.

weiter westlich wurden Kybele und Anahita sowie Aditi in Indien, Isis in Ägypten und Aphrodite in Griechenland verehrt.

MATRIARCHAT

Zur Bedeutung der Figur gibt es auch andere Theorien. Manche Historiker sehen im Mond ein „Füllhorn", das Fruchtbarkeit symbolisiert, andere ein Musikinstrument als Symbol für die Macht schamanistischer Verehrung durch Musik und Gesang. Doch es gibt wesentliche Hinweise darauf, dass zu jener Zeit die Anbetung der großen Göttin üblich war, die mit der Erde, der Fruchtbarkeit, dem Mond und den Sternen assoziiert wurde. Viele andere Venusfiguren wurden in ganz Europa entdeckt, die vermutlich Überbleibsel einer matriarchalen Gesellschaft der Altsteinzeit sind. Die Mond-Mutter-Symbolik und entsprechende Assoziationen mit der Erde waren in antiken Kulturen weit verbreitet. Interessanterweise stammen Namen wie Ashtar und Ištar von den Sanskrit-Wörtern für „weiblich" und „Stern" ab und die Hauptgöttin wurde oft als „Frau der Sterne" bezeichnet.

Mit dem Mond als Zeitmesser wurden zu dem laut Mondphasen günstigsten Zeitpunkt geheime Rituale zu Ehren der Göttin abgehalten, um für eine erfolgreiche Jagd oder Ernte zu bitten. Diese Mondphasen wurden später mit den Planeten- und Sonnenzyklen vereint. Bei diesen Ritualen sollten Eingeweihte in dunklen Höhlen wie jener in Laussel geheimes Wissen erfahren. Es war ein Wissen, von dem man glaubte, es werde von jener Göttin vermittelt, deren Symbol im Eingedenk an ihre immanente Macht in den Felsen geritzt wurde.

Die abnehmende Mondsichel als Symbol für eine Zeit des Vollendens, der Ruhe und des Nachdenkens.

Diana (1898) von Albert Edelfelt zeigt die römische Göttin Diana, eine der bekanntesten Mondgöttinnen.

LIBATION
ÄGYPTEN ca. 3500–1500 v. Chr.

Rituelles Vergießen von Flüssigkeiten zu Ehren der Götter

Der ägyptische Opfertisch von Nacht, datiert aus der Zeit von 1800 v. Chr., ist mit einem Relief geschmückt, das Brot, andere Gaben und eine Libationsszene zeigt.

Unter Libation versteht man das rituelle Vergießen von Flüssigkeiten als Form des Opfers oder zum Gedenken an Verstorbene. Noch heute werden in vielen Religionen diese Trankopfer zelebriert. In der griechisch-römischen Kultur wurde dazu hauptsächlich Wein und Olivenöl verwendet, in Indien Ghee, eine Art Butterschmalz. Die Flüssigkeit wurde auf dem Boden, dem Altar oder einem Stein mit einer flachen Schale aus Metall oder Keramik („Patera") verteilt.

Trankopfer stammen wahrscheinlich aus der altägyptischen Kultur, wo es einfach als ein Getränk zu Ehren der Götter, heiligen Vorfahren und Fruchtbarkeit des Bodens galt. Im 3. Jahrtausend v. Chr. waren Trankopfer bereits wichtiger Teil des täglichen Lebens im alten Griechenland. Sie wurden vor Mahlzeiten, morgens und abends sowie als Dank an die Geister der Toten für ihren Schutz zelebriert.

Als *spondē* bezeichnet man das Vergießen von Wein aus einem Krug oder einer Schale. Nachdem Wein aus der Phiole verteilt wurde, wurde der restliche Inhalt vom Opfernden getrunken. Bereits in den Epen Homers ging die Tradition des Weintrinkens einher mit Libationen zu Ehren von Zeus und der anderen Götter des Olymp. Manchmal fanden Libationen zu Ehren von Helden oder dem göttlichen Geist der Weinberge statt. Auf die Erde vergossene

Trankopfer galten den Toten oder den Göttern der Unterwelt. In der *Odyssee* gräbt Odysseus den Göttern eine Opfergrube, um die herum er Wein, Honig und Wasser verteilt. Trankopfer auf Altären oder Tischen, in die Figuren oder Symbole geschnitzt waren, machten die Symbole lebendig und weckten somit die Kräfte der Götter.

Bei den Römern war Liber Pater der Gott der Libationen. In der römischen Kunst werden Libationen auf einem Altar oder einem besonderen Tisch dargestellt. Vor Tieropfern wurde eine Libation mit Wein dargebracht, bei dem Wein auf einem brennenden Altar vergossen wurde. Oft werden auf Münzen Herrscher und Götter beim Trankopfer dargestellt.

Vom Hinduismus bis zum sibirischen Schamanismus sind Libationen traditioneller und beliebter Bestandteil jeder Art der Verehrung. Das symbolische Darreichen von Flüssigkeiten für die Götter oder die Erde war eine tief verwurzelte Verbindung und ein Zeichen dafür, dem Universum oder den Göttern, denen wir unser Leben verdanken, etwas zurückzugeben. Es ist noch heute ein Ausdruck des Gebens und Respekts für das, was wir bekommen haben und

bekommen werden. Die Völker der Quechua und Aymara in Südamerika schütten noch immer etwas Flüssigkeit auf die Erde, bevor sie zu trinken beginnen, als Opfer an die Erdmutter Pachamama. In der japanischen Shinto-Religion wird der bei Libationen verwendete Sake oft als Miki – „Flüssigkeit der Götter" –bezeichnet. Trankopfer waren auch in der alten jüdischen Religion verbreitet. In der Genesis heißt es: „Jakob aber richtete ein steinernes Mal auf an dem Ort, da er mit ihm geredet hatte, und goss ein Trankopfer darauf und begoss es mit Öl."

In vielen westafrikanischen Kulturen werden für die Geister der Vorfahren Libationen zelebriert, um diese zu Zeremonien, Riten oder öffentlichen Festen einzuladen. Die Ältesten sprechen Gebete und bei den Libationen wird Palmwein oder Wasser vergossen. In Osteuropa und Russland wurde, einer alten Tradition nach, Wodka auf dem Grab der Vorfahren verteilt. Bei den Chinesen werden oft Reiswein oder Tee vor einem Altar oder Grabstein vergossen, waagrecht von rechts nach links mit beiden Händen, zum einen zu Ehren der Toten und zum anderen als Opfer für die Götter. In hinduistischen Tempeln werden Vishnu und anderen Gottheiten Trankopfer aus Wasser, häufig vermischt mit anderen Flüssigkeiten wie Ghee, Honig oder Zucker, dargebracht.

Die bemalte Tafel von Pitsa (ca. 540 v. Chr.) aus Korinth, Griechenland, zeigt eine Opferprozession zum Libationsaltar.

Dieses Detail eines Freskos (ca. 60–50 v. Chr.) in der Mysterienvilla nahe Pompeji zeigt Dionysos beim Abhalten einer Initiationszeremonie.

KÖNIGIN-DER-NACHT-RELIEF
IRAK ca. 1800–1750 v. Chr.

Darstellung einer Göttin mit Flügeln mit den göttlichen Symbolen Ring und Stab

Die geheimnisvolle **Göttin** auf dem Königin-der-Nacht-Relief (19. Jahrhundert v. Chr.) wurde in der jüdischen Bibel mit allem Dämonischen assoziiert.

Lilith galt als Symbol des Dunklen und Weiblichen und steht noch heute für das Böse schlechthin.

Das sumerische Terrakottarelief, das ursprünglich den Namen „Burney-Relief" trug, heißt heute „Königin-der-Nacht-Relief". Bis heute ist ungeklärt, wen das Relief darstellt und welche tatsächliche Bedeutung es hat. Die markante, prächtige Göttin mit Flügeln und Krallenfüßen mit Löwen und zwei Eulen an ihrer Seite stellt vermutlich entweder Lilith (die dämonische erste Frau Adams aus der jüdischen Überlieferung) oder Inanna dar, die später mit Ištar gleichgesetzt wurde. Die sumerische Inanna wurde ursprünglich in Uruk um das Jahr 4000 v. Chr. verehrt, Ištar war ihr späteres assyrisches Pendant. Lilith galt auch als Inannas Magd oder möglicherweise als Teil von Inanna.

Mehrere Symbole des Reliefs verknüpfen die Eule, Löwen und Krallen mit der Verehrung

von Inanna und ein ähnliches Motiv ziert die Ištar-Vase im Pariser Louvre. Andere Fachleute glauben, dass das Relief die einzige erhaltene Darstellung eines sumerischen weiblichen Dämons namens Lilitu ist. Vom Beginn der frühesten Uruk-Kultur um das Jahr 3450 v. Chr. bis zur Ankunft der ersten semitischen Völker in der Nähe von Byblos im Libanon im Jahr 3200 v. Chr. war Lilitu als weiblicher Dämon besonders gefürchtet. Laut jüngsten Forschungen am British Museum ist die Figur aber weder Lilith noch Inanna/Ištar, sondern Inannas Schwester Ereškigal, die Göttin der Unterwelt.

In der Erzählung von Inannas Abstieg in die Unterwelt hält Ereškigal ihre Schwester in ihrem Königreich gefangen und Inanna kann dieses erst verlassen, als sie ihren Gatten Dumuzi opfert. Während ihres Aufenthalts in der Unterwelt stiehlt Ereškigal Inannas göttliche Insignien, den Ring und Stab, wie sie im Königin-der-Nacht-Relief zu sehen sind. Möglicherweise stellt das Relief den dämonischen Akt dar, als sich Ereškigal die Macht Inannas aneignet.

Die Ansicht, dass das Königin-der-Nacht-Relief einen weiblichen Dämon oder eine Figur aus der Unterwelt darstellt, gründet auf der Tatsache, dass die Flügel nicht ausgebreitet sind und dass der Hintergrund ursprünglich schwarz war. Demzufolge wäre das Relief die einzige bildliche Darstellung von Ereškigal oder einem weiblichen Dämon.

Um die Figur der Lilith ranken sich jedoch viele Mythen, die sie als Sinnbild dessen darstellen, was in patriarchalen Gesellschaften als dunkel, böse und weiblich galt. Im Tanach wird sie erstmals bei Jesaja 34,1 genannt, wo ihr Name als „Nachtgespenst" übersetzt wird. In den Schriftrollen vom Toten Meer taucht ihr Name auch in einer Liste von Ungeheuern auf. Im 6. Jahrhundert n. Chr. wurde Lilith auf Schalen und Amuletten als furchteinflößender weiblicher Dämon dargestellt. In den Häusern wurden Schalen verkehrt herum vergraben, um den Dämon einzufangen, und in fast jedem jüdischen Haus in Nippur fanden sich solche vergrabenen Schutzgefäße. Amulette sollten

In *Lilith* (1892) idealisiert der Maler John Collier die Figur der Lilith nicht nur, sondern zeigt auch ihre dunkle Sexualität.

Schwangere, Kinder und junge Männer vor Lilith schützen, die Lust erweckte und Männer auf Abwege führte. Offenbar war sie auch eine Kinder mordende Hexe, die hilflose Babys erwürgte und Ungeborene im Mutterleib tötete.

Zwischen dem 8. und 10. Jahrhundert n. Chr. wurde Lilith in der jüdischen Mythologie die erste Frau Adams. Sie verlässt ihn aber, weil sie sich ihm nicht unterordnen will, und wird daraufhin die Gattin des Erzengels Samael. In anderen Überlieferungen ist Lilith die Gattin und Geliebte des Dämonenkönigs Asmodäus. Möglicherweise bleiben Ursprung und Bedeutung des Königin-der-Nacht-Reliefs für immer ein Rätsel, aber die Figur der Lilith als weiblicher Dämon hat bis heute einen wichtigen Stellenwert in Kunst, Literatur und Film.

MESOPOTAMISCHE GOTTHEITEN

ADAD

Adad war der Sturmgott. Sein Attribut war der Blitz als Zeichen seiner Macht über die Kräfte der Natur. Bei den Sumerern nannte man ihn Iškur und dort wird er oft mit einem Löwen-Drachen oder Stier dargestellt. Adads Gemahlin war die Göttin Shala.

ENLIL

Als Gott des Atems, des Winds, der Höhe und Entfernung half Enlil bei der Erschaffung des Menschen. Jedoch war er bald ihres Lärms überdrüssig und wollte sie töten, indem er eine verheerende Flut sandte. Ein Mensch namens Uta-napišti überlebte die Flut mithilfe eines anderen Gotts, Ea. Nachdem sein Zorn verflogen war, machte Enlil Uta-napišti unsterblich.

AN

Der Ahnherr aller Götter war auch Gott der Geister und Dämonen und wohnte in den höchsten himmlischen Regionen. Man glaubte, dass er Verbrecher richten könne und dass er die Sterne als Soldaten geschaffen habe, um die Bösen zu zerstören. Sein Begleiter und Staatsminister war der Gott Ilabrat.

MARDUK

Marduk, einst ein legendärer Sterblicher, der auf einer abenteuerlichen Reise nach Unsterblichkeit suchte, war der Stadtgott von Babylon. Als die Stadt im 8. Jahrhundert v. Chr. zum politischen Zentrum wurde, wurde er zum Hauptgott des babylonischen Pantheons und residierte im Tempel Esagila.

NABU

Nabu war der mesopotamische Gott der Schreibkunst und Weisheit und Herr der Schicksalstafeln. Er wurde auch manchmal als Fruchtbarkeitsgott und als Gott des Wassers verehrt. Seine Attribute sind die Tontafel und der Schreibgriffel.

NERGAL

Nergal, der Gott der Seuchen, des Krieges und der zerstörerischen Sonnenhitze, war der Gemahl von Ereškigal, der Göttin der Unterwelt. Als Gott des Krieges und der Pest verkörperte er die Sonnenhitze: die tote Jahreszeit im mesopotamischen Jahrkreis. Er war auch der Hauptgott, der über die Toten regierte.

ENKI

Enki war im Besitz der Schicksalstafeln „Me". Sein Symbol waren zwei gespaltene Schlangen. Er wurde oft mit der gehörnten Krone der Götter und in eine Karpfenhaut gehüllt dargestellt. Als Gestalter der Welt und Gott der Weisheit und aller Magie herrschte er über Süßwasserozeane, Seen und unterirdische Gewässer.

BABA

Baba, auch Nintinugga genannt, war eigentlich die Göttin des Hundes und wurde später zur Göttin der Heilung. Bei heilenden Ritualen wurde sie oft von Hunden begleitet. Man schrieb dem Hundespeichel Heilkräfte zu und Teile von Hunden wurden für Heilzauber verwendet. Nach der Großen Flut flößte Baba den Menschen wieder Atem ein.

IŠTAR

Ištar war die Göttin der Liebe, des Krieges, der Fruchtbarkeit und der Sexualität und wurde in ganz Nordmesopotamien verehrt, mit wichtigen Tempeln in vielen assyrischen Städten. Das Ištar-Tor in Babylon zeigt ihre Attribute, einen Löwen und einen achtzackigen Stern. Im babylonischen Pantheon war sie die göttliche Personifizierung des Planeten Venus.

NINLIL

Die Göttin des Windes Ninlil wurde von ihrem Gemahl Enlil unter Zwang mit Wasser geschwängert und gebar den zukünftigen Mondgott. Zur Strafe wurde Enlil in die Unterwelt verbannt, wohin ihm Ninlil folgte. Enlil schwängerte sie als Torwächter getarnt erneut, und sie gebar einen Sohn, Nergal, den Gott des Todes.

ŠAMAŠ

Šamaš, der Gott des Rechts, der Gerechtigkeit und Erlösung, war eine von drei Mächten, die die Kräfte der Natur verkörperten: Mond, Sonne und lebenspendende Erde. So wie die Sonne die Dunkelheit vertrieb, so brachte Šamaš Fehler und Ungerechtigkeit ans Licht. Er soll auch Leidende aus den Fängen der Dämonen befreit haben.

SIN

Der Mondgott Sin galt als Herrscher des Pantheons. Damals waren der Mond und seine Phasen wichtiger Bestandteil der Kultur, egal ob für den Ackerbau, die Jahreszeiten oder als astrologische Vorzeichen. Sin war der Erschaffer aller Dinge und sein Wissen war wesentlich für die Entwicklung der astronomischen Beobachtung in Babylonien.

AUGE DER VORSEHUNG
Ägypten ca. 1450 v. Chr.

Dekoratives Motiv aus dem alten Ägypten als Symbol für Schutz und Heilung

Dieses Fayence-Amulett aus dem British Museum zeigt das linke Auge von Horus, das ihm Seth ausgestochen hatte.

Das menschliche Auge wird seit tausenden Jahren als magisches Symbol und religiöses Motiv verwendet. Als „Allsehendes Auge" steht es für die Kraft der Sonne, Vitalität, Schutz und Heilung. Die frühesten Darstellungen dieses Symbols stammen aus dem alten Ägypten, als das Horusauge und das Auge von Re wirksame Amulette im Zusammenhang mit den Mythen rund um diese zwei Götter waren. Das „Wadjet"-Auge aus der frühesten Zeit Ägyptens symbolisierte die Macht der Göttin Wadjet als Schutzgöttin, Kriegerin und Zauberin. In den späteren ägyptischen Dynastien meint Wadjet oder auch Wadjit das linke Auge („Mondauge") von Horus und wurde zum Auge der Vorsehung.

Der Urgott Atum brachte eine Tochter, Wadjet, zur Welt. Als sein allsehendes Auge sollte sie sich im Universum auf die Suche nach seinen verlorenen Kindern Tefnut und Schu machen. Als sie sie fand, war Atum zu Tränen gerührt und all seine Tränen wurden zu Menschen. Zum Dank platzierte Atum Wadjet als Uräus auf seinem Haupt, wo sie sowohl von den Göttern als auch von den Menschen verehrt und gefürchtet wurde. Dargestellt als Ägyptische Kobra oder Schlange mit Frauenkopf ist Wadjet bekannt für ihr Orakel im Tempel der Wadjet. Die Stadt wurde ihr gewidmet und war möglicherweise Ausgangspunkt für die Kultur der Orakel, die sich in ganz Ägypten und Griechenland verbreitete.

Wadjet war die Personifizierung des Auges des Horus, des ägyptischen Himmelsgottes. Tatsächlich gab es zwei Götter namens Horus. Der blinde Horus wurde von Seth, dem Gott des Chaos, getötet und später als Sohn von Isis und Osiris wiedergeboren. Zuvor hatte ihm Seth im fortdauernden Kampf um den Thron ein Auge ausgerissen. Hathor, die Gemahlin von Horus, konnte jedoch sein Augenlicht retten. Daher wurde das Auge des Horus zum Symbol für Heilung und Erneuerung. Horus war auch ein Krieger mit Falkenkopf und Stellvertreter von Osiris auf Erden, als Osiris zum Herrscher der Unterwelt wurde. Horus ähnelte insofern Hermes, als er sich zwischen den zwei Welten bewegen konnte und die Seelen der Toten zu ihrem letzten Richter Osiris geleitete.

AUGEN FÜR DIE TOTEN

Ab der Zeit der Dynastie des Mittleren Reiches wurden auf Särgen zwei Augen dargestellt, eine Praxis, die sich bis in die griechisch-römische Antike hielt. Die Toten wurden mit Blick nach links beerdigt. Zwei Augen auf der linken Seite des Sarges sollten der toten Person erlauben, auf die

alte Welt zurückzublicken und in die neue Welt vorauszublicken, wo sie ab nun für immer leben sollten. Zur Zeit des Neuen Reichs fand sich das Auge häufig auf Vignetten des Ägyptischen Totenbuchs. In der Version des Gelehrten Ani wird das Auge als Amulett für Begräbnisse und magischen Schutz dargestellt. Ägyptische Augenamulette waren typischerweise kleine Stücke aus Kristall oder Edelsteinen, die zum Schutz dienten. Die meisten Amulette wurden mit besonderen Zaubersprüchen assoziiert und wegen ihrer magischen Eigenschaften ausgewählt. Viele kunstvolle Amulette wurden den Mumiengräbern wichtiger Personen beigelegt, dennoch wurden sie viel häufiger von gewöhnlichen Menschen verwendet, oft auf Leinen, Papyrus oder direkt auf die Haut gemalt. Die Amulette hatten oft die Form eines Horusauges. Sie wurden dem Leichnam zum Schutz beigelegt und um eine gute Reise ins Jenseits zu sichern. Das Wadjet-Auge findet sich als zentrales Motiv auf Armbändern

In diesem Detail einer Wandmalerei aus dem Tal der Königinnen in Theben, Ägypten, wird Wadjet als Kobra mit Heiligenschein dargestellt.

aus Gold, Karneol und Lapislazuli, die an der Mumie des beliebten Pharao Scheschonq II. entdeckt wurden.

Das Auge wurde manchmal zum Berechnen von Teilmengen etwa bei medizinischen Rezepten und zum Abmessen von Korn herangezogen. Jeder Teil des Auges entsprach einer bestimmte Maßeinheit. Die Iris stellte beispielsweise ein Viertel dar, die Augenbraue ein Achtel.

In jüngerer Vergangenheit wurde das Horusauge von neuen religiösen Bewegungen wie den Thelemiten, die das Jahr 1904 als Beginn des Zeitalters des Horus betrachten, verwendet. Die religiöse Bewegung Thelema bezieht sich auf den englischen Okkultisten Aleister Crowley Anfang des 20. Jahrhunderts, in der „Tu was du willst" ein wichtiger Grundsatz war. Die Illuminaten, die einige heute als Drahtzieher hinter vielen Unternehmen und Regierungen vermuten, verwenden das Auge ebenfalls als Symbol für die Kontrolle von Wissen, Illusion, Manipulation und Macht. Das Auge wird oft in einem Dreieck als Symbol magischer Macht dargestellt und es scheint, dass das Auge der Vorsehung eines der stärksten Symbole für die Macht göttlichen Wissens ist.

Dieses antike ägyptische Symbol steht für königliche Macht, Schutz und Gesundheit.

Der Teil einer Bronzestatue zeigt Horus mit der Doppelkrone Ober- und Unterägyptens (305–30 v. Chr.).

SONNENWAGEN
TRUNDHOLM, DÄNEMARK ca. 1400 v. Chr.

Ein nordisches Symbol für den Sonnenzyklus und einen Neuanfang

Der in einer Moorland-schaft in Dänemark gefundene Streitwagen soll die Sonne darstellen, wie sie von einem Pferd über den Himmel gezogen wird.

Die eindrucksvolle Statue eines Pferdes, das die Sonne mit einem Streitwagen zieht, symbolisiert nicht nur Wachstum, Licht, Leben und Neuanfang, sondern auch den Sonnenzyklus und die Bewegung des täglichen Sonnenauf- und -untergangs. Der Streitwagen aus Bronze wurde 1902 in einer Moorlandschaft der Trundholm Kommune bei Nykøbing Sjælland, Dänemark, entdeckt. Die Darstellung eines von einem Pferd gezogenen Streitwagens mit Speichenrädern in Nordeuropa aus so alter Zeit ist ungewöhnlich und das früheste bekannte Fundstück eines Streitwagens dieser Art. Die Scheibe ist nur auf der rechten Seite vergoldet. Dies sollte vermutlich symbolisieren, dass die Sonne am Himmel von Osten nach Westen zieht, sodass der vergoldete Teil ihre helle Seite verkörpert; die Reise der Sonne von Westen nach Osten in der Nacht wird durch die dunkle, nicht vergoldete Seite dargestellt.

Im antiken Ägypten war die „Sonnenbarke" eine bekannte mythologische Darstellung des Sonnengotts Re/Ra, der in einem Boot fährt. Die Cheops-Barke, ein lebensgroßes Schiff, wurde in einer Bootsgrube am Fuße der Pyramiden von Gizeh etwa 2500 v. Chr. versiegelt. In anderen Kulturen lenkt der griechische Sonnengott Helios einen Streitwagen, ebenso wie der vedische Sonnengott Surya, der einen Streitwagen mit sieben Pferden lenkt. Der Mythos von Phaethon, dem Sohn des Helios, erzählt, wie der junge Gott von den anderen Göttern aufgefordert wird, seine Abstammung von Helios zu beweisen. Helios anerkennt die Vaterschaft und gewährt ihm ein

Geschenk seiner Wahl. Phaethon besteht darauf, den Sonnenwagen für einen Tag lenken zu dürfen, verliert jedoch die Kontrolle über den Wagen, sodass die Erde kurz davor steht, zu verbrennen. Um die Katastrophe zu verhindern, tötet Zeus Phaethon mit einem Blitzschlag.

Altnordische Mythen wurden mündlich überliefert und erst im Mittelalter niedergeschrieben. Nach einem dieser Mythen war Sol die personifizierte Sonne. Jeden Tag lenkte sie ihren Wagen mit den Pferden Arvakr und Alsvidr über den Himmel. Vermutlich stellen der bronzene Streitwagen und die Sonnenscheibe von Trundholm Sol dar. In den altnordischen Texten namens Edda wird Sol als Schwester des Mondgottes Mani genannt.

Es gibt mehrere Theorien zur indoeuropäischen Abstammung der Göttin. Laut Geschichten von alten Sonnengottheiten Zentralasiens wie dem hinduistischen Surya reiste Sol, nicht unbedingt in ihrem Sonnenwagen, durch die Steppen und Ebenen Zentralasiens. In der slawischen Mythologie hatte der Sonnengott Dažbog zwei Töchter namens Zorya: der Morgenstern, der morgens die Palasttore für den Sonnenwagen öffnete, und der Abendstern, der abends die Tore bei der Rückkehr öffnete. In der westlichen Kunst sind die Sonnengottheiten meist männlich, aber weltweit gibt es auch Sonnengöttinnen, etwa al-Lat in Arabien, Bila und Walo in Australien und Pattini in Sri Lanka. Bei den Hethitern heißt sie Wurusemu, in Babylonien Shapash, bei den Cherokee-Indianern Unelanuhi, bei den Inuit Malina und das Volk der Miwok verehrt Hekoolas.

Diese aus dem 2. Jahrhundert n. Chr. stammende *Drachme* zeigt den Sonnengott Helios.

Die in der antiken ägyptischen Ikonographie verwendete Flügelsonne steht für Leben und Zerstörung.

BRUSTSCHILD VON AARON
ISRAEL ca. 1400–1300 v. Chr.

Von alten hebräischen Priestern getragenes Orakel

Aaron der Hohepriester (19. Jahrhundert) von William Etty zeigt Aaron in Priesterrobe und mit Brustschild, der mit zwölf Edelsteinen besetzt ist.

Aaron war der Bruder von Moses und wurde zum alttestamentlichen Hohepriester ernannt. Im Buch Exodus werden die Vorschriften Gottes im Zusammenhang mit einem mystischen Brustschild beschrieben, den Aaron und seine Nachfolger tragen sollten. Er sollte aus Gold, violettem und rotem Purpur und aus Leinen bestehen, das doppelt gefaltet wurde und in vier Reihen mit Edelsteinen besetzt war, wobei jeder Edelstein in Gold eingefasst sein sollte. Der Brustschild wird auch als Hoshen bezeichnet, ein Name, der

entweder mit seiner Funktion oder seinem Aussehen im Zusammenhang steht. Einige Experten glauben, dass der Name vom hebräischen Wort *hasuna* („schön") stammt, die Bedeutung könnte auch aus *sinus*, „Falte, die etwas enthält", hervorgehen.

Der Brustschild war am Efod, einem schürzenartigen liturgischen Gewand, mit Goldketten an Goldringen auf den Schulterträgern und mit blauem Band an Goldringen am unteren Teil des Efods angebracht. Der Brustschild ähnelte einer rückenfreien Weste und besaß innen eine Tasche für die Urim und Thummim. Interessanterweise weiß man nicht genau, was Urim und Thummim tatsächlich sind. Gelehrte glauben, dass es Gegenstände waren, die in eine Art Tasche gegeben wurden. Dann wurde einer davon durch Ertasten ausgewählt und als Los- oder Orakelstein herausgezogen oder -geworfen. Sie waren wahrscheinlich recht klein und flach, damit sie in die Tasche passten, und waren wohl aus Holz oder Knochen. Laut den meisten Experten bedeutet Urim schuldig und Thummim unschuldig. Das deutet darauf hin, dass mit ihnen Schuld oder Unschuld überprüft wurde.

Laut islamischen Quellen gab es eine ähnliche Form der Wahrsagung in antiken arabischen und persischen Kulturen. Zwei Pfeilschäfte (ohne Spitzen oder Federn) wurden in einem Behälter verwahrt. Auf einem stand ein Gebot geschrieben, auf dem anderen ein Verbot. Diese wurden in der Kaaba, einem antiken heiligen Gebäude in Mekka, aufbewahrt. Wenn jemand wissen wollte, ob er sich vermählen oder verreisen sollte oder eine ähnliche Entscheidung treffen musste, zog einer der Priester der Kaaba einen Pfeilschaft aus dem Behälter. Die Losung galt als Wille des jeweils verantwortlichen Gottes. Manchmal wurde ein

Die Kaaba in Mekka, Saudi-Arabien, ist der heiligste Ort im Islam. Beim Gebet sollen Moslems in der ganzen Welt Richtung Kaaba blicken.

dritter, unbeschriebener Schaft verwendet, der bedeutete, dass die Gottheit nicht antworten wollte. Diese Form des Wahrsagens wird nach dem Griechischen *rhaptos* – „Stab" – und *manteia* – „Wahrsagen" – als Rhabdomantie bezeichnet. Die zwölf Edelsteine in dem Brustschild waren laut biblischer Beschreibung aus zwölf verschiedenen Materialien. Jeder stand für einen Stamm Israels, dessen Name in den Stein graviert war.

Der Gründer der Kirche Jesu Christi der Heiligen der Letzten Tage, Joseph Smith, verwendete angeblich ähnliche Gegenstände, um das *Buch Mormon* zu interpretieren und zu übersetzen, das er auf einem Hügel in New York auf goldenen Platten erhalten hatte. Die zwei in Silberbügeln befestigten Steine waren angeblich auch an einem Brustschild befestigt und Smith nannte sie später Urim und Thummim. Smiths Mutter beschrieb sie als „zwei glatte dreieckige Diamanten". Smith erklärte auch, dass er sie als Unterstützung bei anderen göttlichen Offenbarungen verwendete. Die Anhänger von Smith glauben, dass seine Urim und Thummim dieselbe Funktion wie jene in der Bibel hatten, aber es gibt keine Hinweise, dass letztere bei der Übersetzung unbekannter Texte verwendet wurden. Smith interpretierte Urim und Thummim als „Licht und Wahrheit".

WICHTIGE EDELSTEINE DES BRUSTSCHILDS

DIAMANT
Diamanten symbolisieren Unschuld und Beständigkeit, werden aber auch mit himmlischer Macht, Wahrheit und Reinheit assoziiert.

AMETHYST
Das Wort „Amethyst" stammt aus dem Griechischen und bedeutet „dem Rausche entgegenwirkend". Der Stein soll vor Gift schützen. Die alten Ägypter verwendeten ihn zum Schutz vor Schuld- und Angstgefühlen. Er wurde gegen Selbsttäuschung und Hexerei eingesetzt. Im Christentum symbolisiert er Frömmigkeit, Demut, Aufrichtigkeit und spirituelle Weisheit.

BLUTSTEIN
Dieser Stein hat sich angeblich aus dem Blut gebildet, das von Christus auf die grüne Erde tropfte. Von den Griechen wurde er auch Heliotrop genannt und er soll Wandel bringen. Der Blutstein wird als Amulett zum Schutz vor dem bösen Blick verwendet.

SAPHIR
Der „Stein des Schicksals" verleiht geistige Klarheit und Erkenntnis und kann finanzielle Belohnungen fördern. Er ist das Symbol des Himmels und der freudigen Zuwendung zu Gott.

HERME

GRIECHENLAND ca. 1300 v. Chr.

Steinpfeiler am Wegrand als Symbol für die Macht des Gottes Hermes

Diese Kopie (2. Jahrhundert n. Chr.) einer Herme von Alkamenes aus dem 5. Jahrhundert v. Chr. zeigt Hermes, den griechischen Gott des Handels und der Kommunikation.

Eine Herme ist ein meist im Freien stehender Steinpfeiler, der als Grenzstein, Schild, Wegmarke oder Denkmal dient. Er zeigt typischerweise das Haupt eines bärtigen Mannes und besitzt entweder keine Arme oder nur Armansätze; häufig wird auch ein erigierter Phallus dargestellt. Laut zahlreichen Historikern wie dem altgriechischen Schriftsteller Pausanias verehrten die frühen Griechen Steine und Felsen und erst im klassischen Griechenland wurden aus den Steinen tatsächliche Gottesstatuen gehauen.

Die Bezeichnung „Herme" kommt von Hermes, dem griechischen Gott der Kaufleute und Redekunst. Hermes entstammte aber auch einem älteren Gott, der mit Grenzen und Fruchtbarkeit in Verbindung gebracht wurde, und als Gott der Hirten Herden und deren Weiden beschützte. Als Fruchtbarkeitssymbol wurde Hermes mit den phallischen Göttern Dionysos, Pan und Priapos assoziiert. Möglicherweise hat sich die stilisierte Darstellung dieses bärtigen Gottes ursprünglich aus Stein- und Holzskulpturen entwickelt, die in ländlichen Gegenden verteilt gefunden wurden. Diese sollten dem Gott der Heiligen Hochzeit, Dionysos, huldigen. In antiken griechischen Religionen wurden geheime „Bräute" in die dionysischen Mysterien eingeführt – ein Ritual, das berauschende Getränke involvierte – und in heilige Tempel geführt, wo sie zu Priesterinnen geweiht wurden oder sich als Tempelprostituierte verdingten. Diese Tempel waren verborgen in Wäldern und Hainen und die kleinen rundherum stehenden Holzstatuen von Dionysos dienten dem Schutz.

Mit der Entwicklung der klassischen griechischen Kunst und Architektur verschwanden die ländlichen Herme. Stattdessen erschienen Herme neben Eingängen und an Straßenrändern zu Ehren von Hermes, der nunmehr als Gott des Verkehrs und der Reisenden galt, sowie als Symbol der Manneskraft.

Als Hermes zum Gott der Wegkreuzungen ernannt wurde, gesellte er sich zu seiner Vorgänge-

Herme wurden oft als dekorative Gegenstände verwendet, besonders in den Gärten und Villen wohlhabender Römer, wie im Fresko *Garten mit Hermen und Brunnen* aus der Casa del Bracciale d'Oro, Pompeji, Italien zu sehen ist.

rin, der griechischen Unterweltsgöttin Hekate, der ursprünglichen Göttin der Wegkreuzungen und Übergänge. Die Griechen legten an Kreuzungen als Opfer oft Kuchen nieder und stellten eine Kerze hin, sodass Hekate im Dunkeln die Gabe finden konnte. Ähnlich soll der antike vedische Gott Bhairava Kreuzungen am Rand jedes Dorfes beschützt haben. Steinphallusse und Statuen wurden dort aufgestellt, um ihm als Wächter über die Grenzen zwischen den Welten zu huldigen. Stimmte man ihn günstig, konnte er einem bei wichtigen Entscheidungen den Weg weisen. Zu den afrikanischen Göttern der Wegkreuzungen gehörten Eshu, Legba oder Elegua, die den Weg zu spiritueller Kraft und Weisheit wiesen.

ERDE UND LANDSCHAFT

Steine spielen als Symbol der Erde eine wichtige Rolle in östlichen Kulturen. Manisteine sind Steine, Felsen oder Kiesel, die mit dem sechssilbigen Mantra – *Om mani padme hum* – aus dem tibetischen Buddhismus beschriftet sind. Manisteine werden an Straßenrändern, Flussufern und Gehwegen sowie auf Mauern zur Huldigung der Geister bestimmter Orte platziert. Sie kommen nicht nur in bud-

dhistischen Kulturen vor, sondern auch in animistischen Kulturen wie etwa keltischen, indianischen und afrikanischen. Beispiele für Manisteine, die wie Platten aussehen und aus Felsformationen gehauen wurden, finden sich im Himalayagebirge.

Bei vielen indianischen Völkern gelten Felsen als Knochen von Mutter Erde, während für die Aborigines in Australien alle Felsnasen, Landschaften und Gebirge wie der Ayers Rock im Northern Territory heilige Orte der Traumzeit sind. Für die Chinesen symbolisiert jedes Tal Fruchtbarkeit, Schutz und Weiblichkeit. Im Daoismus steht das Tal für das Yin, aber in manchen Religionen wie dem Judentum und Christentum werden Täler mit dem Tod in Verbindung gebracht.

In christlichen und islamischen Kulturen verkörpert die Wüste Rückzug und Erleuchtung. In den meisten heidnischen Glaubenssystemen steht sie aber für Überleben, Trostlosigkeit, Leere und den Kampf ums Überleben. Bei den Indianern symbolisieren Höhlen den Mutterleib und die Wiedergeburt und führen zum Mittelpunkt des Universums. In anderen Traditionen wie der griechischen Mythologie werden sie mit dem Eintritt in die Unterwelt assoziiert oder sie sind das Tor zur Hölle.

Der römische Gott Merkur, Pendant zu Hermes, trägt meist einen geflügelten Helm.

GRIECHISCHE GOTTHEITEN

ZEUS

Der Herrscher über den Olymp wuchs in Kreta auf. Im Mannesalter erzählte ihm seine Schwester Metis, wie er seine anderen Geschwister befreien könne, die sein Vater, Kronos, verschlungen hat. Mit einer List gab er seinem Vater einen tödlichen Nektar zu trinken. Kronos würgte alle anderen Götter herauf, die Zeus halfen seinen Vater zu Fall zu bringen.

HERMES

Hermes, der Götterbote mit der Flügelhaube überbrachte Botschaften im Himmel und auf Erden und war ein Psychopomp, der Seelen in die Unterwelt geleitete. Als Gott der List, Diebe, Grenzen, Literatur, Reisenden und Kaufleute kam er in der *Ilias,* der *Odyssee* und den Mythen von Perseus und Prometheus vor.

EROS

Eros, von den Römern auch Cupido genannt, war ein viel geschmähter und falsch dargestellter Gott. Er verkörperte in der Antike die mächtige Lebenskraft und war eine Urgottheit im prähellenischen Griechenland. Im olympischen Pantheon war er später der Sohn von Aphrodite und entweder Zeus, Ares oder Hermes.

POSEIDON

Poseidon war mit seinem Dreizack gleich gefährlich wie Zeus mit seinen Blitzen. Der Zyklop fertigte ihm den Dreizack für den Kampf gegen die Titanen an, sodass er Gebirgsrücken, Riffe, Inseln und sogar Kontinente aufspießen konnte. Nach dem Krieg wurde der Dreizack zu seinem mächtigsten Werkzeug.

ATHENE

Athene entsprang dem Kopf von Zeus und war seine treue Anhängerin. Sie wurde für ihren Patriotischen Kampfgeist bekannt und wurde später für ihren Schutz des Staates verehrt. Sie wurde bewundert für ihren Geist, wurde aber kaum wegen ihrer weiblichen Weisheit geachtet. Sie war die Inspiration für das Trojanische Pferd.

DIONYSOS

Der Sohn von Zeus und der Sterblichen Semele wurde von Bergnymphen erzogen, in Sicherheit vor Zeus' eifersüchtiger Gattin Hera. Er wandelte in Begleitung von Satyrn und den wilden Mänaden in der Welt umher. Dionysos war der Gott des Moments der Entscheidung und des Moments, bevor man einem irrationalen Verlangen nachgibt oder widersteht.

APHRODITE

Aphrodite war die Göttin der Begierde, Liebe, Schönheit und Fruchtbarkeit und entwickelte sich aus früheren Göttinnen wie Inanna und Ištar. Sie war die Gemahlin von Hephaistos und ihre Rolle als Göttin der sexuellen Begierde entsprach ihrem eigenen Appetit für Männer und Götter. Ihr Name bedeutet „die Schaumgeborene".

HADES

Hades wurde zum Herrscher der Unterwelt, nachdem die Titanen überwunden waren, und war auch als Pluton bekannt, Herrscher der Edelsteine, Metalle und der in der Erdtiefe verborgenen Schätze. Hades besuchte die Oberwelt nur, wenn ihn die Lust überkam. Er raubte Persephone und gewann später eine Nymphe namens Minthe als Geliebte.

DEMETER

Demeter war für die Fruchtbarkeit verantwortlich und war die Göttin des Ackerbaus und der Ernte. Sie stand in einer langen Tradition von Erdgöttinnen und war bekannt für ihre Rolle in der Geschichte von der Entführung ihrer Tochter, Persephone durch Hades, die die griechische Philosophie der Jahreszeiten bestimmte.

APOLLON

Der Gott des Lichts, Bogenschießens und der Künste war auch der Gott der Orakel. Apollon versprach der sterblichen Kassandra die Gabe der Weissagung, sollte er sie verführen dürfen, doch sie wies ihn zurück. Als Rache schenkte er ihr dennoch die Gabe, allerdings mit einem Fluch verbunden: Egal was sie sagte, man würde ihr nicht glauben.

HERA

Hera war Sinnbild der idealen Gattin und ihre Ehe mit Zeus war der Prototyp der Monogamie. Sie wurde zur Schutzherrin der Ehefrauen und wurde später zum Symbol für pathologische Eifersucht – angefacht von ihrem Ärger, weil sie bei der Aufteilung des Universums übergangen wurde, und ihrer Rache gegenüber den vielen Geliebten von Zeus.

ARTEMIS

Die Zwillingsschwester des Apollon war die griechische Göttin der Jagd – das Gegenstück zur römischen Göttin Diana. Als Göttin der Wildtiere, Gebärenden, jungen Mädchen und Frauen wurde sie als Jägerin mit Pfeil und Bogen dargestellt. Das Wild, der Bär, der Falke und die Zypresse waren ihr geweiht.

BUNDESLADE
JERUSALEM, ISRAEL ca. 970 v. Chr.

Enthält die Steintafeln, auf denen die Zehn Gebote geschrieben waren

Detail aus **Lorenzo Ghibertis** Bronzerelief *Israeliten, die die Bundeslade aus den Toren zum Paradies tragen* (1425–1452).

Die Bundeslade enthält angeblich die Steintafeln mit den Zehn Geboten. In der Bibel wird berichtet, dass etwa ein Jahr nach dem Auszug der Israeliten aus Ägypten die Lade nach den Vorstellungen geschaffen wurde, wie sie Gott Moses am Berg Sinai diktierte. Beim Transport wurde die Lade unter einem großen Schleier aus Leder und blauem Stoff versteckt, sodass sie selbst den Augen der Priester und Leviten, die sie trugen, verborgen blieb.

Die Bundeslade war nicht nur ein prächtiger Schrein, der die Tafeln mit den Zehn Geboten enthielt, darin befand sich auch Aarons grünender Stab und ein Gomer Manna: eine Speise, von der sich die Kinder Israels während der Zeit in der Wildnis ernährten. Laut Bibel bestand die Lade aus mit Gold überzogenem Akazienholz. Sie besaß zwei mit Gold überzogene Tragebalken und auf ihr thronten Cherubim und Engel. Diese Boten Gottes sind in der westlichen Kunst und Religion wichtige Schutzsymbole geblieben und bis heute in der modernen Kultur beliebt.

Die Bibel erzählt, dass die Israeliten die Lade überallhin mitnahmen. Sie besaß göttliche Macht und sollte sie gestohlen werden, würde dies dramatisch für jene enden, die sie für sich beanspruchten. Als der Tempel von Jerusalem gebaut wurde, wurde die Lade dort aufbewahrt, wo sie nur vom Hohepriester betrachtet werden durfte. Jedoch verschwand die Lade und ihr Verbleib

beschäftigt Archäologen, Historiker und Gläubige noch immer. Heute wird sie in einem Tunnel in Jerusalem und auf dem Gipfel des Berg Nebo in Jordanien vermutet.

Laut der äthiopischen königlichen Chronik verließ die Lade Jerusalem zur Zeit König Salomons und soll von Menelik I., dem Sohn von Salomon und Makeda, der Königin von Saba, nach Äthiopien gebracht worden sein. Nach 800 Jahren im Besitz einer jüdischen Sekte soll sie von den Tempelrittern entwendet worden sein, die sie für den Heiligen Gral hielten. Die Ritter konvertierten die Juden, die dann die Lade in der Kirche versteckt haben sollen. In den 1960ern wurde die Kirche St. Maria von Zion in Aksum erbaut, wo, dem Glauben der Äthiopier nach, die Lade heute in einem kleinen Nebengebäude aufbewahrt wird.

Cherubim und Seraphim waren in der westlichen Kunst beliebt; hier beschützen sie die Bundeslade.

CHERUBIM UND SERAPHIM

Engel und Cherubim beschützen nicht nur die Lade, sondern auch die Menschen und treten überall in der westlichen Kunst in Erscheinung, von antiken byzantinischen Figuren mit Flügeln bis hin zu den kunstvollen Engeln der Romantik des 19. Jahrhunderts. Von den Juden, Christen und Moslems als Boten Gottes verehrt, verkörpern sie himmlische Reinheit und Güte und sind angeblich hierarchisch geordnet: Jedem Rang sind verschiedene Aufgaben und Symbole zugeordnet. Der Gelehrte Dionysius Areopagita beschreibt die Engel als drei Chören angehörig: Der erste umfasst Seraphim, Cherubim und Throne; der zweite Herrschaften, Kräfte oder Mächte und Gewalten; und der dritte Fürstentümer, Erzengel und Schutzengel.

Die Seraphim sind Gott am nächsten; sie fliegen über Gottes Thron, singen seine Lobpreisungen und symbolisieren Licht und Liebe. Die Cherubim waren für die Vertreibung von Adam und Eva aus dem Garten Eden verantwortlich und stehen für den Willen Gottes. Nur drei der sieben Erzengel sind in der Bibel namentlich erwähnt: Sie repräsentieren Gottes Willen auf Erden und übermitteln den Menschen wichtige Botschaften. Zu ihnen gehört Gabriel, meist mit

einer Trompete dargestellt, der Maria die Geburt Jesu verkündete und der im Islam Mohammed den Koran übermittelt haben soll. Raphael symbolisiert Heilung und Wissenschaft, Michael hingegen gilt als Beschützer Israels, ihm gelang es aber auch, Satan aus dem Himmel zu vertreiben. Nicht zu verwechseln mit den Cherubim sind die Putten. Darunter versteht man in der Skulptur und Malerei Kindergestalten mit Flügeln, die Unschuld und Reinheit symbolisieren. Sie wurden erstmals in der Renaissance populär und später im Barock, als sie auf Möbeln und in der Architektur erschienen und prächtig vergoldet waren, um die Assoziation mit dem Himmel zu unterstreichen.

Seit Ende des 20. Jahrhunderts gibt es ein neu entfachtes Interesse an Schutzengeln und viele Bücher und Websites widmen sich der Engeltherapie. Eine Befragung von 350 Menschen aus dem Jahr 2002 ergab, dass sie alle glaubten, in irgendeiner Form Kontakt zu Engeln zu haben, etwa durch Visionen oder dem Gefühl berührt, gestoßen oder aufgehoben zu werden, gute Düfte zu riechen oder Stimmen zu hören. Bei den visuellen Erfahrungen erschienen die Engel in verschiedensten Formen, entweder mit Flügeln oder als grell leuchtende Menschen sowie als Lichtwesen.

Die auf Stangen getragene Bundeslade war ein Symbol göttlicher Macht.

SCHICKSALSTAFELN

NINIVE, IRAK ca. 7. Jahrhundert v. Chr.

Steintafel, die ihrem Besitzer die große Macht des Göttlichen verlieh

Die sogenannten Schicksalstafeln gelten als Orakel mit magischen Kräften. In den 1840ern entdeckten britische Forscher in Ninive, Irak, eine beträchtliche Anzahl an babylonischen Keilschrifttafeln in den Ruinen der Bibliothek von König Aššurbanipal, dem angeblich letzten großen König des assyrischen Reichs, der im 7. Jahrhundert v. Chr. regierte. Tausende Tafeln wurden ins British Museum in London gebracht und viele Inschriften in den 1870ern übersetzt. Die Tafeln enthalten Gedichte, die zum Teil als Enuma eliš bekannt sind. Sie enthalten einen Schöpfungsmythos, das Epos von Marduk und eine Geschichte vom Helden Gilgamesch sowie die Erzählung von Inannas Abstieg in die Unterwelt und mehrere Geschichten über eine Flut. Außerdem finden sich darauf Verweise auf die Schicksalstafeln.

Im Epos vom Aufstieg des babylonischen Gottes Marduk werden die Schicksalstafeln von der Göttin Tiamat als Verkörperung des „Urwassers" in Form eines Drachen an ihren Sohn Kingu weitergereicht. Bei ihrem Kampf gegen Marduk befestigte Tiamat die Tafel an Kingus Brust und beschwor ihn, dass alle seine Prophezeiungen wahr werden würden. Trotz Kingus magischer Macht konnte Marduk Tiamat und ihre Verbündeten bald zerstören, die Schicksalstafeln von Kingus Brustschild stehlen, selbst anlegen und somit seine Herrschaft unter den Göttern festigen. In anderen mesopotamischen Mythen galten die Schicksalstafeln als Mischung aus Orakel und Horoskop. Die Tafeln

Diese Tafel ist die dritte von 24, die menschliche Deformierungen und deren Interpretation erklären.

sagten die Zukunft voraus und beeinflussten
diese. Wer sie besaß, hatte die absolute Macht.
In der akkadischen Mythologie stiehlt Anzu, der
Löwenadler und personifizierte Wind, die Tafeln
von Enlil, dem Hauptgott des Himmels, im Glauben, das Schicksal aller Dinge lenken zu können.
Die Tafeln werden auch dem Besitz von Aššur,
dem obersten Gott der assyrischen Mythologie,
zugeschrieben.

Die Symbolkraft der Tafel machte sie zu einem der ersten „Orakel". Orakel und Horoskope
symbolisierten die Macht der Könige, Pharaonen
und Propheten: nicht nur die Macht, die Zukunft
des eigenen Schicksal zu kennen, sondern auch,
weitaus wichtiger, die Zukunft von anderen
Menschen oder eines Landes zu kennen. Die
schriftlichen und später mündlichen Orakel
wurden zu den wichtigsten kulturellen und politischen von den Göttern gegebenen Werkzeugen
der Divination. Ihre Macht setzte sich in vielen
anderen Kulturen wie der griechisch-römischen
Welt fort.

GRIECHISCHE ORAKEL

In Griechenland waren die ersten Orakel der
Muttergöttin gewidmet, so auch Dione von
Dodona. Dione war die frühere weibliche Form
von Dios, dem Gott des Himmels, der als Zeus
bekannt wurde. Ähnlich war Python, dessen
Mutter die Erdgöttin Gaia war, ein Schlangen-
wesen, dessen Orakelkräfte von Apollon in
Delphi gestohlen wurden und der von Apollon
mit einem Pfeil getötet wurde. Diese griechische Orakeltradition stammt vermutlich aus
dem alten Ägypten, wo die Göttin Wadjet zuerst
als schlangenköpfige Frau dargestellt wurde,
deren Orakel von den Hohepriesterinnen im
Wadjet-Tempel in Buto gehört wurden.

Das Wort „Orakel" kommt vom lateinischen
orare „sprechen" und meint den Priester oder
die Priesterin, die eine Weissagung macht. Im
alten Mesopotamien gab die Göttin Tiamat ihrem Sohn Kingu die Schicksalstafeln: Durch das
Tragen dieser Tafeln würde alles, was er „sagte", wahr werden. In diesem Sinne waren Tiamat,
Kingu und Marduk die ersten Orakel. Orakel

unterschieden sich insofern von Sehern, als
letztere die Zeichen der Götter interpretierten,
die diese unter anderem in Form von Vögeln
und Tiereingeweiden sandten. Die weissagende
Priesterin Pythia im Orakel der Tempelanlage
des Apollon in Delphi galt als unfehlbar. Sie
machte ihre Prophezeiungen jeweils nur am
siebenten Tag jedes Monats, da sieben die Zahl
Apollons war, und nur in den wärmeren Monaten des Jahres. Um die Warteschlange in Delphi
zu umgehen und um eine positive Antwort des
Orakels zu begünstigen, brachten wohlhaben-
dere Menschen Apollon Opfer dar.

Das Orakel von Delphi war äußerst einfluss-
reich und galt als höchste zivile und religiöse
Autorität in der männlich dominierten hellenischen Kultur. Die Hohepriesterin, die für
Apollon „sprach", beantwortete Fragen von
Fremden, Königen und Philosophen unter
anderem im Hinblick auf Politik, Krieg, Arbeit,
Verbrechen, Gesetze und sogar in persönlichen
und familiären Angelegenheiten. Ähnlich wie
die Schicksalstafeln ist das Orakel seither ein
Symbol der göttlichen Macht, die nur einigen
wenigen zuteil wird.

Dieses rotfigurige Tondo
(ca. 440 v. Chr.) zeigt
Aigeus, der mithilfe der
sitzenden Priesterin Themis
das Orakel von Delphi
befragt.

Die Krone dieser goldenen
Kobra (600 v. Chr.) lässt
auf ein Symbol der Göttin
Wadjet schließen.

FUJIN UND RAIJIN
JAPAN ca. 660 v. Chr.

Frühe Shinto-Götter des Windes und des Donners

Tafeln aus der frühen Edo-Zeit von Tawaraya Sotatsu stellen Fujin und Raijin, die Wind- und Donnergötter im Shinto-Pantheon, dar.

Das japanische Symbol für den Wind hat einen zwiespältigen Einfluss.

Die Shinto-Mythologie kennt tausende *kami*, Geister oder Götter, trotzdem hatten der Windgott Fujin und der Donnergott Raijin im göttlichen Pantheon aufgrund ihrer Assoziation mit den frühesten Schöpfergöttern seit jeher eine besondere Stellung.

Der Legende nach haben die ersten göttlichen Wesen, Izanami und Izanagi, nachdem sie die Erde und Japan geschaffen hatten, den Donner, Blitz, Wind und Regen geschaffen. Der Donnergott Raijin war auch Ausdruck der ewigen Turbulenzen zwischen den zwei Schöpfergöttern, nachdem Izanami in die Unterwelt verbannt worden war. In der japanischen Folklore werden Kinder angehalten, während eines Gewitters ihren Bauchnabel zu verbergen, weil Raijin nicht nur gerne Nabel verspeist, sondern sich auch gerne dort versteckt. Fujin trägt eine große Tasche über seiner Schulter, in der sich tausende verschiedene Winde befinden, von leichten Brisen bis hin zu orkanartigen Stürmen. Aus dieser Tasche wählt er den Wind aus, der blasen soll, und seine Stärke

hängt jeweils davon ob, wie weit er die Tasche öffnet.

Raijin ist eine sehr bekannte Gottheit und sein Ruhm hat zahlreiche Figuren in der japanischen Populärkultur inspiriert. Er erscheint als Figur in Videospielen wie Final Fantasy VIII (1999) und in der TV-Serie *Madan Senki Ryukendo* (Magic Bullet Chronicles, 2006), in der transformierte Krieger ihre Namen gefolgt von dem Wort „Raijin!" sagen, was so viel wie „Wach auf!" oder „Steh auf!" bedeutet.

ANDERE WETTERGÖTTER

In allen polytheistischen Kulturen gibt es wichtige Wind-, Donner- und Blitzgötter, aber die meisten von ihnen werden recht unterschiedlich dargestellt und sind spezifisch von meteorologischen und kulturellen Unterschieden geprägt. In indoeuropäischen Kulturen gilt der Donnergott oft als oberster Gott, so etwa der griechische Zeus oder Thor in der nordischen Mythologie und Indra

im Hinduismus. In der griechischen Mythologie ist Zeus auch der Gott des Blitzes, der Gesetze, der Ordnung und des Schicksals und er war auch für die Schaffung des Elysion, der „Insel der Seligen", verantwortlich.

Einige Donnergötter sind weiblich wie Oyá in der Religion der Yoruba in Afrika. Sie erscheint oft als kriegerische Göttin des Windes, der Fruchtbarkeit, des Feuers, der Magie, des Donners und des Blitzes. Sie bewacht die Unterwelt, erzeugt Hurrikane und Tornados (angeblich ihre wirbelnden Röcke, wenn sie tanzt) sowie Blitze und bringt jede Art der Zerstörung hervor. Sie steht für den Wandel, den Übergang und das Chaos und soll an Friedhofstoren (im Gegensatz zu den Toren der Unterwelt) wohnen, was ihre Rolle als Göttin des Übergangs unterstreicht.

In der gesamten Mythologie dieser Welt waren die Windgötter entweder unwillkommen wie Pazuzu, der babylonische Dämon des Südwestwinds und Bringer von Dürre, oder willkommen wie der beruhigende Einfluss des Windgotts Shu in der ägyptischen Mythologie.

Dieses Detail aus *Tors strid med jättarna* (1872) von Mårten Eskil Winge zeigt Thor, den Donnergott der nordischen Mythologie, der im Himmel seine Axt schwingt und beim Kampf gegen die Giganten für Chaos sorgt.

WICHTIGE SHINTO-GÖTTER

AMATERASU

Amaterasu war die personifizierte Sonne und gilt als Begründerin des japanischen Kaiserhauses. Ihr voller Name – Amaterasu-o-mi-kami – bedeutet „Am Himmel scheinende große erlauchte Göttin". Sie gilt als wichtigste Gottheit des Shinto.

AMENOUZUME

Amenouzume ist die Göttin der Dämmerung und vermutlich sogar ein Aspekt der Sonnengöttin Amaterasu. Sie war vom Verhalten ihres Bruders, Susanoo, so erschrocken, dass sie sich in einer Höhle versteckte und die Erde somit bis zu ihrer Rückkehr ins Dunkel tauchte. Dieses Ereignis symbolisierte den Mond und seine Macht, der Sonne in der Nacht Einhalt zu gebieten. Amenouzume ist auch bekannt als „das abschreckende Weib des Himmels".

HACHIMAN

Hachiman ist der Gott des Krieges und der Schutzgott Japans. Ursprünglich Gott des Ackerbaus, wurde er zum Schutzgott des Adels, der Japan vom 8. bis 10. Jahrhundert mit Unterstützung des Kaisers regierte. Er ist ein beliebter Shinto-Gott und wird meist mit seiner Mutter, Kaiserin Jingu-kogo, und der Göttin Hime-gami verehrt. Sein Symbol ist die Taube.

IZANAGI

Der Urgott Izanagi schuf mit der Urmutter Izanami die japanischen Inseln. Obwohl Izanami starb, als sie den Feuergott Kagutsuchi no Kami gebar, folgte ihr Izanagi in die Unterwelt, konnte sie aber nicht wieder auf die Welt zurückholen. Ein ewiger Ehestreit zwischen den beiden ist die Ursache für den Kreislauf von Geburt und Tod für alle Lebewesen.

HEILIGE LANZE
JERUSALEM, ISRAEL 1. Jahrhundert n. Chr.

Bei der Kreuzigung Christi verwendete Lanze

Die Lanze aus der Wiener Hofburg war bei Kaisern und Herrschern heißbegehrt, verhieß sie seinem Besitzer doch die Herrschaft über die Welt.

Die angeblich magische Macht besitzende Heilige Lanze, auch bekannt als Mauritiuslanze, Longinuslanze oder Speer des Schicksals, bezeichnet jenen Speer, mit dem dem gekreuzigten Jesus in die Flanke gestochen wurde. Das Johannesevangelium berichtet, dass die Römer die Beine von Jesus brechen wollten, um den Tod während der Kreuzigung zu beschleunigen. Kurz bevor die Soldaten damit begannen, glaubten sie, dass Jesus bereits tot sei, daher soll ein römischer Soldat namens Longinus in die Flanke von Jesus gestochen haben, um dessen Tod zu überprüfen.

Um das Schicksal der echten Heiligen Lanze ranken sich viele Legenden, vor allem weil ihr nachgesagt wurde, dass jeder, der diese Lanze besaß, unbesiegbar sei. Erstmals erwähnt wird die Lanze im 6. Jahrhundert vom Pilger Antoninus von Piacenza, der, als er die heiligen Stätten Jerusalems schilderte, in der Dormitio-Abtei auf dem Berg Zion „die Dornenkrone sah, mit der unser Herr gekrönt und die Lanze sah, mit dem in seine Flanke gestochen wurde". Seither haben viele heilige Kaiser, Könige und Herrscher behauptet, im Besitz der Lanze zu sein.

Das in der Schatzkammer der Hofburg in Wien aufbewahrte Artefakt gehört zu den Reichskleinodien und wurde während der Französischen Revolution nach Wien in Sicherheit gebracht. Der englische Metallurg und technische Redakteur Dr. Robert Feather untersuchte die Lanze im Januar 2003. Als Erstem wurde ihm erlaubt, die Lanze in einem Labor zu untersuchen und die filigrane goldene und die silberne Manschette zu entfer-

nen. Seiner und der Meinung einiger Experten nach stammt die Lanze aus dem 7. Jahrhundert. Jedoch entspricht ein eiserner Stift – der lange für einen bei der Kreuzigung verwendeten Nagel gehalten wurde – in Länge und Form einem römischen Nagel aus dem 1. Jahrhundert.

Während des Anschlusses 1938 ließ Adolf Hitler die Lanze aus Wien wegbringen, sie wurde aber nach Ende des Zweiten Weltkriegs von General George S. Patton zurückgegeben. In jüngster Zeit ist die „Heilige Lanze" Gegenstand vieler Berichte, die ihr mystische Kräfte zuschreiben. Trevor Ravenscrofts Buch *Die heilige Lanze: Der Speer von Golgatha* (1973) behauptet, dass Hitler den Zweiten Weltkrieg nur begann, um den Speer zu erlangen, von dem er so besessen war. Der Legende nach bedeutete der Verlust der Lanze den Tod, eine Prophezeiung, die sich bewahrheitete, als Hitler Selbstmord beging und Patton bei einem Autounfall starb.

SYMBOLISCHE WAFFEN

Auch anderen Waffen wurde symbolische Bedeutung zugeschrieben. Der Dolch wurde von alten Kulturen für rituelle Opfer von Menschen und Tieren verwendet. Er ist ein mächtiges Symbol des Blutvergießens, um die Götter zu besänftigen. Der Kris, ein Dolch aus Südostasien, ist mit Inschriften aus dem Koran versehen, die die absolute Wahrheit symbolisieren. Schwerter galten allgemein als Symbole königlicher Macht, militärischer Stärke und Ehre und sogar christliche Heilige wurden mit Schwertern dargestellt. An den europäischen Höfen des Mittelalters wurden Ritter vom König oder Herrscher geehrt, indem dieser sie mit dem jeweiligen Gegenstand an der rechten Schulter berührte, als Symbol für ihren Aufstieg in Rang und Status.

Das Fresko (ca. 1440) von Fra Angelico im Kloster San Marco, Florenz, zeigt den Soldaten Longinus, wie er mit seiner Lanze überprüft, ob Jesus tot ist.

Der Pfeil alleine ist nicht nur ein mächtiges Phallussymbol, sondern steht auch für männliche Potenz und die Jagd. Der Bogen symbolisiert spirituelle Energie und Disziplin und wird in hinduistischen und sonstigen östlichen Glaubenstheorien der weiblichen Fähigkeit gleichgesetzt, den Pfeil oder Mann in sich zu „ziehen". Für die Christen ist der durchbohrende Pfeil ein Symbol der Verzückung der Heiligen Theresa, bekannt aus der Frontalskulptur von Giovanni Lorenzo Bernini von 1645–1652 in der Cornaro-Kapelle von Santa Maria della Vittoria in Rom. Die Darstellung der heiligen Theresa im Augenblick ihrer Vision, bei der ihr ein Engel mit dem Pfeil der göttlichen Liebe das Herz durchbohrt, wurde auch sexuell gedeutet.

THORS HAMMER

In der nordischen Mythologie war Thor der Gott des Donners und Blitzes und sein Hammer wurde als Macht hinter den Stürmen interpretiert. Der als Mjölnir bezeichnete magische Hammer wurde oft auf die Erde geworfen und seine Kraft konnte böse Götter zerstören. Thors Hammer verfehlte nie sein Ziel und kehrte stets zu Thor zurück. Ab dem 9. Jahrhundert benutzten die Wikinger kleine Hammer als Amulette.

HEILIGENSCHEIN
BIMARAN, AFGHANISTAN ca. 50 n. Chr.

Weltweites Symbol für Göttlichkeit und Heiligkeit

Fries zeigt eine der ersten Darstellungen von Buddha aus der nordwestlichen Region Gandhara (heutiges Afghanistan). Die Inschrift auf der Specksteinschatulle, die die Reliquie enthielt, beschreibt, dass sie mit einigen echten Knochen des Buddha gefüllt war. Jedoch fehlten der Deckel der Reliquie und die Knochen, als Masson sie fand, stattdessen befanden sich darin kleine verbrannte Perlen, Perlen aus Edelsteinen und Halbedelsteinen und vier Münzen.

Ein Heiligenschein wird auch als Nimbus oder Aureole bezeichnet und ist in der Ikonographie ein Lichtkreis, der den ganzen Körper umgibt. Er symbolisiert einen heiligen Zusammenhang, wird aber auch in Darstellungen von Herrschern und Helden verwendet. In der heiligen Kunst des Hinduismus, Buddhismus und Islam besitzen Heiligenscheine meist die Form eines runden Schimmers oder von Flammen, die rund um den Kopf oder sogar den ganzen Körper lodern. Sie können zwar jede Farbe haben, aber weil sie Licht symbolisieren, sind sie meist gold, gelb oder weiß.

In der griechischen Mythologie beschrieb Homer heiligenscheinähnliche Lichter rund um

Die Goldschatulle von Bimaran aus dem 1. Jahrhundert ist mit Juwelen verziert und zeigt den Buddha mit Heiligenschein.

Dieser japanische Buddha aus Holz aus der Muromachi-Zeit (1333–1568) zeigt den Heiligenschein als Symbol der Heiligkeit.

In den 1830ern entdeckte der britische Forscher Charles Masson nicht weit von Dschalalabad, Afghanistan, eine kleine goldene buddhistischen Reliquie. Sie zeigte einen wunderschönen Buddha in wallenden Gewändern mit einem einfachen Heiligenschein um seinen Kopf; dieses Symbol wurde zu einem ikonenhaften Zeichen für Göttlichkeit oder Heiligkeit. Die Schatulle enthielt Münzen eines indo-skythischen Königs, der um 50 n. Chr. regierte, jedoch vermuten Experten aufgrund der kunstvollen Dekoration, dass sie hundert Jahre jünger ist.

Der feine zylindrische Behälter ist aus reinem Gold und mit Almandinen besetzt. Das kunstvolle

die Häupter von Helden und eine griechische Vase aus dem 5. Jahrhundert v. Chr. aus dem Metropolitan Museum of Art, New York, zeigt Perseus mit heiligenscheinähnlichen Strahlen, als er Medusa tötet. Strahlen und Heiligenscheine erscheinen auch bei anderen mythischen Figuren wie Lyssa, die personifizierte Wut, sowie Thetis, die Mutter von Achilles und dem Sonnengott Helios mit seinem kronenähnlichen Heiligenschein.

Sumerische Mythen erwähnen „Melam", einen „strahlenden, sichtbaren Glanz, der Götter und Helden und manchmal Könige umgab". In der Ikonographie des Zoroastrismus wurde dies wiederum als „göttlicher Kronleuchter" interpretiert. In der buddhistischen Kunst Chinas und Japans wird der Heiligenschein auch seit den frühesten Darstellungen des Buddha verwendet. In der tibetischen Kunst haben Heiligenscheine je nach Farbe verschiedene Bedeutungen: Orange für Mönche, Grün für den Buddha. Der Ursprung des Heiligenscheins ist ungeklärt, aber er wurde zum archetypischen Symbol göttlichen Daseins.

Im 4. Jahrhundert n. Chr. hielt der Heiligenschein mit den ersten Darstellungen Christi Einzug in die frühchristliche Kunst. Ursprünglich wurde er oft als Symbol der göttlichen Natur Christi interpretiert. In der katholischen Kirche steht er für das Licht der göttlichen Gnade, die

die Seele erfüllt, die mit dem Körper perfekt vereint ist.

In der frühbyzantinischen und römisch-katholischen Ikonographie signalisierte der Heiligenschein Heilige, die Jungfrau Maria, Propheten, Engel und sogar byzantinische Herrscher. Als die Kirche in der Hochrenaissance kulturellen Einfluss einbüßte, verzichteten italienische Maler auf den Heiligenschein. Selten wurde er für mythische Figuren verwendet, außer in der stilisierten manieristischen und der Barockkunst.

Im 19. Jahrhundert war der Heiligenschein praktisch aus der westlichen Kunst verschwunden, erst die Symbolisten wie Gustave Moreau und George Frederic Watts zeigten mythisch und spirituelle Wesen umhüllt von Mystik. Moreaus bekanntes Werk *La Pietà* (1854) zeigt das Haupt Jesu umgeben von einem strahlenden Heiligenschein, seine Allegorie *Jupiter und Semele* (ca. 1895) einen Gott, von dem in all seiner feurigen Pracht strahlende Lichterflammen ausgehen. In dem mystischen Gemälde *Die Bewohnerin des Innersten* (ca. 1885–1886) erweckte Watts das Symbol des den ganzen Körper umgebenden Heiligenscheins wieder zum Leben. Diese atmosphärischen Werke verhalfen dem Heiligenschein zu seiner wiederentdeckten Bedeutung als „strahlendem, sichtbaren Glanz".

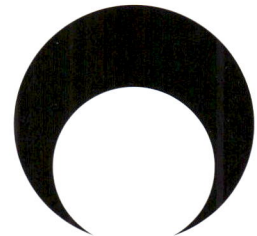

DIE ACHT UNSTERBLICHEN
CHINA ca. 100–900

Verehrt für ihre speziellen Kräfte, die sie unsterblich machten

Diese Illustration aus der Serie „Mythen und Legenden aus China" (1922) von Edward T. C. Werner zeigt daoistische Weise auf der Suche nach Unsterblichkeit.

Die chinesische Mythologie kennt zahlreiche Götter und Geister, aber die Acht Unsterblichen zählen zu den populärsten und mächtigsten Figuren der alten chinesischen Kultur. Die Unsterblichen stammten wahrscheinlich aus der Zeit der frühen daoistischen Denkschulen des 2. bis 10. Jahrhunderts und wurden wegen ihrer Unsterblichkeit verehrt. Das Erlangen von Unsterblichkeit ist in der daoistischen Lehre bis heute heilig und jedem der Acht Unsterblichen werden unterschiedliche Fertigkeiten zugeschrieben, die sie unsterblich machen. Jeder Unsterbliche hat eine spezielle Macht und Werkzeuge, mit denen er diese Macht ausüben kann. Es ist eine Macht, die Leben schenken oder nehmen kann, je nach Schuld oder Unschuld einer Person.

MÄCHTE DER UNSTERBLICHKEIT

Zhongli Quan gilt als Anführer der Unsterblichen und hält stets einen Fächer oder manchmal einen Pfirsich in der Hand. Er soll das Elixier des Lebens entdeckt haben und kann Kranke heilen und Tote zum Leben erwecken. Er gilt als ältester der Gruppe und symbolisiert ein langes Leben.

Der alte Mann mit magischen Kräften heißt Zhang Guolao. Er hält eine Phönixfeder und eine Bambustrommel in der Hand und reitet auf einem Esel (oft rückwärts), der pro Tag 1.600 km zurücklegen kann. Er gilt als Symbol der Weisheit und wird von kinderlosen Paaren verehrt. Lü Dongbin ist ein daoistischer Gelehrter, der ein magisches Schwert besitzt, mit dem er Dämonen und böse Geister töten kann. Er wird auch mit einem seltsamen Fliegenwedel dargestellt, der Krankheiten heilt. Er schenkt seinen Verehrern akademischen Erfolg und gibt ihnen Schutz.

Der bestangezogene der Acht Unsterblichen ist Cao Guojiu, der oft mit einem Jadetäfelchen und manchmal mit einem Federfächer dargestellt wird. Er soll mit der Song-Dynastie verwandt sein und verkörpert daher Ruhm und Anerkennung. Li Tieguai wird als Bettler mit einem eisernen Knüppel dargestellt und manchmal mit einem

Flaschenkürbis, der ihm als Schlafzimmer dient und auch Medizin enthält. Oft von einem Reh begleitet, gilt er als mächtigste der acht Figuren und symbolisiert göttliche Weisheit. Seinen eisernen Knüppel erhielt er von Han Xiangzi, dem glücklichen Unsterblichen. Dieser wird oft abgebildet, wie er eine Flöte hält oder spielt, und verkörpert heilende Energie.

Die einzigen zwei weiblichen Unsterblichen sind Lan Caihe und Ho Hsien-ku. Lan Caihe trägt oft ein blaues Kleid und einen Blumenkorb. Sie bringt jungen Frauen Glück. Ho Hsien-ku wird mit einer magischen Lotosblüte dargestellt. Bekannt als unsterbliche Jungfrau, steht sie für die Familie und eine erfolgreiche Ehe.

Wie viele andere göttliche Wesen, die zuerst als Symbole im alten daoistischen Mystizismus auftauchten, wurden die Acht Unsterblichen bald zu legendären Volksfiguren der chinesischen Kultur. Sie sind weiterhin wichtige Gottheiten, die wie viele andere die moderne chinesische Kultur geprägt haben und noch heute bei wichtigen Festen geehrt werden.

Die Acht Unsterblichen wurden auf dekorativem chinesischem Porzellan wie dieser Meiping-Vase von ca.1350 verewigt, als sie in der chinesischen Folklore populär wurden.

WICHTIGE CHINESISCHE GÖTTER

JADEKAISER
Der Jadekaiser aus der daoistischen Mythologie (auch bekannt als Yu Huang) galt als höchstes Prinzip des Himmels, Shang Di, der die Schöpfung und das Universum einleitete, sowie die Kraft, die den Fortbestand allen Lebens erzeugte. Shang Di war großzügig, intelligent und weise. Er galt als himmlisches Pendant zu einem irdischen Herrscher und stand vielen Gottheiten und Dienern vor.

GUANYIN
Die barmherzige Guanyin trägt wallende weiße Gewänder und hat ein wunderschönes gütiges Antlitz. Sie galt als Göttin der Fruchtbarkeit und ermöglichte es den Menschen, zum ersten Mal Reis zu essen. Jedes Jahr presste sie Milch aus ihren Brüsten, um essbare Reiskörner herzustellen.

FU XI
Nach einer schrecklichen Flut, die Dämonen geschickt hatten, um die Welt zu zerstören, entkamen Fu Xi und seine Schwester oder Gemahlin, Nü Gua, in einem Kürbis. Als sich die Flut zurückzog, kehrten sie auf die Erde zurück und erschufen die Zivilisation neu. Nü Gua machte Sterbliche aus Lehm und Fu Xi zeigte ihnen, wie man Ackerbau betreibt, fischt, jagt und Metall schmiedet.

SHENNONG
Der Kulturheld und mythische Herrscher Shennong war der Sohn einer sterblichen Prinzessin und eines Himmelsdrachen. Er war auch ein Gestaltwandler und hatte meist die Form eines Menschen mit einem Ochsenkopf. Doch konnte er sich auch in einen glühend heißen Wind verwandeln und riesige Waldbrände auslösen, um den Sterblichen zu zeigen, wie man den Boden für den Ackerbau vorbereitet.

YAO
Yao herrschte über die Welt, als sie sich von einem Ort der Unzivilisiertheit zu einer Zivilisation wandelte, er selbst bewohnte aber weiterhin eine Strohhütte, aß Haferbrei und lebte asketisch. Er trug viele Kämpfe mit Sturmgöttern und Wasserungeheuern aus und befahl dem Bogenschützen Yi, den Dämon Fei Lian und den Wassergott Ho Po zu besiegen.

TEFILLIN
ISRAEL ca. 200–500

Jüdische Gebetskapseln mit heiligen Schriftrollen

Gläubige Juden tragen noch heute die Tefillin, ein Symbol, das sie daran erinnert, wie Gott die Kinder Israels aus der Wüste begleitete.

Als Talisman sollen die Tefillin ihren Träger daran erinnern, dass Gott die Kinder Israels aus Ägypten gebracht hat. Der Talmud, das Hauptwerk des Rabbinischen Judentums, befahl, dass heilige Schriftrollen von gläubigen Juden während des Morgengebets getragen werden sollen. Die Gebetskapseln – auch Phylakterien genannt, was auf Griechisch „Amulett" oder „Glücksbringer" bedeutet – werden in quadratische Kapseln aus schwarzem Leder gelegt und mit Lederriemen auf dem Kopf oder an den Armen festgebunden. Für gläubige Juden ist das Tragen der Tefillin eine große Ehre.

Die Kapseln enthalten vier handgeschriebene Texte aus der Bibel, in der die Gläubigen ermahnt werden, diese heiligen Worte entweder auf dem Kopf oder am Arm oder zwischen den Augen zu tragen. Die Texte stammen aus Exodus 13:1–10 und 13:11–16 und Deuteronomion 6:4–9 und 11:13–21. Bei den Hand-Tefillin sind alle vier Texte auf einem einzigen Pergamentstreifen geschrieben, die Kopf-Tefillin haben vier getrennte Fächer mit je einem Text. Wie bei allen rituellen Gegenständen gibt es ganz genaue Regeln für die Herstellung und das Tragen der Tefillin.

Sie können nur von geschulten Personen hergestellt werden und besitzen oft ein Zertifikat eines Rabbi über die richtige Herstellung. Damit wird garantiert, dass ein Gegenstand von so großer religiöser Bedeutung in jeder Hinsicht perfekt ist. Texte aus der Thora müssen laut jüdischem Gesetz auf geeignetem Pergament und mit geeigneter Tinte geschrieben werden. Es gibt genaue Regeln für das Niederschreiben der Texte und jeder Fehler macht ein Dokument automatisch ungültig. Die Buchstaben müssen in der richtigen Reihenfolge geschrieben werden, taucht später ein Fehler auf, kann er nicht ausgebessert werden, weil der neue Buchstabe nicht der

Die quadratische Kapsel wird von Fachleuten hergestellt, die um die spirituelle Bedeutung für den Träger wissen.

Reihenfolge entspräche. Es gibt 3.188 Buchstaben auf den Pergamenten, und für den gesamten Text werden bis zu 15 Stunden aufgewendet. Der Schreiber muss sich zuerst in der Mikwe reinigen. Die Thora, die die ersten fünf Bücher des Alten Testaments umfasst, ist das Gesetzesbuch des jüdischen Glaubens. In Synagogen wird sie als heilige Rolle aufbewahrt und die Macht der Wörter wird als magischer Talisman genutzt, der Kinder und Schwangere heilen soll.

Die Tefillin muss ganz schwarz sein, die Kapseln von oben betrachtet komplett rechtwinkelig, ebenso müssen alle Nähte, der Zwirn und das Leder dem jüdischem Gesetz entsprechen. Die Arm-Tefillin werden zuerst auf dem Oberarm des schwächeren Arms angelegt. Ein Segen wird gesprochen und der Riemen wird sieben Mal um den Arm gewickelt. Die Kopf-Tefillin werden lose am Kopf etwa 1 cm oberhalb des Haaransatzes angelegt. Ein Segen wird gesprochen und der Riemen wird mit dem Knoten am Hinterkopf festgemacht. Der Riemen der Hand-Tefillin wird dann drei Mal um den Mittelfinger gewunden, während Hosea 2:21–22 zitiert wird.

In Synagogen ist die Thora die heilige Gebetsrolle des jüdischen Glaubens. Sie enthält die ersten fünf Bücher des Alten Testaments.

JÜDISCHE SYMBOLE

SCHOFAR

Das aus Widderhorn gefertigte Musikinstrument wird verwendet, um den Beginn des jüdischen neuen Jahres zu signalisieren. In Anlehnung an das biblische Horn, das die Mauern Jerichos niederblies, wird der Schofar auch am Ende des Versöhnungstages Jom Kippur geblasen.

NER TAMID

Das Ner Tamid („Ewiges Licht") ist eine heilige Lampe, die die Omnipräsenz Gottes symbolisiert. Die Lampe brennt ständig in jüdischen Synagogen und die Flamme selbst steht für das geistige Licht, das vom Tempel ausstrahlte.

MESUSA

Mesusa bezeichnet eine kleine Schriftkapsel, die an Türpfosten von jüdischen Häusern angebracht ist. Sie ist lang und schmal und enthält ein aufgerolltes Stück Pergament, auf den mit dokumentenechter Tinte zwei Verse aus der Thora geschrieben sind. Auf der Rückseite steht das Wort „Schaddaji" (Allmächtiger). Manche gläubige Juden küssen oder berühren die Mesusa beim Betreten eines Raumes.

GANESHA
INDIEN 300–400

Elefantenköpfiger Gott der Weisheit

Der elefantenköpfige Ganesha mit acht Händen und einigen seiner vielen Symbole wie eine Axt, ein Elefantentreiberstock und eine Frucht.

Ganesha entwickelte sich als eigenständige Gottheit im 4. und 5. Jahrhundert zur Zeit der Gupta-Dynastie. Er ist ein beliebter Gott der Intelligenz und Weisheit im hinduistischen Pantheon, ist aber auch in der Lage, wenn er entsprechend angerufen und verehrt wird, Hindernisse zu beseitigen oder Menschen Hindernisse in den Weg zu legen, damit sie lernen, mit Irrungen und Wirrungen umzugehen. In Prambanan, Indonesien, gibt es eine Statue

von Ganesha aus dem 9. Jahrhundert. Berührt man den hochglanzpolierten Rüssel und dann die eigene Stirn, soll sich die eigene Kreativität verzehnfachen.

Um Ganesha ranken sich viele Legenden. Gelegentlich wird berichtet, dass er mit einem Elefantenkopf geboren wurde, aber häufiger, dass er mit einem menschlichen Kopf geboren wurde, der später durch einen Elefantenkopf ersetzt wurde. Der bekannteste Mythos ist, dass Ganesha von der Göttin Parvati als Wache geschaffen wurde. Erbost über ihren Gatten Shiva, der ihre Privatsphäre während des Badens nicht respektieren wollte, entschloss sich Parvati zur Selbsthilfe. Bevor sie ein Bad nahm, rieb sie das Sandelholzpulver auf ihrem Körper ab und schuf daraus einen kleinen Jungen. Sie hauchte ihm Leben ein und sagte ihm, er sei ihr Sohn und dass er den Eingang bewachen solle, während sie ein Bad nahm. Als Shiva nach Hause kam, war er so erzürnt über den Fremden, der ihm den Zutritt verwehrte, dass er Ganeshas Kopf abschnitt. Parvati war darüber so traurig, dass Shiva zum Trost Ganesha wiedererweckte und ihm einen Elefantenkopf verpasste. Außerdem segnete er Ganesha: Er sollte als Gott des Glücks und Erfolgs verehrt werden.

Ganesha wird meist mit einem menschlichen Körper und einem Elefantenkopf dargestellt, oft mit einem ganzen und einem abgebrochenen Stoßzahn. Weitere einzigartige Merkmale sind sein großer Bauch und ein heiliger Strang, oft in Form einer Schlange, der sich darum windet. Laut den strengen Regeln der hinduistischen Ikonographie weisen Ganeshafiguren als Zeichen ihrer Göttlichkeit meist vier Hände auf. Einige Figuren haben sechs, acht, zehn, zwölf oder sogar 14 Hände, die unterschiedliche Symbole festhalten. Insgesamt gibt es ungefähr 57 verschiedene Symbole.

Ganeshas Kopf symbolisiert das Atman, das individuelle Selbst, die unzerstörbare, ewige Essenz des Geistesseins. Sein menschlicher Körper bezeichnet Maya, die weltliche Existenz. Der Elefantenkopf steht für Weisheit und sein Rüssel für „Om", das Symbol für die Musik des Kosmos. Symbole, die Ganesha in seinen Händen hält, sind etwa eine Elefantentreiberstock, mit dem er die Menschheit auf dem ewigen Pfad vorantreibt und Hindernisse aus dem Weg räumt, und eine Schlinge, mit der er alle Schwierigkeiten einfängt. Der abgebrochene Stoßzahn ist das Symbol für Opfer, ein Rosenkranz mahnt zum ständigen Streben nach Wissen. Die Schlange rund um seinen Bauch steht für Energie in allen ihren Formen. Ganesha erscheint im Mahayana, einer Hauptform des Buddhismus, nicht nur in Form des buddhistischen Gottes Vinayaka, sondern auch als hinduistische Dämonenart. Als buddhistischer Gott Vinayaka wird er oft tanzend gezeigt.

JAPANISCHER GANESHA

Kangi-ten ist das japanische Alter ego von Ganesha und wird oft als elefantenköpfiges männliches und weibliches Paar dargestellt, das sich in sexueller Vereinigung umarmt. Die Frau trägt eine Krone, eine Mönchskutte und ein rotes Chorhemd, der Mann hat ein schwarzes Tuch um seine Schulter geschlungen. Er hat einen langen Rüssel und lange Stoßzähne, sie hingegen hat kurze Stoßzähne. Der Mann ist rotbraun, die Frau weiß und sie hat ihre Füße meist auf seine gelegt, sein Kopf liegt auf ihrer Schulter. Der Kangi-ten als Paar könnte von der hinduistischen tantrischen Darstellung von Ganesha mit seiner Begleiterinnen stammen.

Eine andere Legende berichtet, dass der indische König Marakera nur Fleisch und Rettiche aß. Als diese rar wurden, begann er, Menschenleichen und dann lebendige Menschen zu verspeisen. Schließlich verwandelte er sich in den großen Dämonenkönig Vinayaka, der eine riesige Armee von Dämonen namens Vinayakas kommandierte. Die Menschen flehten den Gott Avalokiteshvara an, der sich als weiblicher Dämon verkleidete, Vinayaka verführte und mit Freude erfüllte. Vereint mit der Dämonin wurde er zum Kangi-ten.

Dieses Gemälde aus dem östlichen Dekkan, Indien, (1780) zeigt die Götter Shiva und Parvati, die für Ganeshas Elefantenkopf verantwortlich waren.

Kangi-ten, die japanische Version Ganeshas, ist ein elefantenköpfiges Götterpaar.

Das hinduistische Om symbolisiert das immanent Unmanifeste und manifeste Aspekte des Brahman.

HINDUISTISCHE GOTTHEITEN

BRAHMA

Brahma lebte am Berg Meru, der Spitze des Himmels, tausende Meilen über der Welt der Sterblichen. Er war alles, was passierte, überall und gleichzeitig. Da Brahma alles, was ist, verkörpert, verbringt er seine Zeit mit Meditieren, was das Universum aufrechterhält. Er wurde meist beim Reiten eines Schwans oder Pfaus dargestellt oder auf einer Lotosblüte.

SHIVA

Shiva war der Zerstörer, aber auch ein gnädiger Richter. Er stand auf der Seite von Dämonen und Außenseitern und besaß unbesiegbare Waffen wie ein schreckliches drittes Auge, Dreizack, Schwert und Blitze. Bei jedem Wechsel des Universums öffnete Shiva sein Auge und tanzte. Dabei zerstörte er alles in seinem Blickfeld, so auch das Universum, bis die Schöpfung neu begann.

VISHNU

Vishnu ist der Gott der Erhaltung und personifiziert Opfer. Seine Gemahlin war Lakshmi, mit der er im Himmel unter den Lotossen lebte. Vishnu hatte hunderte Inkarnationen (als Schutz beim Besuch der sterblichen Welt), seine wichtigsten Formen waren Matsya, der Fisch; Kurma, die Schildkröte; Varaha, der Rieseneber; Rama, der Held; der Gott Krishna; und Buddha.

LAKSHMI

Die Göttin des Glücks war bei Frauen beliebt und war ursprünglich die Göttin des Wohlstands in den vedischen Mythen. Lakshmi konnte sich in der Welt der Sterblichen in alles Mögliche verwandeln oder sich überallhin begeben, sogar in Körpern verstecken, um Glück in jene Lebensbereiche zu bringen, die mit diesem Körperteil assoziiert wurden.

DURGA

Durga hatte die Macht des Kosmos auf ihrer Seite und war die Verkörperung kriegerischer Energie. Sie wurde bei einer Zusammenkunft aller Götter erschaffen, um das Universum von Dämonen zu befreien. Sie zerstörte nicht nur den Dämonenkönig Durga, sondern auch den gigantischen Dämonen Mahisa.

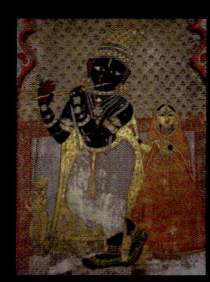

KRISHNA

Krishna war die achte Inkarnation (Avatara) von Vishnu und kam nur auf die Welt, um den Dämonenkönig Kansa zu zerstören. Seine Popularität als Gottheit machte ihn auch zum Gegenstand von „Bhakti" (einer Form der Gottesliebe). Er war sinnlich und lüstern und der einzige Gott, der sich in eine Sterbliche, die Kuhhirtin Radha, verliebte.

DEVI

Devi war die Gattin von Shiva. Möglicherweise ist sie sogar älter als Brahma, Shiva und Vishnu. Devi bedeutet „Göttin" und sie hatte viele Rollen, so etwa als friedfertige Schöpferin Jaganmatri (göttliche Mutter). Als Shivas Gemahlin war sie sowohl Sati (Tugend) als auch später Satis Reinkarnation Parvati (Süße).

KALI

Kali war die Göttin der Zeit und des Wandels. Ihre früheste Inkarnation war die Figur der Vernichtung böser Mächte. Betrunken vom Blut ihrer Opfer war sie kurz davor, das Universum zu zerstören, als sich ihr Shiva in den Weg legte. In ihrer Wut trat sie auf seine Brust, aber als sie ihn unter sich spürte, besänftigte sich ihr Zorn.

TARA

In der hinduistischen Mythologie war Tara die schöne Frau von Brihaspati, dem Priester der Götter. Der Mondgott Soma stellte ihr nach und raubte sie, was einen Krieg auslöste. Brahma überzeugte Soma, Tara an Brihaspati zurückzugeben, der die schwangere Tara nicht zurückhaben wollte. Das Kind war so schön, dass er es als sein eigenes beanspruchte.

INDRA

Indra besaß unsichtbare 1.000 Augen und 1.000 Hoden und war ein Vielfraß, Verführer und schwerer Trinker von Soma, was ihn reizbar machte. Er wurde oft auf seinem Kriegselefanten oder Streitwagen als oberster Gott dargestellt. Seine Gier nach Sex und Essen machte ihn zu einem unzüchtigen Gott, der in vielen späteren Legenden bekannt wurde.

CHANDRA

Chandra war der ursprüngliche vedische Gott des Monds. Er lenkte den Mondwagen mit zehn Pferden über den Himmel. Er war jung, schön und gerecht und hielt einen Knüppel und einen Lotos. Laut Mythos wurde er im Milchozean geboren und blendete fast die Götter mit seinem hellen Körper, sodass sie ihn als Mond in den Kosmos schickten.

AGNI

Agni war der oberste Gott des Feuers, und zwar sowohl der Flammen der Begierde als auch der Blitze am Himmel. Er erschien als funkelnder Prinz auf einem heiligen Bock oder manchmal einem wilden Streitwagen. Er hat zwei Gesichter, rote Haut, Goldzähne, Flammenschwert und 14 Zungen.

KELCH DER DOÑA URRACA
BASILIKA SAN ISIDORO, LEÓN, SPANIEN 1080

Vielleicht der Heilige Gral, aus dem Jesus beim Letzten Abendmahl trank

Dieser seit dem 12. Jahrhundert in der Basilika San Isidoro, León, Spanien, aufbewahrte Kelch soll der echte Heilige Gral sein.

Im Jahr 2014 veröffentlichten Margarita Torres und José Miguel Ortega del Río das Buch *Los Reyes del Grial*, in dem sie beschreiben, wie ein spanischer Historiker zwei mittelalterliche ägyptische Dokumente in Kairo gefunden hat. Diese Dokumente in arabischer Sprache deuten darauf hin, dass der Heilige Gral im 11. Jahrhundert in die Stadt León gebracht wurde. Die Autoren behaupten, der Kelch der Doña Urraca, den Historiker seit dieser Zeit in León vermuten, sei tatsächlich der echte Heilige Gral. Vor Aufkommen dieser Theorie soll der sagenumwobene Gral erstmals im Buch *Perceval ou Le Conte du Graal*, einem unvollendeten Roman aus dem 12. Jahrhundert von Chrétien de Troyes, erwähnt worden sein, der christliche Überlieferung mit keltischen Mythen vereinte. Er wurde ein wichtiges Symbol der Artuserzählung, die berichtet, dass die Ritter von König Arthur nach dem Heiligen Gral suchen. Doch nur Ritter Galahad darf aufgrund seiner spirituellen Reinheit den Gral ganz erblicken. Diese Geschichte war im wesentlichen eine Allegorie für die Suche nach Unsterblichkeit.

Spätmittelalterliche Autoren erfanden auch eine falsche Etymologie für das Wort „Gral", und zwar die Abwandlung des Worts *sangréal*. *San gréal* bedeutet „Heiliger Gral" auf Altfranzösisch, aber *sang réal* bedeutet „königliches Blut" und dieser Ausdruck deutete darauf hin, dass der legendäre Gral etwas mehr als ein Kelch war.

LEGENDEN UND THEORIEN

Chrétiens Geschichte interessierte viele Übersetzer und Autoren im späteren 12. und 13. Jahrhundert, darunter Wolfram von Eschenbach, der im Gral einen Edelstein sah, der vom Himmel fiel. Der Zusammenhang des Heiligen Grals mit Josef von Arimathäa, dem Letzten Abendmahl und der Kreuzigung Jesu stammt aus dem späten 12. Jahrhundert. Im Gedicht von Robert de Boron erhält Josef den Gral vom Geiste Jesu und schickt ihn mit seinen Getreuen zur Verwahrung nach Britannien. Spätere Autoren erzählen, wie Josef mit dem Kelch das Blut Christi bei dessen Kreuzigung auffing.

Der Besitz des Kelchs wurde mehreren Gruppen, darunter den Tempelrittern, zuge-

schrieben, die diesen in Neuschottland versteckt haben sollen. Einige behaupten, der Gral sei in der Nähe der Rosslyn-Kapelle in Schottland vergraben oder tief unten in den Quellen von Glastonbury Tor in Somerset, England. Andere Legenden berichten von einer

LEGENDÄRE EPEN

GILGAMESCH

Das sumerische Gilgamesch-Epos ist eines der ältesten Epen und datiert in die Zeit um 3000 v. Chr. Der zu zwei Dritteln göttliche Gilgamesch erkennt auf der Suche nach Unsterblichkeit, dass sein Wunsch sinnlos ist.

ODYSSEUS

Homers Epos beschreibt die zehnjährige Irrfahrt des Odysseus nach dem Trojanischen Krieg. Der Held versucht bei seiner Rückkehr nach Hause seine Fehler wiedergutzumachen und nähert sich erneut seiner treuen Gattin Penelope an, obwohl er sich in die einsame Nymphe Calypso verliebt hat.

AENEAS

Den Helden der *Aeneis* von Virgil ereilt das Schicksal vieler Liebender. Nach der Flucht aus Troja gelangt er nach Karthago und verliebt sich in Königin Dido. Doch die Liebe ist zu schwach und er zieht weiter nach Italien.

geheimen Erbschaftslinie von Hütern, die den Gral verwahren. Jüngeren Berichten zufolge sollen irische Partisanen des Dhuir-Clans den Gral im 19. Jahrhundert in die USA gebracht haben, wo er von den Nachfahren in einer kleinen Abtei in Südminnesota versteckt wird. Verschwörungstheoretiker glauben, dass Jesus und Maria Magdalena Vorfahren der Merowinger waren, deren Nachkommen bis heute den Gral besitzen. Der „Gral" umfasst in diesem Fall auch eine Reihe alter Dokumente, die die Erblinie von Jesus und Maria Magdalena belegen.

Diese These inspirierte zahlreiche moderne Romane wie Dan Browns *Sakrileg* (2003), der wie der Bestseller *Der Heilige Gral und seine Erben* (1982) von Michael Baigent, Richard Leigh und Henry Lincoln auf der Auffassung beruht, dass der echte Gral kein Kelch ist, sondern aus dem Mutterleib und den sterblichen Resten von Maria Magdalena sowie antiken Dokumenten besteht, die die wahre Geschichte von Jesus, seinen Lehren und seinen Nachkommen darlegen. In Browns Buch wird angedeutet, dass Jesus nur ein Sterblicher mit festen Überzeugungen war und dass der Gral ursprünglich in der Nähe der Rosslyn-Kapelle vergraben worden sei. Vor ein paar Jahrzehnten sollen ihn seine Hüter unter der Glaspyramide des Louvre in Paris umgebettet haben.

Dieses Gemälde aus der Serie „Die Suche nach dem Heiligen Gral" (1894) von Edward Burne-Jones zeigt Ritter Galahad begleitet von Ritter Bors und Ritter Perceval. Dank seiner Reinheit durfte Galahad als Einziger den Gral ganz sehen.

BAUM DES LEBENS
KATHEDRALE VON OTRANTO, ITALIEN 1163–1165

Mosaik einer Allegorie des Lebens

Das Mosaik des Baums des Lebens bedeckt den gesamten Fußboden der Kathedrale von Otranto und ist eine der vielschichtigsten Darstellungen des Lebensbaums in europäischen Kirchen – und mit Sicherheit die größte. Urheber war der Mönch Pantaleone, der es an der Unterseite signierte. 1163 von Erzbischof Gionata d'Otranto in Auftrag gegeben, beschäftigte Pantaleone örtliche und normannische Arbeiter und Handwerker aus der Toskana mit der Durchführung. Um 1165 war der gesamte Fußboden mit dem Baumstamm bedeckt, der die Mitte des Kirchenschiffs entlang läuft, und den vielen Ästen, die sich daraus verzweigen.

Das Mosaik zeigt biblische Figuren (darunter Adam und Eva), Kriegskönige (etwa Alexander der Große und König Arthur), das Jüngste Gericht, mythische Tiere, Darstellungen typischer Arbeitsszenen aus den Jahreszeiten samt jeweiligen Sternzeichen. Es gibt auch lebhafte Darstellungen des Baus der Arche Noah und des Turms zu Babel. Viele Szenen wurden Anfang der 1990er in einem längeren Projekt mühsam restauriert und ausgebessert.

Die am südlichsten Punkt Italiens gelegene Stadt Otranto erlangte Bekanntheit, als sie 1480 von den Türken belagert und geplündert wurde. Ursprünglich leisteten etwa 800 Männer der Belagerung Widerstand. Sie wurden gefangen genommen, geköpft und als Märtyrer von Otranto bekannt. Ihre Totenschädel werden in Glasschreinen neben einem Altar in der Kathedrale aufbewahrt. Die Türken haben zwar die Fassade der Kirche zerstört, nicht aber das Innere,

Das Mosaik des Baum des Lebens
in der Kathedrale von Otranto ist die größte Darstellung des Symbols in Europa mit einer Länge von etwa 16 m.

weshalb der wertvollste Schatz, das monumentale Mosaik, unversehrt blieb.

Wie ein Teppich aus bunten Juwelen erstreckt sich das Mosaik vom Kircheneingang zum Altar über eine Länge von etwa 16 m. Zwischen den Ästen und Blättern werden biblische Geschichten wie jene von Kain und Abel dargestellt, Szenen aus heidnischen Mythen wie jene von Samson, Atlas und der Jagdgöttin Diana. Eine weitere Referenz zur griechischen Mythologie ist ein Bild von Deukalion und Pyrrha (den Protagonisten der griechischen Version der Großen Flut), wie sie am Rücken eines großen Fischs gerettet werden.

Etwa 16 Medaillons halten das ganze mittelalterliche Bestiarium und seinen vieldeutigen Symbolismus wie eine Kette aus Geschichten und Ereignissen zusammen, während domestizierte, wilde und exotische Wesen um den Baum herumlaufen und durch seine Äste klettern. Überraschender aber sind die Baumwurzeln: Sie ruhen auf zwei Elefanten – offenbar männlich und weiblich –, einer seltsamen Katze mit Stiefeln und einem bärtigen Kentaur mit einem Schachbrett auf dem Kopf, und enthalten das Wort „PASCA" neben einem Greif mit Flügeln.

EIN BAUM GIBT RÄTSEL AUF

Über obskure Bedeutungen sind sich Fachleute noch heute uneins, aber die Gesamtaussage des Mosaiks ist vermutlich eine Allegorie des Lebens: ein Symbol all dessen, was ist, war und sein wird. Einige Experten glauben, das Mosaik ist ein Tribut an oder eine historische Sammlung von Vorstellungen, Ereignissen und Szenen vieler verschiedener Kulturen zu einer Zeit, als Byzanz und Europa sich bekämpften. In mittelalterlichen Kirchen hatte die visuelle Dekoration das Ziel, die Gläubigen zu bilden. Das Mosaik erzählt auch von den wichtigsten christlichen Lehren, dem Kampf zwischen Gut und Böse und den Tugenden und Lastern des Menschen. Aber ist es eine moralische Darstellung des Lebens, eine Sammlung historischer Ereignisse oder einfach Ausdruck der Fantasiewelt und Kulturliebe eines einzelnen?

Der Baum des Lebens ist ein gängiges Symbol vieler Religionen: In den hinduistischen

Schriften erscheint er als Aswattha, das Symbol des ewigen Universums. Der Weltenbaum ist auch ein Symbol des Lebens, der Weisheit und Schöpfung selbst und zeigt sich in der Kabbala des esoterischen Judentums, als heiliger Ahorn des alten Ägyptens, als nordische Esche Ygdrassil, als Bodhibaum im Buddhismus und als Yaxche-Baum der Maya, dessen Äste den Himmel tragen.

Das Mosaik in Otranto ist ein universelles Symbol des Lebens und seiner vielen Pfade und lässt in die Vergangenheit und in die Gegenwart blicken, um für die Nachwelt festzuhalten, worum es im Leben ging. Viele Experten haben eine tiefere Bedeutung hinter dem Baum des Lebens gesucht, von kabbalistischen Assoziationen bis hin zu geheimen Häresien und sogar eine vollständige Karte, wie man den Heiligen Gral findet. Vielleicht hat Pantaleone einfach Ereignisse dokumentiert, aber einige seiner merkwürdigen Symbole geben Wissenschaftlern und Historikern bis heute Rätsel auf.

Der Baum des Lebens (ca. 1310) von Pacino di Buonaguida zeigt die Kreuzigung Christi als zentrales Symbol für eine Allegorie von Leben und Tod.

Der Baum des Lebens symbolisiert in vielen mystischen Religionen das Einssein des Universums.

STEIN DER SONNE

MEXIKO ca. 1427–1479

Kalendersystem als Symbol der Sonnenzeitalter und ihrer Götter

gen Zyklus des aztekischen Kalenders zu sehen. Tonatiuh hält in jeder seiner Klauenhände ein Menschenherz und seine Zunge ist ein Opfermesser aus Stein. Weitaus häufiger als jede andere Art von Ritual garantierten Opferriten, dass die Sonne sich weiterhin über den Himmel bewegte.

Das dargestellte Kalendersystem wurde nicht nur von den Azteken verwendet, sondern auch von anderen Völkern Mexikos in der Zeit vor Columbus. Der Kalender bestand aus einem 365-Tages-Zyklus, *Xiuhpohualli*, und einem 260-Tages-Zyklus, *Tonalpohualli*. Ein Sonnenjahr bestand aus 360 benannten und fünf namenlosen Tagen. Diese „Extra"-Tage galten als unglückselig und waren Tage, an denen sich die Menschen zu Hause zurückzogen. Das Jahr wurde in 18 Perioden zu je zwanzig Tagen eingeteilt. Dieses System wird oft mit dem Julianischen Monat verglichen. Durch die Verwendung der Spanier wurde die Zwanzig-Tage-Periode des aztekischen Kalenders als *Veintena* bekannt.

Der *Xiuhpohualli* Kalender galt als landwirtschaftlicher Kalender, er beruhte auf der Sonne, der *Tonalpohualli* war der heilige Kalender. Laut Experten begann das Kalenderjahr zu einem Punkt in ferner Vergangenheit mit dem Erscheinen der ersten Plejaden im Osten unmittelbar vor der Dämmerung. Aufgrund der Präzession der Erdachse ging man von diesem Referenzpunkt ab und benutzte einen beständigeren Punkt, wie die Sonnenwende oder Tagundnachtgleiche.

Der Stein der Sonne beruhte auf Sonnenzyklen, Sonnenzeitaltern und Sonnengöttern und wurde für Opferriten verwendet.

Der aztekische Stein der Sonne (Piedra del Sol) ist eine der bekanntesten aztekischen Skulpturen. Nachdem er in Mexiko Stadt nach der spanischen Eroberung vergraben wurde, wurde er 1790 während der Restaurierung der städtischen Kathedrale wiederentdeckt.

In der Mitte des riesigen Steins mit einem Durchmesser von 358 cm und einer Stärke von 98 cm prangt das Gesicht von Tonatiuh, dem aztekischen Sonnengott, umgeben von Glyphen. Zum Kreisrand hin sind weitere frühere Sonnengötter zusammen mit Symbolen des zwanzigtägi-

Die vier Quadrate, die die zentrale Gottheit Tonatiuh umgeben, repräsentieren die vier früheren Sonnenzeitalter und ihre Götter. Jede Epoche endete mit der Zerstörung der Welt, und Menschheit und die Schöpfung begannen erneut im nächsten Zeitalter. Das obere rechte Quadrat symbolisiert das Tagesdatum 4 Jaguar, der Tag, an dem das erste Zeitalter endete. Es hatte 676 Jahre gedauert, danach verschlangen Zeitmonster die gesamte Menschheit. Das obere linke Quadrat zeigt das Tagesdatum 4 Wind. Nach 364 Jahren zerstörten Hurrikane die Welt und die Menschen wurden in Affen verwandelt. Das untere linke Quadrat zeigt das Tagesdatum 4 Regen. Nach 312 Jahren wurde dieses Zeitalter von einem Feuerregen zerstört, der die Menschen in Truthähne verwandelte. Das untere rechte Quadrat symbolisiert das Tagesdatum 4 Wasser. Dieses Zeitalter dauerte 676 Jahre und endete, als die Welt überflutet wurde und die Menschen in Fische verwandelt wurden. Das

derzeitige Sonnenzeitalter soll enden, wenn die Welt durch Erdbeben zerstört wird.

Obwohl er Stein der Sonne heißt, glauben Archäologen, dass der Stein vor allem als Opferaltar verwendet wurde. Andere Theorien gehen davon aus, dass die Figur in der Mitte i Tlaltecuhtli, ein Erdgott aus Schöpfungsmythen, ist. Der Stein könnte auch eine geografische Bedeutung haben und die vier Punkte beziehen sich vielleicht auf die vier Ecken der Erde (Kardinalpunkte) und der innere Kreis steht für Raum und Zeit. Eine Theorie vermutet auch politische Assoziationen weil der Stein möglicherweise zeigen sollte, dass der Stadtstaat Tenochtitlan das Zentrum der Welt war und mächtiger als jede andere Zivilisation.

Der Stein der Sonne wurde seither von modernen mexikanischen und mexikanisch-amerikanischen Kulturfiguren aufgegriffen und wird in folkloristischer Kunst verwendet. Es ist auch ein Symbol kultureller Identität.

Diese Schnitzerei aus Vulkanstein zeigt den Sonnengott Tonatiuh. Menschenopfer für Tonatiuh sicherten seine ständige Präsenz am Himmel.

WICHTIGE AZTEKISCHE GÖTTER

TEZCATLIPOCA

Der bekannteste Sonnengott ist Tezcatlipoca, der die Himmelsrichtung Norden beherrschte und die Erde bei Nacht in einem grauen Mantel heimsuchte. Er erschien manchmal als Jaguar, wie unten dargestellt. Sein positiver Aspekt war, dass er die Ernte reifen ließ, negativ war, dass er Dürre brachte.

HUITZILOPOCHTLI

Der Gott des Südens war ein wichtiger Kriegsgott. Die Azteken waren wilde Krieger und Huitzilopochtlis Assoziation mit Feuer und Krieg bedeutete, dass er mehr als jeder andere Gott verehrt wurde. Seine furchteinflößende Macht war so groß, dass man gut daran tat, ihn versöhnlich zu stimmen.

TLALOC

Der Gott des Ostens bewässerte die Erde mit vier großen Gefäßen, von denen jedes bestimmte Aspekte der Jahreszeiten symbolisierte, wie Wachstum, Fäule, Frost und Zerstörung. Weil er die Berge und alle Formen von Wasser beherrschte, war er der Gott, dem die meisten Opfer dargebracht wurden.

QUETZALCOATL

Der Gott des Westens glich einer gefiederten Schlange. Er erfand die Metallbearbeitung und als Gott des Handwerks war er der zivilisierende Einfluss auf die Menschheit. Er wurde von den anderen Göttern vertrieben, also floh er nach Osten in das Land der aufgehenden Sonne, er versprach aber zurückzukehren.

INTIHUATANA-STEIN
MACHU PICCHU, PERU ca. 1450

Laut Inkas hält dieser Stein die Sonne am Himmel

Die Inkas glaubten, dass der Intihuatana-Block die Sonne festhielt, damit sie nicht von ihrem jährlichen Pfad über den Himmel abkam. Sie glaubten auch, dass sie von der Sonne auserkoren wurden, um eine neue Zivilisation zu beginnen, nachdem alles zuvor Düsternis und Elend gewesen war. Daher nannten sie sich „Kinder der Sonne". Die Sonne war das wichtigste Symbol für die Inkas, die sich für ein von der Sonne erwähltes Volk hielten, denn sie galt als Lebensspenderin und Schöpferin.

Die beeindruckende Stadt Machu Picchu war einst von den Berghängen darunter nicht zu sehen und völlig abgeschottet. Umgeben von Terrassenfeldern und bewässert von natürlichen Quellen wurde die verborgene Stadt von den Inkas wohl als geheime Zeremonienstätte genutzt. Obwohl gemutmaßt wird, dass die Stadt Sommerresidenz der herrschenden Inka war bzw. dass es sich um ein Gefängnis handelte, gilt am wahrscheinlichsten, dass es eine heilige religiöse Stätte zu Ehren des Sonnengotts Inti war.

SONNENUHR

Auch als Saywa- oder Sukhanka-Stein bekannt, ist der Intihuatana-Block so ausgerichtet, dass er die Sonne zu den zwei Tagundnachtgleichen einfängt. Zur Mittagszeit am 21. März und 21. September steht die Sonne fast direkt über dem Block, sodass sie keinen Schatten wirft. Genau dann „sitzt die Sonne mit all ihrer Macht auf dem Block" und ist einen Moment lang an den Felsen „gefesselt". Die Inkas führten hier Rituale durch, um die Sonne an die Erde zu fesseln, damit die Welt nicht umkippte.

Sollte der Intihuatana-Stein jemals zerstört oder zerbrochen werden, würden die Götter dem

Die Inkas „fesselten" symbolisch die Sonne mehrmals im astronomischen Jahr an den Intihuatana-Stein, damit sich die Welt nicht auf den Kopf stellt.

An einem abgelegenen Ort hoch zwischen den Ruinen von Machu Picchu und astronomisch nach der Sonne ausgerichtet, befindet sich der heilige Intihuatana-Stein – „der Ort, an dem man die Sonne fesselt". Zur Wintersonnenwende der Südhalbkugel zeigt er genau Richtung Sonne und hat sich als exakter Anzeiger der beiden Tagundnachtgleichen und anderer bedeutender Himmelsperioden erwiesen.

Glauben der Inkas zufolge den Ort verlassen. Im 16. Jahrhundert hieß Atahuallpa, der letzte Herrscher des Inkareichs, den spanischen Eroberer Francisco Pizarro als Schöpfergott Wiraqucha im Glauben willkommen, dieser sei zurückgekehrt, um die Kinder der Sonne zu ehren. Als Atahuallpa seinen folgenschweren Fehler erkannte, war es zu spät und das Reich war bereits zerstört. Machu Picchu war die einzige Inka-Stadt, die nie von den Spaniern gefunden wurde.

Die Ruinen von Machu Picchu – etwa 610 m über dem reißenden Rio Urubamba – umfassen Paläste, Bäder, Tempel, Vorratskammern und über hundert Häuser, die alle bemerkenswert gut erhalten sind. Die Ruinen in gefährlichen Höhen sind oft hinter Wolken verborgen und viele Besucher wähnen sich unter den Göttern selbst. Die Legende besagt auch, dass man die spirituelle Welt sehen kann, wenn man mit der Stirn den Intihuatana-Stein berührt.

Dieser frühe Nazca-Umhang aus Baumwolle von Perus Küste zeigt ein Muster, das den Sonnengott Inti (100–300) darstellt.

WICHTIGE INKA-GÖTTER

INTI

Der meist als strahlende Scheibe dargestellte Sonnengott Inti war wegen seiner Macht gefürchtet: Sonnenfinsternisse zeugten von seinem Zorn. Für die Inkas waren Goldsteinchen in der Erde Tropfen seines Schweißes, daher wurde Gold zu einer wertvollen spirituellen Kraft.

WIRAQUCHA

Wiraqucha wird meist als kleiner Mann mit großem Heiligenschein dargestellt. Er schuf das Universum, die Sonne, den Mond und die Sterne sowie die Zeit, indem er der Sonne befahl, über den Himmel zu wandern, und die Zivilisation selbst. Seine Blitze kennzeichnen ihn als Sturmgott.

MAMA QUCHA

Mama Qucha war die Göttin des Meeres und der Fische sowie der Seeleute und Fischer. Der Legende nach war sie die Mutter des Sonnengotts Inti und seiner Schwester, der Mondgöttin Mama Killa, durch ihre Liaison mit dem mächtigen Schöpfergott Wiraqucha.

A'a
RURUTU, FRANZÖSISCH-POLYNESIEN 18. Jahrhundert

Reliquie eines Schöpfergottes

Diese Reliquie aus Holz aus dem 18. Jahrhundert stellt den Gott A'a dar und demonstriert die symbolische Bedeutung der Schöpfergötter für indigene Völker.

Diese geschnitzte Holzfigur aus dem späten 18. Jahrhundert mit dem Namen A'a stammt aus Rurutu in Französisch-Polynesien. Der Gott wird dabei dargestellt, wie er andere Götter und Menschen erschafft, und seine Schöpfungen zieren seinen Körper mit dreißig kleinen Figuren. Die Statue selbst ist hohl und unter einer abnehmbaren Tafel an der Rückseite verbirgt

sich ein Hohlraum, der ursprünglich vierundzwanzig kleine Figuren enthielt, die jedoch 1882 entfernt und zerstört wurden. Experten sind sich unsicher, welchen Gott A'a symbolisiert, aber er war zweifelsohne ein wichtiger Schöpfergott, wie Rangi, der Vater aller Dinge.

In der polynesischen Mythologie waren Rangi und Papa die Begründer der Welt – Vater Himmel und Mutter Erde –, die sich in inniger Umarmung halten. Ihre männlichen Kinder müssen in der beengten Dunkelheit zwischen den Eltern leben. Als die Söhne heranwachsen, sehnen sie sich danach, im Licht zu leben. Ein Vorschlag ist, die Eltern zu töten, aber ein Sohn, Tane, ist nicht einverstanden und schlägt vor, die Eltern auseinanderzubringen. Zuerst versucht Rongo, der Gott der Nahrung, seine Eltern zu trennen, dann Tangaroa, der Meeresgott, und sein Bruder, der Gott der wilden Pflanzen. Nach vielen Versuchen legte sich Tane, der Gott der Wälder und Vögel, auf den Rücken, und war, dank seiner starken Beine, schließlich erfolgreich.

RIVALITÄTEN

Die Statue des A'a lässt sich vielleicht mit Tangaroa, dem Meeresgott, vergleichen. Tangaroas Sohn Punga hatte zwei Kinder: Eines war der Vorfahre aller Fische und der andere der Vorfahre aller Reptilien. Erschrocken von der Teilung von Himmel und Erde suchten die Fische im Meer und die Reptilien in den Wäldern Zuflucht. Ab diesem Moment grollte Tangaroa gegen Tane, weil dieser seine entlaufenen Kinder in der anderen Welt aufgenommen hatte. Der Streit zwischen Tangaroa und Tane deutet darauf hin, dass die Maori glaubten, dass das Meer und das Land Rivalen seien. Menschen, die etwa zum Fischen aufs Meer fuhren, galten als Tanes „Schöpfungen", die das Hoheitsgebiet

seines Feindes betraten. Daher wurden Tangaroa und dem Meer vor jeder Fahrt aufs Meer Opfer dargebracht.

SCHÖPFUNGSMYTHEN

Schöpfungsmythen beschäftigen sich damit, *wie* die Menschheit und das Universum entstanden sind. Für viele Kulturen ist das *Warum* unwesentlich, vielleicht weil die Schöpfung nicht hinterfragt werden musste. Die meisten Geschichten konzentrieren sich auf einen Schöpfergott, der die Welt selbst formt oder aus dem Urmeer oder Chaos erwachsen lässt. In einem der ältesten griechischen Mythen aus der Zeit um 3500 v. Chr. tanzte Eurynome das Universum in Gestalt. Andere Geschichten berichten von Schöpfern, die die Welt in ihre Existenz denken, wie die „Thinking Woman" des Volks der Keres im Südosten der Vereinigten Staaten. Einige Mythen berichten von einem Schöpfungskreislauf, insofern als dass die Schöpfung nicht einmal stattfindet, sondern immer wieder. Im Hinduismus gilt, dass das, was wir als Welt annehmen, bloß eine Illusion ist.

Viele Mythen konzentrieren sich entweder auf primäre oder sekundäre Schöpfergötter. Primäre Schöpfung bedeutet, dass Götter oder Wesen alleine agierten wie in der chinesischen Geschichte von Pangu und dem kosmischen Ei oder wie der melanesische Schöpfergott Qat. Von sekundärer Schöpfung spricht man dann, wenn mehrere Götter zusammenkamen oder Nachkommen hatten, die sie einteilen konnten, die Menschheit zu erschaffen. Manchmal waren es die Kräfte der Natur, die die Welt erschufen, aber einigen Religionen zufolge kam es durch die Selbstopferung eines Schöpfers zur Schöpfung, wie im Mythos des indischen Gottes Purusha oder des Riesen Ymir in der nordischen Mythologie. Ymir verkörpert die Gewalt der Schöpfung, weil sein Körper die Erde, sein Schädel den Himmel und sein Blut das Meer symbolisieren – und sie alle werden auseinandergerissen. In manchen ägyptischen Mythen wurde die Welt erschaffen, als sich ein Hügel aus dem Nun, der wässrigen Hölle, erhob. Der Hügel wurde üblicherweise als pyramidenförmig dargestellt und war die Vogelstange des geheimnisvollen Benu-Vogels, der die Dämmerung der Welt symbolisierte.

Die polynesischen Schöpfergötter Tangaroa (Meeresgott) und Tane (Gott der Wälder) waren ständig im Konflikt miteinander.

Diese Maori-Schnitzerei aus dem 19. Jahrhundert zeigt Rangi und Papa, die Begründer der Menschheit, die miteinander verbunden waren, bis sie der Gott der Wälder, Tane, trennte.

Das kosmische Ei trieb im Nichts. P'an Ku konnte ausbrechen und das Universum formen.

TEUFELSSTATUE
RENNES-LE-CHÂTEAU, FRANKREICH 1897

Eines der vielen Geheimnisse von Rennes-le-Château

Über dem Portal der Kirche von Rennes-le-Château steht auf Latein *terribilis est locus iste*. Dies wurde meist als „Dieser Ort ist schrecklich" übersetzt, aber es gibt auch die kryptischere Deutung „Dies ist ein Ort der Ehrfurcht". Im Inneren der Kirche jedoch gibt es ein geheimnisvolles und ziemlich furcherregendes Bild: die Statue eines Teufels mit Hörnern. Die Legende sagt, dass es im Steinboden der Kirche eine geheime Falltüre gibt, die zur Hölle führt, und Satan kommt und geht durch diesen Eingang.

Neben der Statue scheint die Kirche weitere Geheimnisse zu bergen und das einst beschauliche Dorf am Rande der französischen Pyrenäen hat sich jüngst zum Epizentrum von Mysterien und Rätseln entwickelt.

SAUNIÈRES GEHEIMNISSE

Legende und Wahrheit sind in Rennes-le-Château eng verbunden, aber laut gängigsten Berichten soll der örtliche Priester François Bérenger Saunière die diabolische Statue in seiner Kirche 1897 aufgestellt haben. Er erzählte engen Freunden, er habe ein verschlüsseltes Pergament, darunter ein Dokument mit dem Titel „Le Rouge Serpent" (Die rote Schlange), gefunden, das viele Geheimnisse preisgebe, so auch die Wahrheit über das Böse. Saunière reise nach Paris, um im Louvre für die Entschlüsselung den Rat von Experten für alte Schriften einzuholen. Nach seiner Rückkehr erhielt der Priester große Mengen Geld für die Restaurierung der Kirche und um andere Bauten in der Nähe zu errichten, wie die Tour Magdala. Spekulationen häuften sich über

Diese furcherregende Statue befindet sich am Eingang der Kirche von Rennes-le Château, Frankreich.

die Herkunft des Geldes. Hatte er einen Schatz gefunden oder erpresste er die Kirche mit einem schrecklichen Geheimnis? Saunières Beichte vor seinem Tod war so schockierend, dass ihm sein Beichtvater die Absolution und die Letzte Ölung verweigerte. Bei seinem Tod 1917 vertraute Saunière das Geheimnis um seinen fabelhaften Reichtum seiner Haushälterin Marie Dénarnaud an. Marie versprach, es an ihrem Sterbebett preiszugeben, aber durch einen Schlaganfall verlor sie ihr Sprechvermögen.

Über Saunières Geheimnis kann nur spekuliert werden, aber möglicherweise wusste er vom Verbleib der Heiligtümer der Tempelritter, der Katharer oder von König Salomon. Einige behaupten auch, Informationen würden beweisen, dass Maria Magdalena die Frau von Jesus und Mutter seiner Kinder war und dass das heilige Paar nahe Rennes-le-Château begraben ist. Ein Priester fand 1891 eine Reihe von Pergamenten, die einen Geheimcode enthielten – „dieser Schatz gehört Dagobert II. König und Sion und er ist dort … wartend … schlafend … ungenutzt … tot". Ein anderer Code liest sich D. O. U. O. S. V. A. V. V. M., was nie entschlüsselt wurde.

In seinem Buch *Le Trésor Maudit de Rennes-le-Château* (1968) behauptet Gérard de Sède, dass die Teufelsstatue den Dämon der Wollust Asmodeus darstellt. Er glaubt, dass Saunière von den Mythen rund um Asmodeus inspiriert wurde, die dem Dämonen nachsagen, er weise den Weg zu verborgenen alten Schätzen. Saunière gab die Dämonenstatue 1897 in Auftrag – eine Rechnung bezeichnet sie als *bénitier avec diable* (Taufstein mit Teufel). Laut Historikern soll Saunière das Stück als Symbol dafür in Auftrag gegeben haben, wie der Glaube an Gott alle Versuchungen durch Satan besiegen kann und wie Satan, ein gefallener Engel, dafür den Preis zahlen muss. 1996 köpfte ein Schatzsucher die Statue, weil er darin wohl einen Hinweis oder Schatz vermutete. Der Originalkopf wurde nie gefunden und durch eine Replica ersetzt.

Es ist kaum verwunderlich, dass die Massenverfolgung der Kirche von allem Heidnischen oder Ketzerischen im Laufe der Jahrhunderte das kollektive Bewusstsein genährt hat, dass das Böse unabhängig existiert, außerhalb des Menschen selbst. Mit der Verfolgung und Ermordung tausender unschuldiger Menschen ab dem frühen Mittelalter bis ins 20. Jahrhundert wurden der Archetyp und das Symbol des Teufels so mächtig, wie die Menschen glauben wollen. Obwohl das etablierte Judentum kein echtes Konzept eines Teufels hat, gilt der gefallene Engel sowohl im Christentum als auch im Islam als Rebell, der die Menschen zur Sünde und zu Übeltaten verführt. In vielen anderen Kulturen gibt es zahlreiche dämonische Geister, wie die Asuras in der hinduistischen Mythologie, die ständig gegen die Götter kämpfen, und die sieben Galla-Dämonen, die die Nacht auf der Suche nach Opfern für die Unterwelt durchstreiften. Sie symbolisierten Tod und Düsternis und waren sehr gefürchtet. Aber es gab wenige Götter, die nur böse waren, bis der einflussreiche zoroastrische Gott des Bösen, Ahriman, kam. Der Zoroastrismus war die erste Religion, die gegensätzliche Kräfte tatsächlich anerkannte, und erschuf Götter für Gut und Böse, die das Christentum dauerhaft prägen sollten.

Dieses zoroastrische Grab befindet sich in Sulaymaniyah in Kurdistan. Der Zoroastrismus veränderte den Glauben und der Pantheon früherer Götter wurde durch zwei gegensätzliche Götter ersetzt: einer gut, der andere böse.

Im Zoroastrismus personifiziert Ahriman das Böse; sein Name bedeutet „teuflischer Geist".

Die Nautilusmuschel ist
ein schönes Beispiel der
logarithmischen Spirale,
eines der vielen seltsamen
Systeme und Proportionen,
die die Natur hervorbringt.

ZEICHEN UND SYSTEME

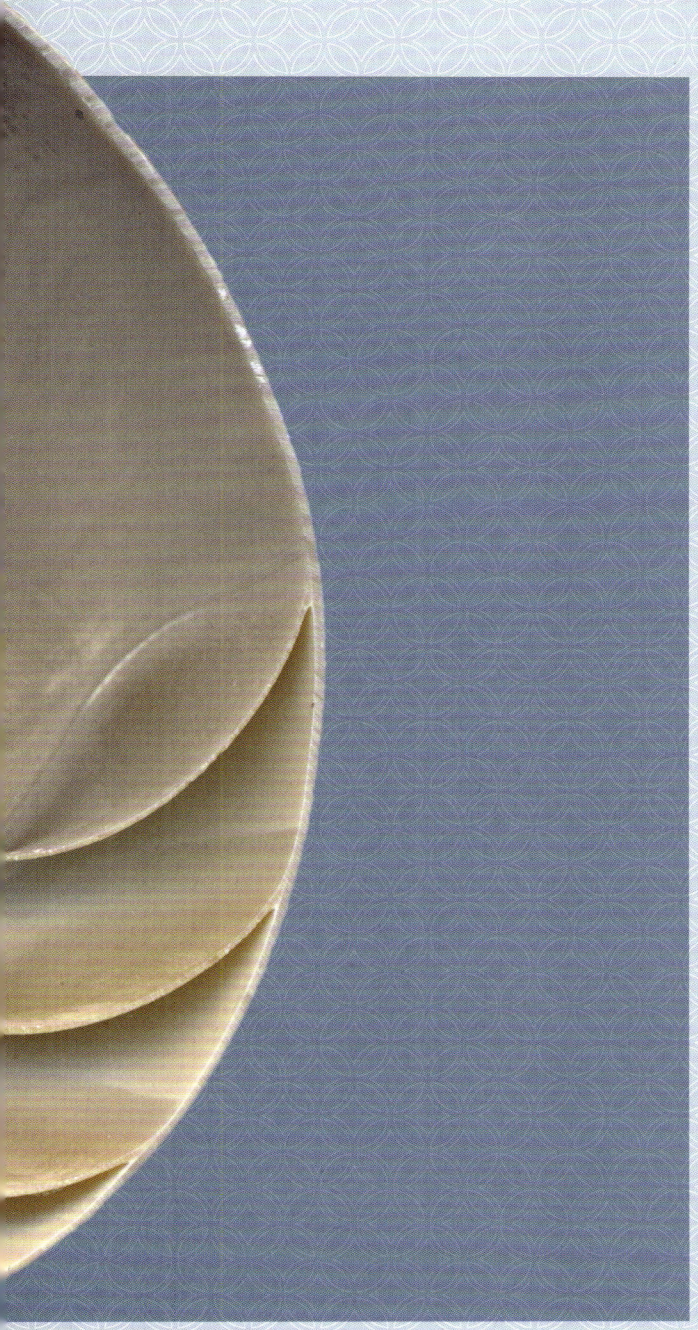

Als sich die Götterwelt auf einen einzigen Gott reduzierte, erschienen alte archetypische Motive in neuer Gestalt. Das Kreuz wurde zum wichtigsten Symbol des Christentums und alte Schriftsysteme wie die sumerische Keilschrift und ägyptische Hieroglyphen wurden in religiöse und kulturelle Systeme aufgenommen. Muster in der Natur sagten nicht nur etwas über das Göttliche aus, sondern auch über die Menschheit. Die Blume des Lebens etwa war ein starkes Symbol des Einsseins und die Muster auf einem Schildkrötenpanzer galten unter daoistischen Mystikern als Zeichen, um die Zukunft vorherzubestimmen. Zahlensysteme erlangten Bedeutung, als Pythagoras zu beweisen versuchte, dass Zahlen mit der Musik der Planeten und somit dem Einsseins des Universums mitschwingen. Auch Laute wie das vedische Om standen im Einklang mit der Trimurti aus Brahma, Vishnu und Shiva und das Lebensrad, Mandalas und andere spirituelle Muster brachten Kulturen in Kontakt mit dem Göttlichen. Divination, Orakel, Goldener Schnitt und vitruvische Proportionen führten neue symbolische Systeme in Kunst, Musik, Literatur und der persönlichen Spiritualität ein.

I GING
CHINA 29. Jahrhundert v. Chr.

Ein Orakel zur Vorhersage der Zukunft

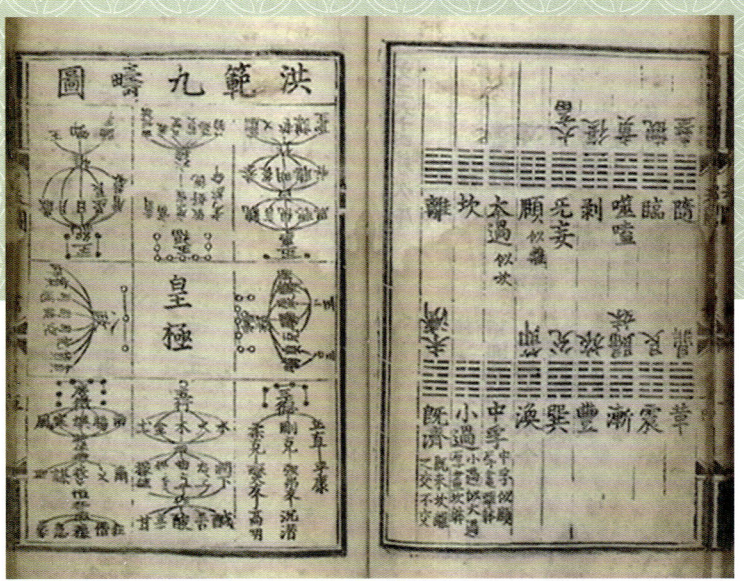

Dieses altchinesische Buch aus der Library of Congress, Washington, D.C., erklärt die Verwendung des Bagua auf Grundlage des Lo-Shu-Quadrats.

Vor tausenden Jahren verwendeten chinesische Wahrsager Muster und Zeichen in der Natur, um die Wahrheit vorherzusagen. Sie untersuchten Linien und Musterungen auf Schildkrötenpanzern, verstreuten Schafgarben oder Münzen und beobachteten die Muster von Vogelschwärmen am Himmel. Diese Methoden führten zur Entstehung eines Orakels mit dem Namen „Buch der Wandlungen", I Ging, ein geheimnisvolles Konzept, das wahrscheinlich auf die frühen daoistischen Philosophen und den legendären ersten chinesischen Kaiser Fu Xi zurückgeht, obwohl einige auch den einflussreichen Herzog von Zhou als Urheber vermuten.

Als „Bagua" bezeichnet man die im I Ging verwendeten Acht Trigramme. Sie basieren auf dem Lo-Shu-Quadrat, einem magischen Quadrat, das für Wahrsagen verwendet wird. Jede Zahl entspricht einem der Acht Trigramme, die um einen zentralen Punkt angeordnet sind, dem einzigen Prinzip, dem Dào oder rechten Weg.

Das Konzept des Dào besteht aus zwei sich ergänzenden aber scheinbar gegensätzlichen Prinzipien: Yin und Yang. Alle Phänomene umfassen Yin und Yang und die fünf zugehörigen Elemente, die die Sterne beeinflussen, die Körperfunktionen, die Landschaft und das Wesen der Veränderung. Yin wird assoziiert mit allem Weiblichen wie dem Mond, der Dunkelheit, Intuition, Gefühlen und der rechten Gehirnhälfte. Yang wird assoziiert mit allem Männlichen wie der Sonne, Lärm, Licht, Handeln und der linken Gehirnhälfte. Yin und Yang sind sich ergänzende Kräfte, die ein dynamisches System bilden, in dem das Ganze größer als die Summe seiner Teile ist. Das Ganze ist das Dào, der Weg der daoistischen Philosophie, und das, was alle Dinge miteinander verbindet.

Die zwei gegensätzlichen Energien Yin und Yang bilden die acht Trigramme des I Ging. Glaubt man, dass die grundlegenden Muster der Natur eine Sprache darstellten, die alles, was wir tun, enthüllten, so stellen diese acht Trigramme die fundamentalen Energien der Natur dar.

CHINESISCHER URSPRUNG

Fu Xi regierte im alten China Mitte des 29. Jahrhunderts v. Chr. Er war ein kultureller Held und erfand die Schrift, das Fischen und Fallenstellen. Er entdeckte die Geheimnisse des I Ging anhand von Zeichnungen am Rücken eines mythischen Drachenpferdes oder, wie manche vermuten, auf einer Schildkröte. Diese Entdeckung ist vermutlich auch der Ursprung der Kalligraphie. Fu Xi lebte 197 Jahre und starb in Henan, wo sich noch heute sein Denkmal befindet. Einige Experten glauben, dass das I Ging auf den Herzog von Zhou zurückgeht, der im 11. Jahrhundert v. Chr. lebte. Die

Zhou-Dynastie herrschte über ein Gebiet, das heute zur Provinz Shanxi gehört und als Wiege der chinesischen Kultur gilt. Der Herzog war bekannt als „Gott der Träume", der den Menschen anhand ihrer Träume wichtige Ereignisse in der Zukunft vorhersagte.

Im 6. Jahrhundert v. Chr. führte der chinesische Philosoph und Gelehrte Konfuzius das I Ging in die chinesische Kultur ein, aber bis ins 19. Jahrhundert blieb es relativ unbekannt, bis der deutsche Missionar Richard Wilhelm die geheimnisvollen Texte übersetzte. Zu Beginn des 20. Jahrhunderts sah der Psychologe Carl Jung im I Ging eine Bestätigung seiner eigenen Theorie des synchronistischen Prinzips. Er glaubte, dass bedeutungsvolle Zufälle an Gewicht gewinnen, wenn mehr als ein Ereignis gleichzeitig geschieht, wie beim Werfen einer Münze und dem Ergebnis des Orakels. Dann verbindet das zufällige Werfen einer Münze den Fragenden mit dem Schatz universellen Wissens und das offenbarte Orakel bietet Einblicke in die Zukunft.

Das Bagua zeigt die Positionen der acht Trigramme, umgeben vom Himmel, mit dem Yin und Yang als Symbol des Einsseins in der Mitte.

Der legendäre Held Fu Xi entdeckte die Geheimnisse des I Ging und erschuf die Welt mit seiner Schwester Nuwa neu.

DIE ACHT TRIGRAMME

Ein Trigramm ist eine Gruppe von drei Yin-und-Yang-Linien. Yin (weibliche) Linien sind unterbrochen, Yang (männliche) Linien sind durchgehend. Sie sind die Bausteine eines Systems, das die acht Energien des Universums darstellt.

ZHEN
Donner
Alte Bedeutung – erregend
Farbe – Gelb
Begriffe: Initiative, Spontaneität, Einsicht, Überraschungen

SUN
Wind
Alte Bedeutung – sanft
Farbe – Grün
Begriffe: Gerechtigkeit, Nachgiebigkeit, Kompromiss

QIAN
Himmel
Alte Bedeutung – schöpferisch
Farbe – Gold
Begriffe: Tatkraft, Zielstrebigkeit, Stärke, Macht

KAN
Wasser
Alte Bedeutung – abgründig
Farbe – Blau
Begriffe: Begehren, Gefühl, Emotion Symbolisch für Instinkte und Gefühle

LI
Feuer
Alte Bedeutung – haftend
Farbe – Orange
Begriffe: Klarheit, Leidenschaft, Inspiration, positives Handeln

KUN
Erde
Alte Bedeutung – empfangend
Farbe – Schwarz
Begriffe: Empfänglichkeit, nährend, annehmen

GEN
Berg
Alte Bedeutung – stillhalten
Farbe – Violett
Begriffe: Stille, Einsamkeit, Rückzug, Nachdenken, Objektivität

DUI
See
Alte Bedeutung – Freude
Farbe – Rot
Begriffe: Sexuelle Heilung, innere Ruhe, geheime Macht

SWASTIKA

MESYN, UKRAINE ca. 10000 v. Chr.

Mächtiges altes Symbol für Sonne und Glück, aber auch Verfolgung

Diesen beeindruckenden etruskischen Goldanhänger (ca. 700 v. Chr.) aus Bolsena, Italien, schmückt eine alte Swastika.

Swastikas waren in der Antike beliebt und schmückten oft griechische und römische Häuser, wie aus diesem Detail eines Mosaiks ersichtlich ist.

In ganz Europa wurden Swastikas auf dekorativen Gegenständen, Felsen und in Höhlen entdeckt. Die früheste bekannte Swastika wurde in Mesyn in der Ukraine gefunden. Eingeritzt in eine altsteinzeitliche Figur aus Mammutelfenbein datiert sie aus dem Jahr 10000 v. Chr. In England wurden in Yorkshire jungsteinzeitliche Steinreliefs von Swastikas gefunden und spiegelbildliche Swastikas (im Uhrzeigersinn und umgekehrt) wurden auf Keramikgeschirr in der Devetashka-Höhle, Bulgarien, aus der Zeit um 6000 v. Chr. entdeckt. Weitere frühe archäologische Beweise für Swastika-förmige Ornamente gehen auf die alteuropäische Vinca-Kultur zwischen 6000 bis 5000 v. Chr. zurück und auch auf die Industalkultur um 3300 v. Chr. Es ist nicht klar, wofür das Symbol ursprünglich verwendet wurde, aber Swastikas traten in vielen alten Kulturen weltweit auf, so etwa in türkischen, indischen, chinesischen, europäischen und keltischen Kulturen.

Die gesamte Bandbreite der von der Vinca-Kultur verwendeten Symbole und Zeichen ist bisher umstritten und ihre Bedeutung ist unklar. Jedoch bedeutet *svastika* in Sanskrit „Glücksbringer". Es wurde stets als Zeichen für einen glückbringenden oder vielversprechenden Gegenstand verwendet und ist besonders als Zeichen auf Personen und Gegenständen ein Symbol des Glücks. Im Hinduismus verkörpert die Swastika das Prinzip des Ursprungs des Universums oder die Schöpfung selbst. Die vier Arme stehen für die vier Richtungen des manifesten Universums oder die vier Gesichter von Brahman, Gott. Hindus zeichnen an Festtagen häufig Swastikas auf die Türen und Eingänge ihrer Häuser, um die Göttin Lakshmi einzuladen, ihnen Glück zu bringen. Zeigen die Arme nach links, heißt dieses Symbol „Sauwastika".

Die Swastika wird oft mit der Entwicklung des Kreuzsymbols heidnischer Religionen der Bronzezeit in Verbindung gebracht, in denen das

Kreuz anfänglich als mächtiges frühes Symbol der Sonne galt. Archäologen haben verschiedene Theorien, die darauf hindeuten, dass die vier Arme die vier Elemente darstellen: Sonne, Wind, Wasser und Erde. Andere sehen darin die vier Jahreszeiten, die vier Himmelsrichtungen oder die Neunzig-Grad-Winkel des Tierkreises nach den Sonnenwenden und Tagundnachtgleichen.

Laut dem Archäoastronom Reza Assasi ist die Swastika ein geometrisches Muster am Himmel, das den nördlichen Ekliptikpol zentriert auf den Fixstern Aldhibah darstellt. Er behauptet, dass dieses primitive astrologische Symbol später im alten Persien als Streitwagen mit vier Pferden von Mithra bezeichnet wurde. In der alten iranischen Mythologie wurde der Kosmos von vier Himmelspferden im Uhrzeigersinn um eine fixe Mitte herum gezogen. Dies war möglicherweise eine geozentrische Darstellung eines astronomisches Phänomens namens Zyklus der Präzession. Assasi vermutet, dass dieser Begriff in den Westen überliefert und im römischen Mithraskult seine Blüte erlebte, wo die Swastika in der Ikonographie und astrologischen Darstellungen weit verbreitet ist.

Im darauffolgenden Jahrtausend wurde die Swastika von vielen Kulturen weltweit verwendet, so auch in China, Japan, Indien und Südeuropa. Bis ins Mittelalter war sie ein bekanntes, wenn nicht gar häufiges Symbol mit vielen Namen. In China hieß es „wàn", in England „fylfot" und in Griechenland „tetraskelion" oder „gammadion".

Swastikas finden sich weltweit vom Reich von Kush in Afrika bis hin zum russischen Kaukasusgebirge. Nachdem sie in Europa im Mittelalter zum Glücksbringer geworden war, erlebte die Assoziation der Swastika mit ihren arischen und indischen Ursprüngen 1871 im neu vereinten Deutschland einen Aufschwung, da das Land demonstrieren wollte, dass es seine Wurzeln in einem alten Reich wie der vor-vedischen Zivilisation der Arier hatte. Gegen Ende des 19. Jahrhunderts prangte die Swastika auf deutschen völkischen Zeitschriften und war das offizielle Emblem des Deutschen Turner-Bunds. Zu Beginn des 20. Jahrhunderts war das Hakenkreuz ein gängiges Symbol des deutschen

Nationalismus und wurde in den 1920ern von den Nazis in Deutschland als Symbol seiner Abstammung von der arischen Rasse übernommen. Als Adolf Hitler 1933 die Macht übernahm, wurde ein Hakenkreuz im 45-Grad-Winkel in die deutsche Nationalflagge aufgenommen. In vielen westlichen Ländern wird die Swastika seither mit Nationalsozialismus, Antisemitismus, Verfolgung, Todeslagern, Gewalt und Massenvernichtung assoziiert.

Obwohl die Swastika im Westen weiterhin verpönt ist, wurde sie als hinduistisches Symbol für Brahman und Dharma (natürliche Ordnung), Artha (Reichtum), Kama (Begierde) und Moksha (Befreiung) wieder populär.

Am Ende des 19. Jahrhunderts verwendeten die Nazis das Hakenkreuz als Symbol, daher wird es noch heute mit Nationalsozialismus, Hitler und Massenvernichtung assoziiert.

Als spirituelles Symbol im Hinduismus ist die Swastika wieder ein akzeptiertes und beliebtes Symbol.

KEILSCHRIFT
SUMER, MESOPOTAMIEN ca. 8000 v. Chr.

Das erste bekannte Schriftsystem

Der Maništušu-Obelisk ist dem akkadischen Gott Enlil gewidmet. Er ist überzogen mit Zeichen in Keilschrift.

Die sumerische Keilschrift ist das erste bekannte Schriftsystem. Es geht auf die Zeit um etwa 8000 v. Chr. zurück und entwickelte sich aus Piktogrammen und anderen Symbolen auf Tontafeln, die für den Handel mit Waren und Vieh verwendet wurden. Ursprünglich stellten die Sumerer kleine Marken aus Ton als Symbol für die Gegenstände her. Diese wurden in einer Art Umschlag aus Ton versiegelt. Die Händler prägten Symbole auf die Außenseite, um Art und Menge zu kennzeichnen.

Der Name „Keilschrift" kommt vom Lateinischen *cuneus* und *forma*. Die Keilschrift erkennt man an den keilförmigen Zeichen. Die Schriftzeichen wurden mit einem Griffel aus Schilfrohr in feuchte Tontafeln geprägt. Die Tafeln wurden in der Sonne oder an der Luft getrocknet und waren sehr zerbrechlich. Später konnte man die Tafeln in Wasser tauchen und zu neuen Tafeln formen. Andere beschriftete Tafeln wurden durch Brennen haltbar gemacht. Sammlungen dieser gebrannten Tontafeln bildeten die ersten Archive und Bibliotheken.

Die Keilschrift erlebte eine signifikante Entwicklung in Sumer zwischen 3000 und 2000 v. Chr., wurde aber allmählich während des neuassyrischen Reichs (934–609 v. Chr.) durch das phönizische Alphabet ersetzt. Bestimmte Zeichen standen für die Namen von Göttern, Ländern, Städten, Gefäßen, Vögeln und Bäumen sowie andere wichtige Wörter. Der erste bekannte sumerische König, dessen Name auf einer Keilschrifttafel erscheint, ist Enmebaragesi aus der Stadt Kis um das Jahr 2700 v. Chr.

Ein schwarzer Obelisk wurde von Maništušu errichtet, Sohn von Sargon von Akkad, der von 2270 bis 2255 v. Chr. regierte. Maništušu musste sich immer wieder gegen Aufstände gegen seine Herrschaft zur Wehr setzen, aber er pflegte auch Fernhandel und gilt als Erbauer des Istar-Tempels in Ninive. Alten Erzählungen zufolge wurde Maništušu von seinen Hofbeamten mit Rollsiegeln zu Tode gehackt.

Der Obelisk von Maništušu besteht aus schwarzem Diorit, in den ein Text in akkadischer Keilschrift in horizontalen Reihen in insgesamt 1.519 Kästchen geritzt ist. Für den Obelisken wurde der schwarze Stein vom Berg mit einem Boot zum Kai in Akkad geschafft, wo er bearbeitet und dem Gott Enlil gewidmet wurde. Als junger Gott wurde Enlil aus dem Reich der Götter in die Unterwelt Kur verbannt, weil er die Göttin Ninlil verführt hatte. Ninlil folgte ihm in die Unterwelt und brachte dort ihr erstes Kind, den Mondgott Sin, zur Welt. Nachdem er Vater von drei weiteren Göttern wurde, wurde Enlil gestattet, zu den Göttern zurückzukehren. Enlil galt als Erfinder der Hacke und war auch der Gott des Atems und Winds, der Höhe und Tiefe.

WICHTIGE VERÄNDERUNGEN

Ab etwa 2900 v. Chr. verloren viele der Keilschriftsymbole ihre ursprüngliche Bedeutung und ein bestimmtes Zeichen konnte je nach Kontext verschiedene Bedeutungen haben. Die Menge an Zeichen reduzierte sich von etwa 1.500 Symbolen auf etwa 600. Ab 2500 v. Chr. wurde in horizontalen Reihen von links nach rechts geschrieben. Die Piktogramme wurden um neunzig Grad gegen den Uhrzeigersinn gedreht und ein neuer Griffel wurde verwendet, der in den Ton gedrückt wurde, um mehrere Zeichen einzuprägen. Diese zwei wichtigen Veränderungen machten das Schreiben schneller und einfacher. Durch Anpassung der entsprechenden Position der Tafel an den Griffel konnte der Schreiber mit einem Werkzeug mehrere Einprägungen machen.

Obwohl die Keilschrift bis zum 2. Jahrhundert n. Chr. über drei Jahrtausende in Gebrauch war, wurde sie unter den Römern

Die früheste Form der Keilschrift stammt aus der Zeit um 8000 v. Chr., als die Sumerer mit einem Schilfrohrgriffel auf feuchten Tontafeln schrieben.

Die Keilschrift entwickelte sich über Jahrhunderte und wurde später mit anderen Alphabeten gleichgesetzt.

vollständig durch das Alphabet ersetzt und war bis zum 3. Jahrhundert n. Chr. ausgestorben. Das Wissen, wie man die Schrift entziffert, ging verloren, bis sie von Gelehrten um 1857 dechiffriert wurde. Seither wurden in der Moderne laut Schätzungen zwischen einer halben und zwei Millionen Keilschrifttafeln ausgegraben. Davon wurden jedoch lediglich an die 100.000 veröffentlicht.

OM
INDIEN ca. 6. Jahrhundert v. Chr.

Altes Sanskrit-Zeichen für die Vibration der göttlichen Energie bei der Schöpfung

Brahma, Vishnu und Shiva bilden die Götterdreiheit zum Beginn der Schöpfung und schwingen mit dem mystischen Laut „Om" mit.

Om (auch Aum) ist ein mystisches Mantra, das im ältesten Teil der Veden, dem *Rigveda*, auftaucht. Die Sanskrit-Silbe stammt aus Indien und ist in vielen Religionen wie dem Hinduismus, Buddhismus und Jainismus heilig. Sie wird auch *aumkara* genannt, was so viel wie „Aum-Silbe" heißt, und wird im Sanskrit manchmal als *pranava*, „Es ist" oder „soll werden", bezeichnet.

Das Om steht am Anfang der meisten Hindu-Texte als heiliges Mantra, das zu Beginn und am Ende des Lesens der Veden oder vor und nach jedem Gebet angestimmt wird. Es wurde erstmals in den *Upanishaden*, einer Sammlung vedischer Texte, als allumfassende mystische Einheit beschrieben. Es taucht überall in der Hindu-Kunst als allgemeines Zeichen für die Philosophie und Religion der Hindus auf.

Als die Schöpfung einsetzte, nahm das göttliche, allumfassende Bewusstsein die Form der ersten und ursprünglichen Vibration an, manifestiert in der Silbe „Om". Davor war das Nichts. Es war bekannt als Shunyakasha („kein Himmel"), was mehr als das Nichts war, da alles in einem latenten Zustand der Möglichkeit existierte.

Im Puranischen Hinduismus, einer Form des Hinduismus, ist Aum der mystische Name für die Einheit der drei Götter. Der Buchstabe „a" steht für Brahma, „u" für Vishnu und „m" für Mahadeva, besser bekannt als Shiva. Die drei Silben symbolisieren auch die drei vedischen Texte *Rigveda*, *Samaveda* und *Yajurveda*. Laut der Hindu-Philosophie symbolisiert der Buchstabe „a" die Schöpfung, als alles Existierende aus dem goldenen Kern von Brahma entstand; der Buchstabe „u" erzählt davon, wie Vishnu diese Welt bewahrte, indem er Brahma auf einem Lotos über ihm balancierte, und der Buchstabe „m" symbolisiert den letzten Teil des Kreislaufs, wenn Brahma einschläft. Dann muss Shiva einatmen, sodass sich alle existierenden Dinge auflösen und in ihre Essenz zerfallen. Om ist angeblich auch jene Silbe, die alle anderen Silben, Wörter, Sprachen und Mantras enthält.

In einigen Hindu-Lehren gibt es keine Trennung zwischen Wissen und dem Wissenden, wenn man wahres Wissen erlangt: Dann wird man selbst zum Wissen. Im Prinzip bedeutet Om das ultimative Wissen, dass alles eins ist.

Viele der Hymnen, die in den heiligen Texten des *Rigveda* aufgezeichnet sind, beziehen das Singen des Om ein.

OM MANTRAS

Das Om wird heute von vielen westlichen spirituellen Gruppen als Mantra zur Meditation verwendet oder um die spirituelle Entfaltung voranzutreiben. Es wird meist in vedischer Schrift geschrieben. Das Om ist etwa ein bekanntes Element in vielen Formen des Yoga. Es ist ein allwaltendes Mantra und das heiligste der heiligen Wörter. Es wird als Meditation auf das Wesen des Universums verwendet und beansprucht jeden Teil der Lunge, wenn es bei Atemtechniken angewendet wird. Im Yogasutra von Patanjali, der Grundlage des Ashtanga Yoga, gilt das Om als Stimme Gottes.

In der Advaita-Vedanta-Lehre der vedischen Philosophie steht das Om für die Dreiheit als Einheit und impliziert auch, dass unsere Existenz „falsch" ist. Das Singen des Om erinnert uns daran, dass wir, um hinter den Schleier der sogenannten Realität zu blicken, verstehen lernen müssen, dass das wahre Wesen der Unendlichkeit jenseits dieser Illusion liegt. Mit der Befreiung aus der Kette von Geburt, Tod und Wiedergeburt – als „Moksha" oder „Samadhi" bezeichnet – können wir das Dasein als das sehen, was es ist, und wir können eins mit dem Ganzen werden. Wer wahres Wissen erlangt, kennt keine Trennung zwischen sich und dem Wissen: Man selbst wird zu Wissen. Om ist daher die Silbe oder das Symbol der ultimativen Wahrheit, dass alles eins ist.

Eines der wichtigsten Mantras im Tibetischen Buddhismus, das oft in Manisteine geritzt ist, ist *Om mani padme hum* („Juwel im Lotos"). Diese Worte werden auch auf Papierrollen geschrieben und in Gebetsmühlen gesteckt. Das lebendige Om-Symbol existiert auch in verschiedenen Formen des Daoismus und Sikhismus. Manchmal wurde es als „So sei es" übersetzt, ähnlich wie das hebräische „Amen" und das druidische „Awen". Das von den Sikhs verwendete Symbol Ek Onkar („Gott ist eins") ist eine Abwandlung des Om und beinhaltet ein weiteres Zeichen für Heilung und Schutz.

Das Hindu-Symbol für Om ist heute im Westen ein beliebtes Motiv für Schmuck.

PENTAGRAMM

URUK, MESOPOTAMIEN ca. 4000 v. Chr.

Ein heiliges Symbol der Erneuerung, Regeneration und Transformation

Dieses Pentagramm aus Uruk im einstigen Mesopotamien stammt aus der Zeit um 4000 v. Chr. und bedeutet Universum.

Einige der ersten bekannten Pentagramme wurden bei Ausgrabungen der mesopotamischen Stadt Uruk entdeckt und stammen aus der Zeit um 4000 v. Chr. In der sumerischen Sprache bedeutete das Pentagramm und die keilschriftliche Ableitung „die Regionen des Universums". Zudem findet sich in einer frühsumerischen Schrift um 2500 v. Chr. eine Glyphe in Pentagrammform für ein Wort, das Ecke, Winkel, kleiner Raum, Höhle oder Loch bedeutet. Untersuchungen von Keilschrifttafeln aus Susa (Persien) aus den 1930ern, die aus dem 2. Jahrtausend v. Chr. stammen, lassen keinen Zweifel daran, dass die Babylonier eine ungefähre mathematische Formel für die Fläche eines Fünfecks kannten.

Im Griechischen stammt das Wort „Pentagramm" von „fünf" und „Linie" ab und wird manchmal synonym mit dem Wort „Pentakel" verwendet. Eine Interpretation des Pentagramms ist, dass jeder der fünf Zacken die ursprünglichen griechischen Buchstaben der fünf Elemente darstellte. Der fünfzackige Stern ist die häufigste Form des geometrischen Sterns. Es ist ein Symbol der Erneuerung, Regeneration und Transformation, sei es als biblischer Stern von Bethlehem oder als Venus, der Morgenstern und Bringer der Dämmerung. Das Symbol scheint vom altgriechischen Philosophen Pythagoras und seinen Anhängern auch als magisches oder mystisches Zeichen verwendet worden zu sein, sie bekreuzigten sich mit dem Pentagramm, so wie es Christen mit dem Lateinischen Kreuz tun. Wenn Pythagoras jemanden auf der Straße traf, machte er ein Pentagramm und wünschte „gute Gesundheit".

Im Mittelalter wurde das Pentagramm als christliches Symbol für die fünf Wunden Christi verwendet. In der englischen Ritterromanze Sir Gawain und der Grüne Ritter aus dem 4. Jahrhundert ziert das Pentagramm den Schild des Protagonisten, Gawain. Der unbekannte Autor schreibt die Herkunft des Symbols König Salomon zu und erklärt, dass das Pentagramm der Schlüssel ist, um das Werk zu verstehen: Die fünf Sinne von Gawain sind geschärft, seine fünf Finger sind geschickt, er ist der Erlösung durch die fünf Wunden Christi ergeben, bezieht seinen Mut aus den fünf Freuden Marias und verkörpert die fünf Tugenden des Rittertums.

In Zauberbüchern („Grimoires") aus der Renaissance wird beschrieben, dass ein um den Hals getragenes Pentagramm dem Magier Schutz und Autorität gibt. Der Magier Johannes Trithemius riet dazu, sich ein Pentagramm um den Hals zu hängen, bevor man einen magischen Kreis zog. Das Pentagramm sollte auf unbeschriftetem Pergament gezeichnet oder in eine quadratische Silberplatte eingraviert werden und vom Hals bis zur Brust reichen. Der Magier Agrippa von Nettesheim aus der Renaissance und andere hermetische Magier förderten die Popularität des Pentagramms als magisches Symbol, indem sie den fünf Zacken die fünf neuplatonischen und pythagoräischen Elemente zuordneten. Auch die Freimaurer stützen sich auf die pythagoräische Symbolik des Pentagramms, obwohl es auch als Erinnerung betrachtet wird, dass der Geist in Christus Mensch geworden war.

Mitte des 19. Jahrhunderts unterschieden Okkultisten ein Pentagramm hinsichtlich seiner Ausrichtung. Zeigte eine Spitze nach oben, stellte es den Geist dar, der über den vier Elementen thronte, und galt als „gut". Der einflussreiche französische Okkultist Eliphas Levi sah das Pentagramm als böse, wenn es auf den Kopf gestellt erschien. Sein Symbol des Baphomet, das mit Satanismus in Verbindung steht, verwendete das umgedrehte Pentagramm und gilt seither als Symbol schwarzer Magie.

Das Pentagramm wird auch oft als Schutzsymbol benutzt, so wie das Salomonssiegel in der mittelalterlichen islamischen Tradition. Viele Varianten des Pentagramms finden sich in Grimoires salomonischer Magie oder werden in der modernen Wicca und anderen Hexenreligionen verwendet. Obwohl Pentagramm und Pentakel weithin als Synonym gelten, unterscheiden die Wicca-Religion und andere moderne heidnische Systeme zwischen beiden Begriffen. Ein Pentakel ist demnach ein von einem Kreis umgebenes Pentagramm. Diese Form wird auf eine Scheibe gezeichnet, die auf einem Altar oder als heiliger Raum selbst verwendet wird.

Im Mittelfranzösischen wurde das Wort „Pentakel" für jeden magischen Talisman verwendet, in vielen Tarotblättern hingegen wird eine der vier Farben als Münze oder alternativ Pentakel bezeichnet. In diesem Zusammenhang symbolisieren sie das Element Erde oder Göttlichkeit, die sich in Materie manifestiert.

Mit der fünften Spitze nach oben symbolisiert das Pentagramm in okkulten Kreisen den „Geist", der über den vier Elementen der materiellen Welt thront.

Das Pentagramm gehört zu den Symbolen der Carbonari, einem italienischen Geheimbund und Ableger der Freimaurer.

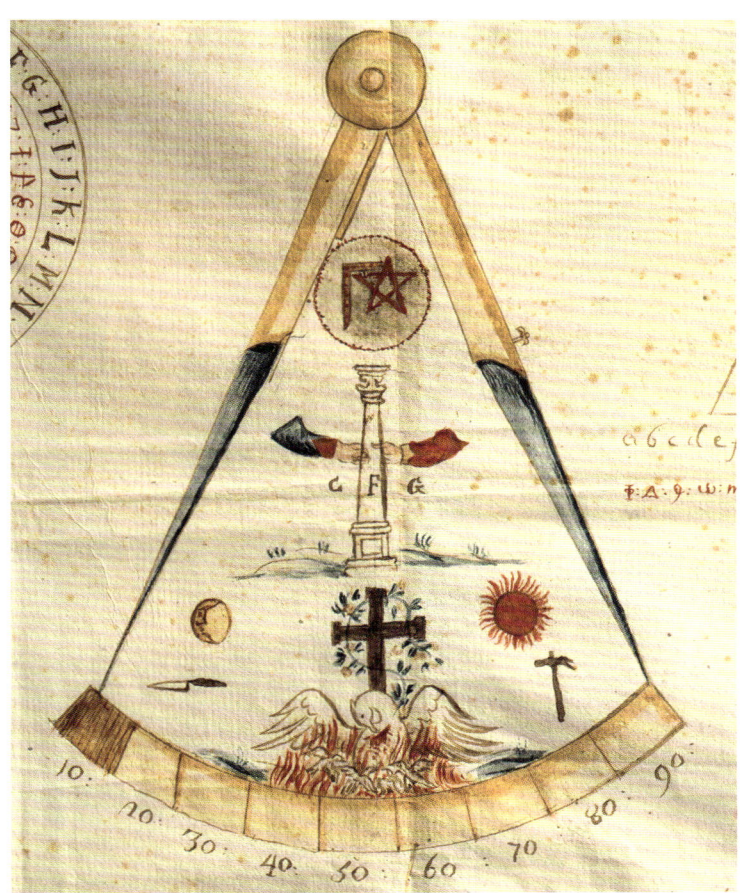

YIN UND YANG
CHINA 4.–3. Jahrhundert v. Chr.

Altes daoistisches Symbol für Dualität

Dieses Motiv auf einem chinesischen Porzellanteller aus dem 17. Jahrhundert zeigt Weise mit dem Yin-und-Yang-Symbol für das Hellsehen.

Das Symbol zeigt das weiße Yang (männliche Energie) und das schwarze Yin (weibliche Energie) in Harmonie vereint.

Jeder kennt wohl das Yin-und-Yang-Zeichen, aber was bedeutet es eigentlich? Das Yin ist die schwarze Seite mit dem weißen Punkt, das Yang die weiße Seite mit dem schwarzen Punkt. In der alten daoistischen Philosophie glaubte man, dass diese zwei offensichtlich gegensätzlichen und doch miteinander verbundenen Energien die dunkle Nordseite eines Berges (Yin) und die helle, sonnige Südseite des Berges (Yang) seien, die im Berg selbst vereint sind.

Yin und Yang symbolisieren die Dualität, die uns überall begegnet, wie etwa hell und dunkel, hoch und tief, heiß und kalt, Feuer und Wasser, Leben und Tod, männlich und weiblich, Sonne und Mond. Jedoch sind diese Paare nur physische Manifestationen der Dualität von Yin und Yang. Wir sehen beide Seiten des Berges, tatsächlich

gibt es aber nur einen Berg. Yin und Yang sind sich ergänzende, nicht gegensätzliche Kräfte, die miteinander interagieren, um ein dynamisches System der Einheit zu bilden. Alles besitzt sowohl Aspekte des Yin als auch des Yang und das Ausbalancieren dieser Kräfte schafft Harmonie und Gesundheit und nach dem alten daoistischen Weg die Erfahrung und das Verständnis des Dào: die treibende Kraft hinter allem, was existiert. Yin symbolisiert weibliche Prinzipien und ist als solches langsam, weich, nachgiebig, diffus, kalt, feucht und passiv. Es wird auch assoziiert mit Wasser, Erde, dem Mond und der Nacht. Yang ist im Gegenzug männlich, potent, schnell, hart, robust, fokussiert, heiß, trocken und aggressiv. Es wird assoziiert mit Feuer, Himmel, der Sonne und dem Tag.

Die chinesische Astrologie ist eng verbunden mit der daoistischen Philosophie und verwendet das Yin und Yang für Horoskope zusammen mit den fünf Elementen Feuer, Erde, Metall, Wasser und Holz und den zwölf Tierzeichen, die auf dem Mondkalender basieren. Der Zeitkreis von sechzig Jahren besteht aus zwei separaten Zyklen, die ineinandergreifen. Der erste ist der Zyklus der fünf Elemente, unterschieden nach Yin oder Yang, der zweite ist der Zyklus der zwölf Tierzeichen – Ratte, Büffel, Tiger, Hase, Drache, Schlange, Pferd, Ziege, Affe, Hahn, Hund und Schwein; in Vietnam wird letzteres durch eine Katze ersetzt. Durch diese Kombination entsteht ein sechzigjähriger Zyklus, beginnend mit Yang Holz Ratte.

Da der Tierkreiszyklus von zwölf durch zwei teilbar ist, kann jedes Tierkreiszeichen nur als Yin oder Yang auftreten. So ist der Drache etwa stets Yang, die Schlange stets Yin und so weiter. Jahre, die mit einer ungeraden Zahl enden sind Yang, jene mit einer geraden Zahl Yin.

Da der Tierkreis dem Mondkalender folgt, beginnt das neue Yin- oder Yang-Jahr immer an einem anderen Tag irgendwann zwischen Mitte Januar und Mitte Februar. So könnte jemand, der laut westlichem Kalender am 2. Februar 1981 geboren ist, vermuten, dass er im Jahr des Hahns geboren wurde und daher Yin Metall ist. Tatsächlich aber begann der Yin Metall Hahn erst am 5. Februar 1981, daher ist diese Person Yang Metall und im Jahr des Affen geboren.

MERKMALE

Yin oder Yang schwächt oder stärkt die Persönlichkeitsmerkmale. Es kann je nach Energie des dem Jahr zugeordneten Elements Mut und Selbstvertrauen heraufbeschwören, wenn es mit Feuer oder Metall verbunden ist, da dies willensstarke und ichbezogene Energien sind. Yin würde diese Energie in sich aufnehmen; es wäre noch immer stark, aber viel nachdenklicher oder in sich gekehrter. Eine Yin-Metall- oder Yin-Feuer-Person ist oft ein kreativer Künstler oder Denker, eine Yang-Metall- oder Yang-Feuer-Person ein Kämpfer für sich oder für eine Sache.

Yin und Yang werden in der traditionellen chinesischen Medizin auch auf den menschlichen Körper angewendet. Gute Gesundheit hängt mit dem Gleichgewicht von Yin und Yang im Inneren zusammen.

Perlmutt-Einlegearbeit auf einem chinesischen Möbelstück aus dem Haiphong Museum, Vietnam, mit dem Yin-und-Yang-Symbol und zwei Drachen.

JAHRE UND YIN- ODER YANG-ELEMENTE

Ein Jahr mit 0 am Ende ist Yang Metall.
Ein Jahr mit 1 am Ende ist Yin Metall.
Ein Jahr mit 2 am Ende ist Yang Wasser.
Ein Jahr mit 3 am Ende ist Yin Wasser.
Ein Jahr mit 4 am Ende ist Yang Holz.
Ein Jahr mit 5 am Ende ist Yin Holz.
Ein Jahr mit 6 am Ende ist Yang Feuer.
Ein Jahr mit 7 am Ende ist Yin Feuer.
Ein Jahr mit 8 am Ende ist Yang Erde.
Ein Jahr mit 9 am Ende ist Yin Erde.

Die zwölf Tierzeichen und fünf Elemente bestimmen den chinesischen astrologischen Sechzig-Jahres-Zyklus.

TRISKELE
NEWGRANGE, IRLAND ca. 3200 v. Chr.

Altes Symbol aus Spiralen

Vor dem 5.000 Jahre alten Tempel von Newgrange, Irland, weist ein einzelner Stein das markante Motiv der Triskele auf.

Die Spiralen der Triskele symbolisieren die Macht des Göttlichen sowie die Vereinigung des Männlichen und Weiblichen.

Eine Triskele ist ein Motiv in Form von drei offenen Spiralen, der Begriff stammt vom griechischen Wort „dreibeinig". Man findet es in der keltischen und europäischen Kunst und auf Schmuckstücken der Eisenzeit. Die Triskele kommt auch in vielen anderen frühen Kulturen vor, so auf mykenischen Krügen und Trinkgefäßen, auf Münzgeld aus Lykien und auf griechischer Keramik als Wappenemblem auf den Schilden von Kämpfern. Mit der Ankunft des Christentums erhielt das Symbol eine neue Bedeutung: die Dreifaltigkeit – Vater, Sohn und heiliger Geist. Noch heute ist die Triskele für Christen mit keltischer Abstammung weltweit ein wichtiges Symbol ihres Glaubens. Es ist auch das Symbol Siziliens, wo es *Trinacria* genannt wird.

Die Triskele tritt als Motiv in alter Felsbildkunst auf. Vor etwa 5.000 Jahren, als die Sonne die Wintersonnenwende erreichte, zwängte sich eine große Gruppe Priester, Eingeweihter und Herrscher in den Gang und die innere Kammer eines mystischen Tempels in Newgrange, Irland. Es war ein Ort von astrologischer, spiritueller, religiöser und zeremonieller Magie. Als die Sonne sich in den Tiefen des Winters wieder in den Himmel erhob, war dies die Zeit für besondere Feierlichkeiten: eine Zeit, um der Sonne zu danken und für die neue Fruchtbarkeit des kommenden Jahres zu bitten. Genau hier findet sich das dreifache Spiralenmotiv in den Gang und den rhombusförmigen Eingangsstein gemeißelt sowie auf mehreren umliegenden Bordsteinen.

Die Zahl drei ist weltweit ein heiliges und magisches Symbol. In der altgriechischen Mythologie gab es drei Schicksalsgöttinnen, drei Chariten, drei Gorgonen und drei Erinnyen. Sogar Apollons Pythia saß auf einem Dreifuß und Kerberos war ein dreiköpfiger Hund. In der keltischen

Mythologie und frühen indischen Philosophie ist die Dreiheit magisch. In ihr verschmilzt die Macht von zwei – dem Männlichen und Weiblichen – mit der Einheit, dem göttlichen Selbst. Eine dreifache Beschaffenheit manifestiert sich auf geheimnisvolle Weise, gehorcht jedoch universellen Gesetzen, weshalb sie mit verschiedenen Arten der Magie assoziiert wird.

Die Triskele symbolisiert in der keltischen Mythologie Vergangenheit, Gegenwart und Zukunft im Jetzt. Dies wurzelt wahrscheinlich in der keltischen Göttin Brigid, die in dreifacher Gestalt – Mädchen, Frau und alte Frau – verehrt wurde, die die drei Phasen im Leben einer Frau darstellen, sowie in früheren Triaden von Göttern in der indischen Mythologie. Die Triskele ist auch eines der wichtigsten Symbole jener modernen Bewegung, die als Keltischer Neopaganismus bezeichnet wird und die das Symbol für die Triplizität in ihrer Kosmologie verwendet.

Die Drei Grazien (ca. 1505) von Raffael sind eine der vielen Darstellungen von Triaden, die in alten Religionen bedeutsam waren.

ANDERE SYMBOLE IM ZUSAMMENHANG MIT „DREI"

TRINKHÖRNER

Der drei 3 m hohe dänische Runenstein von Snoldelev aus dem 9. Jahrhundert n. Chr. ist verziert mit drei ineinandergreifenden Trinkhörnern, ähnlich dem Symbol der drei Halbmonde von Diana von Poitiers. Diana von Poitiers war eine einflussreiche französische Mätresse und Vertraute von Heinrich II. im 16. Jahrhundert. Als Zeichen für das helle und dunkle Licht des Mondes war sie stets in Schwarz oder Weiß gekleidet, und ihr Symbol waren drei ineinandergreifende Halbmonde.

DREI HASEN

An heiligen Stätten im Nahen Osten und im davon weit entfernten Vereinigten Königreich findet sich ein Symbol aus drei Hasen, die in Kreisform angeordnet sind. Das architektonische oder religiöse Motiv gilt als Suchbild und zeigt drei Hasen oder Kaninchen, die einander im Kreis verfolgen, wobei zwar jeder Hase zwei Ohren hat, auf dem Motiv aber insgesamt nur drei Ohren dargestellt sind. Ihre symbolische Bedeutung reicht von Fruchtbarkeit bis hin zum Mondzyklus.

TRIQUETRA

Das Wort „triquetra" bedeutete ursprünglich Dreieck und bezog sich auf verschiedene dreieckige Formen. Heute meint es drei verbundene Kreisbögen. Das auch als Knoten der Dreisamkeit bekannte Symbol wird von Christen und Polytheisten verwendet. Für die Christen ist es ein Symbol der Dreifaltigkeit.

HERMESSTAB
GRIECHENLAND ca. 3000 v. Chr.

Magischer Stab der Götterboten

Ein Hermesstab ist ein kurzer Stab mit magischen Eigenschaften. Als symbolischer Gegenstand repräsentiert er die Eigenschaften von Hermes und Merkur und gilt somit im weiteren Sinne als Symbol für Wirtschaft und Handel. In der späten Antike war der Hermesstab die Grundlage für das Symbol des Planeten Merkur in der Astrologie und Alchemie und wurde später auch zur Kennzeichnung des Elements Quecksilber verwendet. Er wurde auch als Symbol für das Druckwesen und fälschlicherweise für die Medizin gebraucht. Dies rührt von einer Verwechslung mit dem Äskulapstab her, dem Symbol des ärztlichen und pharmazeutischen Standes, der nur eine Schlange zeigt und keine Flügel aufweist.

Der von zwei Schlangen umschlungene Hermesstab besitzt manchmal zwei Flügel. In der römischen Ikonographie hält ihn der Gott Merkur, das römische Pendant zu Hermes, oft in der linken Hand. Merkur war nicht nur der Götterbote, sondern auch der Schutzgott der Kaufleute, Hirten, Glücksspieler, Lügner und Diebe. Sein Stab soll die Schlafenden aufgeweckt und die Wachen eingeschläfert haben. Wurde er auf Sterbende gerichtet, ereilte sie ein sanfter Tod; wurde er auf Tote gerichtet, erwachten sie wieder zum Leben.

Der griechische Götterbote Hermes war ein Psychopomp, ein Gott, der die Seelen der Verstorbenen ins Jenseits geleitete, aber er war auch der Gott der Magie, der Händler, Grenzen und Reisen. In den meisten Darstellungen wird Hermes mit einem Hermesstab abgebildet. Diesen Stab trug auch die Göttin des Regenbogens, Iris, die regelmäßig Botschaften der Göttin Hera auf der Erde überbrachte. Viele Mythologen und Historiker glauben, dass Hermes sich aus einer altbabylonischen Gottheit entwickelte, höchstwahrscheinlich einem Schlangengott aus der Unterwelt. Aus dieser Sicht war der Hermesstab

Bronzestatue *Merkur* (1550) von Giovanni Bologna mit einem Hermesstab, der Tote zum Leben erwecken konnte.

Der Hermesstab weist zwei Schlangen auf, die sich um den Stab winden, und symbolisiert harmonische Einigung und Frieden.

ein Symbol des Gottes selbst in seiner Frühform als mesopotamische Gottheit Ningišzida.
Auf einer Libations-Vase aus der Zeit rund um
2000 v. Chr. wird Ningišzida in Form von zwei
Schlangen dargestellt, die sich um einen Stab
winden. Jedoch glaubten viele frühe griechische
Philosophen, dass Hermes sich aus dem ägyptischen Gott Thot entwickelte, dem Gott der Magie, der Schreiber, der Astrologie, Philosophie,
des Wissens, der Astronomie und Wissenschaft.
Später vereinten sich in den esoterischen und
mystischen Traditionen Hermes und Thot im
legendären Mystiker Hermes Trismegistus.

Ein altgriechischer Mythos erzählt, wie
Hermes durch den Frust des blinden Propheten
Teiresias in den Besitz des magischen Stabs
gelangte. Als Teiresias am Berg Kyllini auf ein
Paar sich begattender Schlangen stieß, tötete er
die weibliche. Daraufhin wurde er von der Göttin
Hera sofort in eine Frau verwandelt und blieb
eine Frau, bis er sieben Jahre später erneut ein
Paar kopulierender Schlangen tötete. Sein Stab
gelangte in weiterer Folge in den Besitz von
Hermes, einschließlich seiner Verwandlungskräf-
te. Ein anderer Mythos berichtet, dass Hermes
(oder Merkur) zwei Schlangen sah, die sich im
tödlichen Kampf verschlungen hatten. Er stiftete
Frieden, indem er sie mit seinem Stab trennte,
weshalb der Stab mit den zwei Schlangen als
Symbol für eine friedliche Einigung gilt.

ÄSKULAPSTAB

Bei Homer wird darüber berichtet, wie Hermes
seine Lyra seinem Halbbruder Apollon anbot
und von diesem im Gegenzug den Hermesstab bekam. Die Assoziation mit der Schlange
verbindet daher Hermes mit Apollon, wie später
die Schlange mit Apollons Sohn, Asklepios,
dem griechischen Gott der Heilkunst, assoziiert
wurde. Die Assoziation von Apollon, Hermes und
Asklepios mit der Schlange ist eine Variante der
alten vorklassischen Geschichte vom Erddrachen
Python, der in der klassischen Mythologie von
Apollon getötet wird.

Der Äskulapstab zeigt einen Stab, um den sich
eine Schlange windet. Er wird noch heute mit

Heilkunst und Medizin assoziiert. Als Asklepios
aus dem Mutterleib seiner toten Mutter, einer
Sterblichen, befreit wurde, brachte Apollon das
Baby zum Kentaur Cheiron, der Asklepios aufzog
und in die Kunst der Medizin einführte. Eine
Schlange soll aus Dankbarkeit für die ihr von
Asklepios entgegengebrachte Zuneigung seine
Ohren sauber geleckt und ihn geheimes Wissen
gelehrt haben. Schlangen galten bei den alten
Griechen als heilige Wesen der Weisheit, Heil-
kunst und Auferstehung. Seither hielt Asklepios
einen Stab, um den sich eine Schlange windet.

Dieser Kupferstich von Mar-
tin Engelbrecht aus dem
18. Jahrhundert zeigt einen
Arzt mit Äskulapstab.

ANCH
ÄGYPTEN ca. 3000–2500 v. Chr.

Altes ägyptisches Symbol für den Schlüssel zu einer anderen Welt

Diese Spiegelschatulle aus dem Grab von Tutanchamun im Ägyptischen Museum in Kairo hat die Form eines Anch.

Eine Inschrift mit Tutanchamuns Namen, Epitheta und Beziehungen zu bestimmten Göttern findet sich rund um die obere Schlinge beider Teile der Schatulle und in einer Spalte auf dem senkrechten Teil. Der entsprechende Bereich auf dem Deckel zeigt den Thronnamen des Königs neben einem Käfer mit Flügeln, flankiert von zwei Schlangen, deren Köpfe von zwei Sonnenscheiben überragt werden und deren Schwänze in der Hieroglyphe „schenu" enden, die für Unendlichkeit steht. Unter dem Namen befindet sich ein Lotos. Die gesamte Komposition – eingelegt in Glas und Halbedelsteinen – war vermutlich eine Referenz an einen Mythos rund um die Geburt des Sonnengotts. Interessanterweise bedeutet die ägyptische Hieroglyphe „Anch" nicht nur „Leben", sondern auch „Spiegel".

URSPRÜNGE

Theorien über den Ursprung des Anch reichen von seiner alten Verwendung als Sex- und Fruchtbarkeitssymbol bis hin zur Darstellung eines gewöhnlichen Sandalenriemens als Zeichen für die Macht der Bewegung und daher für das Leben. Vor seiner Verwendung durch ägyptische Dynastien war das Anch vermutlich ein Knoten mit einer besonderen religiösen oder mythischen Bedeutung. Einige Experten sind sich einig, dass es die lebenspendenden Elemente Luft und Wasser symbolisierte, da Wasser im Nildelta sehr kostbar war. Es wurde dem Pharao oft als „Lebensatem" dargebracht.

Der bekannte englische Ägyptologe E. A. Wallis Budge glaubte, dass das Anch aus einer symbolischen Darstellung der Gürtelschnalle der Göttin Isis stammt. Diese entwickelte sich zu einem anderen bekannten Symbol: Tit-Amulett oder Isisknoten genannt, das sich immer wieder zusammen mit dem Djed-Pfeiler findet – ein

Das Anch hat die Form eines mit einer Schleife gekrönten Taukreuzes.

Das Anch, auch bekannt als „Lebensschleife", „Nilschlüssel" oder lateinisch *Crux ansata*, bedeutet „Kreuz mit einem Henkel" und symbolisierte nicht nur das Leben, sondern auch das ewige Leben. Ein Spiegeletui in Form eines Anch wurde in Tutanchamuns Grab gefunden, als dieses 1922 vom Archäologen und Ägyptologen Howard Carter im Tal der Könige entdeckt wurde. Es enthielt ursprünglich einen Spiegel, der aber lange vor Freilegung des Grabes von Grabplünderern geraubt wurde.

Symbol von Osiris. Gemeinsam repräsentierten sie die Dualität des Lebens. Der Isisknoten hieß auch „Isisblut" und Amulette davon wurde aus roten Steinen wie Karneol und Jaspis gefertigt. Anchs wurden oft als Amulette alleine oder mit zwei anderen Hieroglyphen getragen, die „Stärke" und „Gesundheit" bedeuteten. Auch Spiegel wurden in Form eines Anch hergestellt, entweder zu dekorativen Zwecken oder um die ewige Welt zu symbolisieren, die vor dem Betrachter lag.

Viele dekorative Darstellungen auf Tempeln zeigen ein personifiziertes Anch mit einem Fächer aus Straußenfedern in der Hand hinter einem Pharao. Ähnlich werden Ketten aus personifizierten Anchs gezeigt, wie sie aus Wassergefäßen strömen und über den König herabregnen als Symbol der regenerierenden Kraft des Wassers. Alte Gefäße für Libationen hatten manchmal die Form eines Anch, ebenso andere Gegenstände wie Löffel und Musikinstrumente.

Viele Götter wurden mit Anchs dargestellt, so etwa Ptah, Satet, Tefnut, Osiris, Ra, Isis und Anubis. In einer Darstellung wird das Anch der Königin Nofretete von der Sonnenscheibe Aton als Symbol des Lebens im Jenseits dargebracht. Die Toten wurden oft „Anchu" genannt und eine Bezeichnung für einen Sarkophag lautete „Nebanch" („Herr des Lebens").

In minoischen und mykenischen Ausgrabungsstätten wurde ein Symbol ähnlich dem Anch entdeckt. Es ist eine Mischung aus dem sakralen Knoten, einem Symbol der Heiligkeit, und der zweischneidigen Axt, einem Symbol des Matriarchats, das von der minoischen Kultur hochgehalten wurde. Das Symbol findet sich auch auf zwei bekannten Figuren der Schlangengöttin der Unterwelt, die im Palast von Knossos auf Kreta gefunden wurden. Beide Schlangengöttinnen haben zwischen den Brüsten einen Knoten mit einer vorstehenden Kordelschlinge. Das Anch tauchte auch oft auf Münzen im alten Zypern auf, wo es den Planeten Venus symbolisierte.

KREUZE

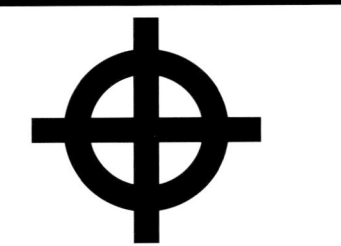

KELTISCHES KREUZ

Das keltische Kreuz ist ein Symbol, das aus einem einfachen Kreuz mit einem Ring rund um den Schnittpunkt besteht. Als das Christentum alte heidnische Religionen in Europa verdrängte, wurde das alte keltische Kreuz mit dem christlichen Kreuz kombiniert und oft für freistehende Kreuze aus Stein verwendet, besonders in Irland.

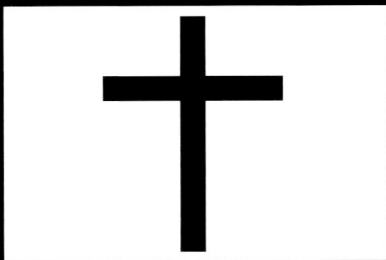

KREUZ

Das einfache Kreuz, auch bekannt als Lateinisches Kreuz, ist das wichtigste christliche Symbol weltweit. Es ist vermutlich tausende Jahre älter als das Christentum und war einst das Symbol des heiligen Feuers, das heißt der tägliche „Lauf" der Sonne entsprechend den vier Himmelsrichtungen. Es gilt auch als Emblem der Indogermanen.

KRUZIFIX

Das Kruzifix (von lateinisch *cruci fixus* Bedeutung „ans Kreuz geheftet") ist eine Darstellung von Jesus am Kreuz. Westliche Kruzifixe zeigen meist eine Figur am Kreuz, bei den östlichen orthodoxen Kreuzen ist der Leib Jesu meist aufgemalt oder als Flachrelief dargestellt. Ein Kruzifix ist stets dreidimensional.

ANKERKREUZ

Das Ankerkreuz ist ein Symbol, das wie ein Pluszeichen mit vorstehenden ankerähnlichen Teilen am Ende jedes Arms aussieht. Das Symbol steht für Neubeginn oder Hoffnung. Das Ankerkreuz wird auch St.-Clemens-Kreuz genannt, weil der Heilige Clemens der Legende nach an einen Anker gebunden im Wasser versenkt wurde.

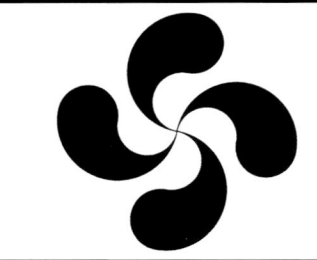

BASKISCHES KREUZ

Die Ursprünge des Baskischen Kreuzes, auch „Lauburu" genannt, sind unklar, aber es markierte einst vermutlich die Gräber von Tier- und Seelenheilern. Ende des 16. Jahrhunderts war es als dekoratives Element auf Holztruhen oder Gräbern beliebt. Jeder Arm des Kreuzes kann mit drei Zirkelstrichen gezeichnet werden.

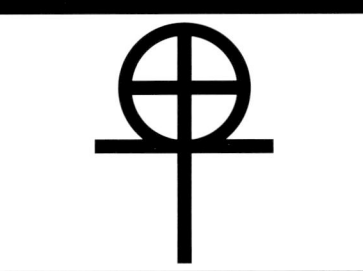

KOPTISCHES KREUZ

Das Koptische Kreuz wurde von frühchristlichen Gnostikern übernommen und ist vermutlich vom ägyptischen Anch geprägt. Alte Koptische Kreuze haben oft einen unterschiedlich großen Kreis im Verhältnis zum Kreuz. Für die Kopten verkörpert der Kreis die ewige und fortdauernde Liebe Gottes, wie durch die Kreuzigung Christi, den Heilgenschein und die Auferstehung.

PETRUSKREUZ

Der Apostel Petrus soll auf eigenen Wunsch hin kopfüber gekreuzigt worden sein, weil er nicht würdig sei, auf die gleiche Weise wie Jesus Christus zu sterben. Daher verwenden viele christliche Sekten ein umgedrehtes Lateinisches Kreuz als Zeichen der Demut. Manchmal wird das Kreuz als Satanskreuz bezeichnet. Von Heiden wird es als Hammer des Thor interpretiert.

CHI-RHO

Dem römischen Kaiser Konstantin dem Großen erschien ein Zeichen als Licht am Himmel und darin sah er das Symbol des Namens des Erlösers und zwei Buchstaben des Namens Christi in der Mitte. Er machte es zum Emblem seiner Armee. Es gibt viele Versionen dieses Kreuzes, darunter das Christogramm, das die Christen an den Kampf gegen das Böse erinnert.

MALTESERKREUZ

Das achtspitzige Malteserkreuz wird mit dem katholischen Malteserorden assoziiert. Die Form basiert auf Kreuzen, die seit dem ersten Kreuzzug verwendet wurden. Es wurde auch zu einem modernen Symbol von Amalfi, einer kleinen italienischen Republik im 11. Jahrhundert.

RADKREUZ

Das Radkreuz, auch Sonnenkreuz, zeigt ein kreisrundes Rad, dessen Speichen ein Kreuz bilden. Es findet sich häufig als Symbol prähistorischer Kulturen, besonders in der Jungsteinzeit und Bronzezeit. In neuheidnischen Religionen symbolisiert es die Sonne und die vier Quadranten. In der Astronomie steht das Symbol für die Erde.

BRIGIDS KREUZ

Das kleine Kreuz der Heiligen Brigid von Kildare, Irland, ist meist aus Binsen oder Stroh gefertigt. Es besteht aus einem geflochtenen Quadrat in der Mitte und vier Streben, die am Ende zusammengebunden sind. Bei der Herstellung gibt es viele Rituale. Das Brigids-Kreuz soll das Haus vor Feuer und bösen Mächten schützen.

ARMENISCHES KREUZ

Das Armenische Kreuz kombiniert ein Kreuz mit floralen Verzierungen oder Elementen. Im armenischen Christentum wurde die Form für freistehende Kreuze aus Stein verwendet, die oft zusätzlich üppig mit Motiven wie Rosetten sowie botanischen Motiven wie Granatäpfeln, Trauben und Blättern dekoriert waren.

LO-SHU-QUADRAT
CHINA ca. 2200–2100 v. Chr.

Zahlenquadrat im Feng Shui, um günstige göttliche Energie vorherzusagen

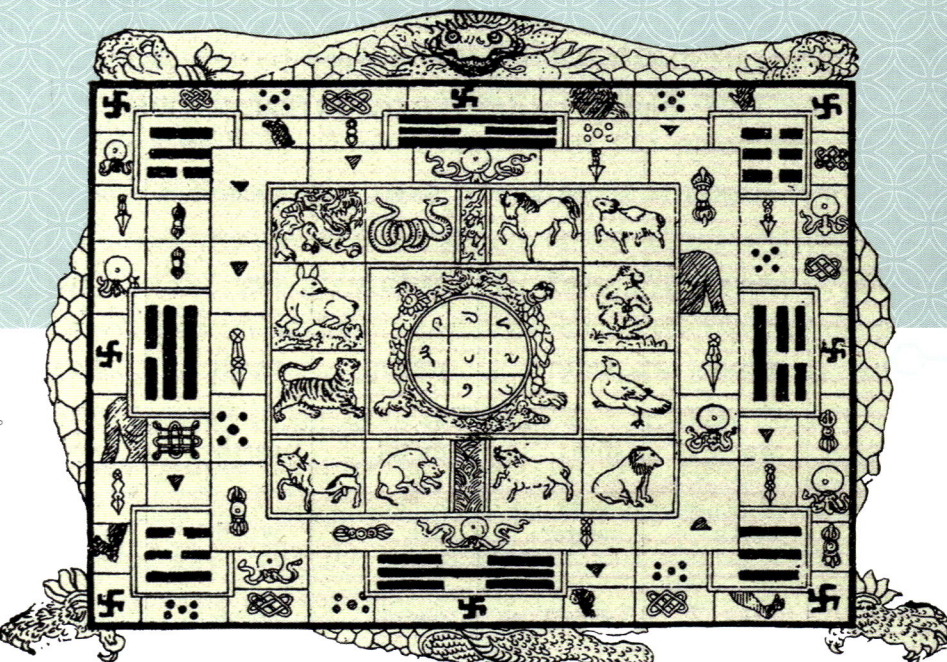

Das **Lo-Shu-Quadrat** ist ein wichtiges Symbol für die Harmonie und das Gleichgewicht der Elemente in der Kunst des Feng Shui.

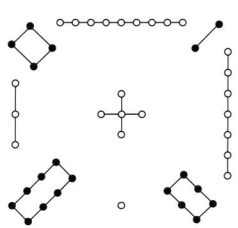

Magische Zahlenquadrate wurden oft in okkulten Texten verwendet und erlangten als Denksportaufgaben Bekanntheit.

Das Lo-Shu-Quadrat ist ein wichtiges Symbol im Feng Shui, der Kunst der Harmonisierung des Menschen mit seiner Umgebung. Feng bedeutet „Wind"und shui „Wasser". Zusammen ergeben sie das Gleichgewicht dieser zwei Energien.

Eine chinesische Legende erzählt von einer Flut in China vor etwa 4.000 Jahren, sodass die Menschen dem Gott des Flusses, Lo, Opfer darbrachten, um ihn zu besänftigen. Bei jedem Opfer kam eine Schildkröte aus dem Wasser, auf deren Panzer sich ein seltsames Muster befand; Zahlenpunkte, die in einem Raster von drei mal drei angeordnet waren, sodass ihre Quersumme jeweils 15 ergab, eine Zahl, die in Asien als magisch und mächtig gilt, weil 15 Tage zwischen Neumond und Vollmond liegen und zwischen Vollmond und

Neumond, die die 24 Phasen des Sonnenjahres kennzeichnen. Auf diesen Kreislauf wurde streng geachtet und in alten traditionellen Weissagungen verwendet, um den günstigsten Zeitpunkt für das Säen, Jäten und Bauen von Häusern zu bestimmen.

Das „Bagua" ist ein altes System, das auf dem Lo-Shu-Quadrat basiert und noch heute im Feng Shui verwendet wird. Es steht für die unsichtbaren Energiemuster in allem – egal ob Häuserblock, Landschaft, Haus oder Zimmer zu einem Bett. Jeder der Bagua-Bereiche entspricht einem Bereich des Hauses oder der Landschaft und auch einem der fünf chinesischen Elemente: Erde, Wasser, Feuer, Metall und Holz. Durch die Stärkung eines Bereichs mit seinem entsprechenden Element können Feng-Shui-Praktiker eine positive, harmonische Energie erzeugen. Die fünf Elemente symbolisieren die Art des Chi, das sich in der Umgebung manifestiert, und sie wirken gemeinsam mit dem Yin und Yang und den Energien des Bagua.

SCHAFFEN UND ZERSTÖREN

Dieses System basiert auf dem chinesischen Kreislauf von Erschaffung und Zerstörung. Im schöpferischen Kreislauf erschafft Holz Feuer, welches die Erde erschafft, welche Metall erschafft, welches Wasser erschafft, welches wiederum Holz erschafft. Daher sind Feuer und Erde kompatibel, weil sie schöpferisch voranstreben. Im Zyklus der Zerstörung zerstört Holz Erde, welche das Wasser zerstört, welches das Feuer zerstört, welches Metall zerstört, welches wiederum Holz zerstört. Daher sind Metall und Holz nicht kompatibel.

Feuer bedeutet Dynamik und Bewegung. Es sorgt für Licht und Erleuchtung und wird mit der Farbe Rot assoziiert. Die Energie von Holz ist recht magisch, weshalb Bäume und Pflanzen in vielen Kulturen für Wachstum und Fruchtbarkeit stehen. Die Energie der Erde ist verbunden mit Nahrung, dem Hier und Jetzt, Natur und Frieden, Metall hingegen mit Kommunikation und Wohlstand und steht in Verbindung mit dem Norden und Nordwesten. Die alten chinesischen Mystiker mochten diese Energie und nutzten sie positiv, um Geld zu machen. Wasser ist stets flüssig und symbolisiert Energie, die reflektiert und instinktiv ist. Dieses Element steht in Verbindung mit Gefühlen und der dunklen Seite des Lebens.

Das Bagua hat meist Stichwörter, die den neun Energien gemäß ihrer Himmelsrichtungen und der Zahl aus dem Lo-Shu-Quadrat entsprechen. Daher ist der Süden Feuer und wird assoziiert mit Erfolg und Ruhm. Im Südwesten ist die Erde, verbunden mit Hochzeit, Liebe und Romantik; im Westen ist der See, assoziiert mit Kindern und Kreativität. Der Himmel ist im Nordwesten und steht für Kommunikation, Mentoren und Freunde, und im Norden steht das Wasser für Karriere und Beruf. Im Nordosten ist der Berg Symbol für Bildung und Wissen, im Osten der Donner, zuständig für Familie und Wohlbefinden, und im Südosten der Wind, Symbol für Wohlstand und Reichtum. Die Mitte des Bagua, allgemein als Kern bezeichnet, betrifft die universelle lebenspendende Energie.

Ein Feng-Shui-Kompass ist eine detaillierte Karte der Konstellationen, Elemente, Himmel, Bagua-Zahlen und sonstiger Konstanten, die für die Berechnung einer Landschaft oder eines Heims verwendet werden.

Diese alte chinesische Rolle aus der Südlichen Song-Dynastie zeigt Menschen, die dem Gott oder der Nymphe des Flusses Lo Opfer darbringen.

HIEROGLYPHEN
THEBEN, ÄGYPTEN ca. 1275 v. Chr.

Ein altes Schriftsystem mächtiger Symbole

Der Papyrus Ani im British Museum, London, zeigt die Feinheiten und dekorative Arbeit der Hieroglyphen.

Ägyptische Hieroglyphen sind Teil eines der ältesten Schriftsysteme der Welt. Im Gegensatz zur sumerischen Keilschrift ist ihr Ursprung weniger klar. Die Hieroglyphenschrift soll vom Gott Thot erfunden worden sein und alle Wörter galten daher als magische, mächtige Symbole. Das ägyptische Wort für „Hieroglyphe" bedeutete „Wörter oder Sprache der Götter".

Beim Tod wichtiger Personen der ägyptischen Gesellschaft wie Königen und Beamten wurde ein Text – das ägyptische Totenbuch – geschrieben, um sie auf ihrem Weg durch die Unterwelt ins ewige Leben zu geleiten. Hieroglyphen und Illustrationen beschrieben Zaubersprüche, Beschwörungsformeln und Hymnen und das Buch gehörte zu einer Tradition von Bestattungstexten, die auf Gegenstände und später auf Papyrus gemalt wurden. Die Ägypter glaubten auch,

dass die Kenntnis des Namen von etwas Macht darüber verlieh. Daher gab das Totenbuch seinem Besitzer die mystischen Namen vieler Instanzen an die Hand, auf die er im Jenseits treffen würde, und verlieh ihm Macht über die Götter.

Der wunderschöne „Papyrus Ani" ist ein Manuskript mit Hieroglyphen und Illustrationen, das für den hohen Tempelbeamten Ani in Theben geschrieben wurde. Er gab das Buch höchstwahrscheinlich für sich selbst in Auftrag, wissend, dass die magische Macht der Wörter wichtig für das Jenseits war. Es beinhaltet Hymnen, Lobpreisungen an Osiris, Huldigungen an Thot, Grabkammerntexte und Zaubersprüche.

Man unterscheidet bei den Hieroglyphen grob zwischen drei Kategorien: Logogramme – Zeichen, die Morpheme zeigen (Morpheme sind Spracheinheiten, die nicht geteilt werden können); Phonogramme – Zeichen, die einen oder mehrere Laute symbolisieren; und Determinative – Glyphen, die keinen phonetischen Wert haben, aber am Wortende hinzugefügt werden, um die Bedeutung des Worts zu verdeutlichen. Der Grund dafür ist, dass Hieroglyphen keine Vokale haben, daher können unterschiedliche Wörter mit denselben Konsonanten (aber unterschiedlichen Vokalen) mit denselben Glyphen geschrieben werden.

ARTEN VON HIEROGLYPHEN

Ägyptologen teilten Hieroglyphen je nach Aussehen in drei Arten ein: Hieroglyphen, hieratische Schrift und demotische Schrift. Hieroglyphen waren stets in großen Denkmälern eingraviert. Die hieratische Schrift wurde auf Manuskripten und Malereien verwendet und ist weniger formell. Die demotische Schrift ist eine kursive Schrift, die die hieratische Schrift ab 600 v. Chr. als alltagsgebräuchliche Schrift ersetzte. Die reine Hieroglyphenschrift wurde jedoch nicht abgelöst, sondern bestand weiter, besonders in formellen Schriften.

Hieroglyphen wurden auch unter den Persern im 5. Jahrhundert v. Chr. verwendet, ebenso wie nach der Eroberung Ägyptens durch Alexander den Großen und im darauffolgenden Zeitalter der Makedonier und Römer. Griechische und römische Schriftsteller glaubten, dass die Hieroglyphen die echten Ägypter von ihren ausländischen Eroberern unterschieden. Aber sie glaubten auch, dass, nachdem Hieroglyphen heilig waren, dieses komplexe, aber rationale System geheimes mystisches Wissen vermittelte.

Im 5. Jahrhundert n. Chr. verfasste der ägyptische Priester Horapollo die *Hieroglyphica*, eine Erläuterung von fast 200 Glyphen. Spätere Versuche, die Glyphen zu verstehen, waren ergebnislos bis zur Entzifferung durch europäische Linguisten wie Johannes Becanus im 16. Jahrhundert, Athanasius Kircher im 17. Jahrhundert und den dänischen Archäologen Jørgen Zoëga im 18. Jahr-

hundert. Die Entdeckung des Steins von Rosetta 1799 im Nildelta lieferte wichtige Erkenntnisse, die es schließlich dem französischen Ägyptologen Jean-François Champollion erlaubten, das Wesen dieser geheimnisvollen Schrift zu erkunden.

LETTER	Hieroglyphe	Symbol	Bedeutung der Hieroglyphe
A		ägyptischer Geier	starke Persönlichkeit
B		Bein	reist gerne
C K X		Korb	glücklich
D		Hand	freundlich
E		Schilfrohr	ritterlich
F V		Hornviper	entschlossen
G		Krugständer	stabil
H	oder	Hof, Docht	geschickt
I		zwei Striche	einäugig
J		Kobra	intelligent
L		Löwe	gelassen

Bedeutung der Hieroglyphe	Symbol	Hieroglyphe	LETTER
weise	Eule		M
reine Seele	Rote Krone, gekräuseltes Wasser	oder	N
optimistisch	Lasso		O
schöpferisch	Matte aus Schilf		P
—	Abhang		Q
geschwätzig	Mund		R
unabhängig	gefalteter Stoff, Türriegel	oder	S
isst gerne	Brot		T
stur	Wachtelküken	oder	U W
gerecht	zwei Schilfrohre		Y
launisch	Gürtel		Z

Europäische Gelehrte entzifferten erst im 16. Jahrhundert ägyptische Hieroglyphen.

Mit der Entdeckung des Steins von Rosetta im Jahr 1799 wurden die geheimnisvollen Schriftzeichen endlich geknackt.

VESICA PISCIS
GRIECHENLAND ca. 6. Jahrhundert v. Chr.

Der Schnittpunkt der spirituellen und manifesten Welt

Der Codex Bruchsal (13. Jahrhundert) zeigt Jesus umgeben von einer mandelförmigen Aureole als Symbol dafür, dass er im Mutterleib von Maria ist und aus diesem kommt.

Eine der vielen populären Formen in der heiligen Geometrie der gotischen, mittelalterlichen und Renaissance-Architektur, die Vesica Piscis, entsteht durch zwei Kreise mit dem gleichen Radius, die sich im Mittelpunkt schneiden. Diese Form enthält auch andere geometrische Formen wie Dreieck, Tetrade, Quadrat, Pentagramm und Vieleck. Der Name „Vesica Piscis" bedeutet „Fischgefäß".

Bei den alten Ägyptern war die Vesica Piscis anfangs als Hieroglyphe Ru bekannt. Ru symbolisierte die weibliche Vagina als Eingang, durch die der Geist des Lebens die konkrete Welt betrat. Pythagoras, der Ende des 6. Jahrhunderts v. Chr. lebte, soll einige Zeit in Ägypten gewirkt und Kontakt zu alexandrinischen Mystikern gepflegt haben. Später entwickelte er die Vorstellung, das Symbol stehe für den Schnittpunkt der zwei Welten: der spirituellen und der materiellen, die nach der ursprünglichen Schöpfung entstand. Für die Pythagoreer war die Vesica Piscis Symbol der „Dyade", Zweiheit: die Manifestation des ganzen Universums aus dem einen, der Monade.

In der Mythologie wurde das Symbol lange mit der göttlichen, schöpferischen Energie Yoni assoziiert (Vagina, Uterus) – und mit weiblicher Fruchtbarkeit. Die Yoni ist das Symbol der hinduistischen Göttin Shakti, der göttlichen Mutter und Gattin von Shiva, der durch das Linga oder den Phallus dargestellt wird. Shakti wurde mit Fischen, Muscheln, dem Meer und Fischern assoziiert. In der alten Mythologie tritt sie oft als Meerjungfrau oder Sirene auf.

Ein Beispiel einer Vesica Piscis aus dem 20. Jahrhundert findet sich auf der Innenseite des Brunnendeckels der Heilquelle Chalice Well in Glastonbury, England, einer beliebten Destination für neuheidnische Pilger, die an das göttliche Weibliche glauben. Der Deckel besteht aus sehr fein geformten Schmiedeeisen und die Vesica Piscis wird von einem Schwert oder Speer halbiert. Quellen galten in der keltischen Mythologie als Eingänge in das Geisterreich und der Austausch dieser zwei Welten wird durch die Vesica Piscis dargestellt. Der vom Architekten und Archäologen Frederick Bligh Bond gestaltete Deckel war ein Geschenk an die Glastonbury Abbey im Jahr 1919.

In der gotischen Architektur basieren die Bögen in vielen Kathedralen, wie jener von Reims in Frankreich, auf der Vesica Piscis, und die Form wurde von Architekten eingesetzt, um Assoziationen mit der Pythagoräischen Theorie hervorzurufen, wonach Zahlen heilige Aspekte des Göttlichen sind. Das Symbol wurde im Mittelalter auch von den Freimaurern für Siegel verwendet, sowie auf Emblemen wie der Flagge der Church of Scotland.

Die Vesica Piscis dominiert auch die christliche Kunst. Frühe Darstellungen von Christus zeigen ihn mit der Vesica. In diesem Kontext wird die Form meist als *mandorla*, Italienisch für Mandel, bezeichnet und symbolisiert den Mutterleib Marias. Sie stand zudem für die Vereinigung von Himmel und Erde im Körper Jesu. Auch im Christentum wurde sie zum Symbol des Eingangs zwischen den Welten oder dem Schnittpunkt zwischen Himmel und Erde. Sie war außerdem ein beliebtes Schmuckelement in byzantinischen, romanischen und frühmittelalterlichen Kirchen. In der östlichen orthodoxen Kirche verkörpert die *mandorla* heilige Momente, die Zeit und Raum überschreiten, wie die Auferstehung, die Verklärung des Herrn und

Das Fischsymbol war ein geheimes Zeichen unter Christen zur Zeit der Verfolgung durch die Römer.

Die Vesica Piscis auf dem Deckel der Chalice Well in Glastonbury, England, symbolisiert den keltischen Eingang ins Geisterreich.

BEDEUTUNG UND VERWENDUNG

Die Vesica Piscis, praktisch der Schnittpunkt von zwei überlappenden Kreisen (einschließlich ihrem inneren Teil bzw. die häufiger verwendete zweidimensionale Version) symbolisiert unter anderem:

1. Die Verbindung zwischen Gott und Göttin.
2. Ein Symbol für Jesus Christus.
3. Ein spitzes Oval als Aureole für mittelalterliche Skulpturen und Gemälde.
4. Die Vagina der weiblichen Göttin.
5. Das Grundmotiv der Blume des Lebens.
6. Eine Überlappung des Baum des Lebens.
7. Die Gestaltungskraft von Vielecken.
8. Eine geometrische Beschreibung quadratischer Wurzeln und harmonischer Proportionen.
9. Eine Quelle enormer Macht und Energie.

Marias „Schlaf" oder Tod. Die Vesica wurde oft in mehreren konzentrischen, mehrfarbigen Mustern gemalt.

Das bekannte christliche Fischsymbol (ICHTYS) als Abwandlung der Vesica Piscis besteht aus zwei gekrümmten Linien, die einen Fisch darstellen, und wurde von den ersten Christen als geheimes Symbol verwendet. Es gilt als Zeichen des Fischs oder für Jesus als Fisch. Als christliche Händler von den Römern verfolgt wurden, zeichneten sie zuerst die eine Hälfte des Symbols in den Sand, um zu prüfen, ob die Person, mit der sie Handel betreiben wollten, das Symbol erkannte. War der andere auch Christ, ergänzte er das Symbol des Fisches und der Handel konnte beginnen. Es dauerte jedoch nicht lange, bis die Römer das geheime Zeichen entschlüsselten, sodass viele Christen entdeckt wurden und einen Märtyrertod sterben mussten. Nachdem die Römer zum Christentum konvertiert waren, wurde das Zeichen weiterhin als Motiv verwendet und wird bis zum heutigen Tag benutzt. In der Mitte des Fischs stehen oft die fünf griechischen Buchstaben, die „Jesus, Christus, Gottes Sohn, Retter" bedeuten.

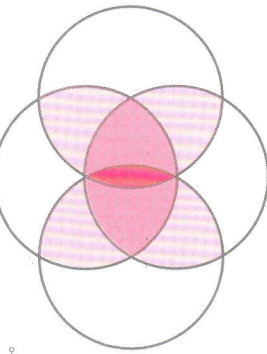

Vier ineinandergreifende Kreise mit einem gemeinsamen Radius bilden fünf Vesica Piscis, die Grundlage für ein weiteres geometrisches Symbol, die Blume des Lebens.

GOLDENER SCHNITT
GRIECHENLAND ca. 500 v. Chr.

Mathematisches Verhältnis in Kunst und Architektur

Der italienische Künstler **Jacopo de' Barbari** stellt in seinem *Porträt Luca Paciolis* (ca. 1500) das Interesse des Mönchs für Geometrie in den Blickpunkt.

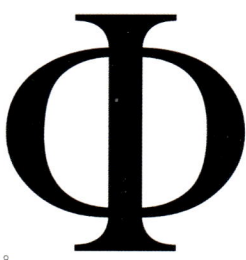

Der Franziskaner **Luca Pacioli** studierte die Formel „Phi", die im Zusammenhang mit göttlichen Proportionen steht.

Die mathematische Magie des sogenannten Goldenen Schnitts wurde in der klassischen Antike beim Bau von Tempeln, Kirchen und Kathedralen verwendet und wurde von Architekten im Mittelalter standardmäßig herangezogen, wie unter anderem die ehrfurchtgebietende Kathedrale von Chartres in Frankreich zeigt. Architekten hatten großes Interesse an Geometrie, Künstler waren hingegen im Mittelalter nur wenig am Goldenen Schnitt und der Mathematik allgemein interessiert. Im späten 15. Jahrhundert entdeckte jedoch ein franziskanischer Mathematiker und Freund der großen Renaissancemaler, Luca Pacioli, das goldene Geheimnis neu. Seine der Zahl Phi gewidmete Publikation mit dem Titel *De divina proportione* (ca. 1509) wurde von keinem geringeren als Leonardo da Vinci illustriert. Einer seiner Künstlerfreunde war Jacopo de' Barbari, dessen *Porträt Luca Paciolis* (ca. 1500)

die Leidenschaft des Mönchs für Geometrie bestätigt.

Das Gemälde zeigt Bruder Pacioli, einen Experten für Perspektive, wie er an einem Tisch stehend, auf dem eines seiner Bücher und ein Buch von Euklid liegen, geometrische Fragen erläutert. Neben ihm steht ein unbekannter Student. Auf dem Tisch befinden sich geometrische Instrumente: Schiefertafel, Kreide, Kompass und ein kleines Modell eines Dodekaeders. Von der Decke hängt ein halb mit Wasser gefüllter Rhombenkuboktaeder, mit dessen Hilfe er den Satz von Euklid demonstriert.

Der griechische Mathematiker Euklid war der Erste, der den Goldenen Schnitt definierte: „Ein Punkt S teilt eine Strecke AB dann im Goldenen Schnitt, wenn sich die größere Teilstrecke zur kleineren verhält wie die Gesamtstrecke zum größeren Teil". Aber es war der griechische Mathematiker und Mystiker Pythagoras, der als Erster nachwies, dass der Goldene Schnitt die Grundlage für die Proportionen des menschlichen Körpers ist. Er zeigte, dass der menschliche Körper mit jedem Teil in einer bestimmten goldenen Proportion zu allen anderen Teilen gebaut ist. Seine Erkenntnisse beeinflussten griechische Architekten, und jedes Element ihrer wichtigsten Bauten basierte bis ins kleinste Detail auf diesem Verhältnis.

Der Goldene Schnitt wird auch als goldene Zahl oder göttliche Teilung (lateinisch *sectio divina*) bezeichnet. Mit der Renaissance und der Wiederentdeckung der magischen Macht des Schnitts wurde der Goldene Schnitt oder das Goldene Rechteck von vielen wichtigen Künstlern verwendet.

Der Schnitt kennzeichnet nicht nur Leonardo da Vincis *Mona Lisa* (ca. 1503–1506), sondern auch Michelangelo und Raphael entwarfen viele ihrer Kompositionen rund um die goldenen

Proportionen. So entsprechen etwa die Proportionen von Michelangelos *David* (1501–1504)
dem Goldenen Schnitt, von der Höhe des Nabels
in Relation zur Höhe der Fingergelenke. Während
Michelangelos Gemälde *Tondo Doni,* auch
bekannt als *Heilige Familie mit dem Jesuskind*
(ca. 1507), die Hauptfiguren in einer Linie mit
einem Pentagramm oder goldenen Stern anord-
net, definieren die Hauptfiguren in Raffaels *Die
Mond-Kreuzigung* (ca. 1502–1503) ein goldenes
Dreieck, anhand dessen sich eines der zugrunde-
liegenden Pentagramme aufspüren lässt.

GOLDENES RECHTECK

Im 20. Jahrhundert proportionierten Künstler
und Architekten wie Le Corbusier und Sal-
vador Dalí ihre Arbeiten ästhetisch konform mit
dem Goldenen Schnitt, indem sie das Goldene
Rechteck heranzogen, bei dem das Verhältnis der
längeren Seite zur kürzeren der Goldene Schnitt
ist. Dalí verwendete den Goldenen Schnitt explizit
in seinem Meisterwerk *Das letzte Abendmahl*
(1955). Das Format der Leinwand entspricht
einem Goldenen Rechteck, über und hinter Jesus
befindet sich perspektivisch ein riesiger Dodekae-
der, sodass die Kanten zueinander im Goldenen
Schnitt erscheinen und somit die Komposition
dominieren.

Auch Architekten setzten den Goldenen
Schnitt häufig ein. Beim Gebäude der Vereinten Nationen in New York (1952) ist das
Verhältnis der Breite des Gebäudes zur Höhe
aller zehn Stockwerke golden. Der CN Tower
in Toronto (1976), lange Zeit das höchste
freistehende und nicht abgespannte Bauwerk
der Erde, entspricht dem Goldenen Schnitt.
Das Verhältnis zwischen der Gesamthöhe von
553,33 m zur Höhe der Aussichtsplattform in
342 m Höhe beträgt 1,618.

Obwohl viele Menschen glauben, dass die
Nautilusmuschel als exakte Goldene Spirale
gebaut ist, gibt es einen feinen Unterschied
zwischen einer Goldenen Spirale und der
Struktur der Nautilusmuschel. Die Muschel
kann als Spirale gestaltet sein, die den Goldenen Schnitt bei jeder 180-Grad-Drehung der
Spirale erweitert. Die normale Goldene Spirale
besteht jedoch aus mehreren goldenen Recht-
ecken, die sich mit jeder 90-Grad-Drehung der
Spirale um den Goldenen Schnitt vergrößern.
Die 180-Grad-Vergrößerung des Verhältnisses
erscheint zwar in den ersten paar Drehungen
der Spirale der Nautilusmuschel, doch ist das
der Grund, weshalb sie fälschlicherweise als
Goldene Spirale gilt. Tatsächlich handelt es
sich um eine logarithmische Spirale, wie viele
andere Spiralen in der Natur.

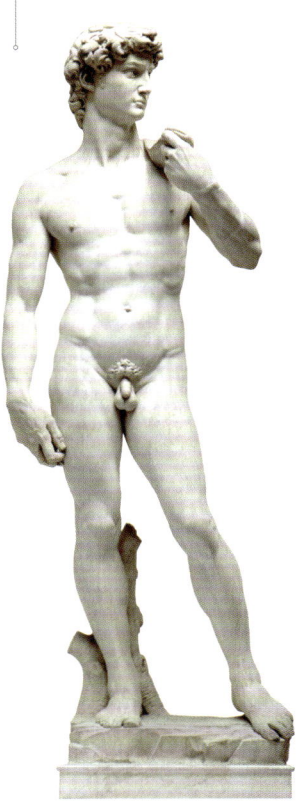

Michelangelos Statue *David*
(1501–1504) entspricht
exakt den Proportionen
des Goldenen Schnitts.

SATOR-QUADRAT
POMPEJI, ITALIEN 79 n. Chr.

Symbol als Schutz vor dem Bösen

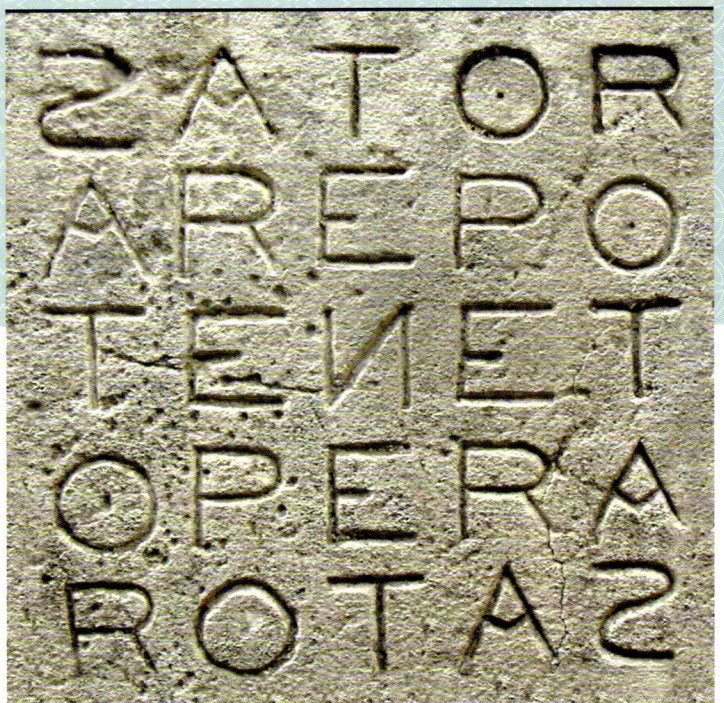

Das Sator-Quadrat aus den Ruinen von Pompeji hatte bereits magische Kräfte, bevor es die Christen zum Schutz vor dem Teufel benutzten.

Das Sator-Quadrat ist ein magisches Quadrat, das seit seiner Entdeckung in den 1930ern Wissenschaftler, Linguisten und Historiker in Erstaunen versetzt. Die geheimnisvolle Inschrift in Stein wurde in den Ruinen von Pompeji entdeckt und lag seit dem Ausbruch des Vesuvs 79 n. Chr. unter der Asche verborgen. Über seine Bedeutung wird viel spekuliert, aber heute wird allgemein angenommen, dass das Sator-Quadrat mystische heidnische Wurzeln hat.

Das Quadrat besteht aus fünf Zeilen mit lateinischen Wörtern zu je fünf Buchstaben, die von links nach rechts, von rechts nach links sowie von oben nach unten und von unten nach oben gelesen werden können. Dieses Palindrom (eine Zeichenkette, die von vorne und von hinten gelesen dasselbe Wort ergibt) galt lange als

Schutz vor dem Bösen und ihm werden magische Eigenschaften zugeschrieben. Im mittelalterlichen christlichen Europa fand man es auf Amuletten, Mauern und Häusern als Talisman, aber hinter den merkwürdigen Wörtern verbirgt sich eine esoterischere und geheimnisvollere Bedeutung.

Viele Übersetzungen wurden vorgeschlagen, aber das Wort „arepo" stellt die meisten Wissenschaftler vor ein Rätsel, die dahinter nur einen Namen vermuten können. Die einfachste Übersetzung des Quadrats ist „Der Sämann, Arepo, hält Werke Räder" was oft als Maxime „man erntet, was man sät" interpretiert wird. Die Buchstaben des Quadrats bilden auch den Teil eines Kreuzes, und die zwei Wörter „pater" und „noster" – der Beginn des Vaterunser – bilden das Kreuz. Bleiben zwei As und zwei Os, die griechischen Buchstaben Alpha und Omega, die sich auf eine Passage im Buch der Offenbarung beziehen.

Viele Wissenschaftler verbinden das Sator-Quadrat heute mit der Mithrasreligion, die im Römischen Reich vom 1. bis 4. Jahrhundert praktiziert wurde. Der Hohepriester dieser Religion wurde „pater" genannt und das „pater noster" und verborgene Kreuz im Quadrat sind vermutlich Symbole dieses Mithras-Kults. Eine andere Theorie interpretiert das erste Wort „sator" als „Saturn", sodass eine mögliche Übersetzung „Saturn zieht mühsam die Räder des Sonnenwagens" lautet. Das deutet auf einen noch älteren Kult rund um den Erdgott Saturn hin, der mit dem Säen des Landes und der Herrschaft über das Goldene Zeitalter in Verbindung gebracht wurde.

Magische Quadrate finden sich in ganz Europa, etwa im Dom von Siena in Italien und auf einer Mauer in der französischen Gemeinde Oppède. Ebenso in Italien besitzt die Benediktinerabtei von S. Pietro ad Oratorium nahe Capestrano ein schönes Quadrat aus Marmor, während in der

Das Quadrat kann mit dem christlichen Glauben verknüpft werden: Die Wörter „pater noster" bilden ein Kreuz und stehen am Anfang des Vaterunser.

Abtei von Valvisciolo die Buchstaben interessanterweise fünf konzentrische Kreise bilden, die alle in fünf Teile geteilt sind. Die Abtei wurde im 13. Jahrhundert von den Tempelrittern besetzt und diese seltsame Version unterstreicht die Macht des kosmischen Einsseins, das von den fünf Kreisen und dem Wort „rotas" symbolisiert wird.

Im mittelalterlichen christlichen Europa fand man das Sator-Quadrat oft über Eingängen und eingraviert in Gegenständen, die vor dem Bösen schützen sollten. Mit seiner magischen Anordnung der Buchstaben galt das Sator-Quadrat als einflussreiches Palindrom. Palindrome galten als immun gegenüber dem Bösen, weil man glaubte, dass der Teufel beim Versuch den Zauberbann zu brechen, von den Buchstaben verwirrt werden würde.

In Frankreich stammt das früheste Beispiel für die Verwendung des Sator-Quadrats aus einer Karolingerbibel aus dem Jahr 822, die ursprünglich im Besitz des Klosters Saint-Germain-des-Près war. Laut einem Pergament aus Aurillac aus dem 13. Jahrhundert half das Quadrat offenbar Frauen bei der Geburt. Im 15. Jahrhundert wurde es zum Prüfstein gegen Feuer im Château de Chinon. Eines der außergewöhnlichsten Beispiele für die magischen Eigenschaften des Quadrats stammt jedoch wohl aus einem Bericht eines Einwohners von Lyon, der von seiner Geisteskrankheit geheilt wurde, nachdem er drei Brotrinden gegessen hatte, in die das magische Quadrat eingeritzt war.

Im Sator-Quadrat verbergen sich viele mögliche Codes. Immer wieder gab es Versuche, versteckte Botschaften zu entschlüsseln und geometrische Formeln und mystische Numerologie umzuarbei-

ten, um das Geheimnis kosmischer Wahrheit zu entdecken. So ergibt die Summe der Zahlenwerte der Buchstaben und Zeilen die Zahl 666 – für manche die Zahl des Teufels, für andere eine Zahl göttlicher Verbindung.

Laut einem Bericht war die Mauer in Pompeji, auf der die Inschrift entdeckt wurde, Teil eines Ladens, in dem Taschen an erschöpfte römische Reisende verkauft wurden. Beginnend beim vierten Buchstaben, der symbolischen Zahl für verborgene Geheimnisse, besagt die Botschaft „Orare pote neto pera rotas sat". Zwar ist das kein Palindrom mehr, aber es bedeutet „Bete (oder bitte) für die richtige Anzahl von Rädern auf deiner Tasche". Auf der Straße wurde den Kunden vielleicht Räder verkauft, die sie an ihren Taschen befestigen konnten, aber auf esoterischer Ebene ist dies eine Botschaft für jene, die zur kosmischen Wahrheit reisen wollten. Laut dieser Botschaft wird der „Taschenträger" mit der richtigen Anzahl an „Rädern", also Geheimnissen, auf den Weg zur Erleuchtung geführt.

Das Quadrat, das mit der Mithrasreligion assoziiert wurde, die auf diesem Relief aus dem 2.–3. Jahrhundert dargestellt wird, gehörte vermutlich zu einem Ritual des Hohepriesters oder huldigte dem Gott Saturn.

ZERO

INDIEN 458

Symbol für das Fehlen jeder Größe oder Menge

Brahmagupta war ein indischer Mathematiker im 7. Jahrhundert, der die Null und die Vorstellung von negativen Zahlen einführte.

O

Null wurde in der alten indischen Philosophie als leerer Raum betrachtet.

Bevor die Null mit einem Symbol dargestellt wurde, wurde dafür in Indien im 4. Jahrhundert v. Chr. eine Lücke gesetzt. Jedoch hat die Vorstellung von der Null als Zahl ebenso ihren Ursprung in Indien. Der älteste bekannte Text, in dem ein Dezimalstellensystem mit einer Null auftaucht, ist das in Prakrit verfasste *Lokavibhaga* aus der Zeit um 458 n. Chr., in dem eine Lücke („shunya") zu diesem Zweck verwendet wurde. Die Regeln zur Verwendung der Null erschienen erstmals in dem vom indischen Mathematiker Brahmagupta verfassten Brahmasphutasiddhanta aus dem Jahr 628 n. Chr. Brahmagupta verwendete nicht nur die Null, sondern auch negative Zahlen sowie Regeln für das Rechnen mit diesen Zahlen. Schließlich verband der persische Gelehrte Muhammad al-Khawarizmi 825 n. Chr. die indische und griechische Vorstellung von der Null zu jener Zahl, wie wir sie heute kennen.

Sein Buch über Mathematik wurde im 12. Jahrhundert ins Lateinische übersetzt und sein neues Zahlensystem, bekannt als arabische Zahlen, eroberte die westliche Welt.

Als letzte erfundene oder vielmehr entdeckte Zahl hat die Null seit jeher Gelehrte fasziniert, umfasst sie doch alles und nichts. Im Buddhismus und dem frühen Hinduismus symbolisierte sie das Nichts. Unter den alten griechischen Philosophen, die meist Mathematiker waren und sich oft in verschiedensten kosmologischen Gebieten versuchten, scheint die Frage, ob Null eine Zahl ist, für viel Verwirrung und Diskussion gesorgt zu haben. Sie fragten sich, „Wie kann nichts etwas sein?" Diese paradoxe Frage führte zu weiteren theologischen und religiösen Debatten in ganz Westeuropa bis ins Mittelalter. Sogar die radikalen Paradoxa des griechischen Philosophen Zenon von Elea basierten meist auf der Frage, was die Null war. Der griechische Mathematiker und Philosoph Pythagoras sah in der Null keine Zahl, sondern die perfekte Form, im Islam hingegen stand die Null für die Essenz des Göttlichen.

Dieser griechische Papyrus aus dem 2. Jahrhundert dokumentiert die erste Verwendung eines Zeichens für Null (rechts unten).

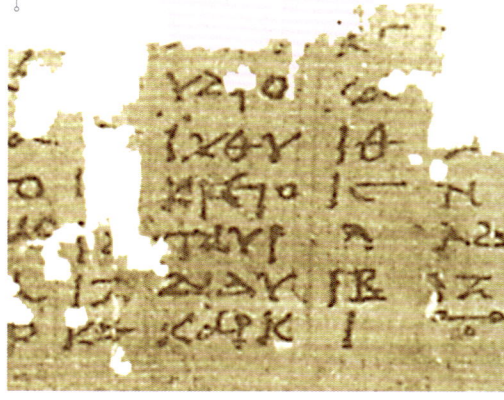

BABYLONISCHE NULL

Einige tausend Jahre bevor die Griechen Theorien über nicht existente Zahlen postulierten, verwendeten die Babylonier eine Leerstelle für eine fehlende Ziffer. Für sie war das Konzept des Nichts jedoch bloß das Fehlen einer Zahl. Auf einer in Kis ausgegrabenen Tontafel aus der Zeit um 700 v. Chr. schrieb der Gelehrte Bêl-bân-aplu seine Nullen mit drei Haken, aber um 300 v. Chr. verwendeten die späteren Babylonier ein Symbol aus zwei schiefen Keilen für eine Leerstelle. 130 n. Chr. benutzte der griechische Astronom und Mathematiker Ptolemäus, unter dem Einfluss der Babylonier, ein Symbol für Null, das einem kleinen Kreis ähnelte. Da sie für sich verwendet wurde und nicht als Platzhalter, war dies vermutlich die erste dokumentierte Verwendung der Null in Europa.

Viel früher, gegen 1740 v. Chr., verwendeten die Ägypter in Rechnungen eine Hieroglyphe für die Null. Sie führten das Symbol „nfr" ein, das auch für Schönheit stand und auf Plänen und Zeichnungen die Grundebene für das Ausmessen von Gräbern und Pyramiden kennzeichnete. Die Maya verwendeten ebenfalls eine Form der Null, zumindest tausend Jahre, bevor die Zahl in Westeuropa verwendet wurde. Auf Maya-Kalendern aus der Zeit um 36 v. Chr. wird die Null als Spirale eines Schneckenhauses dargestellt. Sogar die Römer hatten ein Wort für nichts, „nulla", und um 720 n. Chr. wurde es mit „N" abgekürzt.

Die Null war für Laien und Philosophen stets ein Mysterium. Einem magischen Kreis ähnlich, umfasst sie scheinbar alles und bedeutet trotzdem nichts. Jedoch passt ihre heutige Form perfekt zur Verwirrung, die um sie herrscht. Wie ein Same repräsentiert sie das Potenzial und die Möglichkeit dessen, was nach dem Nichts sein kann und was davor war. Wie die Chinesen glaubte Pythagoras, dass in den Zahlen der Schlüssel zum Verständnis der Harmonie des Mikrokosmos und Makrokosmos liegt, aber ohne die wichtige Zahl Null hätte sich die mathematisch geprägte Welt der Wissenschaft wohl nie so entwickelt, wie sie heute ist.

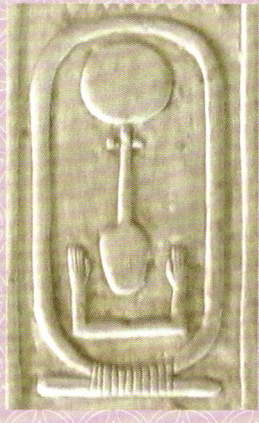

Das alte ägyptische Symbol „nfr" stand für die Null sowie für alles Schöne.

ZAHLEN

1 Die Eins wird nicht nur dem christlichen Gott sowie dem Schöpfer in vielen Mythen und Religionen gleichgesetzt, sondern auch dem undifferenzierten Einsseins des uranfänglichen Chaos.

2 Kosmische Zweiheiten, Mutter- und Vatergötter, Geist und Materie, hell und dunkel und Yin und Yang werden mit der Zahl Zwei assoziiert.

3 Drei ist die Zahl der Vollständigkeit. Sie wird assoziiert mit verschiedenen Dreifaltigkeiten, wie bei den Christen Vater, Sohn und Heiliger Geist; im Hinduismus Brahma, Vishnu und Shiva und die Drei Juwelen im Buddhismus: Buddha, Dharma (Lehre) und Sangha (Erwachte).

4 Vier symbolisiert die vier Himmelsrichtungen, Jahreszeiten und Elemente in westlichen Kulturen. Sie steht für Erde, Gleichheit, Verstand und Vertrauen. Im Buddhismus gibt es Vier Edle Wahrheiten.

5 Die fünf wie im Pentagramm ist Symbol für Handeln, Leidenschaft, Kreativität und Bewegung. Die chinesische Astrologie kennt fünf Elemente, der Islam hat fünf Säulen.

6 Die mit der göttlichen schöpferischen Macht verbundene Sechs steht für die doppelte Dreifaltigkeit und die sechs Tage der Schöpfung in der Bibel. In China symbolisiert sie den Himmel. Der Davidstern hat sechs Zacken.

7 Die Sieben ist traditionell Symbol für Magie und religiöse Tage. Sie ist die Zahl der Tage zwischen Pessach und Schawuot im Judentum. Im alten Griechenland war die Sieben dem Gott Apollon geweiht.

8 Acht symbolisiert das Unendlichzeichen und Perfektion. Das buddhistische Lebensrad hat acht Speichen. Im Fernen Osten ist sie eine Glückszahl.

9 Die neunstufige chinesische Pagode symbolisiert den Aufstieg zum Himmel. Für Hindus ist sie die Zahl von Brahma. Im Judentum steht sie für Wahrheit und Weisheit.

SALOMONSKNOTEN
JORDANIEN 6.–7. Jahrhundert

Dekoratives Motiv mit vielen symbolischen Bedeutungen

Ein schönes Beispiel eines Salomonsknoten, das vermutlich Ewigkeit symbolisiert, zeigt der Mosaikboden der Basilika von Aquileia in Italien.

Das Prozessionskreuz aus dem 12. Jahrhundert, bekannt als Kreuz von Cong, ist mit zwei Salomonsknoten verziert.

Arbeiten muslimischer Kultur zu finden. Zwei Versionen des Symbols finden sich auf dem kürzlich ausgegrabenen Yattir Mosaik in Jordanien, und das British Museum in London ist im Besitz eines ägyptischen Korans aus dem 14. Jahrhundert mit einem Salomonsknoten auf dem Frontispiz. Das Fowler Museum für Kulturgeschichte an der University of California in Los Angeles hat eine große Afrikasammlung, die Kronen und Masken aus Glasperlen des Volks der Yoruba aus dem 19. und 20. Jahrhundert umfasst, die mit Salomonsknoten versehen sind.

Eines der schönsten Beispiele für Schmiedearbeiten und dekorative Kunst seiner Zeit ist das Kreuz von Cong. Es ist ein mit Juwelen besetztes irisches Prozessionskreuz aus dem frühen 12. Jahrhundert, das für den König von Connacht, den irischen Hochkönig, angefertigt wurde. Das an einem Stab anzubringende Kreuz ist auch ein Reliquiar, ein

Der Salomonsknoten besteht aus zwei ineinander verschränkten Ovalen. Er sieht aus wie zwei Glieder einer Kette, die im rechten Winkel zueinander angebracht sind. Anders gesagt, wenn man ihn flach hinlegt, besteht der Knoten aus vier Kreuzungen, an denen die zwei Schlingen unter- und oberhalb voneinander verflochten sind. In den meisten künstlerischen Darstellungen bilden jene Teile der Schlingen, die sich ober- und unterhalb verkreuzen, die Seiten eines mittigen Quadrats, von dem vier Schlingen in vier Richtungen ausgehen.

Wissenschaftler sind geteilter Meinung, woher der Salomonsknoten seinen Namen hat, aber im Nahen Osten wurde er vermutlich mit dem biblischen König Salomon assoziiert, dem Weisheit und okkulte Mächte nachgesagt wurden.

Im Nahen Osten ist das Symbol an vielen islamischen historischen Stätten als dekorative

besonderer Behälter, in dem sich angeblich ein Splitter jenes Kreuzes befindet, mit dem Jesus gekreuzigt wurde. Dieser Aspekt verlieh ihm zusätzliche Bedeutung als Gegenstand der Verehrung. Das Kreuz ist verziert mit zwei sehr kleinen Salomonsknoten, eines auf jeder Seite der mit einem Quarzkristall bedeckten Mulde, in der sich einst der Teil des echten Kreuzes befand. Das Kreuz wurde von Connacht in die Cong Abbey im County Mayo gebracht, woher sein Name stammt.

SYMBOLISCHE BEDEUTUNGEN

Beim Volk der Yoruba steht der Salomonsknoten oft für königlichen Status und schmückt Kronen, Tuniken und sonstige Gegenstände für Zeremonien. Der Knoten findet sich auch auf Kasai-Samt, jenem Raffia-Stoff der afrikanischen Kuba, für die das Symbol mystische Bedeutung hat. Das Volk der Akan in Westafrika verwendet eine Version des Symbols als Druck auf ihrem Adinkra-Stoff. Adinkra ist eine Symbolsprache und bei den Akan bedeutet der Salomonsknoten „ein schlechter lässt alle schlecht erscheinen". Andere Beispiele für Adinkra sind eine gelbe Blume namens Behaarter Zweizahn (*bidens pilosa*), der seine Blätter verliert und sich in einen dunklen stacheligen Samen verwandelt. Es beschreibt eine eifersüchtige Person. Ein Symbol in der Form eines Farns bedeutet „Ich habe keine Angst vor dir".

In Italien verwendeten mittelalterliche Steinmetze namens Magistri Comacini das Symbol als Schutzsymbol. Seit der Zeit der Römer wurde es mit Mystizismus und Schutzkräften assoziiert. Die Freimaurer verwendeten es ebenso und behaupteten, ihren Ursprung in den Magistri Comacini zu haben. Der Knoten hat keinen sichtbaren Anfang und kein sichtbares Ende und symbolisiert daher in vielen Kulturen und Religionen Unsterblichkeit und Ewigkeit – gleich wie der komplexere buddhistische Endlosknoten.

Der Endlosknoten erscheint als häufiges Motiv in buddhistischer, chinesischer und sogar keltischer Kunst und auf Schmuck. Im Buddhismus

steht er für den spirituellen Weg der Anhänger und den Fluss des Ewigen. Er wird auch gleichgesetzt mit dem Fluss der Seele und dem Samsara, dem unendlichen Kreislauf von Werden und Vergehen. Da der Knoten weder Anfang noch Ende besitzt, symbolisiert er auch Weisheit und Erleuchtung, wie sie der Buddha erfuhr, als er unter dem Bodhi-Baum saß.

In der keltischen Knüpfkunst, wie man sie auf Kreuzen und Bilderhandschriften findet, stammte das durchbrochene und wieder verbundene Knüpfwerk aus Norditalien und Südgallien und verbreitete sich um das 7. Jahrhundert in Irland. Wissenschaftler haben acht Grundformen identifiziert, die die Grundlage von fast allen Mustern der keltischen dekorativen Knüpfkunst bilden, darunter der Endlosknoten.

Der Knoten taucht in vielen Formen auf den Stoffen, Tuniken und königlichen Requisiten indigener Völker, wie den Yoruba in Afrika, auf.

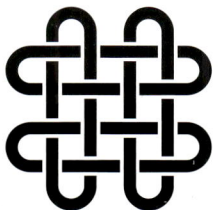

Der doppelte Salomonsknoten besitzt zwei Knoten und scheint aus einer einzigen Linie zu bestehen.

SPIELKARTEN
CHINA ca. 618–906

Kartenspiele für Handel, Unterhaltung und Wahrsagen

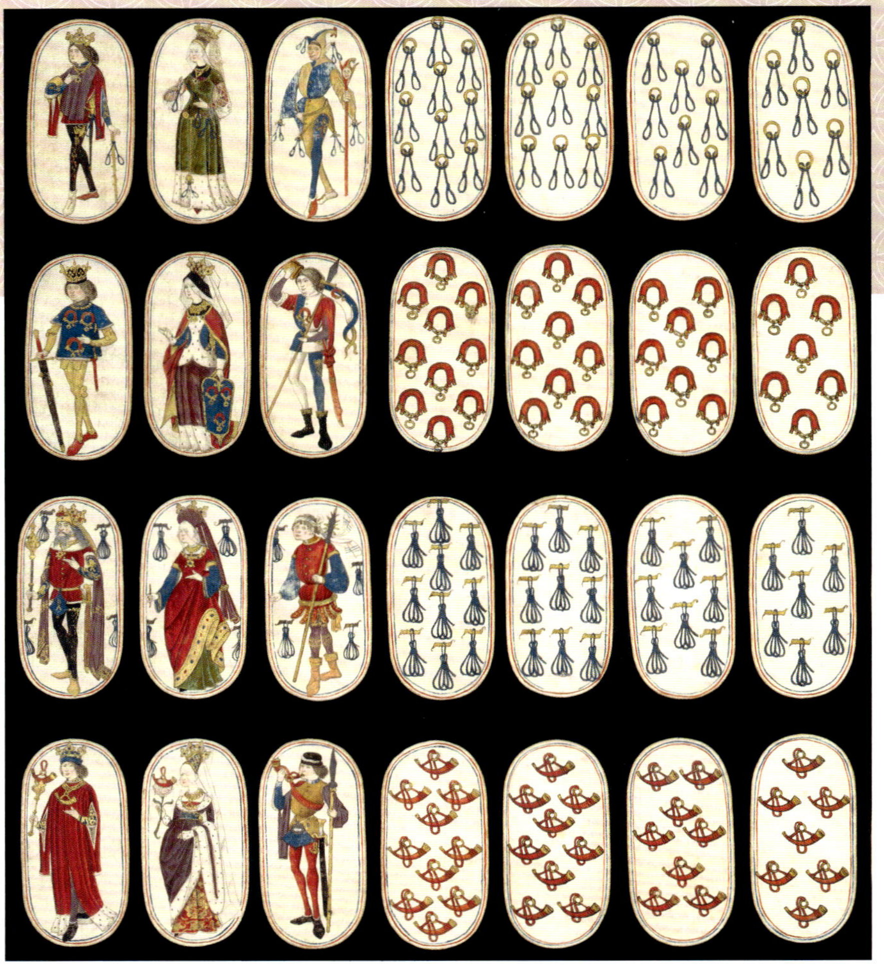

Diese flämischen Spielkarten aus dem 15. Jahrhundert belegen die bereits damalige Verwendung zur Unterhaltung.

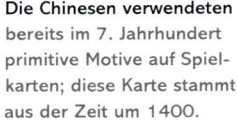

Die Chinesen verwendeten bereits im 7. Jahrhundert primitive Motive auf Spielkarten; diese Karte stammt aus der Zeit um 1400.

Spielkarten wurden vermutlich in China zur Zeit der Tang-Dynastie (ca. 618–906) „erfunden". Eine gewisse Prinzessin Tongchang soll das „Blattspiel" gespielt haben, vermutlich eine Art Domino, zwar nicht mit echten Karten, sondern solchen aus Papier, aber Kaiser Tang Muzong, der zwischen 821 und 824 regierte, hat bereits mit echten Karten gespielt. Zur Zeit der Song-Dynastie zwischen 960 und 1279 berichtete der Gelehrte Ouyang Xiu, dass die

Erfindung von Spielkarten mit der Erfindung einzelner Papierblätter, als Ersatz für lange Rollen, einherging.

Alte chinesische „Geldkarten" hatten vier Farben: Münzkarten, Münzschnürkarten (die vermutlich aufgrund von groben Skizzen fälschlicherweise als Stäbe gedeutet wurden), 10.000er-Karten und Karten für 10 x 10.000. Diese wurden mit Ideogrammen plus zahlreichen Ziffern dargestellt. Wissenschaftler vermuten, dass es sich bei diesen Karten um Papiergeld handelte, das für Wetten und Handel verwendet wurde. Das Aussehen der heutigen Mah-Jongg-Karten war wahrscheinlich von diesen allerersten Spielkarten inspiriert.

Im frühen 14. Jahrhundert hatten Spielkarten vermutlich aus Ägypten oder dem Nahen Osten den Weg nach Europa geschafft. Sie hatten vier Farben und ähnelten Tarotkarten. Die Symbole waren Schwert, Stab, Kelch und Münze, die noch heute im Italienisch-Spanischen Blatt gebräuchlich sind. Die ersten ägyptischen Spielkarten umfassten zweiundfünfzig Karten mit vier Farben: Stab, Münze, Schwert und Kelch. Jede Farbe hatte zehn Zahlkarten und drei Hofkarten.

Ende des 14. Jahrhunderts waren Spielkarten in ganz Europa weitverbreitet, sie waren jedoch den Reichen vorbehalten. Die ersten Karten wurden händisch hergestellt, was anfangs sehr teuer war. Im Laufe der folgenden fünfzig Jahre wurde aber die Technik des Holzschnitts auch für das Bedrucken von Papier verwendet. Zu dieser Zeit wurde der Holzschnitt etwa so häufig für Spielkarten wie für Andachtsbilder eingesetzt. Ab etwa 1418 stellten professionelle Kartenmacher in Nürnberg und Augsburg die ersten gedruckten Spielkarten her. Es gibt jedoch keine Beispiele von gedruckten Karten aus der Zeit vor 1423.

Ein anonymer Kupferstecher, der als „Meister der Spielkarten" bekannt war, war die erste berühmte Persönlichkeit in der Geschichte der Drucktechnik und seine wunderschönen Drucke auf Spielkarten machten ihn zur Ikone. Er wirkte zwischen 1430 und 1450 in Südostdeutschland und war wahrscheinlich auch Maler. Zahlreiche Versuche, seine Identität zu klären, blieben erfolglos, aber seine Spielkarten mit fünf Farben können noch heute in der französischen Nationalbibliothek in Paris und im Kupferstich-Kabinett in Dresden bewundert werden.

Mitte des 15. Jahrhunderts begannen sich die Farben zu unterscheiden, ein Paket hatte üblicherweise vier Farben. In Deutschland wurden Herz, Schellen, Laub und Eichel die Standardfarben, in italienischen, französischen

und spanischen Karten Schwert, Stab, Kelch und Münze. Die weltweit am weitesten verbreiteten vier Farben Kreuz, Pik, Herz und Karo stammen aus Frankreich aus der Zeit um 1480. Das Kartenspiel entwickelte sich rasch zu einer äußerst beliebten Aktivität. 1534 nannte der französische Schriftsteller Rabelais 35 verschiedene Kartenspiele, darunter auch das französische Bézique und das italienische Primero, aus dem sich das englische Whist entwickelte; das englische Cribbage und das Euchre.

Die Beliebtheit des Kartenspiels illustrieren die Werke von Georges de La Tour, einem französischen Barockmaler aus dem 17. Jahrhundert, der imposante Gemälde in Helldunkelmalerei schuf. La Tour porträtierte Betrüger, Scharlatane, Wahrsager und Trickbetrüger zu einer Zeit, als Kartenspiele von Arm und Reich gespielt wurden. Als eines seiner Meisterwerke *Der Falschspieler mit dem Karo-Ass* (ca. 1630–1634) entstand, waren Kartenspiele und ihre Symbole im Westen weithin bekannt.

In der Neuen Welt stellten die Pilgerväter kurz nach ihrer Ankunft ihre eigenen Spielkarten her und hier hatten auch die abgerundeten Ecken, die Jokerkarte (ursprünglich eine Sonderkarte im Spiel Euchre), die Laminierung von Karten und zahlreiche Spiele wie Poker, Binokel und Bridge ihren Ursprung.

Der Falschspieler mit dem Karo-Ass (ca. 1630–1634) von Georges de La Tour illustriert, wie sich im Europa des 17. Jahrhunderts Trickbetrüger und Spieler im Glücksspiel versuchten.

Die Spielkartensymbole Kreuz, Pik, Karo und Herz sind seit Jahrhunderten unverändert.

LEBENSRAD

TIBET 1000

Symbol des Kreislaufs von Leben und Tod

Das tibetische Lebensrad (auch „Kreis des Werdens") schmückt die Wände von Tempeln und Klöstern wie dem Longwu-Kloster in Tongren, China.

Das Lebensrad, auch Bhavachakra genannt, ist eine symbolische Darstellung des Samsara, des Kreislaufs von Werden und Vergehen, zu dem die meisten Sterblichen verdammt sind. Es befindet sich typischerweise an den Außenmauern tibetischer buddhistischer Tempel und Klöster, um die buddhistische Lebensphilosophie den weniger philosophisch gebildeten Menschen in ländlichen Gegenden näherzubringen. Das Bhavachakra wird auch übersetzt als „Rad des Werdens".

Die Legende berichtet, wie der Buddha die erste Darstellung des Bhavachakra schuf. König Udayana schenkte König Bimbisara von Magadha eine juwelenbesetzte Robe. König Bimbisara war besorgt, dass er kein Gegengeschenk im selben Wert anzubieten habe. Bimbisara wandte sich an den Buddha, der Anweisungen für die erste Zeichnung des Bhavachakra gab. Bimbisara sollte die Zeichnung an Udayana schicken, der durch das Studieren der Zeichnung erleuchtet worden sein soll.

TIERE ALS MOTIV

Die drei Tiere in der Mitte des Kreises stellen die drei Wurzeln des Unheilsamen, auch als drei Geistesgifte bekannt, dar. Diese sind Unwissenheit, Gier und Hass. Die Tiere sind meist ein Schwein, eine Schlange und ein Vogel. Das Schwein steht für Unwissenheit, ein Vergleich, der auf der indischen Vorstellung basiert, dass das Schwein das dümmste aller Tiere ist, weil es an den schmutzigsten Orten schläft und alles frisst, was ihm unter den Rüssel kommt. Die Schlange symbolisiert Hass oder Aggression, was daher rührt, weil sie leicht zu erregen ist und bei der kleinsten Berührung zubeißt. Der Vogel steht für Gier (auch als Sucht oder Begierde übersetzt). In vielen Zeichnungen kommen die Schlange und

BUDDHISTISCHE SYMBOLE

USHNISHA
Das Ushnisha, die Erhebung am Hinterkopf des Buddha, symbolisiert seine Weisheit und seine Offenheit als ein erleuchtetes Wesen.

TILAKA
Der Punkt auf der Stirn des Buddha markiert das Dritte Auge (Ajna-Chakra), das Zentrum spiritueller Erkenntnis und Scharfsichtigkeit.

ASHTAMANGALA
Diese Glückssymbole umfassen den Sonnenschirm als Symbol für die fürstliche Abstammung des Buddhas und das Streben nach Erleuchtung, ein Fischpaar als Symbol für Glück, die Schatzvase als Symbol für Reichtum und das Schneckenhorn als Symbol für den Laut des Buddhadharma.

der Vogel aus dem Maul des Schweins als Symbol dafür, dass Hass und Gier aus Unwissenheit entstehen. Die Schlange und der Vogel greifen auch nach dem Schwanz des Schweins als Symbol, womit sie wiederum noch mehr Unwissenheit hervorbringen.

Im zweiten Kreis wird in der dunklen Hälfte der karmische Abstieg, in der hellen Hälfte der karmische Aufstieg dargestellt. Der dritte Kreis stellt die sechs Existenzformen nach dem buddhistischen Verständnis dar. Diese sind der Bereich der Götter, der Bereich der eifersüchtigen Götter, der Bereich der Menschen, der Bereich der Tiere, der Bereich der hungrigen Geister und der Bereich der Hölle. Der vierte Kreis symbolisiert die zwölf Nidanas. Sie sind die Glieder einer Kette, die den Menschen immer wieder hineinzieht in den Kreislauf von Geburt und Tod. Dazu zählen die Glieder zwischen Leiden, dem physischen Körper, den Gefühlen, den Gelüsten, dem Bewusstsein etc.

Symbolisch bedeuten die drei inneren Kreise, die sich von der Mitte nach außen bewegen, dass die drei Geistesgifte Unwissenheit, Gier und Hass positive und negative Handlungen hervorbringen; diese Handlungen und ihre Ergebnisse

nennt man Karma. Karma wiederum führt zu den sechs Existenzformen, die die verschiedenen Arten des Leidens im Samsara darstellen. Der vierte und äußerste Kreis symbolisiert die Zwölfgliedrige Kette des Bedingten Entstehens; die Glieder signalisieren, wie die Ursachen des Leidens – die drei Geistesgifte und Karma – Leben innerhalb des immerwährenden Zyklus des Seins hervorbringen.

Die grimmig dreinblickende Figur, die den Kreis in ihren Krallen hält, symbolisiert Vergänglichkeit, der Mond über dem Kreis steht für die Befreiung vom Samsara. Der Buddha zeigt auf den Mond, um darauf hinzuweisen, dass Befreiung möglich ist. Die am häufigsten dargestellte Figur mit dem Kreis in der Hand ist der Todesgott Yama, was bedeuten soll, dass der Zyklus des Seins vergänglich ist: Alles innerhalb des Lebensrads verändert sich laufend. Yama trägt eine Krone mit fünf Totenköpfen, den fünf Geistesgiften. Oft mit einem Tigerschurz bekleidet, der Furchtsamkeit repräsentiert, steht sein Drittes Auge für das Wissen von der Vergänglichkeit, seine vier Gliedmaßen wiederum stehen für die universellen Leiden Geburt, Alter, Krankheit und Tod.

Buddhistische Symbole beziehen sich auf den Zyklus von Leben und Tod, die Befreiung davon und das Streben nach Erleuchtung.

Das buddhistische Dharma-Rad hat acht Speichen, die den „Edlen Achtfachen Pfad" zur Befreiung symbolisieren.

BLUME DES LEBENS
ABYDOS, ÄGYPTEN ca. 2. Jahrhundert

Überlappende Kreise als spirituelles Symbol

Dieses Acrylgemälde von James Wyper mit dem Titel *All That Is* (2012) zeigt die Blume des Lebens, das Grundmuster von allem, was existiert.

Die Blume des Lebens gilt als eines der heiligsten Ornamente des Universums. Sie besteht aus sieben oder mehr überlappenden Kreisen, bei denen der Mittelpunkt jedes Kreises auf der Kreislinie von bis zu sechs umliegenden Kreisen mit demselben Durchmesser liegt. Die umliegenden Kreise müssen aber nicht deutlich oder ganz gezogen sein. Einige alte Symbole bestehen nur aus einem einzigen Kreis oder einem Sechseck. Bei 13 Kreisen spricht man von der Frucht des Lebens, bei der jeder Kreis einen Aspekt der Wirklichkeit darstellt. Diese Systeme verschaffen uns angeblich Zutritt zu allem, vom menschlichen Körper bis hin zu den Galaxien. Als angeblicher Bauplan des Universums enthält die Frucht des Lebens die Grundlage für die Zusammensetzung jedes Atoms, jeder Molekularstruktur und jeder Lebensform – tatsächlich von allem, was existiert.

Die Blume des Lebens und seine Vorstufe, die Saat des Lebens, wurden mit dem Engel Metatron und dem biblischen Propheten Henoch in Verbindung gebracht, ebenso mit dem religiösen Symbol der Vesica Piscis und den Borromäischen Ringen: drei miteinander verbundene Ringe, die als Symbol der Dreifaltigkeit gelten. Die genauen Ursprünge sind jedoch unklar.

Unmittelbar hinter dem Totentempel Sethos I. in Abydos, Ägypten, der zwischen ca. 1290 und 1279 v. Chr. unter Sethi erbaut wurde, befindet sich ein Komplex namens „Osireion", der mindestens 1.000 Jahre älter als der Tempel ist. In einige Blöcke des Osireion sind Muster aus ineinandergreifenden Kreisen geritzt. Das Bienenwabenmuster umfasst ein Bündel aus Kreisen, das als „Blume des Lebens" bekannt ist und sich in der gesamten Geschichte der Geometrie wiederfindet.

Ein kaum erkennbarer Text neben den Mustern könnte auf den möglichen Ursprung hindeuten und beinhaltet die griechischen Buchstaben „θ" Theta, „ϵ" Epsilon, und „λ" Lambda. Es gibt auch zwei griechische Wörter – *Theos Nilos* – „Gott des Nils". Ein weiterer Buchstabe scheint der alte griechische Buchstabe Digamma zu sein, der gelegentlich als Symbol in späteren griechischen mathematischen Texten vorkam.

Aufgrund der Höhe der Säulen in Abydos wurden die Malereien vermutlich erst angebracht, nachdem der Tempel nicht mehr verwendet wurde und sich das Osireion mit Sand zu füllen begann. Neueste Forschungen zeigen, dass diese Symbole nicht älter als 535 v. Chr. sein können und die meisten wahrscheinlich aus der Zeit zwischen dem 2. bzw. sogar 4. Jahrhundert n. Chr. stammen.

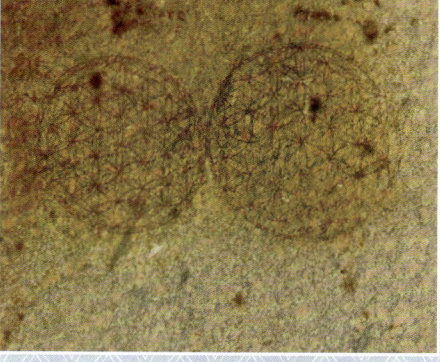

Die Blume des Lebens wird oft mit dem Baum des Lebens assoziiert, einem bekannten Symbol in Mythologien und Philosophien weltweit. Neben der Saat des Lebens gilt der Baum des Lebens in modernen kabbalistischen Traditionen als Teil der Geometrie, der dem Kreis des Obstbaums entspricht.

Für einige New-Age-Gruppen ist die Saat des Lebens ein Symbol für die sechs Tage dauernde Schöpfung. Es besteht aus sieben Kreisen, die mit sechsfacher Symmetrie angeordnet sind. So entsteht ein Kreismuster, das als Grundlage für die Blume des Lebens dient. Der erste Tag entspricht der Schöpfung der Vesica Piscis (Fischblase), der zweite Tag der Schöpfung der Dreieinigkeit, gefolgt von einem Kreis, der für jeden Tag hinzugefügt wird, bis alle sieben Kreise die Saat des Lebens bilden. New-Age-Gruppen interpretieren die Vesica Piscis als Symbol der Weiblichkeit, wie es in indischen Religionen zu finden ist.

METATRONS WÜRFEL

Metatrons Würfel (im Judentum war Metatron Enoch, ein Nachkomme Noahs, der in einen Erzengel verwandelt wurde; er wird in den Apokryphen erwähnt, etwa im slawischen Henochbuch) stellt die fünf sogenannten Platonischen Körper dar, die möglicherweise aus der Blume des Lebens entstanden. Die fünf Körper sind geometrische Formen, die als Vorlage fungieren, aus denen alles Leben entspringt. Die Strukturen sind deshalb bedeutsam, weil sie die Bausteine organischen Lebens sind. Man findet sie in Mineralien, lebendigen und organischen Lebensformen,

Geräuschen, der Musik und Sprache. Metatrons Würfel gilt auch als heiliges Symbol, um böse Geister abzuwehren.

Die Blume des Lebens beinhaltet viele mathematische und geometrische Gesetze, die die Verbindung des Universums darstellen. Schenkt man jemandem die Blume des Lebens als Schmuckanhänger oder Motiv auf einem Bild, so schenkt man dieser Person das gesamte Universum. Im heidnischen Sinn enthält die Blume des Lebens eine Art Akasha-Chronik, ein allumfassendes Weltgedächtnis.

Das Ei des Lebens ist ein einfacheres Symbol. Es entstammt der Blume des Lebens, besteht aber meist aus sieben Kreisen. Seine Form entspricht angeblich jener eines multizellulären Embryos in den ersten Stunden seiner Entstehung.

CHAKREN
INDIEN ca. 6. Jahrhundert

Konzept zur Heilung und spirituellen Entwicklung

Dieses Seidengemälde aus dem 18. Jahrhundert mit dem Titel *Shiva Purana* aus Bhadgaon zeigt das alte Sanskrit-System der sieben Chakren.

In Sanskrit bedeutet Chakra „Rad" und die meisten östlichen spirituellen Traditionen verwenden Chakren als Grundlage für Selbstheilung, die Heilung anderer und spirituelle Entwicklung. Chakren sind Teil des subtilen Körpers, nicht des physischen, und als solche Treffpunkte der nicht physischen, subtilen Energiekanäle Nadis. Nadis sind Energieleitbahnen im subtilen Körper, die den Körper mit Prana (Lebensenergie) versorgen.

Ob unbewusst oder bewusst, die Chakren sind immer aktiv und verschiedene Gemütsverfassungen entstehen, wenn Energie durch die Chakren vom Wurzelchakra zum Kronenchakra, dem Ort der Erleuchtung, wandert. Für die meisten Menschen dominieren die fünf unteren Chakren die Energie des subtilen Körpers und das Ziel des tantrischen Yoga ist, den subtilen Körper zu formen, sodass Energie aufsteigt, um die zwei höchsten Chakren zu aktivieren.

In zahlreichen Schriften und Lehren gibt es noch weitere Chakren. Laut tantrischen Texten gibt es zahlreiche Chakren im subtilen menschlichen Körper, aber die meisten Traditionen gehen von sieben Chakren aus und diese gelten als die wichtigsten.

SIEBEN CHAKREN

Das Wurzelchakra befindet sich auf der Höhe des Steißbeins. Es hat die Farbe Rot und steht für Stabilität. Es sorgt für eine sichere Grundlage und das Gefühl von Sicherheit und kontrolliert die Grundfunktionen des Körpers. Darauf folgt, etwa eine Handbreit unter dem Bauchnabel, das Sakralchakra. Ihm entsprechen der Sexualtrieb, die Kreativität und die Emotionen. Es hat die Farbe Orange. Das dritte Chakra ist das Solarplexuschakra etwas oberhalb des Nabels auf Höhe des Sonnengeflechts (Solar-Plexus). Es hat die Farbe Gelb und steht für die Entwicklung des „Ich".

Das Herzchakra liegt auf der Höhe des Herzens; ihm ist die Farbe Grün zugeordnet und es ist das Zentrum warmer, liebevoller Gefühle. Es ist das Zentrum der Liebe und Hingabe. Es bestimmt auch die Liebe zu sich selbst und die Fähigkeit, Liebe zu geben und Liebe zu nehmen. Es verbindet den Körper und Verstand mit dem Geist. Das Halschakra befindet sich auf der Höhe des Kehlkopfes und steht für Kommunikation, Musik, Ausdruck unserer Gedanken und Gefühle; es hat die Farbe Hellblau.

Das Dritte Auge oder Stirnchakra befindet sich zwischen den Augenbrauen und hat die Farbe Indigo. Es steht für Inspiration, Vorstellungskraft und psychische Fähigkeit. Das oberste Chakra ist das Kronenchakra oberhalb des Kopfes. Es hat die Farbe Violett und ist das Bewusstseinszentrum der Spiritualität. Es ermöglicht den inneren Fluss der Weisheit und schenkt kosmisches Bewusstsein.

Der österreichische Philosoph Rudolf Steiner hielt das Chakrensystem für dynamisch und sich kontinuierlich entwickelnd. Er beschrieb eine Entwicklungsabfolge, die bei den oberen Chakren beginnt und sich nach unten bewegt anstelle von unten nach oben. Er gab Anregungen, wie man die Chakren durch Disziplinieren der Gedanken, Gefühle und des Willens entwickeln könne. Manche glauben, dass sich Chakren auch physisch bemerkbar machen. Einer der einflussreichsten Mitglieder der Theosophischen Gesellschaft im späten 19. Jahrhundert war

Jedes Chakra wird Planeten, Göttern, Kräutern und bestimmten Kristallen zugeordnet, um Heilung zu fördern.

C. W. Leadbeater, der das Kronenchakra mit der Zirbeldrüse in Zusammenhang stellte. Jüngst beschrieb der Autor Gary Osborn die Chakren als metaphysische Manifestationen der endokrinen Drüsen und in der Psychophysiologie, die sich mit physischen Ursachen hinter Emotionen wie Angst oder Freude beschäftigt, werden Chakren als Teil dieser Art von Reaktion gesehen.

CHAKREN-ZUORDNUNGEN

KRONENCHAKRA
Element: keines (transzendiert das Materielle) **Blätter**: 1.000.
Planet: Ketu. **Gottheit**: der innere Geist. Steht für Erleuchtung und Transzendenz des Selbst.

STIRNCHAKRA
Element: Alle. **Blätter**: Zwei. **Planet**: Saturn. **Gottheit**: Shiva-Shakti. Steht für kosmische Einsicht.

HALSCHAKRA
Element: Äther. **Blätter**: Sechzehn. **Planet**: Jupiter. **Gottheit**: Panchavaktra Shiva. Steht für Wahrheit.

HERZCHAKRA
Element: Wind. **Blätter**: Zwölf. **Planet**: Venus. **Gottheit**: Ishana Rudra Shiva (Wohltäter). Steht für emotionale Reife.

SOLARPLEXUSCHAKRA
Element: Feuer. **Blätter**: Zehn. **Planet**: Sonne. **Gottheit**: der alte Shiva, Macht der Zerstörung. Steht für persönliche Macht.

SAKRALCHAKRA
Element: Wasser. **Blätter**: Sechs. **Planet**: Merkur. **Gottheit**: Vishnu, der Erhalter. Steht für Fortpflanzung.

WURZELCHAKRA
Element: Erde. **Blätter**: Vier. **Planet**: Mars. **Gottheit**: Brahma, Prinzip der Schöpfung. Steht für das Überleben.

MANDALA
JAVA, INDONESIEN 9. Jahrhundert

Symbol für das Universum und Tor zu einer spirituellen Welt

Der Borobudur-Tempel auf Java, Indonesien, aus dem 9. Jahrhundert ist von oben betrachtet ein einzigartiges Beispiel für ein riesengroßes Mandala.

Mandala kommt vom Sanskrit-Wort für „Kreis" und ist ein Symbol für das Universum, das in Riten und spiritueller Arbeit im Hinduismus und Buddhismus verwendet wird. Die meisten Mandalas bestehen aus einem Quadrat mit vier Öffnungen, das sich innerhalb eines Kreises befindet oder einen Kreis enthält. Jede Öffnung hat die Form eines „T". In verschiedenen spirituellen Traditionen werden Mandalas als spirituelles Lehrwerkzeug verwendet, oder um die Aufmerksamkeit zu fokussieren. Man benutzt

sie, um einen heiligen Raum zu schaffen und um Meditation und veränderte Bewusstseinszustände zu unterstützen. Im heutigen Sprachgebrauch bezeichnet „Mandala" jeden Plan, jede Grafik oder jedes geometrische Muster, das den Kosmos repräsentiert.

Die buddhistische Tempelanlage Borobudur auf der Insel Java ist ein besonderes Beispiel für die Bauweise im 9. Jahrhundert und unterscheidet sich deutlich von anderen buddhistischen Tempeln. Von oben betrachtet hat sie die Form eines riesigen Mandalas und repräsentiert die buddhistische Kosmologie und das Wesen des Geistes. Bis zu seiner Entdeckung im 19. Jahrhundert lag Borobudur hunderte Jahre verborgen unter Vulkanasche und überwuchert von Urwald. Weshalb der Tempel aufgegeben wurde, ist bis heute ungeklärt.

Er hat neun Ebenen, von denen die unteren sechs quadratisch und die oberen drei rund sind. Auf der obersten Ebene befinden sich zweiundsiebzig kleine Stupas rund um eine große Stupa in der Mitte. Jede Stupa hat die Form einer Glocke und ist durchbrochen von zahlreichen kleinen Öffnungen, in denen 504 Buddhastatuen untergebracht sind. Ein Dom in der Mitte der obersten Plattform ist umgeben von zweiundsiebzig Buddhastatuen innerhalb einer „perforierten" Stupa. Es ist der größte buddhistische Tempel und eines der größten buddhistischen Denkmäler der Welt. Wandert man als Pilger in eine bestimmte Richtung im Tempel herum, ist das bereits eine meditative Reise für sich. Man muss nur den Treppen und Gängen zur obersten Plattform folgen. Jede Terrasse steht für eine Stufe der Erleuchtung.

Als Symbol des Universums wird das Mandala traditionell mit dem Berg Meru in der Mitte dargestellt, umgeben von den Kontinenten. Der äußere Feuerkreis steht für Weisheit und der Ring aus acht Leichenäckern als Erinnerung an den Tod. Diese Leichenäcker waren besondere Orte, an denen menschliche Leichen verrotteten, sie dienten dazu, sich mit der Vergänglichkeit des Lebens auseinanderzusetzen. In diesem Ring befinden sich die Mauern des Mandalapalastes, der dem Glauben nach von Gottheiten und Buddhas bewohnt wird.

Mandalas sind nicht immer rund, auch Formen wie Dreiecke und Quadrate sowie Tiere, Blumen und Pflanzen können enthalten sein. Jedoch sind die meisten sehr ästhetisch, und sie können nach Wunsch einfach oder sehr komplex sein. Die Blätter der Lotosblüte, in denen oft hinduistische Götter dargestellt werden, gelten auch als Mandalas.

Im Christentum gibt es mehrere symbolische „Räder" ähnlich dem Mandala: den Heiligenschein, die Dornenkrone oder das Labyrinth in der

Kathedrale von Chartres. Es stellt eine Reise von der äußeren Welt in das innere, heilige Zentrum dar, wo sich das Göttliche befindet. Etliche New-Age-Anhänger sehen im Mandala eine mystische und magische Landkarte des Universums. Es ist so aufgebaut, dass die Aufmerksamkeit auf das Zentrum und dann zurück auf den äußeren Rand gelenkt wird.

Der Schweizer Psychoanalytiker Carl Jung entdeckte das Unbewusste durch seine eigene Kunst und war fasziniert von der psycho-spirituellen Dimension des Mandala. Er glaubte, dass die Zeichnungen seinen innneren Zustand und den seiner Klienten widerspiegelten. Da er mit philosophischen Schriften aus Indien vertraut war, übernahm er die Bezeichnung „Mandala" für diese Kreiszeichnungen. In seiner Autobiographie *Erinnerungen, Träume, Gedanken* (1963) schrieb er: „… skizzierte ich jeden Morgen in ein Carnet eine kleine Kreiszeichnung, ein Mandala, … Nur allmählich kam ich darauf, was das Mandala eigentlich ist: … das Selbst, die Ganzheit der Persönlichkeit, die, wenn alles gut geht, harmonisch ist, die aber keine Selbsttäuschungen erträgt."

Mandalas werden oft gemalt, um spirituelle oder psychologische Erleuchtung zu erfahren.

FIBONACCI-FOLGE
ITALIEN 1202

Eine Zahlenfolge, die überall in der Natur vorkommt

In Blumen, Früchten, Zweigen und der Vermehrung von Bienen liegt das Geheimnis der Fibonacci-Folge.

Stich mit einem Porträt von Fibonacci, einem Mathematiker aus dem 13. Jahrhundert, der ein Buch über Arithmetik schrieb.

Die Fibonacci-Folge wurde erstmals im *Liber Abbaci* veröffentlicht, einem Buch aus dem Mittelalter über Mathematik, verfasst vom italienischen Mathematiker Leonardo da Pisa, später auch Fibonacci genannt. Der *Liber Abbaci* war eines der ersten westlichen Bücher, in dem die Verschmelzung von indischen und arabischen Zahlen, traditionell „arabische Ziffern" genannt, beschrieben wurde. In seinem Versuch, Händlern und Mathematikern den Wert dieses Systems zu beweisen, überzeugte der Text schließlich sogar die Allgemeinheit von der Überlegenheit der neuen Zahlen.

Fibonacci erklärt dies anhand eines (biologisch unrealistischen) Beispiels einer wachsenden Kaninchenpopulation. Er geht von einem neu geborenen Kaninchenpaar aus – einem Männchen, einem Weibchen –, das auf einem Feld freigelassen wird. Kaninchen paaren sich bereits mit einem Monat, somit kann das Weibchen am Ende des zweiten Lebensmonats bereits ein weiteres Paar Kaninchen gebären. Die Kaninchen sterben (in dieser idealisierten Welt) nie und ein Paar zeugt jeden Monat ab dem zweiten Lebensmonat stets ein neues Paar – ein Männchen, ein Weibchen. Die Frage, die Fibonacci stellte, war: Wie viele Paare gibt es nach einem Jahr?

FIBONACCI-FOLGE

Am Ende des ersten Monats paart sich das erste Kaninchenpaar, aber es gibt weiterhin nur ein Paar. Am Ende des zweiten Monats wirft das Weibchen ein weiteres Kaninchenpaar, sodass es bereits zwei Kaninchenpaare auf dem Feld gibt. Am Ende des dritten Monats wirft das erste Weibchen ein zweites Paar, sodass es nun drei Paare insgesamt gibt. Am Ende des vierten Monats hat das erste Weibchen bereits ein weiteres Paar geworfen, und das Weibchen, das vor zwei Monaten geboren wurde, wirft ihr erstes Paar, was fünf Kaninchenpaare ergibt. Am Ende des n-ten Monats entspricht die Anzahl der Kaninchenpaare der Anzahl der neuen Paare

(die Anzahl von Paaren pro Monat n − 2) plus die Anzahl der lebenden Paare vom letzten Monat (n − 1). Das ist die n-te Fibonacci-Zahl.

Die Fibonacci-Folge tritt häufig in der Botanik und Biologie in Erscheinung, wie in der Verzweigung von Bäumen, der Anordnung von Blättern auf einem Stiel, den Früchten einer Ananas, der Blüte einer Artischocke, der Anordnung eines Kieferzapfens und dem Stammbaum von Honigbienen. Die Fibonacci-Zahlen sind eine einfache Folge, die mit 0 beginnt, dann 1 und weiter 2, 3, 5, 8, 13 und so weiter, wobei jede Zahl die Summe der beiden vorangegangen ist. Wenn zum Beispiel jede Zahl die Summe der zwei vorherigen Zahlen ist, geht die Folge so:

$$0 + 1 = 1$$
$$1 + 1 = 2$$
$$2 + 1 = 3$$
$$3 + 2 = 5$$
$$5 + 3 = 8$$
$$8 + 5 = 13$$

Die Fibonacci-Zahlen werden auch gerne in der Populärkultur aufgegriffen. In Dan Browns Roman *Sakrileg* (2003) öffnet die Zahlenfolge

Die Zahlenfolge findet sich in den Spiralen von Muscheln und Sonnenblumenkernen und entspricht vielen biologischen Mustern in der Natur.

ZAHLENSPRACHE

Mit Zahlen assoziierte Buchstaben, Zahlencodes und Planeten.

1	2	3	4	5	6	7	8	9
A	B	C	D	E	F	G	H	I
J	K	L	M	N	O	P	Q	R
S	T	U	V	W	X	Y	Z	

Eins	Sonne	Innovation
Zwei	Mond	Verhandlung
Drei	Jupiter	Kreatives Denken
Vier	Uranus	Organisation
Fünf	Merkur	Wandelbarkeit
Sechs	Venus	Barmherzigkeit
Sieben	Neptun	Mystizismus
Acht	Saturn	Macht
Neun	Mars	Vision

einen Safe und dient als geheime Botschaft.

Seit jeher wurden Zahlen mit Buchstaben in Verbindung gesetzt. Die okkulte Verwendung von Zahlen auf diese Weise nennt man Numerologie. Als Begründer der westlichen Numerologie gilt der griechische Philosoph und Mathematiker Pythagoras, geboren um 590 v. Chr. Ihm zufolge besitzen Zahlen eine eigene Sprache und sie gelten als mächtige Symbole universeller Energie, seit die alten Babylonier, Chinesen, Griechen, Ägypter und Hebräer ihre eigenen einzigartigen Zahlensysteme für die Vorhersage der Zukunft entwickelten.

Die Zahlensprache wurde im Alphabet verschlüsselt, was heute die gängigste Anwendung der Numerologie ist. Jeder Buchstabe des Alphabets wird einer Zahl von eins bis neun zugeordnet. Alle Wörter, Namen oder ganze Sätze lassen sich ver- oder entschlüsseln, indem die Zahlen auf eine einzige Ziffer reduziert werden.

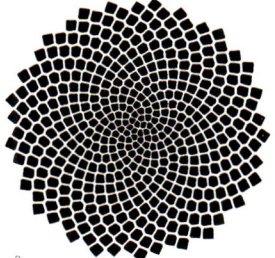

Die Fibonacci-Folge wird mit dem Goldenen Schnitt heiliger Geometrie assoziiert.

GEOMANTIE
SYRIEN 1241–1242

Geomantisches Instrument für göttliche Orakel

Dieses geomantische Instrument aus Syrien oder Ägypten aus dem 13. Jahrhundert wurde als Orakelwerkzeug verwendet.

mit vorhandenen heiligen Erdenergien in Einklang zu bringen.

In Syrien konstruierte Muhammad ibn Khutlukh al-Mawsili im 13. Jahrhundert ein seltsames Gerät, das eines von vielen merkwürdigen Instrumenten war, die im Mittelalter erfunden wurden, um Magier bei der Wahrsagung zu unterstützen. Bewegte man die Drehscheibe, erschienen Muster mit Punkten, die entsprechend gedeutet wurden. Diese beliebte Form der Geomantie war damals gleich bedeutsam wie die Astrologie und andere Methoden des Wahrsagens.

Im mittelalterlichen Europa entwickelte der bekannte Magier und Astrologe Heinrich Cornelius Agrippa von Nettesheim 16 mystische Symbole aus alten schamanischen Mustern. Ähnlich wie das daoistische Orakel, das I Ging, entsprachen Agrippas Symbole den astrologischen Elementen, Planeten und ihren zugehörigen Kristallen. Sie wurden für Riten verwendet, um die positive Energie der Erde durch die Ausrichtung von Kristallen nutzbar zu machen. Geomantie setzt auch Erdakupunktur ein, die dieselben Prinzipien wie die chinesische Akupunktur hat, bei der die Meridiane der Erde neu ausgerichtet werden, um Gleichgewicht in der Umwelt herzustellen.

Im Mittelalter und der Renaissance war Geomantie eine der beliebtesten Methoden der Wahrsagung in Afrika und Europa. Bücher und Abhandlungen zu diesem Thema erschienen bis ins 17. Jahrhundert. Damals verloren die meisten okkulten Traditionen an Popularität oder verschwanden im Untergrund. Der Grund war nicht nur das Bestreben der Kirche, jede Art von Magie zu beseitigen, sondern auch der Beginn der Aufklärung und das wachsende Interesse an Verstand und Wissenschaft im Gegensatz zu heidnischem Glauben und esoterischen Künsten. In der Renaissance galten die Geomantie, die Geisterbeschwörung, das Handlesen und die

Die Methode der Geomantie stammt von Schamanen aus dem Vorderen Orient, die magische Muster in den Sand zeichneten, um die Erdenergien zu aktivieren. Die Übersetzung aus dem Altgriechischen bedeutet wörtlich „Wahrsagung durch die Erde" und die Geomantie ist eine Möglichkeit, die Umgebung harmonisch

Hydromantie als eine der sieben „verbotenen Künste".

Die Geomantie entstand vermutlich im Nahen Osten, als Händler das esoterische Wissen aus Ostasien mitbrachten. Die Originalnamen der 16 Figuren sind zwar arabisch, aber die Bezugnahme in hermetischen Texten auf den mythischen König Ṭumṭum al-Hindi lässt auf indische Wurzeln schließen.

Laut einem arabischen Text erschien dem alten Prophet Idris der Engel Jibril im Traum. Idris bat um Erleuchtung, daher zeichnete Jibril eine geomantische Figur in die Erde. Als Idris fragte, was er tue, lehrte der Engel ihn die Kunst der Geomantie. Er bewahrte sein Geheimnis und suchte Ṭumṭum al-Hindi auf, der ein Buch über Geomantie schrieb. Dieses Buch wurde in Geheimkreisen weitergegeben, bis es Khalaf al-Barbari erreichte, der nach Medina reiste und zum Islam konvertierte. Er gab an, eine Kunst des Weissagens zu beherrschen, und erklärte, dass präislamische Propheten in die Geomantie eingeweiht waren und man sich durch die Geomantie das Wissen der Propheten aneignen könne.

METHODEN DER GEOMANTIE

Traditionell wird Geomantie mit den Händen oder einem Stab in eine Oberfläche aus Sand gezeichnet, es eignen sich aber auch eine Wachstafel und Griffel oder Stift und Papier. Rituelle Gegenstände können bei der Divination erwünscht sein oder nicht. Moderne Methoden der Geomantie arbeiten mit Zahlengeneratoren, es werden die Ziegel von Mauern gezählt oder eine beliebige Zahl von Steinen wird auf eine Fläche gestreut, die Triebe von Kartoffeln werden gezählt, Bohnen aus einem Sack gezogen und es gibt viele kreative Zählmaschinen. Oft werden spezielle Karten verwendet, bei denen jede Karte für eine Figur der Geomantie steht; in diesem Fall werden nach dem Mischen nur vier Karten gezogen. Spezielle Maschinen werden verwendet, um komplette Tabellen zu generieren, wie das Geomantiewerkzeug aus Ägypten oder Syrien.

In der arabischen Tradition der Geomantie werden 16 gepunktete Linien in Sand gezeichnet, in Afrika wird eine Handvoll Dreck in die Luft geworfen und beobachtet, wie der Dreck herunterfällt. Das in Westafrika verwendete Ifa-Divinationssystem, eine der ältesten Formen der Geomantie, basiert auf denselben 16 Figuren wie die arabische und westliche Geomantie, aber sie haben andere Bedeutungen und Namen.

Obwohl aus einer anderen Tradition stammend umfasst der Begriff „Geomantie" heute oft die chinesische Kunst Feng Shui. Außerdem fällt unter den Begriff „Geomantie" die Vastu-Lehre, eine Lehre über das richtige Gestalten und räumliche Ausrichten in Städtebau und Architektur, um lokale Energien in Harmonie zu bringen. Da sich die Begriffsdefinition über die Jahre verändert hat, bezeichnet Geomantie mittlerweile jede spirituelle, metaphysische oder pseudowissenschaftliche Methode im Zusammenhang mit der Erde.

SYMBOLE VON AGRIPPA VON NETTESHEIM

Via — Wandel	Cauda Draconis — Abschluss	Puer — Leidenschaft	Fortuna Minor — Entschluss
Puella — Fruchtbarkeit	Amissio — Verlust	Carcer — Schutz	Laetitia — Freude
Caput Draconis — Gewinn	Conjunctio — Beziehung	Acquisito — Geldsegen	Rubeus — Macht
Fortuna Major — Erfolg	Albus — Verhandlung	Tristitia — Stärke	Populus — Menschen

Im späten 15. Jahrhundert verwendete der Magier und Astrologe Heinrich Cornelius Agrippa von Nettesheim magische Symbole, um die Kräfte der Planeten zu nutzen.

ROSENKREUZ
DEUTSCHLAND ca. 14. Jahrhundert

Symbol, das mit den Rosenkreuzern assoziiert wird

Speculum sophicum Rhodostauroticum von Daniel Mögling aus dem 17. Jahrhundert mit obskuren Symbolen.

Das Rosenkreuz ist gemeinhin ein Kreuz mit einer weißen Rose in der Mitte. Es stammt vom Lateinischen *rosae* und *crux* und einige Gruppen wie der alte und mystische Orden vom Rosenkreuz behaupten, dass das Symbol älter als das Christentum ist. Einige Orden meinen, die Rose stehe für stille Magie, das Kreuz für Gottes Liebe und die Schönheit der Brüderlichkeit. Andere Sekten, die ihre Ursprünge bei den Rosenkreuzern haben, sahen im Rosenkreuz ein Symbol für spirituelle Sexualität und wieder andere den Stein der Weisen, das ultimative Ziel der Alchemisten.

1618 schrieb der Alchemist und Rosenkreuzer Daniel Mögling ein Werk mit dem Titel *Rosenkreuzerischer Weisheitsspiegel*. Ein Kupferstich daraus wurde zu einer der wichtigsten Darstellungen, um die geheime Symbolik des Rosenkreuzertums zu verstehen. Es zeigt einen merkwürdigen Tempel mit Flügeln und andere bizarre Details und wie viele andere alchemistische Kupferstiche weist er eine Unzahl obskurer und mysteriöser Symbole auf, wie etwa ein Schiff auf einem Berg, einen Schwan und Sternschnuppen. Der Tempel steht auf Rädern, sodass er überall hinfahren kann, und ist mit einem Seil mit dem Himmel verbunden, weil er vom Willen Gottes bewegt wird. Die Rose befindet sich über dem linken Fenster, das Kreuz ist über dem anderen zu sehen.

Der Stich war eines der wenigen offenkundigen Dokumente esoterischer Bewegungen, die unter dem vermeintlich festen Fundament der Kirche brodelten. Viele moderne Rosenkreuzer glauben, dass die Gruppe ihren Anfang als hermetische Gruppe hatte, die bereits seit Beginn der Renaissance aktiv war. Tatsächlich setzten die Rosenkreuzer eine lange mystische Tradition von Genies, Weisen und Magiern aus Literatur, Politik, Kunst, Religion und Wissenschaft fort.

Das Rosenkreuz steht im Zusammenhang mit Christian Rosencreutz, jenem kabbalistischen Alchemisten, der als Begründer der Rosenkreuzer gilt. Der geheime Bund, der mutmaßlich im 14. Jahrhundert von einer Gruppe mystischer, von Rosencreutz auserwählten Weisen gegründet wurde, hatte das Ziel, „eine neue Phase der christlichen Religion vorzubereiten, die die Reformation der Lebensumstände und der Wissenschaften im christlichen Geist inspirieren sollte".

HERMETIK

Die Hermetik beruht auf den Schriften des Propheten Hermes Trismegistos, der das neuplatonische und Renaissancedenken weithin beeinflusste. Sie erlebte ihre Blüte zwischen 1300 und 1600. Die wichtigsten Grundsätze waren die Vernetzung aller Dinge und die Frage, wie die Natur vom Magus mit übernatürlichen Kräften manipuliert oder kontrolliert werden kann. Der Mensch war nicht mehr von der Gnade Gottes abhängig, er konnte selbst Dinge geschehen lassen. Dies hatte großen Einfluss auf die neuen „Wissenschaftler", die sich auf die Magie und damit verbundene Künste (Alchemie und Astrologie) stürzten. Das Rosenkreuz symbolisierte für sie eine Mischung aus christlichen Mystikern und hermetischen Magiern.

Für den amerikanischen Freimaurer Albert Pike (19. Jh.) lehrte das Rosenkreuz drei Dinge: die Unveränderlichkeit Gottes, die Unsterblichkeit der Seele und die ultimative Auslöschung des Bösen durch einen künftigen Erlöser. Er glaubte, dass das Kreuz ursprünglich in Verbindung mit dem Anch, dem Symbol des Lebens bei den alten

Ägyptern, stand. Die Rose war der römischen Göttin der Morgenröte, Aurora, geweiht. Sie verkörperte die Rückkehr des Lichts und die Erneuerung des Lebens und somit die Dämmerung des ersten Tags bzw. die Auferstehung. Kreuz und Rose gemeinsam symbolisieren die Dämmerung des ewigen Lebens und die Ankunft des Erlösers.

Lederschürze eines Meisters der Rosenkreuzer aus dem 19. Jahrhundert (Musée Crozatier, Le Puy en Velay, Frankreich).

HERMETIC ORDER OF THE GOLDEN DAWN

Der Hermetic Order of the Golden Dawn war eine Bewegung im späten 19. Jahrhundert in Großbritannien, die sich dem Studium und dem Praktizieren von Magie und Okkultismus widmete. Der Orden verwendete das Rosenkreuz in Ritualen für spirituellen Schutz und als Vorbereitung für die Meditation. Basierend auf der Symbolik der roten Rose und dem goldenen Kreuz, ist das Rosenkreuz ein wesentliches Symbol des zweiten oder inneren Ordens des Golden Dawn.
Das Rosenkreuz des Golden Dawn enthielt Zeichen der Elemente, Planeten, des Tierkreises, des hebräischen Alphabets, alchemischer Prinzipien, wichtige geometrische Symbole wie Hexagramm und Pentagramm, den Baum des Lebens und das lateinische Akronym INRI, „Jesus, König der Juden".

Das Ordenskreuz symbolisiert die Elemente. Luft ist ein gelber Untergrund mit einem violetten Pentagramm und anderen Symbolen; Feuer ist ein roter Untergrund mit einem grünen Pentagramm und anderen Symbolen; Wasser ist ein blauer Untergrund mit einem orangen Pentagramm; Erde ist gelb, oliv und schwarz unter einem weißen Pentagramm.

Dieses Rosenkreuz stammt aus einem Notizbuch des Dichters W. B. Yeats, der Mitglied des Hermetic Order of the Golden Dawn war.

VOYNICH-MANUSKRIPT
ITALIEN 1404–1438

Ein Beispiel für Symbole, die noch entschlüsselt werden müssen

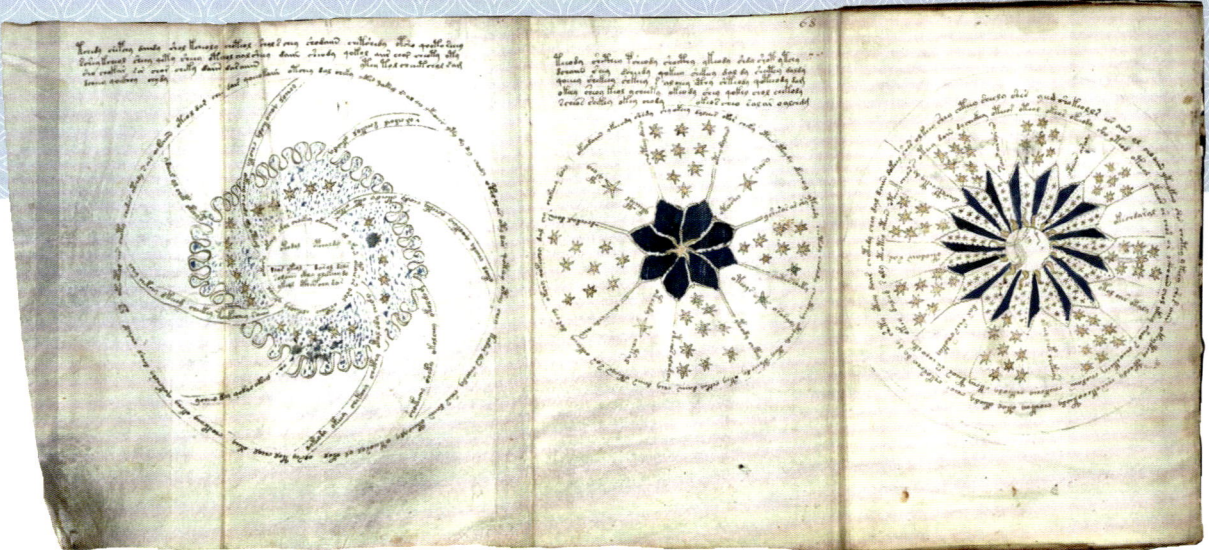

Merkwürdige Symbole prägen das Voynich-Manuskript, das vermutlich von einem anonymen Mystiker aus dem 15. Jahrhundert stammt.

Die Seiten dieses illustrierten Schriftstücks, bekannt als Voynich-Manuskript, wurden mit der Hand in einer unbekannten Schrift und Sprache beschrieben. Das Dokument stammt vermutlich aus dem frühen 15. Jahrhundert und wurde wahrscheinlich in Italien während der Renaissance verfasst. Obwohl einige Seiten zu fehlen scheinen, umfasst der Großteil des Werks bizarre und manchmal skurrile Illustrationen, wie nackte Frauen, die in Badewannen herumtollen, sowie fantasievolle Kräuter und Pflanzen.

Das Manuskript wurde vom polnischen Buchhändler Wilfrid Voynich 1912 erworben und von Profi- und Laienkryptografen untersucht, darunter amerikanischen Codeknackern aus beiden Weltkriegen. Obwohl Mystiker behaupten, den Text zu verstehen, und Übersetzer und Linguisten versucht haben, seine Sprache zu entschlüsseln, konnte das Manuskript bis heute nicht dechiffriert werden, sodass es zum berühmt-berüchtigten Fall in der Geschichte der Kryptografie wurde. Zahlreiche Geheimnisse ranken sich um das

Manuskript und die Frage nach seiner Bedeutung lässt Raum für viel Spekulation. Keine der vielen in den letzten hundert Jahren geäußerten Hypothesen erwies sich als richtig, und viele Menschen spekulieren, dass es sich einfach um die unsinnigen literarischen Auswüchse eines Verrückten handle.

Die obere rechte Ecke jeder rechten Seite wurde wahrscheinlich von einem der späteren Besitzer des Manuskripts von 1 bis 116 nummeriert. Obwohl die Nummerierung nicht durchgängig ist, scheint es möglich, dass das Manuskript mindestens 272 Seiten hatte. Der Text besteht aus über 170.000 Glyphen, die durch schmale Leerzeichen getrennt sind. Die meisten der Glyphen sind mit einem oder zwei einfachen Federstrichen geschrieben und es scheint, dass für den Großteil des Texts ein Alphabet aus etwa zwanzig bis dreißig Glyphen verwendet wurde, außer ein paar wenigen Buchstaben, die nur einmal oder zweimal auftauchen. Zahlreiche Transkriptions-Alphabete wurden geschaffen, um die Voynich-Glyphen lateinischen Buchstaben gleichzusetzen, bisher scheiterten jedoch alle. Linguisten haben keine Ähnlichkeiten mit irgendeiner europäischen Sprache festgestellt. Die Verteilung der Buchstaben innerhalb der Wörter ist auch recht seltsam: Einige Buchstaben tauchen nur am Anfang eines Wortes auf, einige nur am Ende und einige stets in der Mitte.

Die bizarren Merkmale des Texts wie die doppelten und dreifachen Wörter, die fantasievollen Illustrationen und die fehlenden historischen Referenzen stützen die These, dass das Manuskript ein Scherz ist. Wenn niemand das Rätsel um das Buch entschlüsseln kann, so hatte es vielleicht nie eine Bedeutung. Oder es könnte ein doppelter Bluff sein. Allerdings gibt es auch stichhaltige Theorien, die doch eine Bedeutung vermuten lassen.

VOYNICH-FORSCHUNG

Laut der auf Buchstaben basierenden Entschlüsselungstheorie enthält das Voynich-Manuskript einen sinnvollen Text in einer europäischen Sprache, der bewusst undeutlich gemacht wurde. Das war und ist die Arbeitsmethode der meisten Entschlüsselungsversuche im 20. Jahrhundert, die unter anderem ein informelles Team von Kryptografen der NSA Anfang der 1950er durchführten. Die Codebuch-Theorie vermutet, dass die „Wörter" Codes sein könnten, die man wie Wörter in einem Wörterbuch nachschlägt. Wichtigster Beweis dafür ist, dass die interne Struktur und Längenverteilung vieler Wörter römischen Zahlen ähnelt und dass es damals gängige Praxis war, dass Codes auf etwas anderes verwiesen. Diese Chiffren sind jedoch nur für kurze Texte gebräuchlich, da das Entschlüsseln sehr aufwändig ist

Die Steganographie, die Kunst, eine Botschaft in einer anderen Botschaft zu verbergen, wurde 1499 vom deutschen Mönch und Okkultisten Johannes Trithemius beschrieben. Diese Theorie besagt, dass der Text des Manuskripts großteils sinnlos ist, aber sinnvolle Informationen enthält, die sich in unscheinbaren Details verbergen: den Wörtern selbst oder den Illustrationen. Diese

Botschaft blieb jedoch bisher unentdeckt. Neuere Theorien meinen, dass das Manuskript eine Karte zu einem verborgenen Schatz ist, ein Rezept für ewige Jugend oder ein Handbuch über Magie. Andere glauben, dass es eine Fälschung von Voynich selbst ist.

Voynich soll eine große Menge altes Pergament erworben und seine an der Universität in Moskau erworbenen Chemiekenntnisse genutzt haben, um mittelalterliche Tinten und Pigmente zu fälschen. Belegt ist auch, dass er im British Museum in London ein Buch mit dem Titel *Some Observations On Ancient Inks* studiert hat. Voynich behauptete jedoch, auf das Manuskript in einem jesuitischen Seminar in Rom gestoßen zu sein. Dem Manuskript beigefügt war ein angeblicher Brief von Johannes Marcus Marci, einem Leibarzt des Kaisers des Heiligen Römischen Reiches, aus dem hervorging, dass das Manuskript Rudolf II. gehört hatte, der von 1576 bis 1612 regierte, und dass es wahrscheinlich das Werk des Alchemisten Roger Bacon war.

Dieses nicht entzifferte Manuskript aus der Rare Book and Manuscript Library der Universität Yale, USA, scheint sich vermutlich auf eine Badeszene zu beziehen.

Voynich hielt das Manuskript für ein Werk von Roger Bacon (oben).

VITRUVIANISCHER MENSCH
ITALIEN 1490

Symbol für die Symmetrie des menschlichen Körpers und Universums

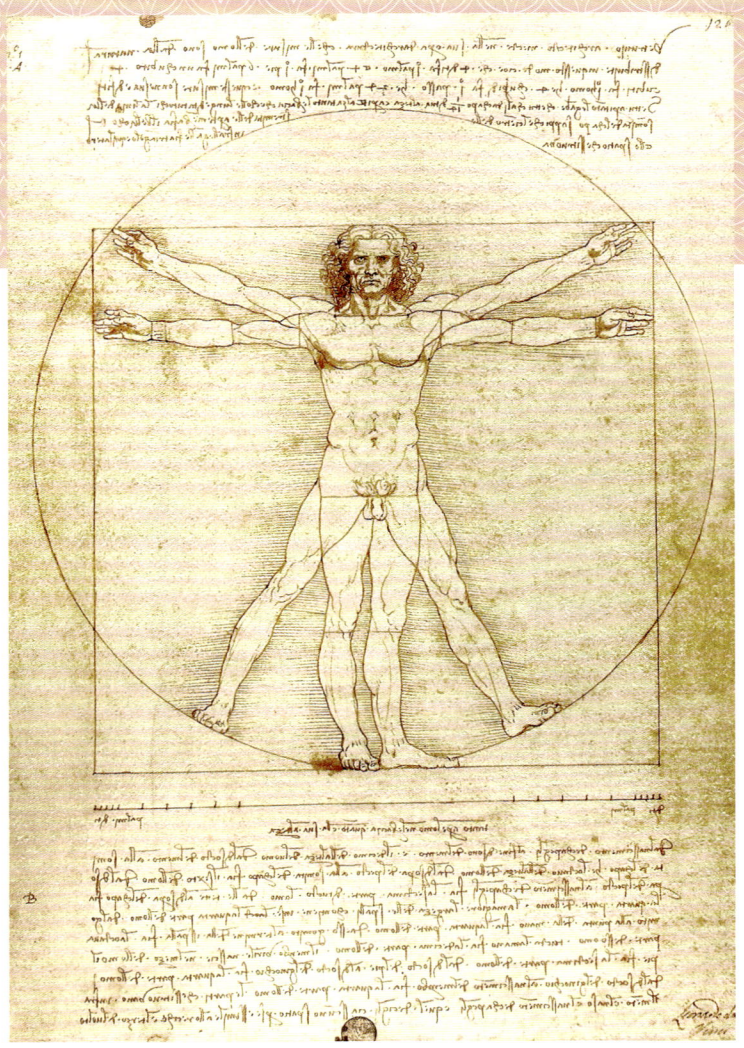

Leonardo da Vincis *Vitruvianischer Mensch* (1490) ist das Sinnbild der klassischen Proportionen des Menschen, wie sie im Universum erscheinen.

Leonardo da Vincis beeindruckende Zeichnung *Vitruvianischer Mensch* (1490) basierte auf den Werken des römischen Architekten Vitruvius. Vitruvius beschrieb den menschlichen Körper als wichtigste Quelle für Proportionen in der klassischen Architektur. Er errechnete, dass der ideale Körper acht Kopf groß ist, und beschrieb seine Ergebnisse im dritten Buch seines Werks *De Architectura* (ca. 15 v. Chr.).

Da Vincis Zeichnung zeigt einen Mann in zwei Positionen mit ausgestreckten Armen und Beinen in einem Kreis und Quadrat. Zeichnung und Text werden oft als „Kanon der Proportionen" oder „Proportionen des Menschen" bezeichnet. Die Kombination der Position von Armen und Beinen ergibt 16 verschiedene Posen. Die Pose mit ausgestreckten Armen und geschlossenen Füßen wird im Quadrat beschrieben, die Pose mit gespreizten Gliedern im Kreis.

Da Vinci galt als Renaissancemensch schlechthin, der wie viele seiner Kollegen auf die Verschmelzung von Kunst, Mystizismus, Magie und Wissenschaft vertraute. Der *vitruvianische Mensch* wurde nicht nur zu einer kulturellen Ikone der Renaissance, sondern ist auch ein perfektes Beispiel für da Vincis umfassendes Verständnis von Proportionen. Er wiederholt den hermetischen Grundsatz der Analogie „Wie oben, so unten": der Mensch als Spiegel des Kosmos selbst. Der Maler sah auch in den Funktionen des Körpers eine Analogie zu den Funktionen des Universums.

Da Vincis Beschriftung ist spiegelverkehrt. Möglicherweise handelt es sich um eine Art Code, wahrscheinlich tat sich der Künstler – er war Linkshänder – aber so einfach leichter beim Schreiben: Hätte er seine Hand von links nach rechts über die nasse Tinte geführt, hätte er alles verwischt. Der erste Absatz von Vincis Text wiederholt die originalen Worte von Vitruvius und beschreibt, wie man die Proportionen des

Menschen messen kann. Laut Vitruvius sind vier Finger eine Handbreit, ein Fuß sind vier Handbreit, sechs Handbreit eine Elle und vier Ellen ein Mensch. Ein Schritt ist vier Ellen, ein Mensch ist vierundzwanzig Handbreit. Der zweite Paragraph lautet: „Wenn du deine Beine weit genug auseinanderstellst, um deine Größe um ein Vierzehntel zu verkleinern, und du deine Arme so weit nach außen und nach oben ausstreckst, bis deine beiden Mittelfinger eine horizontal über deinen Schädel gezogene Linie berühren, dann werden deine Glieder einen Kreis berühren, dessen Zentrum dein Nabel ist, und dann wird der Raum zwischen deinen Beinen ein gleichseitiges Dreieck sein."

Im zweiten Teil des Texts beschreibt er die zahlreichen Proportionen von Vitruvius, etwa dass die Länge der Hand einem Zehntel der Größe eines Menschen entspricht; die Peniswurzel befindet sich auf halber Körperhöhe; die Fußlänge entspricht einem Siebentel der Größe eines Menschen – seit jeher ein wichtiger Anhaltspunkt für Porträtmaler: „Vom unteren Teil des Kinns bis zu den Nasenlöchern ist der dritte Teil der Länge des Gesichts selbst, ebenso viel die Nase von den Nasenlöchern bis zur Mitte der Linie der Augenbrauen."

ANATOMIE

Da Vinci fügte dem alten Text seine eigenen Beobachtungen hinzu. Anhand des Kreises und Quadrats beobachtete er ganz richtig, dass das Quadrat nicht denselben Mittelpunkt (Nabel) wie der Kreis haben kann, sondern in der Anatomie etwas tiefer ist. Diese neue Beobachtung unterscheidet den *vitruvianischen Menschen* von früheren Illustrationen zu diesem Thema. Da Vinci weicht auch insofern von Vitruvius ab, als die Arme so ausgestreckt sind, dass die Fingerspitzen auf Höhe mit dem Kopfende sind. Bei Vitruvius bilden sie Linien, die durch den Nabel gehen.

Bereits vor Vitruvius wurden geometrische Verhältnisse in der Architektur vieler antiker Gebäude verwendet, etwa in Äygpten oder Griechenland. Später zeigten mittelalterliche europäische Kathedralen Kennzeichen symbolischer Geometrie, während spirituelle Gemeinden

in Indien und am Himalaya Tempel mithilfe von Mandalas und heiligen Zahlen konstruierten.

In der heiligen Geometrie werden symbolische und heilige Bedeutungen verschiedenen geometrischen Formen und Proportionen zugeordnet, um ein weltweit wiederkennbares Muster zu schaffen, ein komplexes System religiöser Symbole und Strukturen unter Einbeziehung von Raum, Zeit und Form. Vitruvius erkannte diese Proportionen im Menschen wieder. Der *vitruvianische Mensch* oder vielmehr sein Erschaffer brachte die Proportionen der heiligen Geometrie einen Schritt weiter, insofern, als dass der Mensch selbst zum Mikrokosmos des Universums wurde. Die Zeichnung ist ein ikonisches Symbol für die Symmetrie des menschlichen Körpers und davon ausgehend für die Symmetrie des Universums selbst.

Doch wer war eigentlich dieser *vitruvianische Mensch*? Ist die Zeichnung ein Selbstporträt des Künstlers oder zeigt sie etwa Jesus am Kreuz, wie einige Experten mutmaßen? Andere Wissenschaftler und Kunsthistoriker vermuten im *vitruvianischen Menschen* eine Anspielung auf Johannes den Täufer. Da Vinci hielt sich über seine alternativen religiösen Ansichten sehr bedeckt und möglicherweise hielt er Johannes den Täufer für bedeutender als Jesus, was eine für die damalige Zeit undenkbare Vorstellung war. Gut möglich also, dass sich in der Zeichnung eine Form der Häresie verbirgt.

Darstellung von Vitruvius (rechts) aus dem Jahr 1684, wie er sein Werk *De Architectura* Kaiser Augustus präsentiert.

Selbstporträt von da Vinci, der Mikro- und Makrokosmos bzw. Mensch und Universum als ein und dasselbe ansah.

UNENDLICHZEICHEN
ITALIEN 1584

Symbol für Grenzenlosigkeit und Unendlichkeit

Dieser Ouroboros stammt aus einem späten mittelgriechischen Alchemie-Manuskript.

Das Unendlichzeichen tauchte erstmals 1584 in den Zeichnungen des italienischen Philosophen, Astrologen und Mystikers Giordano Bruno auf, der die Theorie eines unendlichen Universums vertrat: „Unzählige Sonnen existieren; unzählige Erden drehen sich um diese Sonne, ähnlich, wie sich die sieben Planeten um unsere Sonne drehen. Lebende Wesen bevölkern diese Welten." Schon alleine der Gedanke, dass sich die Erde und die Planeten um die Sonne drehen, geschweige denn, dass es andere Sonnen gibt oder dass das Universum unendlich ist, machten Bruno damals zum Ketzer.

Das sonderbare Symbol erscheint in mehreren Zeichnungen von Bruno. Die auf der Seite liegende Zahl acht, auch bekannt als Lemniskate, erinnert an eine um sich selbst gewundene Schlange. Das Symbol findet sich in zahlreichen Kulturen und taucht in der persischen, minoischen und griechischen Kunst auf und hat seine Wurzeln in der ägyptischen Verehrung von Schlangen. Die Form einer Acht symbolisiert, wie unendlich verflochtene Gegensätze tatsächlich ein und dasselbe sind. Im daoistischen Symbol Yin und Yang findet sich jedes im anderen und verkörpert somit die ewigliche Einheit aller Dinge.

John Wallis soll dem Unendlichzeichen 1655 eine mathematische Bedeutung gegeben haben. Er hat die Wahl des Symbols nie erklärt, aber in mathematischen Kreisen gilt es als Variante der römischen Zahl 1000, die manchmal „viele" bedeutete oder vom griechischen Buchstaben Omega – ω – dem letzten Buchstaben des griechischen Alphabets abstammte. In der Mathematik kennzeichnet das Unendlichzeichen eine mögliche Unendlichkeit, es beschreibt keine unendliche Menge. Das Symbol taucht auch auf Bucheinbänden auf und weist auf säurefreies und somit lang haltbares Papier hin.

OUROBOROS

Im Mystizismus wird das Unendlichzeichen mit einer Variation des Ouroboros gleichgesetzt, der alten Darstellung einer Schlange, die sich selbst in den Schwanz beißt, was als Symbol des ewigen Zyklus des Kosmos, der Transzendenz der Dualität und der Einheit von Gegensätzen gilt. Nach seiner Entstehung im alten Ägypten wurde der Ouroboros ein wichtiges Symbol in der religiösen und mythologischen Symbolik und wurde häufig in alchemistischen Arbeiten verwendet, in denen es das zyklische Wesen der Arbeit des Werks des Alchemisten

Giordano Brunos Holzschnitte zeigen eine schlangenähnliche Acht (oben rechts), wahrscheinlich das erste mystische Unendlichzeichen.

Das Unendlichzeichen wurde im Rider-Waite-Tarot verwendet, das auf zwei Mitglieder des Hermetic Order of the Golden Dawn zurückgeht.

Die Acht gleicht einer gewundenen Schlange als Erinnerung an die Fähigkeit der Wiedergeburt.

darstellte. Der Ouroboros tauchte nachweislich erstmals im *Enigmatic Book of the Netherworld* auf, einem alten ägyptischen Bestattungstext, der im Grab von Tutanchamun gefunden wurde und aus dem 14. Jahrhundert v. Chr. stammt. Der Text beschreibt die Taten des Gottes Ra und seine Einheit mit Osiris in der Unterwelt. In einer Illustration aus diesem Text winden sich zwei Schlangen mit ihrem Schwanz im Mund um den Kopf und die Füße eines riesigen Gottes, der vermutlich den vereinigten Ra-Osiris verkörpert. Die Figur heißt „Der die Stunden verbirgt". Der Ouroboros zeigt sich als Mehen, der Schlangengott. Diese Darstellung zusammen mit dem Text bezieht sich auf den Anfang und das Ende der Zeit und ihren periodischen Charakter. Ein von sieben anbetenden Göttern gehaltenes Seil in der Mitte dient dazu, die Scheibe vom Körper der zentralen Figur zu ziehen.

Der Ouroboros taucht auch in anderen ägyptischen Quellen auf, wo er wie viele andere ägyptische Schlangengötter ein destruktives Element, als Schlangengott Apophis, verkörpert oder das schützende Element als Wadjet. Der Ouroboros überdauerte die ägyptischen Dynastien und tauchte später oft auf magischen Amuletten in der griechisch-römischen Antike auf. Eine bekannte Darstellung aus einem frühen Manuskript aus Papyrus mit dem Titel *Chrysopoeia* stammt aus dem 2. Jahrhundert n. Chr. Kleopatra die Alchemistin war eine von wenigen weiblichen Alchemisten der damaligen Zeit und stellte das „hen to pan", (Eins ist alles) dar, umgeben von dem Ouroboros. Sie galt als eine der wenigen Alchemisten, die den Stein der Weisen herstellte.

Das Unendlichzeichen erscheint auch auf mehreren Karten des Rider-Waite-Tarot, so etwa auf dem „Magier" und der „Kraft".

HARMONICES MUNDI
DEUTSCHLAND ca. 1599

Theorie des Universums auf Basis von musikalischer und geometrischer Harmonie

Die symbolischen Vibrationen und mystische Musik der Sphären wurden von Johannes Kepler in *Harmonices Mundi* (1619) weiterentwickelt.

Dieses Porträt zeigt den deutschen Astronomen und Astrologen Johannes Kepler.

Um das Jahr 1599 wollte der deutsche Astronom und Astrologe Johannes Kepler ein Werk über seine neuen Theorien über ellipsenförmige Umlaufbahnen anhand des kopernikanischen Weltsystems veröffentlichen: in anderen Worten die fragwürdige und (zum damaligen Zeitpunkt) ketzerische These, dass die Erde und andere Planeten sich um die Sonne drehen. Kepler war klar, dass seine neue Thesen für Argwohn und Aufruhr unter jenen Gelehrten sorgen würden, die konform mit der katholischen Kirche gingen. Obwohl sie sich deutlich von den mystischen Harmonien von Pythagoras unterschieden, erlaubten Kepler seine geometrisch gestützten musikalischen Verhältnisse musikalische Harmonie mit den Winkelgeschwindigkeiten der Planeten in

Verbindung zu setzen. Sein Modell erbrachte klugerweise auch den begründeten Nachweis, dass Gott als großer geometrischer Planer fungiert.

Pythagoras war der Ansicht, dass Sonne, Mond und die Planeten alle ihre eigenen Schwingungen aussenden, je nach ihrer Umlaufbahn, und dass Gott nicht für die Schöpfung verantwortlich war. Er meinte auch, dass die Lebensqualität auf der Erde die für das menschliche Ohr nicht hörbaren himmlischen Klänge reflektiere und dass die Lebensqualität nicht von Gottes Wille abhänge. Das war Häresie in Extremform, gut verständlich, dass Kepler seine Theorie im Geheimen entwickelte. Glücklicherweise übersiedelte er nach Prag, wo er Berater von Kaiser Rudolf II. wurde, einem bekannten Beschützer okkulter Künste. *Harmonices Mundi* wurde 1619 veröffentlicht und vollendete Keplers Werk, aus dem die drei wichtigsten astronomischen Gesetze, die „Drei Planetengesetze" entstanden, die die Astronomie und Wissenschaft revolutionierten.

Die Vorstellung von musikalischen Akkorden der Planeten gab es bereits im Mittelalter. Die *musica universalis* war eine traditionelle philosophische Metapher, die an Universitäten gelehrt und als „Sphärenmusik" bezeichnet wurde. Man ging von einem Verhältnis in der Bewegung von Sonne, Mond und Planeten als Form von Musik aus. Diese Musik war nicht hörbar, sondern eine Art symbolisches Schwingen oder ein mathematisches oder religiöses Konzept.

HARMONISCHES WIRKEN

Pythagoras erkannte als Erster, dass die Höhe einer Note im Verhältnis zur Länge der Saite steht, die sie erzeugt, und dass die Intervalle zwischen harmonischen Schallfrequenzen einfache Zahlenverhältnisse bilden.

Kepler war von dieser Vorstellung fasziniert und suchte nach einer rationalen Erklärung. Dabei verstand er „Harmonie" nicht als musikalischen Begriff, sondern als etwas, das die Funktion von himmlischen und irdischen Körpern umfasste. Der Astronom unterteilte *Harmonices Mundi* in fünf lange Kapitel: das erste über regelmäßige Vielecke, das zweite über die Kongruenz von Figuren, das dritte über den Ursprung harmonischer Verhältnisse in der Musik, das vierte über harmonische Konfigurationen in der Astrologie und das fünfte über die Harmonie der Bewegungen der Planeten.

Kepler entdeckte in der Bewegung der Planeten physikalische Harmonien. Er fand heraus, dass der Unterschied zwischen der maximalen und minimalen Winkelgeschwindigkeit eines Planeten auf seiner Bahn sich einem harmonischen Verhältnis nähert. So variiert etwa die maximale Winkelgeschwindigkeit der Erde von der Sonne aus gemessen um einen Halbton (ein Verhältnis von 16:15), von „mi" zu „fa", zwischen der größten Entfernung der Umlaufbahn eines

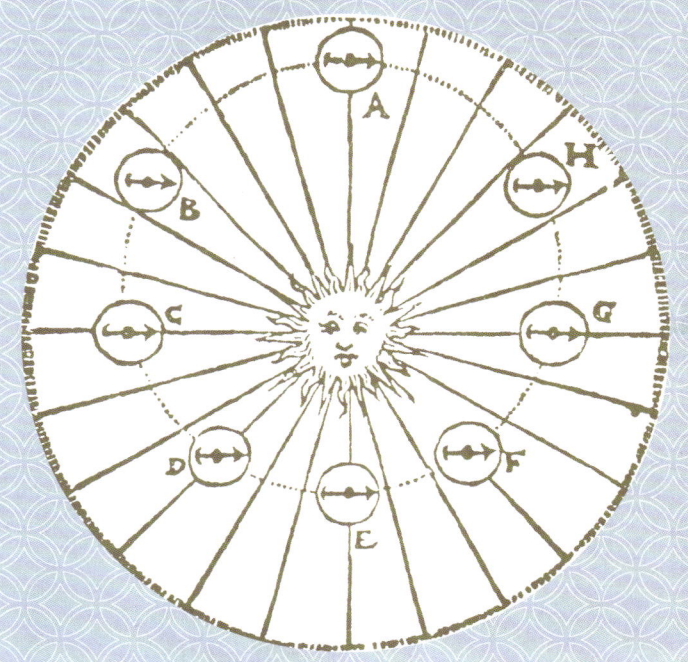

Planeten und der nächsten Entfernung. Keplers himmlischer Chor bestand aus einem Tenor, dem Planeten Mars; zwei Bassisten, Saturn und Jupiter; einem Sopran, Merkur; und zwei Alt, Venus und Erde. Merkur mit seiner großen elliptischen Umlaufbahn konnte die meisten Töne erzeugen, Venus hingegen nur einen Ton, da ihr Orbit fast ein Kreis ist. Laut Kepler singen in seltenen Intervallen alle Planeten gemeinsam in perfekter Konsonanz. Er vermutete, dass das nur einmal in der Geschichte vorgekommen sei, vielleicht bei der Schöpfung. Keplers Theorie zum Universum auf der Grundlage von musikalischer oder geometrischer Harmonie legte den Grundstein für die drei Keplerschen Gesetze, die später der Ausgangspunkt für das Newtonsche Gravitationsgesetz waren.

Kepler entdeckte die harmonischen Proportionen der Winkelgeschwindigkeiten zwischen den Planeten, aus denen er seine enorm wichtigen Gesetze der Planetenbewegung entwickelte.

UNIKURSALES HEXAGRAMM
VEREINIGTES KÖNIGREICH 20. Jahrhundert

Mystisches Symbol als
Schlüssel des Lebens

Das Rosenkreuzer-Symbol
des Hermetic Order of the
Golden Dawn (19. Jahr-
hundert) inspirierte Aleister
Crowley zur Entwicklung
eigener Symbole.

Aleister Crowley war 1904
nach einer tief spirituellen
Erfahrung in Ägypten
davon überzeugt, ein
Prophet zu sein.

Das unikursale Hexagramm ist ein Hexagramm oder Sechsstern, der in einer durchgehenden Linie gezogen werden kann. Ein übliches Hexagramm besteht aus zwei getrennten, übereinandergelegten Dreiecken. Die unikursale Version des Hexagramms wurde wahrscheinlich vom Hermetic Order of the Golden Dawn erfunden, obwohl der Okkultist Aleister Crowley es als seine Erfindung ausgab und als Symbol für seine spirituelle Philosophie, Thelema, benutzte.

Das unikursale Hexagramm des Hermetic Order of the Golden Dawn wies die Sonne der oberen Spitze, den Mond der unteren Spitze und die vier Elemente den übrigen Spitzen zu. Ähnlich wie bei normalen Hexagrammen symbolisiert es die Vereinigung des Makrokosmos mit dem Mik-rokosmos. Als eine durchgehende Linie erschafft es jedoch sowohl das Göttliche als auch das Materielle und unterstreicht zusätzlich die absolute Einheit der beiden. Unikursale Hexagramme waren für rituelle Tätigkeiten der Golden Dawn gut geeignet, bei denen Symbole mit magischen Werkzeugen in die Luft gezeichnet wurden.

Im Thelema wird das unikursale Hexagramm meist mit einer Blume mit fünf Blüten in der Mitte dargestellt, die ein Pentagramm symbolisiert. Anfang des 20. Jahrhunderts glaubte Crowley, der Prophet eines neuen Zeitalters zu sein, nachdem er und seine Frau Rose Edith 1904 in Ägypten eine spirituelle Erfahrung gemacht hatten. Das Wort „Thelema" steht für griechisch „Wille", vor allem das Verlangen des Menschen.

Crowleys Gesetz von Thelema war: „Tu was du willst, soll sein das Ganze des Gesetzes. Liebe ist das Gesetz, Liebe unter Willen." Bei der Entwicklung seiner Religion verfasste er die „Heilige Schriften von Thelema". Er verwendete auch Ideen aus dem Yoga, dem östlichen und westlichen Mystizismus und der Kabbala. Das unikursale Hexagramm ist noch heute Symbol seines Systems und ist Bestandteil mancher Versionen des Thot-Tarots.

Das normale Hexagramm ist ebenso ein starkes Symbol des Makrokosmos (Gott, das Universum und höhere Energien) und des Verhältnisses zwischen dem Makrokosmos und dem Mikrokosmos (Menschheit, die Erde und manifeste Energien). Üblicherweise besteht es aus zwei sich überschneidenden gleichseitigen Dreiecken und tritt am häufigsten als Davidstern in Erscheinung.

HEXAGRAMM DER KABBALA

In der Kabbala symbolisiert das nach oben zeigende Dreieck (das Symbol des Elements Feuer) das Verlangen des Materiellen, das Göttliche zu erreichen oder dorthin zurückzukehren. Das nach unten zeigende Dreieck (das Symbol des Elements Wasser) bedeutet den Abstieg des Göttlichen in Materie. Dort wo sich diese beiden in der Mitte des Hexagramms treffen, wird ein Punkt des Gleichgewichts und der Schönheit erreicht, wie Tipheret auf dem kabbalistischen Baum des Lebens. Die astro-kabbalistische Form des Hexagramms ist besonders mächtig, weil jede Spitze nicht nur eine kabbalistische Sefira und ihre Beziehung zu den anderen Sefirot darstellt, sondern auch den astrologischen Planeten, der denselben Einflussbereich hat. So entspricht etwa die rote Spitze des Hexagramms der aggressiven, beurteilenden Sefira Gewurah sowie dem gewaltsamen, eigenwilligen Planeten Mars.

In mehreren Kulturen symbolisiert das nach oben gerichtete gleichseitige Dreieck den männlichen Phallus. Für die Maya verkörperte es Sonne und Fruchtbarkeit, für die Hethiter Gesundheit. In der Pueblo-Kunst war es auch ein heiliger Berg. In vielen Kulturen symbolisiert das nach unten gerichtete gleichseitige Dreieck das Weibliche oder

weibliche Sexualität, im alten Indien, Griechenland und Rom stellte es den weiblichen Intimbereich dar sowie das Element Wasser.

In der Alchemie ist das Hexagramm das Zeichen der Vollendung, die Kombination aller Elemente zur Erschaffung des Steins der Weisen. Das nach oben zeigende Dreieck symbolisiert Feuer, das nach unten zeigende Dreieck Wasser. Ein nach oben gerichtetes Dreieck durch eine horizontale Linie steht für Luft und ein nach unten zeigendes Dreieck durch eine Linie Erde.

Im Hinduismus verkörpert das Hexagramm die Verbindung des Männlichen und Weiblichen. Im Judentum kennt man es als Davidstern. Die Grundlinie des Dreiecks der Freimaurer symbolisiert Dauer, die zwei Seiten Licht und Dunkelheit und das Dreieck als Ganzes Glaube, Hoffnung und Nächstenliebe sowie spirituelle Entwicklung. In einigen Kulturen symbolisieren gleichseitige Dreiecke, die sich Spitze an Spitze berühren, das Aufeinandertreffen von Erde und Himmel oder die Vereinigung des Männlichen und Weiblichen. In Indien symbolisieren sie Shivas Sanduhrtrommel, den *Damaru*, dessen Klang den Beginn der Schöpfung herbeiführte.

Das normale Hexagramm, bestehend aus zwei Dreiecken, steht für Vereinigung des Geistes mit den materiellen Welten.

Im Thelema wird das unikursale Hexagramm meist mit einer Blume in der Mitte als Symbol eines Pentagramms dargestellt.

Prähistorische chinesische Orakelknochen, die mit Botschaften versehen sind, dienten den Kaisern dazu, den Ausgang eines Ereignisses weiszusagen.

DIE MYSTISCHE WELT

Die mystische Welt umfasst die kreativen Versuche der Menschheit, die göttliche Welt besser zu verstehen. In Urzeiten wurden magische Symbole entwickelt, um die Götter oder Geister anzurufen und primär Fruchtbarkeit und eine gute Ernte zu erbitten. Doch mit dem Entstehen von Zivilisationen dienten diese Symbole dazu, die übernatürliche und natürliche Welt in dem Bestreben zu manipulieren, eins mit dem Göttlichen zu werden. Generell war diese reiche Symbolik mit vielen Geheimnissen verbunden. Da die Sterne und Planeten scheinbar Macht über die Menschheit hatten, versuchten die antiken Kulturen, diese Macht für sich zu nutzen. Wahrsager oder Seher beobachteten Muster am Himmel und in der Natur und erachteten diese als Vorboten für bestimmte Ereignisse. Astrologie, Tarot, Magie, Weissagung und andere okkulte Künste entwickelten ihre eigene Symbolsprache. Von der Kirche verfolgt, blieb dieser Bewegung nichts anderes übrig, als in den Untergrund zu gehen, bis Anfang des 20. Jahrhunderts ein neues Interesse am Mystizismus erwachte.

NAMARRGON, DER *LIGHTNING MAN*
KAKADU-NATIONALPARK, AUSTRALIEN ca. 20000 v. Chr.

Einer der Schöpfergeister, die von den frühen Aborigines verehrt wurden

Auf dem Hauptgemälde ist Namarrgon, der *Lightning Man*, von seinem weißen Blitz umgeben.

D er Schöpfergeist Namarrgon ist in den Felsmalereien am Anbangbang Shelter am Nourlangie Rock im Kakadu-Nationalpark, Australien abgebildet. Er war nicht nur ein Omen für die gefährliche Sturmsaison, sondern wurde auch als einer der Schöpferahnen verehrt. Bereits vor 20000 v. Chr. besiedelten Aborigines diesen entlegenen Steilhang aus Sandstein im Northern Territory. Die Behausung weist einige der bemerkenswertesten Darstellungen der Mythologie der Aborigines auf. Sie offenbaren, wie die frühesten Gesellschaften die Geister und Götter der Natur, des Blitzes und der Stürme verehrten.

Namondjok ist die zentrale Figur des Hauptgemäldes. Er hatte eine inzestuöse Beziehung zu seiner Schwester und wurde in den Himmel verbannt. Er ist nur nachts zu sehen, wenn er als dunkler Punkt in der Milchstraße auftaucht. Zu seiner Rechten sitzt Namarrgon, der *Lightning Man*, der ebenso eine wichtige Rolle in den Schöpfungslegenden spielte. Das weiße Band, das ihn umgibt und seine Knöchel, seinen Kopf und seine Hände verbindet, ist sein Blitz. Einer uralten Traumzeitgeschichte zufolge kamen Namarrgon und seine Familie vom Meer und reisten jahrhundertelang durch Australien. Auf seinen Reisen hinterließ Namarrgon seine Kraft an vielen Orten. Auf seiner letzten Reise, als er sich vom Osten dem Steilhang in der Nähe des Nourlangie Rock näherte, blickte er über die Klippe, nahm ein Auge heraus und platzierte es am Rand, wo es auf die Sturmsaison wartet. Dabei handelt es sich angeblich um den großen runden Felsbrocken, der vom Aussichtspunkt Gunwarddehwardde aus zu sehen ist.

Der *Lightning Man* hat die Form einer Gottesanbeterin. Er ruft Donner hervor, indem er die Wolken mit einer Axt schlägt. Wenn er auf die Erde kommt, spaltet er die Bäume mit seiner Axt und schlägt die Dächer von den Häusern. Jedes Jahr taucht Namarrgon Ende Oktober auf. Die gesamte Regenzeit hindurch treffen seine Blitze auf die Erde, bis er schließlich im März verschwindet. Wenn die Aborigines das letzte Donnergrollen vernehmen, ist es Namarrgon, der sagt: „Zeit zu gehen, doch nächstes Jahr komme ich wieder."

Namarrgon und seine Frau Barrginj schufen grässliche Kinder in Gestalt von Heuschrecken, die sogenannten Alyurr. Jeden November ziehen diese Heuschrecken übers Land, wenn der *Lightning Man* erscheint. Die Alyurr werden von den Aborigines hoch geachtet, da sie ihnen angeblich während der Traumzeit ihre Sprache, ihren Glauben und ihre Kultur gaben.

Es gibt drei Hauptstätten am Nourlangie Rock. Der Legende nach entstand das Gebiet, als zwei Schöpferahnen in Gestalt von kurzohrigen Felskängurus auf dem Weg von Osten nach Westen vorbeikamen. Sie zogen am Nourlangie Rock und am Anbangbang Billabong vorbei die Felsen hinauf, in die sie zwei Spalten schnitten. Geister wie die Mimi sollen die dünnen Spalten zwischen den Felsen bewohnt haben und blieben dort, um nicht von den starken Winden vernichtet zu werden. Detaillierte zarte Felsmalereien am Anbangbang Shelter zeigen die Mimi-Geister mit ihren dünnen, fragilen, langgezogenen Körpern. Die Mimi sollen den indigenen Völkern Australiens gezeigt haben, wie man jagt, Kängurufleisch zubereitet und Feuer macht. Heute sind Felskängurus oft am frühen Morgen und in der Abenddämmerung am Nourlangie Rock zu beobachten.

TRAUMZEIT

Die Traumzeit galt als Beginn der Schöpfung und als eine Zeit, in der die Geister dem Land Gestalt gaben. Laut Archäologen besiedelten seit der Eiszeit vor 50.000 Jahren Jäger und Sammler Australien. Die Völker lebten in Kleingruppen, und bei der Ankunft der Siedler aus dem Westen im späten 18. Jahrhundert gab es vermutlich über 300 dieser Gemeinschaften mit jeweils eigener Sprache.

In der Traumzeit, einem Ort jenseits von Zeit und Raum, versahen die Geister die Welt mit Tieren und Pflanzen einschließlich allem, was in der Zukunft geboren werden sollte, und hauchten dem alltäglichen Leben eine mystische Dimension ein. Die Traumzeit war eng mit dem Land verbunden, und alles in ihm war von einem eigenen Geist beseelt. Selbst ein Fels oder eine Höhle war von spiritueller Energie, „djang" genannt, durchdrungen. Die bekannteste und heiligste Djang-Stätte ist Ayers Rock im Northern Territory.

Der Felsbrocken auf dem Nourlangie Rock soll das Auge des *Lightning Man* sein, das er hinterließ, um die Menschen an seine jährliche Rückkehr zu erinnern.

Mimi-Geister waren so dünn, dass sie zwischen den Felsspalten Schutz vor den Sturmwinden fanden.

SCHAMANE

HÖHLE VON LASCAUX, FRANKREICH ca. 15.300 v. Chr.

Figur, die mit Weissagung, Heilung und der Geisterwelt verbunden wird

Die Vogelmann-Szene in der Höhle von Lascaux stellt vermutlich einen Schamanen in Trance dar, dem im Jenseits gerade Tiergeister begegnet sind.

In vielen indigenen Kulturen sind Schamanen geachtete Magier und weise Heiler, die imstande sind, sich von der greifbaren Welt abzulösen und in die Geisterwelt einzutauchen. Schamanismus ist der Glaube, dass die sogenannte „Realität" voller unsichtbarer Mächte wie Geister und Dämonen steckt, die die Lebenden in positiver als auch negativer Weise beeinflussen. Diese Geister spielen in der jeweiligen Gesellschaft oder Kultur eine Schlüsselrolle. Schamanen können ihren sterblichen Körper verlassen und in der geistigen Welt agieren, sie können Krankheiten heilen und mit Geistwesen, oft Tieren, kommunizieren. Sobald ein Anwärter zum Schamanen wird, erhält er magische Talismane, die bestimmten kulturellen Bedürfnissen entsprechen. Um in die Geisterwelt zu reisen, muss sich der Schamane zunächst in einen tranceartigen Zustand versetzen, der durch Selbsthypnose, Drogen wie Ayahuasca, schnelles Trommeln, Schwitzhütten, Visionssuchen und andere Rituale herbeigeführt wird.

Am Ende eines 6 m langen Schachts in einer entlegenen Ecke einer der Haupthöhlen des Komplexes von Lascaux, findet sich die Darstellung einer außergewöhnlichen Jagdszene. Der Raum ist so klein, dass er nur von jeweils einer Person betrachtet werden kann. Zwischen den glitzernden Kalzit-Kristallen an der Wand erscheint ein in Rage versetzter großer schwarzer Wisent, der tödlich verletzt ist. Ein spitzer Speer durchbohrt seinen Körper und seine Eingeweide quellen zu Boden. Vor dem Wisent liegt ein Strichmännchen mit Vogelmaske. Einige Forscher haben das Bild als Darstellung eines simplen Jagdunfalls gedeutet, andere halten es für einen Schamanen in ekstatischer Trance. Sein veränderter Bewusstseinszustand wird durch den erigierten Penis angedeutet. In dieser Interpretation ist der Stab, an dessen Ende ein Vogel prangt, vermutlich ein rituelles Instrument, und der Wisent mit den hervorquellenden Eingeweiden ein Tiergeist, dem er im Jenseits begegnet ist und den er getötet hat. Von den rund hundert bemalten Höhlen in Europa weist nur eine Handvoll ähnlich rätselhafte Tier-Mensch-Mischwesen, möglicherweise Gestaltwandler oder Schamanen, auf.

Französische Forscher vermuten, dass die bildlichen Darstellungen im Saal der Stiere von Lascaux eine umfangreiche Sternenkarte darstellen. Schlüsselpunkte auf den Hauptfiguren entsprechen Sternen, wie sie in der Altsteinzeit erschienen. Einer Theorie zufolge repräsentieren die Stieraugen, der Vogel und der Vogelmann die drei Sterne Wega, Altair und Deneb, die zusammen das Sommerdreieck bilden. Archäoastronomen vermuten, dass das Sternbild die Sommersonnenwende markierte. Oder steckt doch eine andere geheimnisvolle Geschichte dahinter?

Der Vogelmann liegt ausgestreckt mit erigiertem Phallus am Boden, eine Hand zeigt auf das Wisent, die andere auf einen Stab, dessen Ende entweder ein Vogelkopf bildet oder auf dessen Ende ein Vogel sitzt. Kontaktiert der schamanische Vogel die Seele des Wisents, um mehr über die Mysterien des Todes zu erfahren, oder handelt es sich dabei um eine schamanische Ritualszene und einen Bericht einer Tötung? Einige Anthropologen vertreten die Theorie, dass die Malereien ein mystisches Ritual darstellen, das dazu diente, zukünftige Jagdversuche zu verbessern. Für diese Theorie würden die überlappenden Bilder einer anderen Tiergruppe in derselben Höhle sprechen, die darauf hindeuten, dass sich ein Bereich der Höhle als geeigneter für die Vorhersage einer reichen Jagdausbeute erwies.

DER ZAUBERER

Eine weitere berühmte Darstellung eines Schamanen ist der *Zauberer* in der Drei-Brüder-Höhle, Ariège, Frankreich. Dieses Kunstwerk datiert auf rund 13.000 v. Chr. Die Bedeutung der Figur ist

ungewiss, doch wird sie meist als gestaltwandlerischer Schamane oder Meistergeist gedeutet. Aufgrund der anderen Bilder auf den Wänden der Grotte ist es wahrscheinlich, dass hier magische Zeremonien stattfanden. Der französische Archäologe Henri Breuil erstellte zahlreiche Skizzen der Höhlenmalereien. Seine Darstellung des *Zauberers* aus den 1920ern mit gehörntem humanoiden Torso und erigiertem Penis beeinflusste viele nachfolgenden Theorien über die Figur. Breuil zufolge stellte die Höhlenmalerei einen Schamanen oder Magier dar, während die britische Archäologin Margaret Murray das Bild als „erste Darstellung einer Gottheit auf der Erde" bezeichnete, eine Vorstellung, die Breuil und andere später übernahmen. Die gängigste Interpretation besagt, dass es ein Schamane beim Vollzug eines Rituals für eine erfolgreiche Jagd ist.

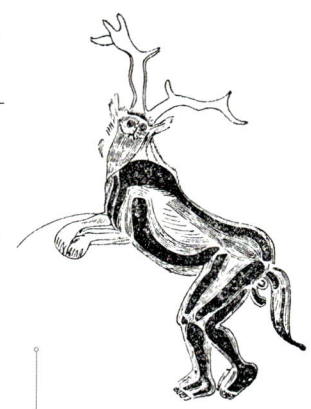

Henri Breuils *Zauberer* wird als Schamane gedeutet, der in einem Ritual die Geister für die Jagd versöhnlich stimmen will.

LABYRINTH
KNOSSOS, KRETA ca. 1860–1814 v. Chr.

Irrgartenähnliche Wege, um jemanden gefangen zu halten oder zu verwirren

Das römische Bodenmosaik der Villa Desenzano, Brescia, Italien, aus dem 4. Jahrhundert zeugt davon, dass Labyrinthe weit verbreitet waren.

Das Labyrinth tauchte zum ersten Mal im Herzen der minoischen Zivilisation im Palast von Knossos, Kreta auf. Der Palast war ein politisches und zeremonielles Zentrum, der für sein Gewirr aus Gemächern, Wohnräumen, prächtigen Wandmalereien und schmuckvollen Keramiken bekannt war. Der unter Pharao Amenemhet III. (1860–1814 v. Chr.) errichtete Palast wurde gegen Ende der Spätbronzezeit zwischen 1380 und 1100 v. Chr. aufgelassen.

In der griechischen Mythologie residierte König Minos, der Herrscher von Kreta, im Palast von Knossos, wo er den Baumeister Dädalus beauftragte, ein Labyrinth zu errichten, in das er seinen Sohn, das Ungeheuer Minotauros, sperren konnte. In Homers Mythos von Minotauros segel-te Theseus, ein Prinz aus Athen, nach Kreta, wo er gezwungen wurde, gegen den Minotauros, ein Mischwesen aus Mensch und Stier, zu kämpfen. Die Tochter des Königs, Ariadne, verliebte sich in Theseus. Bevor der Prinz das Labyrinth betrat, gab sie ihm einen Faden, den sie an einem Stein am Eingang befestigte. Theseus wickelte beim Durchschreiten des Irrgartens den Faden ab, damit er wieder den Weg hinaus finden konnte, nachdem er den Minotauros getötet hatte. Späte-re Dichter wie Ovid deuten an, dass Dädalus das Labyrinth so schlau konstruierte, dass er selbst fast nicht mehr den Weg hinaus fand.

Labyrinthe sind entweder unikursal, also mit einer ununterbrochenen Linie, oder multikursal, aus mehreren oder verwirrenderen Wegen und einer Reihe von Linien wie etwa das Labyrinth von Knossos. Bereits im Neolithikum und in der Bronzezeit wurden labyrinthartige Symbole in Felsen geritzt und auf Tonwaren gemalt oder ge-kratzt. Die Darstellung eines Labyrinths auf einem etruskischen Weinkrug aus Tragliatella, Italien, aus dem späten 17. Jahrhundert v. Chr. zeigt bewaff-nete Soldaten zu Pferd sowie ein Labyrinth, in dessen äußersten Kreis das Wort „TRVIA" (Troja) geschrieben ist. Im späten Mittelalter schufen walisische und kornische Schafhirten unikursale Labyrinthe im Rasen, die schließlich zu einem Punkt in der Mitte führten. Sie nannten sie „Caer Droia", was so viel wie Stadt Troja oder Stadt der Wendungen bedeutet. Die Labyrinthe wurden vermutlich für symbolische Bußreisen benutzt und stehen im Zusammenhang mit heidnischen My-then und der verheerenden Belagerung von Troja.

Labyrinthe, die sich im Römischen Reich großer Beliebtheit erfreuten, dienten als Schutzsymbole, und wurden oft auf Bodenmosaiken in Bauwerken dargestellt. Auch im Freien wurden Labyrinthe als Spielplatz für Kinder und als Geschicklichkeitstest für berittene Soldaten angelegt. Im Mittelalter aber

Dieses Detail eines mykenischen Trinkbechers, Kylix genannt, aus dem British Museum, London, zeigt Theseus, der den Minotauros im Herzen des Labyrinths vernichtet.

wurde das Labyrinth mit mystischen Erfahrungen in Verbindung gebracht.

Mittelalterliche Labyrinthe aus buntem Marmor und Fliesen wurden in Kirchen und Kathedralen vom Klerus oft für Tänze benutzt. Das Labyrinth spiegelte die Komplexität des geistigen Glaubens, des Lebens und der Philosophie der damaligen Zeit wider. Ein berühmtes Beispiel

ist das unikursale Labyrinth der Kathedrale Notre-Dame de Chartres in Frankreich aus dem frühen 13. Jahrhundert, das bis heute erhalten ist. Es wurde zum Ziel von Pilgerreisen, bei denen der Gang durchs Labyrinth mit dem Gang auf einem spirituellen Weg zum Zentrum, also Jerusalem, gleichgesetzt wurde. Auf diese Weise macht der Gläubige eine symbolische Pilgerreise in die Heilige Stadt oder hat eine individuelle Erfahrung des Göttlichen.

In Großbritannien und Deutschland entstanden Labyrinthe ab dem späten Mittelalter, indem man verschiedene Muster in den Rasen von Dorfwiesen, Hügeln und öffentlichen Plätze schnitt, so etwa in Saffron Walden, Essex. Labyrinthe, die als Tanzplatz für Feierlichkeiten dienten, waren einst weit verbreitet. Auch in Shakespeares *Mittsommernachtstraum* taucht eines auf. Mittlerweile sind aber nur mehr acht historische Exemplare in England und drei in Deutschland erhalten. Anderswo in Europa werden begehbare Labyrinthe aus Steinen auf entlegenen Inseln in Skandinavien mit den abergläubischen Praktiken von Fischergemeinschaften in Verbindung gebracht. Weitere Exemplare wurden neben prähistorischen Grabstätten in Südschweden und im arktischen Russland entdeckt.

Eine antike kretische Münze, die man in Knossos fand, zeigt das Labyrinth.

Das Labyrinth der Kathedrale von Chartres aus dem 13. Jahrhundert ist eines der bekanntesten Exemplare der Welt.

DISKOS VON PHAISTOS
KRETA ca. 1700 v. Chr.

Die Bedeutung der kunstvollen Symbole und Zeichen bleibt ein Rätsel

Beide Seiten des Diskos von Phaistos zeigen Glyphen und Symbole. Obwohl einige davon identifiziert wurden, ist ihre Bedeutung bis heute ungewiss.

Der Diskos von Phaistos ist eine rätselhafte Tonscheibe, die auf beiden Seiten mit einer Spirale aus Symbolen versehen ist. Diese Symbole sind ganz anders als alle anderen Zeichen der bekannten Schriftsysteme. Er wurde 1908 in der antiken Stadt Phaistos im Süden Kretas entdeckt und datiert vermutlich auf rund 1700 v. Chr. Da bis dato keine ähnlichen Artefakte in Kreta gefunden wurden, wird vermutet, dass die Scheibe von woanders stammt.

Die Minoer waren bedeutende Seehändler, deren Zivilisation auf der Insel Kreta entstand und von 2700 bis 1500 v. Chr. florierte. Ihre kulturellen Kontakte reichten weit über die Insel hinaus, vom Alten Königreich Ägypten bis Zypern, Kanaan sowie Anatolien und zur Levantinische Küste. Im Jahr 2009 wurden bei Ausgrabungen des Tel-Kabri-Palasts in Israel Fresken und zahlreiche andere Artefakte im minoischen Stil entdeckt. Einige der Symbole auf dem Diskos von Phaistos könnten wichtige Hinweise auf die Bedeutung der Glyphen und ihren Ursprung liefern. Eines zeigt einen Helm mit Helmzier, der später von den Philistern benutzt wurde; ein anderes zeigt eine Struktur, die einem von den Lykiern in Kleinasien verwendeten Sarkophag ähnelt. Die relativ detailreichen Inschriften wurden mittels Stempeln in spiralförmigem Verlauf Richtung Mitte aufgedruckt. Die Scheibe wurde dann bei hoher Temperatur gebrannt.

Insgesamt finden sich auf ihr 241 Figuren und viele der 45 Glyphen stellen leicht erkennbare Alltagsgegenstände wie Boot, Schild und Stab sowie menschliche Figuren, Vögel, Insekten, Fische und Pflanzen dar. Zudem gibt es 18 Strichmarkierungen, die jeweils unterhalb des letzten Zeichens in einer Gruppe stehen. An mehreren Stellen weist der Diskos von Phaistos auch Spuren von Korrekturen auf, die der Hersteller vorgenommen hat, als ob er Symbole nochmals stempeln oder neue

Symbole zwischen anderen Glyphen einfügen musste.

Die Inschriften sind in 61 Gruppen unterteilt, ihre Entzifferung blieb allerdings bisher erfolglos. Es wird spekuliert, dass die Piktogramme phonetisch sein oder ägyptischen Hieroglyphen ähneln könnten. Eine andere Theorie besagt, dass die Scheibe ein Artefakt ist, das eine zeremonielle oder magische religiöse Funktion hatte und daher kein entwickeltes Schriftsystem darstellt. Durch den Einsatz von Stempeln bestand die Möglichkeit der Massenproduktion, sodass unter Umständen noch weitere Exemplare gefunden werden.

Einige Archäologen meinen, die Scheibe sei ein religiöser Gegenstand, andere dass er für permanente Aufzeichnungen oder einem Schiffskapitän dazu diente, in sämtlichen Häfen die Geschäfte zu protokollieren oder die angeforderten Lieferungen einzutragen.

Die Glyphen werden entweder als geheime Botschaft, Gebete, eine Erzählung oder Abenteuergeschichte, ein Ruf zu den Waffen oder ein geometrisches Theorem gedeutet. Nach gängiger Vorstellung handelt es sich beim Diskos von Phaistos um ein Mantra, das für Heilungsrituale benutzt wurde, einen Zauberspruch für magische Zeremonien, einen Bauernkalender oder eine andere Art Kalender. Andere wiederum sind der Auffassung, dass es sich bei den Zeichen um Markierungen für ein Brettspiel handeln könnte, das die Reisen des Sonnengottes und der Mondgöttin sowohl in astronomischer als auch in mythischer Hinsicht abbildete.

MINOISCHE SYMBOLE

Die minoische Zivilisation, 3500 v. Chr., war nicht nur eine einflussreiche Handelsmacht, sondern auch eine Kultur, die Göttinnen verehrte. Minoische Symbole wie Schlange, Stier und Mohnblume werden mit der Muttergöttin in Verbindung gebracht, die auch als Herrin der Tiere gilt. Abbildungen von Stiersprüngen tauchen immer wieder in der minoischen Kunst auf und die Übung war vermutlich Bestandteil eines Rituals. Andere häufige Symbole sind minoische Gottheiten und die Labrys. Erstere sind mythische Wesen, die manchmal mit dem Kopf eines Löwen oder Nilpferdes dargestellt wurden und eine bedeutende Rolle bei verschiedenen religiösen Zeremonien spielten. Sie werden oft mit Wasserbehältern dargestellt. Die Labrys ist eine Doppelaxt, die zur Tötung des Opferstiers verwendet wurde. Sie war ein mächtiges Symbol, das in Knossos als Dekor auf Wänden und Keramiken gefunden wurde.

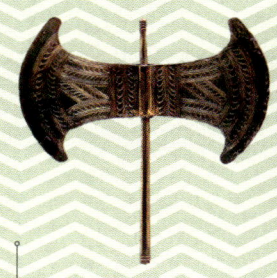

Die Labrys, eine Doppelaxt, war ein Symbol der minoischen Göttin, die über Knossos und sein Labyrinth regierte.

DER MINOISCHE STIER

Der Stier als Symbol der Stärke war im alten Kreta Sinnbild für die königliche Macht. Stiersprünge und Stiere allgemein waren vermutlich ein wichtiger Teil der minoischen Kultur. Bei Ausgrabungen in Knossos traten mehrere Fresken mit Bildern von Stiersprüngen zutage. Die übertriebene Größe des Stiers im Vergleich zum Springer zeugt von der Ehrfurcht der Minoer vor dem Tier. Der Stiersprung ist ein akrobatischer Sprung über einen Stier. Sobald der Springer die Hörner des Stiers fasste, schwang dieser seinen Hals wild nach oben und gab dem Springer den nötigen Schwung für seine Salti und anderen akrobatischen Einlagen.

ORAKELKNOCHEN
CHINA ca. 1500–1000 v. Chr.

Beschriftete Knochen zur Weissagung

Eine der ältesten Methoden der Weissagung war der Einsatz chinesischer Orakelknochen. Dieser stammt aus der Hopkins Collection der Cambridge University Library, England.

Bei Ausgrabungen in Anyang, China, Ende des 19. Jahrhunderts, traten über 10.000 Orakelknochen, primär die Schulterblätter von Ochsen und Schildkrötenpanzer, zutage, die mit Urformen der chinesischen Schriftzeichen versehen waren. Sie wurden zwischen 1500 und 1000 v. Chr. zur Weissagung benutzt, aber Jahrhunderte lang war ihr Geheimnis tief unter der Stadt verborgen. Der Legende nach soll sie ein Arzt 1899 auf der Suche nach „Drachenknochen" entdeckt haben, die er für eine spezielle Arznei zermahlen wollte. Die Orakelknochentexte sind die ältesten erhaltenen Dokumente in chinesischer Sprache. Sie sind ein Verzeichnis von Fragen, die verschiedene Mitglieder des Kaiserhauses Shang stellten, in der Hoffnung, dass der Wahrsager oder Seher ihnen Ratschläge über die Zukunft erteilen könne. Durch Analyse der Orakelknocheninschriften und anderer Artefakte gelang es den Forschern, viele Details der ältesten chinesischen Zivilisationen in einen Zusammenhang zu bringen. Anhand der Orakelknochen konnten sie die Namen von Königen und deren Regierungsstil sowie militärische Geschichte, religiöse Glaubensvorstellungen, Rituale und Sozialverhalten rekonstruieren.

Die Verehrung der Ahnen und Ahnengeister ist in den meisten alten Glaubensvorstellungen Chinas tief verwurzelt. Daher verwundert es kaum, dass die erste erfolgreiche dynastische Familie, die Shang, glaubte, ihre Macht rühre vom spirituellen Kontakt zu ihren Ahnen mittels Orakelknochen. Kriegserfolge, Jagdexpeditionen und Ernte hingen alle vom Wohlwollen dieser royalen Ahnen ab. Krankheit, Tod durch Unfall, Mord und

Naturkatastrophen waren Strafen der Geister, die nicht ins Jenseits übertreten konnten. Durch die Verehrung der eigenen Ahnen sicherte man sich deren Unterstützung.

Die Inschriften auf den Orakelknochen belegen, dass der Herrscher professionelle Wahrsager beauftragte, ein breites Spektrum an Fragen zu beantworteten, wie „Wird der König einen Sohn haben?", „Wird es morgen regnen?", „Werden wir siegen, wenn wir tausend Mann in die Schlacht schicken?" und sogar „Ist Ahne X für die lange Dürre verantwortlich?". Der Wahrsager schnitzte die Frage in den Knochen. In die andere Seite des Knochens machte er mehrere kleine Vertiefungen. Dann steckte er einen heißen Metallstab in diese Mulden, bis der Knochen sprang. Durch die Risse entstanden Muster, die gedeutet wurden. Antwort und letztlicher Ausgang wurden auf die andere Seite geschnitzt.

Archäologen entdeckten, dass vor der Zeremonie absichtlich einige Löcher so in die Knochen

gebohrt wurden, dass sie auf bestimmte Weise sprangen und der Wahrsager die gewünschte Zukunft weissagen konnte. Auf diese Weise konnte ein Seher, der es sich mit dem Herrscher oder seiner Familie nicht verscherzen wollte, eine passende Vorhersage zu seinen und zu Gunsten des Fragenden sicherstellen.

Diese altchinesische Inschrift aus der Shang-Dynastie offenbart die Zukunft des Kaisers.

ANDERE ORAKEL

Im alten Indien war ein Orakel eine Person, die Akashvani oder Asariri (tamilisch) – „Stimme aus dem Himmel" – genannt wurde und Botschaften von den Göttern übermitteln konnte. Orakel spielten in vielen Epen wie dem *Ramayana* eine wichtige Rolle. Darin prophezeite ein Orakel Kamsa, dem bösen Onkel Krishnas, dass der achte Sohn seiner Schwester Devaki ihn töten werde. Akashvanis sind auch heute noch in Indien vertreten.

Bei den Yukatekischen Maya gab es Orakelpriester (*chilanes*), was wörtlich „Mundstücke" der Gottheit bedeutet. Die „Chilam-Balam-Bücher" stellen ein schriftliches Archiv des traditionellen Wissens dar. Sie stammen von einem Orakelpriester, der richtigerweise die Ankunft der Spanier und das damit verbundene Unheil prophezeite.

Die Muster und Risse in den Knochen wurden als Botschaften der Götter gedeutet.

WEISSAGUNG

RUNEN WERFEN
Das Werfen von Runen geht ins Mittelalter zurück. Die Steine werden auf einen Tisch oder den Boden geworfen und das Symbol, das oben aufliegt, wird entsprechend der Anordnung gedeutet.

MUSTER LESEN
Bei vielen Orakeltechniken geht es um die Beobachtung von Mustern in der Natur. Dazu gehören Vogelschwärme, Wellen an der Wasseroberfläche, Rauch und tropfendes Kerzenwachs sowie die Muster der Sterne am Himmel, und das Deuten von Tiereingeweiden und Reflexionen in Spiegeln oder im Wasser.

PENDELN
Die Zukunft wird mithilfe eines Pendels vorhergesagt. Dabei geht es um die Richtung, in die das Pendel bei bestimmten Fragen ausschlägt. Die vier verschiedenen Schwingungsrichtungen entsprechen: ja, nein, weiß nicht, noch einmal probieren.

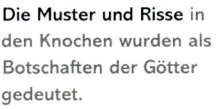

ASTRONOMISCHER KALENDER
BABYLON, MESOPOTAMIEN 1500 v. Chr.

Gewährt Einblicke in das astronomische Wissen der Babylonier

Diese assyrische Sterntafel (ca. 650 v. Chr.) in der Kuyunjik Collection, British Museum, London, dürfte einst zur Weissagung benutzt worden sein.

Um 1500 v. Chr. entstand in Babylon eine Frühform des astronomischen Kalenders auf Ton- oder Steintafeln. Diese Tafeln gaben die Bewegungen und die Sichtbarkeitszyklen des Planeten Venus an und beruhten auf jahrzehntelangen akribischen Beobachtungen, die auf Tempeltürmen, den Zikkurats, wie des Marduktempels in Babylon angestellt wurden. Etwas später als die Venus-Tafeln, vermutlich um 1300 v. Chr., entstand eine weitere Sammlung von Texten, die die Sternpositionen angaben. Diese Texte werden „Drei-Sternlisten" oder auch Astrolabien genannt.

Auf diesen Tafeln wurde für jeden Monat der „heliakische Aufgang" von drei Sternen ausge-

macht, d. h. der Zeitpunkt, an dem die Sterne unmittelbar vor der Morgendämmerung aufgingen und sichtbar waren. Dies erfolgte nach einer Phase namens „heliakischer Untergang", in der sie nicht zu sehen waren. Kreisdiagramme oder Scheiben wurden durch radiale Speichen in zwölf gleiche Segmente (ähnlich einem modernen Horoskop) unterteilt, die die zwölf Monate des Jahres repräsentierten. Die Scheiben wurden auch horizontal in drei Zonen geteilt, die das nördliche, zentrale und südliche Band des Himmels repräsentierten. Die nördliche Hemisphäre gehörte zum Gott Enlil, der Äquator zum Gott Anu und die südliche Hemisphäre zu Enki. Die Grenzen lagen 17 Grad Nord und Süd, sodass die Sonne exakt drei aufeinanderfolgende Monate in jedem Drittel stand.

Die Grundfunktion der „Drei-Sternlisten" bestand darin, jeden Monat mit einem bestimmten astronomischen Ereignis wie dem heliakischen Aufgang der auserwählten Sterne in Verbindung zu setzen. Vor 1000 v. Chr. zeigten die Sternkarten nicht die jährliche Passage der Sonne durch die Sternbilder des Tierkreises, die erst identifiziert und benannt werden mussten. Einige Sternengruppen wie die Plejaden, Orion und der Große Bär wurden bereits benannt. Obwohl einige babylonische Artefakte mit Löwen und Skorpionen versehen sind und sich daher scheinbar auf Sternbilder beziehen, sollte der Tierkreis und seine astronomische und astrologische Funktion erst zu einem späteren Zeitpunkt bekannt werden.

Die Venus-Tafeln und die „Drei-Sternlisten" offenbaren, dass die Babylonier Dutzende Sterne identifiziert und deren Bahn am Himmel vor 1000 v. Chr. abgebildet hatten. Sie teilten den Himmel in Zonen ein und erkannten die Komplexität der Planetenbahnen. Trotz fehlender geometrischer Bahnen, Kurven und Kreise bildete das babylonische System viele Himmelspositionen Jahrhunderte vor Entstehung der griechischen Astronomie ab.

Bei den Babylonern galten die Planeten als „Götter der Nacht". Aus dieser Vorstellung wurde ein Zusammenhang zwischen der Bewegung der Planeten und den Handlungen der Menschen abgeleitet. Die Sterne vergegenwärtigten nicht ein irreversibles Schicksal, sondern Omen, durch die sich bei korrekter Deutung das Böse abwenden ließ. Auf diese Weise, so glaubten die Babylonier, sprachen die Götter zu den Menschen, und die Beschäftigung mit dieser Sprache der Planeten war die Grundlage der antiken Astrologie. In der Tafel des Schamasch (ca. 9. Jahrhundert v. Chr.) sitzt der Sonnengott auf seinem Thron und hält den Ring und den Stab der göttlichen Gerechtigkeit. Der König wird von zwei *ummanu* (Omenberatern) begleitet und unter dem Thron offenbaren zwei *apkallu* (Geister) göttliche Weisheit.

Um das 5. Jahrhundert v. Chr. beschrieben babylonische astronomische Texte erstmals die Positionen von Sonne, Mond und Planeten in Bezug auf zwölf Tierkreiszeichen. Dies bildete nun den nötigen Bezugspunkt, um einen Stern oder Planeten als auf 5 Grad Widder oder 20 Grad Löwe etc. beschreiben zu können. Die Namen der Sternbilder dienten dazu, einen fixen, imaginären 30-Grad-Abschnitt des Himmels zu

beschreiben, doch woher stammen die Namen? Am wahrscheinlichsten ist, dass sie von bedeutenden Kulten oder Ritualen oder von Symbolen in mesopotamischen Mythen herrühren, in denen Götter als Mischwesen aus Mensch und Tier personifiziert wurden. Der Löwe, die Ziege, der Fisch und so weiter könnten die antiken Archetypen dieser mythischen Wesen repräsentieren.

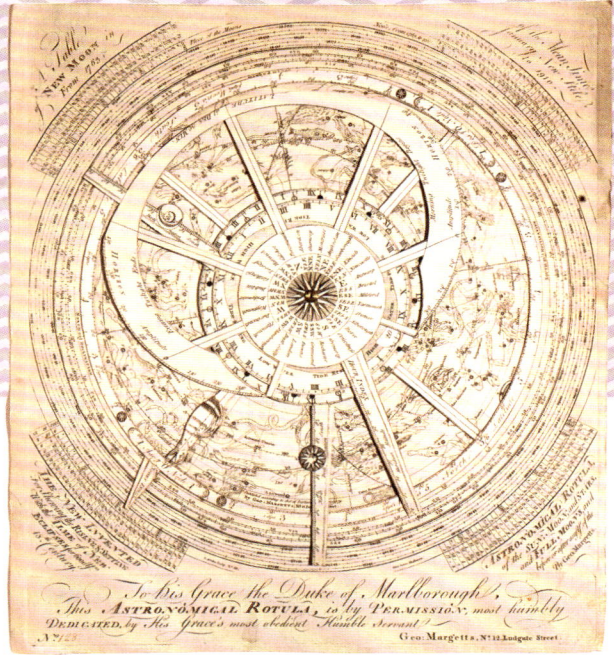

Mit diesem astronomischen Kalender (1799) von George Margetts konnten Ereignisse bis zu 6.000 Jahre in der Vergangenheit oder Zukunft ermittelt werden.

Diese Tafel zeigt einen großen Moment für einen babylonischen König. Er wird von zwei Sehern begleitet, die dem Sonnengott Schamasch die Ehre erweisen.

TIERKREISZEICHEN

WIDDER

Das erste der vier Feuerzeichen, das durch den Widder symbolisiert wird, wird mit impulsiver Energie, Stärke und Mut assoziiert. In diesem Zeichen Geborene, die vom Planeten Mars beherrscht werden, gelten als selbstzentriert, unabhängig und willensstark. Der Widder gilt traditionell als eigenwilliges Zeichen – zuerst handeln, erst dann nachdenken.

STIER

Der Stier symbolisiert die Eigenschaften Widerstandsfähigkeit und Stärke. Er ist eines der vier Erdzeichen und in diesem Zeichen Geborene gelten als besitzergreifend und gewalttätig, wenn man sie reizt, aber auch faul, träge und sinnlich. Stiere sorgen sich mitunter sehr um materielle Sicherheit und häufen Reichtum an, wo immer sie können.

ZWILLINGE

Die Zwillinge symbolisieren die Dualität des Lebens: hell und dunkel, oben und unten, schwarz und weiß, und so weiter. Sie gelten als vielseitig und kommunikativ, unterliegen aber raschem Stimmungswechsel und schwankenden Energiepegeln. Menschen im Umfeld von Zwillingen haben oft das Gefühl, mit mindestens zwei verschiedenen Personen zusammenzuleben.

WAAGE

Die Waage ist ein Luftzeichen und das einzige Sternzeichen, das durch ein lebloses Objekt symbolisiert wird: die Waage der Ausgeglichenheit und Harmonie. Die Waage ist auf Gerechtigkeit und Kompromisse bedacht. Ihre angebliche Unentschlossenheit rührt von dem Bedürfnis, alles zu beurteilen, um ein optimal ausgewogenes Urteil fällen zu können.

SKORPION

Das „M"-ähnliche Symbol mit pfeilartigem Schwanz soll den Skorpion und seinen tödlichen Stich repräsentieren. Skorpione sind erbittert und grüblerisch. Sie haben den Ruf, nach Rache zu dürsten. Das achte Zeichen des Tierkreises wird mit erotischer Leidenschaft, Sex, Tod und anderen tabuisierten Themen assoziiert.

SCHÜTZE

Der Schütze wird durch einen Kentaur (halb Mensch, halb Pferd) symbolisiert. Er gilt als rastlos und ist ständig auf der Suche nach neuen Horizonten. Der Pfeil steht für Ziele, Träume und Hoffnungen, die auf ein unrealistisches Ziel abgefeuert werden. In diesem Zeichen Geborene machen sich meist viele Gedanken über das Leben und können es aus einer erhabenen Perspektive betrachten.

KREBS

Das Symbol des Krebses offenbart die seitliche Herangehensweise und die unglaubliche Beharrlichkeit, die mit diesem Zeichen verbunden wird. Traditionell haben Krebsgeborene eine harte Schale, um ihr verletzliches Inneres zu schützen. Krebse sind meist sehr emotional und oft anhänglich, sind aber durch und durch loyal, wenn sie Seelenverwandten begegnen.

LÖWE

Der Löwe ist ein temperamentvolles Feuerzeichen, das aber auch so sanft wie ein Kätzchen sein kann. Löwen sind meist stolz, anmutig, sinnlich und lebenslustig. Wie aber der König oder die Königin der Katzen erheben Löwegeborene den Anspruch, der Beste zu sein und im Mittelpunkt zu stehen, sonst brüllen sie laut, um sich durchzusetzen.

JUNGFRAU

Die Jungfrau ist die einzig weibliche Figur im Tierkreis. Als Erdzeichen wird sie traditionell mit Gesundheit, Sauberkeit und allen Formen von Diensten und Heilung verbunden. In diesem Zeichen Geborene beschäftigten sich oft obsessiv mit ihrer Gesundheit, sind aber auch unglaublich geschickt darin, die Wahrheit aufzudecken und Details und Informationen zu durchforsten.

STEINBOCK

Das von Saturn beherrschte Erdzeichen wird durch eine Ziege symbolisiert. Steinböcke agieren angeblich wie Hausziegen – ewig an einen Strick gebunden, sie wagen sich nie über ihr Feld hinaus – oder wie Bergziegen, die Möglichkeiten erkennen und immer höher klettern. Steinböcke können rücksichtslos ehrgeizig sein oder Veränderungen fürchten.

WASSERMANN

Wassermänner denken über alles nach und sprechen darüber. Sie können emotional distanziert sein, haben aber ein starkes Empfinden für Gerechtigkeit und Menschenrechte. Der Wassermann ist ein intellektuelles Luftzeichen. Das aus dem Krug fließende Wasser symbolisiert den endlosen Fluss von mentaler Energie und originellen Ideen.

FISCHE

Das Symbol der in entgegengesetzte Richtungen schwimmenden Fische symbolisiert den inneren Kampf der Fisch-Persönlichkeit. Eine Seite sucht nach spiritueller Erlösung, die andere nach persönlichem Erfolg. Es heißt oft, das letzte Zeichen des Tierkreises enthalte alle anderen Zeichen und sei selbst ein Ozean voller Identitäten der anderen.

MYSTERIEN VON ELEUSIS
GRIECHENLAND ca. 1500 v. Chr.

Ein Zyklus aus bekannten religiösen Riten und Zeremonien

Dieses französische Relief (1819) im Stil altgriechischer Vasen zeigt Szenen und Rituale aus den geheimen Initiationszeremonien der Mysterien von Eleusis.

Unter den geheimen religiösen Riten des antiken Griechenland zählen die Mysterien von Eleusis zu den bekanntesten. Dabei handelte es sich um Initiationsriten, die jedes Jahr zu Ehren von Demeter und Persephone in Eleusis abgehalten wurden. Ihre Ursprünge gehen vermutlich auf einen alten Ackerbaukult zu Ehren Demeters zurück, der in der mykenischen Zeit zwischen 1600 und 1100 v. Chr. einsetzte.

Die späteren Mysterien stehen im Zeichen des Mythos über Persephones Entführung durch Hades, die Suche ihrer Mutter Demeter sowie ihre Wiedervereinigung. Sie umfassen einen Zyklus in drei Phasen: der Abstieg (Verlust), die Suche und der Aufstieg von Persephone aus der Unterwelt und die Vereinigung mit ihrer Mutter. Eines der Hauptsymbole sind die drei Weizenähren, die für Fruchtbarkeit, Wachstum und Ernte stehen, aber auch für Abstieg, Suche und Aufstieg.

Die Riten, Zeremonien und Glaubensvorstellungen der Mysterien von Eleusis wurden geheim gehalten und die Kandidaten glaubten, ähnlich wie bei den Mysterien der Orphiker im Jenseits eine Belohnung zu erhalten. Die Mysterien umfassten Trancezustände oder veränderte Bewusstseinszustände. Priesterinnen konnten Visionen haben und die Kandidaten mussten sich an der Heraufbeschwörung der Geister aus dem Jenseits beteiligen. Einigen Forschern zufolge basierte die Wirkungskraft und die lange Dauer der Mysterien von Eleusis auf der Einnahme von psychedelischen und anderen halluzinogenen Substanzen. Die Mysterien waren dazu gedacht, den Menschen über die menschliche Sphäre empor zu heben: selbst ein Gott oder göttlich zu werden und somit mit Unsterblichkeit belohnt zu werden.

Die Beziehung zwischen Demeter und Persephone war der Schlüssel zur gesamten griechischen Philosophie von Tod und Wiedergeburt und zum wechselnden Zyklus des Lebens und der Jahreszeiten. In ihrer Trauer über den Verlust ihrer Tochter sorgte Demeter dafür, dass alles auf der Erde unfruchtbar blieb und alle mit ihr leiden mussten. Erst als die Götter einschritten und beschlossen, dass Persephone vier Monate bei Hades in der Unterwelt und dann wieder für acht Monate auf die Erde zurückkehren könne, lenkte sie ein. In diesem Sinn symbolisierte Demeter die Macht der passiven Aggression.

Der Mythos wurde zum ersten Mal in den Homerischen Hymnen von rund 650 v. Chr. erzählt. Der Hymne zufolge pflückte Demeters Tochter Persephone mit Freunden Blumen, als sie von Hades in sein Reich in der Unterwelt verschleppt wurde. Verzweifelt suchte Demeter überall nach ihrer Tochter. Aus Trauer hörte sie auf, sich um die Pflanzen zu kümmern, was zu einer Hungersnot führte. Darauf hin wurden die Götter nicht mehr angebetet und ihnen wurden keine Opfer mehr dargebracht, also erlaubte Zeus Persephone die Rückkehr zur Erde für eine bestimmte Zeit.

KLEINER UND GRÖSSER

Die kleineren Mysterien von Eleusis wurden ein Mal im Jahr zu Frühlingsbeginn im Monat der Blumen, Anthesterion genannt, abgehalten. Vier Kategorien von Menschen nahmen an den kleineren Mysterien von Eleusis teil: Priester, Priesterinnen, Hierophanten (Enthüller der heiligen Mysterien und meist Hohepriester) sowie Kandidaten. Nur die in das Mysterium Eingeweihten wussten, was die *kiste*, ein heiliger Kasten, und der *kalathos*, ein Deckelkorb, enthielten. Die Inhalte bleiben wie so viele Elemente der Mysterien von Eleusis unbekannt. Angeblich aber enthielt die *kiste* eine goldene mystische Schlange, ein Ei und einen Phallus sowie Samen, die Demeter geweiht waren.

Um sich für die Initiation zu qualifizieren, opferten die Teilnehmer Demeter und Persephone ein Ferkel und reinigten sich rituell im Fluss Ilissos. Nach Vollendung der kleineren Mysterien von Eleusis waren die Teilnehmer würdig, den größeren Mysterien von Eleusis beizuwohnen. Diese fanden ebenso einmal im Jahr statt, doch alle vier Jahre wurden sie mit mehr Pomp gefeiert.

Im Jahr 170 n. Chr. wurde der Tempel der Demeter in Eleusis von den Sarmaten zerstört, von Marc Aurel aber wiedererrichtet, der als einziger Laie den Tempel betreten durfte. Mit der Ausbreitung des Christentums im 4. und 5. Jahrhundert schwand die Bedeutung der Mysterien von Eleusis. Der letzte heidnische Kaiser von Rom, Julian, versuchte, die Mysterien wiederzubeleben. Unter Kaiser Theodosius I. wurden sie jedoch 392 n. Chr. verboten. Als Alarich, König der Goten, in Griechenland eindrang, wurde der heilige Tempel 396 n. Chr. geplündert und niedergebrannt. Im 19. Jahrhundert wurden die Mysterien für die Künstler der Romantik wie Evelyn de Morgan zu einer wichtigen Inspirationsquelle.

In *Return of Persephone* (1891) von Frederick Leighton wird Persephone von Hermes in die Oberwelt zu ihrer Mutter gebracht.

Die drei Ähren symbolisierten Fruchtbarkeit, Wachstum und Ernte sowie Abstieg, Suche und Aufstieg.

BÖSER BLICK
GRIECHENLAND ca. 7. Jahrhundert v. Chr.

Unheilvoller Blick, der Schaden und Unglück bringt

Dieses römische Mosaik aus dem Haus des bösen Blicks in Antiochia zeigt, wie das böse Auge von mächtigen Zaubern wie Penis, Schlange, Skorpion, Hund, Dreizack und Schwert angegriffen wird.

Der böse Blick ist ein unheilvoller Blick oder Ausdruck, der im Glauben vieler Kulturen Schaden über die Person bringt, auf die er gerichtet ist. Überall auf der Welt wurden Talismane zum Schutz vor dem bösen Blick entwickelt. Es ist verwirrend, dass diese auch als böser Blick bezeichnet werden. Der Ausdruck bezieht sich auch auf die gewissen Personen zugeschriebene Kraft, andere zu verfluchen oder ihnen Schaden zuzufügen.

Der Glaube an den bösen Blick reicht bis ins 7. Jahrhundert v. Chr. im antiken Griechenland zurück. Verweise darauf finden sich unter anderem bei Dichtern wie Hesiod, Plato, Plutarch und Plinius dem Älteren. Eine schielende Person war fast überall gefürchtet, Personen mit Augenfehlern galten bei den griechischen Fischern als suspekt. Viele Völker und Kulturen des Mittelmeers und Asiens glaubten an den bösen Blick. Amulette und Schmuck mit Darstellungen des Auges sind

noch heute überall im Nahen Osten sowie in Teilen der Ägäis und Ägypten zu finden, wo sie nicht zuletzt als beliebtes Souvenir für Touristen angeboten werden.

Bei den Römern herrschte der Glaube, dass nicht nur Einzelpersonen, sondern ganze Völker wie etwa jene aus Pontos und Skythien den bösen Blick besaßen. In einem ungewöhnlichen Mosaik aus dem 2. Jahrhundert, das in Antiochia entdeckt wurde, wird das Auge von einem Dreizack und Schwert durchbohrt, von einem Raben angepickt, von einem Hund angebellt und von einem Tausendfüßer, einem Skorpion, einer Katze und einer Schlange angegriffen. Ein gehörnter Zwerg mit riesigem Phallus kreuzt zwei Stöcke. Die griechischen Buchstaben „KAI SU", was „und du (auch)" bedeutet, weisen darauf hin, dass dieses Mosaik den bösen Blick abwehren sollte.

PHALLISCHE AMULETTE

Amulette in Form eines Phallus, der oft Flügel besaß, waren in der römischen Kultur allgegenwärtig und prangten unter anderem auf Schmuck, Türglocken, Windspielen und Lampen. Sie wurden in Anlehnung an das lateinische Wort *fascinare* (verzaubern) als Fascina bezeichnet und dienten der Abwehr des bösen Blicks. Eine Darstellung der Kraft des Fascinum findet sich auf einem römischen Mosaik, das einen Phallus zeigt, der in ein körperloses Auge ejakuliert. Das Motiv taucht auch auf zahlreichen Reliefsculpturen aus Leptis Magna, heutiges Libyen, auf. Eine Terrakotta-Figur aus dem 1. Jahrhundert v. Chr. zeigt zwei kleine phallusförmige Männer beim Zersägen eines Augapfels. Das Fascinum sollte besonders Kinder, und hier primär Jungen schützen. Von Plinius ist der Brauch überliefert, einem Säugling ein Phallus-Amulett um den Hals zu hängen. Tatsächlich wurden kleine Ringe mit Phallus-Dekor entdeckt, die wohl von Kindern getragen wurden.

Scheiben oder Bälle aus konzentrischen blau-weißen Kreisen (meist von innen nach außen, dunkelblau, hellblau, weiß, dunkelblau) symbolisieren den bösen Blick und sind gängige Talismane im Nahen Osten. Im Mittelmeer zieren sie auch den Bug von Booten. In den meisten

Traditionen wirft der Talisman den bösen Blick auf die Person zurück, die ihn aussendet. Fast ausschließlich im Nahen Osten wird die Kraft eines Nazar, einer Form des umgekehrten bösen Blicks, als Gegenzauber für neidvolle Blicke mit zerstörerischer Kraft eingesetzt. In Nordindien lässt sich der als „buri nazar" bezeichnete böse Blick mithilfe eines Armbands mit Anhängern, eines Tattoo oder eines anderen Objekts abwehren.

In Mexiko und Mittelamerika sollen Kleinkinder wegen des Neids anderer besonders vom bösen Blick bedroht sein. Daher erhalten sie zum Schutz oft ein Armband mit Anhängern, meist mit einem augenähnlichen Punkt darauf. Eine andere Gegenmaßnahme besteht darin, Bewunderer das Kind berühren zu lassen und somit den Neid abzuschwächen. In ähnlicher Weise kann eine Person, die ein Kleidungsstück trägt, das Neid erregen könnte, andere dazu einladen, es zu berühren, um den Neid zu vertreiben.

Eine traditionelle Abhilfemaßnahme im ländlichen Mexiko besteht darin, dass ein Heiler ein rohes Hühnerei über den Körper eines Opfers streicht, um die Kraft des bösen Blicks zu neutralisieren. Das Ei wird dann in ein Glas Wasser aufgeschlagen und unter dem Bett des Betroffenen platziert. Schaut das Ei bei späterer Betrachtung gekocht aus, heißt das, dass das Opfer verzaubert wurde. Dank der übernatürlichen Kräfte des Heilers hat sich der böse Blick aufs Ei übertragen und das Opfer ist sofort geheilt.

Im Nahen Osten wird oft ein schützendes Auge, Nazar genannt, als Anhänger getragen.

Das Symbol des bösen Blicks dient auf der ganzen Welt als Talisman, um Böses abzuwenden.

SCHUTZAMULETTE

HAND DER FATIMA

Dieses Zeichen, das gemeinhin Hamsa genannt wird, ist im Nahen Osten und Afrika verbreitet. Im Islam ist es nach Mohammeds Tochter Fatima benannt. Das Bild der offenen rechten Hand ist ein universelles Zeichen des Schutzes und wurde erstmals als Amulett zwischen mesopotamischen Artefakten in den Tempeln von Ishtar entdeckt.

OJO DE DIOS

In Mexiko wird dieses Schutzamulett aus buntem Garn und zwei gekreuzten Stäben gefertigt. Das Ojo de Dios ist ein magisches Objekt, das die Kraft symbolisiert, Dinge zu sehen und zu verstehen, die das physische Auge nicht kennt. Es dient auch dazu, den Fluch des bösen Blicks abzuwenden.

CIMARUTA

Dieses italienische Amulett, das für gewöhnlich um den Hals getragen wird, besteht aus einer Sammlung von Anhängern, die an einem Weinrautenzweig befestigt sind, der magische Kräfte haben soll. Zu den Symbolen gehören oft eine Rose, eine Hand mit Zauberstab oder Schwert, ein flammendes Herz, ein Fisch und eine Mondsichel.

CORNICELLO

Der italienische Glücksbringer beschützt seinen Träger auch vor dem bösen Blick. Der geschwungene Anhänger ist oft aus Gold, Silber oder Knochen gefertigt und erinnert an das Horn einer Antilope. In einigen süditalienischen Regionen ähnelt es der Paprikaschote, die in diesen Gebieten gedeiht.

OMAMORI

Das traditionelle Shinto-Amulett ist ein kleiner Brokatbeutel, der meist mit Gebeten oder religiösen Aufrufen versehene Papierstreifen oder Holzstücke enthält. Der Beutel sollte nie geöffnet werden, sonst geht seine schützende Kraft verloren. Die Amulette werden einmal pro Jahr ausgetauscht, um Unglück aus dem Vorjahr abzuwehren.

HASENPFOTE

Die Hasenpfote ist in vielen Kulturen verbreitet und wird zum Schutz oder als Glücksbringer getragen. In Europa ist sie seit dem 7. Jahrhundert v. Chr. verbreitet. Die Kelten glaubten, dass der Hase, damit der Zauber wirkt, an einem bestimmten Ort von einem Mann mit seltsamen Merkmalen wie schielenden Augen oder nur einem Bein getötet werden muss.

MESUSA

Die Mesusa ist eine kleiner Behälter, der ein mit zwei Versen aus der Tora beschriebenes Pergament enthält. Sie wird am Türrahmen aller jüdischen Gebäude angebracht. Sie ist ein mächtiges Symbol des Schutzes und Juden küssen oder berühren den Behälter beim Betreten. Auf der Rückseite des Pergaments steht das Wort „Schaddaj" (Allmächtiger).

HANUMAN

In Südostasien wird Hanuman, der hinduistische Gott in der Gestalt eines Affen, als Schutzamulett, meist in Form eines Anhängers getragen. Hanuman-Tempel sollen die Umgebung von bösen Wesen und Geistern freihalten. Seine Statuen finden sich oft auf gefährlichen Gebirgsstraßen, um die Menschen vor Unfällen zu schützen.

HEI-TIKI

Dieser schmuckvolle Anhänger wird von den Maori um den Hals getragen und ist meist aus Pounamu oder mitunter aus anderen grünen Steinen wie Jade gefertigt. Die Anhänger sind für gewöhnlich Darstellungen und Symbole von Tiki, dem ersten Menschen in der Mythologie der Maori. Die Schutzamulette beziehen ihre Kraft von den ersten Ahnen.

ROTES BAND

Das mit der Kabbala assoziierte dünne rote Band soll dazu dienen, Unglück und den bösen Blick abzuwehren. Dabei handelt es sich meist um einen einfachen Wollfaden, der ums das linke Handgelenk getragen wird. Es wird sieben Mal geknotet und dann durch hebräische Segenssprüche geweiht.

FASCINUM

Im alten Rom symbolisierte das Fascinum den göttlichen Phallus. Mit ihm wurde der göttliche Schutz des Gottes Fascinus erbeten. Es half auch gegen Missgunst und schützte vor dem bösen Blick. Phallische Anhänger, die oft mit Flügeln versehen waren, waren in der römischen Kultur weit verbreitet.

BENEDIKTUSPFENNIG

Der Benediktuspfennig wird von Katholiken als Schutzamulett getragen und soll eine ungemein starke Kraft gegen das Böse besitzen. Seit dem 15. Jahrhundert stehen auf der Rückseite der lateinische Spruch *Vade retro santana* (Weiche zurück Satan) und andere magische Formeln zur Abwehr des Bösen.

BARSOM

TADSCHIKISTAN 5.-4. Jahrhundert v. Chr.

Zweigbündel, benutzt für Rituale, das Deuten von Omen und Zauberei

Diese goldene Votivtafel aus dem Persien des 5. oder 4. Jahrhunderts v. Chr. zeigt einen Magus mit seinem Barsom.

Der Barsom wird aus einer unterschiedlichen Anzahl von Zweigen gefertigt, die verschiedene Attribute in den zoroastrischen Feiern repräsentieren.

Unter Barsom versteht man ein heiliges Bündel aus Zweigen, das seit der Antike bei Ritualen im Zoroastrismus Einsatz findet. Der Barsom soll eine Verbindung zwischen der physischen Welt und dem spirituellen Reich herstellen. Wird er als magischer Zauberstab benutzt, so fungiert er als Kanal, durch den die archetypischen Prinzipien ihre Präsenz manifestieren, ein Rezeptor für spirituelle Kraft und ein Kanal zur Übermittlung der Kraft nach außen. Er gilt als einer der ersten Zauberstäbe und wurde später zur Deutung von Omen und zur Herstellung von Zaubern gegen Flüche verwendet.

Im alten Persien hatten die Stäbe oder Zweige des Barsom auch eine praktische Funktion. Er wird stark mit antiken zoroastrischen Heilpraktiken assoziiert. Viele klassische Texte, Felsritzungen und Artefakte in sämtlichen bekannten zoroastrischen Regionen zeigen Magi mit Barsom-Bündeln. Aufgrund dieser Darstellung entwickelte sich der Barsom von Zentralasien bis zum Pamir zum kennzeichnenden Symbol der Magi und des zoroastrischen Glaubens.

Ursprünglich stammten die Zweige von bedeutenden Heilpflanzen wie Granatapfel, Myrte, Lorbeer, Tamariske, Weide und Wacholder. Bei religiösen Zeremonien wurde das Barsom-Bündel auf dem Mah-rui platziert, einem 23 cm hohen Metallgestell in Form von Halbmonden.

Im Zoroastrismus schwankt die Anzahl der Zweige im Bündel je nach Zeremonie. Für die Feier des Yasna sind 23 Zweige erforderlich, von denen 21 ein Bündel formen. Ein Zweig wird am Fuße des Mah-rui platziert. Dieser Zweig nennt sich *zorno tae*, der Zweig der Schale, die *zohr* (Wasser) enthält. Der 23. Zweig wird auf die Schale gelegt, die *jivam* (eine Mischung aus Wasser und Milch) enthält. Für die Vendidad-Zeremonie sind 35 Zweige nötig, von denen 33 ein Bündel formen und zwei wie oben beschrieben verwendet werden. Die Feier des *baj* zu Ehren der verstorbenen Seelen, erfordert fünf Zweige. Für die Zeremonie für die Einführung in die Priesterschaft, das Vortragen der *Mino Navar Baj,* sind sieben Zweige nötig.

Heute enthält der Barsom Metallstäbe statt Zweige und symbolisiert bei zoroastrischen Zeremonien und Ritualen die pflanzliche Schöpfung und die Amschaspand Ameretat – ewiges Leben und eine unsterbliche Seele. Der Barsom stand

für Stärke, Gesundheit und das Überwinden von Krankheit.

In magischen Texten aus dem Mittelalter wurden die Kräfte des Zauberstabs durch zum Zauber passende Hilfsmittel verstärkt. Halbedelsteine oder Kräuterpflanzen dienten dazu, die Kraft jenes Planeten anzurufen, der mit dem Holz des Zauberstabs assoziiert wurde. Haselstrauch, Eiche, Lorbeer, Pappel und Weide galten als jene Bäume mit der größten magischen Wirkung. So war etwa laut dem Okkultisten der Renaissance, Heinrich Cornelius Agrippa von Nettesheim, die Pappel dem Planeten Jupiter geweiht und in weiterer Folge den Edelsteinen Saphir, Smaragd und grüner Jaspis. Als Pflanzen wurden ihm Basilikum, Minze und Bilsenkraut zugeschrieben. Ursprünglich wurde der Barsom feierlich in der rechten Hand gehalten, und in ähnlicher Weise wurde in der mittelalterlichen

In diesem Flachrelief aus Taq-e Bostan, Iran, wird die Amtseinsetzung des Sassaniden-Kaisers Ardashir im 3. Jahrhundert von einem Priester mit Barsom begleitet.

MAGISCHE WERKZEUGE

BANKISHI
Dieses Werkzeug wurde von Schamanen der Luba in der Demokratischen Republik Kongo benutzt. Es besitzt sechs Köpfe, mittels derer der Wahrsager gleichzeitig in alle Richtungen blicken kann. In seinem Inneren wurde ein Objekt mit speziellen Kräften wie Menschenknochen oder das Haar von Zwillingen platziert.

ATHAME
Ein Athame ist ein zeremonielles Messer mit zwei Schneiden und meist schwarzem Griff. Es wird als Ritualgegenstand in der Wicca-Religion und verschiedenen anderen neuheidnischen Hexentraditionen verwendet. Es wird oft benutzt, um Bannkreise zu ziehen, und symbolisiert Feuer, eines der vier Elemente, das beim Zaubern angerufen wird.

CHALICE
Der Chalice ist ein Symbol der universellen Schöpfungskraft. In der Wicca dient sie als weibliches Prinzip, meist in Kombination mit dem Athame als männlichem Prinzip.

Magie der Zauberstab zum Anrufen der Geister in der rechten Hand gehalten. Beim Zurückweisen dieser wurde er in der linken Hand gehalten.

Magische Zauberstäbe wurden auch in der Wicca benutzt, in der sie meist das Element Luft symbolisieren, und von esoterischen Gruppen wie Golden Dawn sowie in kabbalistischen Traditionen, die zeremonielle Magie betreiben. Zauberstäbe werden zur Bündelung von kosmischer oder spiritueller Energie eingesetzt. Sie dienen einem ähnlichen Zweck wie ein Athame (zeremonielles Messer), werden aber anders eingesetzt. Während ein Athame im Allgemeinen zum Befehligen dient, gilt ein Zauberstab als Hilfsmittel zum Einladen und Anrufen von Geistern. Traditionell werden sie aus Holz wie Eiche oder Haselnuss gefertigt, sie können aber auch aus Metall oder Kristall sein.

Der Zauberstab wird meist von modernen Heiden, Hexen, Schamanen und anderen für Rituale, Heilungen und Zaubersprüche verwendet. Einige Forscher glauben, dass der magische Zauberstab ursprünglich als phallisches Symbol oder als Trommelstock der zentralasiatischen Schamanen diente, die damit in Heilungs- und magischen Zeremonien auf Trommeln klopften.

Der Mah-rui war ein heiliges Gestell, auf dem der Barsom während und nach Zeremonien platziert wurde.

GOLDPLÄTTCHEN VON PETELIA
ITALIEN 3.–2. Jahrhundert v. Chr.

Kleines Goldplättchen, das als Schutzamulett dient

Das orphische Goldplättchen von Petelia im British Museum, London, geleitete die Seele sicher durch die Unterwelt zu einer geheimen Quelle, wo sie Unsterblichkeit unter den Göttern erlangen sollte.

Dieses feine Goldplättchen wurde im 9. Jahrhundert in der Nähe der antiken Stadt Petelia in Süditalien entdeckt. Plättchen wie dieses galten als eine Art Reisepass ins Jenseits, ähnlich dem antiken ägyptischen Totenbuch, und wurden auf oder neben dem Leichnam platziert. Mitunter wurden sie zusammengerollt, in eine Kapsel gesteckt und dem Toten als Schutzamulett um den Hals gehängt. Das Goldplättchen von Petelia trägt eine geheimnisvolle orphische Inschrift, die den Gläubigen durch die griechische Unterwelt geleitet, um ins verheißene Elysion zu gelangen. Die Inschrift lautet:

„Du findest links beim Haus des Hades eine Quelle, und daneben stehend eine weiße Zypresse. Dieser Quelle nähere dich nicht. Aber du findest auch eine andere aus dem See der Mnemosyne, kaltes Wasser strömt, Wächter stehen davor. Sag, ‚Ich bin ein Kind der Erde und des bestirnten Himmels; Vom Himmel allein jedoch ist mein Stamm. Ihr wisst es wohl. Aber der Durst trocknet mich aus und ich verfalle. Gib mir schnell das kalte Wasser strömend aus dem See Mnemosyne.' Und sie selbst werden dir zu trinken geben aus der heiligen Quelle, und danach wirst du unter den anderen Helden herrschen."

Orphismus war eine griechische Religion, die auf Schriftwerken basierte, die dem mythischen Dichter Orpheus zugeschrieben wurden. Dieser stieg in die Unterwelt hinab, um seine Geliebte Eurydike zu retten. Als Musiker war er dafür bekannt, alle Lebewesen und sogar Stein mit seiner Musik bezaubern zu können. Orpheus soll die Orphischen Hymnen komponiert haben.

Schreine, die angeblich seine sterblichen Überreste enthielten, galten als Orakel. Als Seher, der
magische Künste praktizierte, soll Orpheus sogar
der Harfenspieler und Begleiter von Jason und
den Argonauten gewesen sein.

In der orphischen Kosmologie schuf Aion das
silberne Ei des Universums. Aus diesem Ei trat
Phanes hervor, der das Universum schuf. Einige
Legenden erzählen, dass Zeus später Phanes
verschlang, um dessen kosmische Urkraft zu
übernehmen und sie unter einer neuen Generation von Göttern, den Olympiern aufzuteilen.
Phanes wurde als anmutige hermaphroditische
Gottheit mit Goldflügeln dargestellt, um die sich
eine Schlange windet. Dichter beschreiben ihn
als körperloses Wesen, das selbst für die Götter
nicht erkennbar war.

ORPHEUS' RÜCKKEHR

Die Geschichte von Orpheus' Rückkehr aus
der Unterwelt gehört zum Kern der orphischen
Mysterien. Als seine Geliebte Eurydike in ein Vi-
pernnest fiel, wurde sie tödlich am Fuß gebissen.
Orpheus war überwältigt von Trauer und spielte
so traurige und schwermütige Lieder, dass alle
Nymphen und Götter weinen mussten. Also
reiste Orpheus in die Unterwelt und überzeugte
mit seiner Musik Hades, Eurydike mit ihm auf die
Erde zurückkehren zu lassen – jedoch unter einer
Bedingung. Er muss vor ihr gehen und darf sich
nicht umblicken, bis beide die Oberwelt erreicht
haben. Wenn er sich umdreht, würde Eurydike für
immer verschwinden. Orpheus machte sich mit
Eurydike im Gefolge auf den Weg. Er war unsicher, ob sie sich noch hinter ihm befand, drehte
sich um und sie verschwand für immer.

Von da an verachtete Orpheus alle Götter bis
auf Apollon. Eines frühen Morgens ging er zum
Orakel von Dionysos, um die Sonne zu ehren,
wurde aber von den Mänaden zerrissen, da er
Dionysos nicht die Ehre erwies. Orpheus' Kopf
trieb den Fluss bis zur Mittelmeerküste hinab.
Dort beförderten ihn die Winde und Wellen bis
zur Insel Lesbos, deren Einwohner den Kopf
begruben und einen Schrein zu seinen Ehren
errichteten.

Aufgrund der vielen Ähnlichkeiten wie ihrer
Reisen in den Hades und die identischen Tode
erachtete der orphische Mysterienkult möglicherweise Orpheus als eine Parallelfigur zu
oder gar als Verkörperung von Dionysos selbst.
Die Orphiker glaubten, dass die menschlichen
Seelen göttlich und unsterblich waren, aber dazu
verdammt, im Kreislauf der Wiedergeburt zu
leben. Asketischer Lebensstil und die Ausübung
geheimer Initiationsriten garantierten Befreiung
aus dem „schmerzlichen Kreislauf" und das
Zusammensein mit den Göttern.

Das Orpheus-Motiv wurde in der westlichen
Kultur in vielen Kunstformen aufgegriffen. Bei-
spiele dafür sind die Komponisten Joseph Haydn,
Franz Liszt und Igor Strawinsky und die Maler
John William Waterhouse und Gustave Moreau.

La Douleur d'Orphée (ca.
1887) ist eines von mehreren orphischen Gemälden
von Gustave Moreau.

Phanes entstieg einem
kosmischen Ei, um das
Universum zu schaffen.

SRI YANTRA
INDIEN 1. Jahrhundert n. Chr.

Verleiht spirituellen oder magischen Nutzen im Tantrimus und Hinduismus

**Das Sri Yantra, das erst-
mals in einer indonesischen
Inschrift im 7. Jahrhundert
erwähnt wurde, dürfte
schon lange Zeit davor in
Indien existiert haben.**

Das Sri Yantra (heiliges Instrument), auch Sri
Chakra (heiliges Rad) genannt, ist ein Diagramm aus ineinander verschlungenen Dreiecken,
die von einem Mittelpunkt namens Bhindu aus
nach außen strahlen. Dieser Mittelpunkt symbolisiert den Schnittpunkt zwischen dem physischen
Universum und seiner heiligen Quelle. Dieses
komplexe Diagramm dient seit Jahrtausenden als
mystisches Objekt der Anbetung und Meditation.

Die geometrische Figur besteht aus neun
Dreiecken, wobei jedes Dreieck durch gemein-
same Punkte mit den anderen verbunden ist. Es
heißt, die korrekte Darstellung des Sri Yantra sei
schwierig, da das Ändern der Größe oder Position
eines Dreiecks oft bedeutet, dass die Position
vieler anderer Dreiecks geändert werden muss.

Vier gleichschenklige Dreiecke mit Spitze nach
oben symbolisieren Shiva oder das Männliche.
Fünf gleichschenklige Dreiecke mit Spitze nach
unten symbolisieren Shakti oder das Weibliche.
Somit steht das Sri Yantra auch für die Vereinigung des göttlichen Männlichen und Weiblichen.
Die Dreiecke sind von zwei Reihen aus acht und
16 Blüten umschlossen, die den Lotos der Schöpfung und die reproduktive Lebenskraft symbolisieren. Die durchbrochenen Linien des Außenrandes
weisen die Figur als Heiligtum aus, mit vier
Öffnungen in die Regionen des Universums. Die
neun Dreiecke sind so verschachtelt, dass sie 43
kleinere Dreiecke zu einem Netz bilden, das für
den gesamten Kosmos oder den Mutterleib als
Sinnbild der Schöpfung steht. Gemeinsam stellen
sie Advaita (Nondualität) dar.

Der Ausdruck „sri" bezeichnet die Ehrer-
bietung, die diesem heiligen Diagramm zuteil
werden soll. Das Präfix deutet an, dass das Yantra
glückverheißend, segenbringend, heilsam und
gütig ist und Wohlstand bringt. Das Sri Yantra
wird oft Chakra Raja genannt, was „König aller
Chakren" bedeutet. Dies macht es zum höchsten
Instrument auf dem Weg spirituellen Fortschritts.

Das Tragen, das Darstellen oder die Beschäf-
tigung mit dem Sri Yantra bringt im Hinduismus
und Tantrismus spirituellen oder magischen
Nutzen. Es gibt auch eine dreidimensionale Form,
das Meru Chakra. Es besteht aus Bergkristall oder
Metall, wobei Letzteres mitunter eine traditionelle
Legierung aus Silber, Antimon, Kupfer, Zink und
Zinn ist. Dies verbessert den Fluss der positiven
Energien und ist oft vergoldet.

In der Shri-Vidya-Schule steht die Göttin an
höchster Stelle und übersteigt den Kosmos, der
ihre Manifestation ist. Sie wird in Form des mystischen Sri Yantra verehrt, das die Göttin in ihrer
Gestalt als Tripurasundari (schöne Göttin der drei
Städte) symbolisiert. Tripursundari ist auch als

Sodashi (16), Rajarajesvari (Königin der Königinnen) und Lalita (die Spielende) bekannt.

YOGISCHES TANTRA

Im yogischen Tantra werden verschiedene Arten von Yantras benutzt. Sie gelten als Äquivalent zu den buddhistischen Mandalas. In der tantrischen Philosophie ist das Universum eine Manifestation des reinen Bewusstseins. Die primäre Erscheinungsform davon ist das maskuline Prinzip, Shiva, der die Macht hat zu sein, aber nicht die Macht zu verändern. Die zweite Erscheinungsform, Shakti, ist weiblich, dynamisch und energetisch. Shakti ist die große Mutter des Universums, aus der alle Form entsteht. Shiva ist reine Einheit, und daraus erschafft die explosive Shakti-Energie all das, was das Universum ist, erlebt als kontinuierliche Entfaltung und geformt durch die Kraft des weiblichen Prinzips.

Der Mittelpunkt des Yantra (Bhindu) symbolisiert den Kern aller Manifestation – Shiva – von dem alles ausstrahlt – Shakti. Die abgebildeten Formen, die nach außen hin immer größer werden, symbolisieren auch den Prozess der Evolution und das Wachstum des individuellen Bewusstseins eines Menschen. Von außen nach innen symbolisieren sie den Prozess des Wachsens in Richtung spirituelles Zentrum.

In der tantrischen Philosophie muss sich der Prozess, sobald der vollständige Zustand der Evolution erreicht wurde, umkehren und zur Einheit zurückkehren. Yantras sind somit Symbole dieses Prozesses der Evolution und seines Gegenteils, Involution – der Rückkehr zur Quelle. Die urzeitliche mystische Glaubensvorstellung, dass sich der Mikrokosmos im Makrokosmos widerspiegelt, ist ebenso Teil des tantrischen Glaubens. Dies impliziert, dass der Kosmos in jedem Individuum zu finden ist, und gleichsam die Prinzipien, die für das Universum gelten, auch für eine Einzelperson gelten.

Im Tantra gilt der Körper als vollkommenstes und mächtigstes aller Yantras und dient somit als Hilfsmittel für inneres Bewusstsein. Das bedeutet, dass jedes Yantra nicht nur ein Symbol unseres spirituellen Weges enthält, sondern auch ein universelles Symbol des Wachstums nach außen und der nach innen gerichteten Vereinigung mit dem Göttlichen. Die meisten Yantras gelten heute auch als psychologische Symbole, die den inneren Zuständen des menschlichen Bewusstseins entsprechen.

Yantras können vielerlei geometrische Formen wie Dreiecke und Lotosblätter aufweisen, die das heilige Rad bilden.

Die Göttin Tripurasundari (19. Jahrhundert) zeigt die indische „Göttin der drei Städte", die in Form des Sri Yantra verehrt wird.

MITHRASMYSTERIEN
ITALIEN 1. Jahrhundert n. Chr.

Mysterienkult mit sieben Stufen der Initiation

Eines der wichtigsten Motive des Mithraskults ist die Stiertötung von Mithras, hier in einem Fresko aus Marino, Italien, zu sehen.

Die löwenköpfige Gestalt hält die Schlüssel zum Kosmos.

Nicht nur die Griechen praktizierten Mysterienkulte wie die Eleusischen Mysterien, bei den Römern gab es die sogenannten Mithrasmysterien, die zwischen dem 1. und 4. Jh. n. Chr. ihren Höhepunkt erlebten. Mithra, ursprünglich ein antiker persischer Gott, war bei den Römern als Mithras bekannt und wurde mit einer neuen und unverwechselbaren Symbolik assoziiert.

Nach Auffassung der Römer hatten die Mysterien persische Wurzeln. Jüngsten Forschungen zufolge gibt es aber keine Hinweise auf Ähnlichkeiten zwischen der Mithra-Verehrung in Persien und den römischen Mithrasmysterien. Die Mysterien von Mithras werden heute im Allgemeinen eher als eindeutiges Produkt der religiösen Welt des Römischen Reichs und als Konkurrenz zum frühen Christentum gesehen.

Anhänger des Mithraskultes, der in Rom wurzelte, mussten ein komplexes System aus sieben Stufen der Initiation durchlaufen. Dies umfasste rituelle Mahlzeiten, geheime Begrüßungen sowie Zusammenkünfte in unterirdischen Tempeln, den Mithräen. Diese sind noch heute in großer Zahl in jenen Gebieten Europas erhalten, wo sich einst das Römische Reich erstreckte. Zahlreiche archäologische Funde, darunter Monumente und Artefakte, lieferten Aufschlüsse über den Mithraismus im Römischen Reich. Berühmte Szenen zeigen Mithras beim Festessen mit dem Gott Sol, wie er aus einem Fels geboren wird und wie er einen Stier tötet.

Eines der Hauptmerkmale der Mithrasmysterien ist die nackte Gestalt mit Löwenkopf, die oft in mithräischen Tempeln gefunden wird. Sie wird von einer oder mitunter zwei Schlangen umschlungen, deren Kopf auf dem Löwenhaupt ruhen. Es wird vermutet, dass die Schlangen die Zyklen des Lebens, der Planeten und der Sonne symbolisieren. Der Löwe wirkt etwas furchteinflößend, da sein Maul aufgerissen ist. Die löwenköpfige Gestalt ist meist mit vier Flügeln dargestellt und hält zwei Schlüssel (mitunter einen einzigen) und ein Zepter in Händen. Die Schlüssel gehören zu den Toren, durch die die Seelen von der endlosen Zeit auf- und absteigen. Es scheint, als ob dieses seltsame und bedrohliche Wesen genau genommen die Schlüssel zu den Toren der kosmischen Ewigkeit hält.

Manchmal steht die Gestalt auf einer Kugel, die mit einem diagonalen Kreuz versehen ist; gelegentlich weisen die vier Flügel die Symbole der vier Jahreszeiten auf und ein Blitz ist auf die Brust graviert. Seltsame Objekte wie Hammer und Zange von Vulcanus, ein Hahn und der Zauberstab von Merkur umringen den Sockel der Statue.

Einige Forscher vermuten, dass die löwenköpfige Gestalt ein Symbol für die Taufe des Gläubigen mit „Feuer" ist. Tatsächlich handelte es sich um eine Taufe, bei der Honig statt Wasser als Trankopfer diente und in der Umgebung Weihrauch verbrannt wurde, um das Feuer zu symbolisieren. Die Statue hatte den Vorsitz über den Tempel, der Löwe repräsentierte die Sonne und somit die Quelle allen Lebens.

STUFEN DER INITIATION

Hieronymus listete die sieben Stufen der Initiation in die Mithrasmysterien auf. Ein Mosaik im Mithräum des Felicissimus in Ostia, Rom, zeigt diese Stufen mit ihren jeweiligen Symbolen oder Symbolen der Planeten. Neben jeder Stufe prangt eine Inschrift, die die Stufe in den Schutz eines der verschiedenen planetaren Götter stellt.

In aufsteigender Reihenfolge ihrer Bedeutung sind die Initiationsstufen Corax (Rabe oder Krähe), deren Symbol ein Heroldstab oder Becher ist, geschützt durch den Planeten und Gott Merkur. Als nächstes kommt Nymphus (Bräutigam) mit dem Symbol Lampe, Glocke oder Schleier, die unter dem Schutz von Venus steht. Die dritte Stufe ist Miles (Soldat), deren Symbole Helm, Lanze und Brustharnisch sind, geschützt durch Mars. Es folgt Leo (Löwe), geschützt durch Jupiter und mit den Symbolen Kranz, Lorbeer und Donnerkeile.

Die fünfte Stufe ist Perses (Perser), bewacht vom Mond und symbolisiert durch Sichel, Mond, Sterne und phrygische Mütze. Die sechste Stufe ist Heliodromus (Sonnenläufer) mit den Symbolen Peitsche, Fackel und Sonnendarstellungen, unter dem Schutz der Sonne. Zuletzt kommt Pater (Vater), der mit Edelsteinen besetzte Kleidung trägt. Zu den Symbolen gehören Umhang, Granat- oder Rubinring, Mitra und Hirtenstab.

Der Gläubige musste sich für jede Stufe einem bestimmten Martyrium oder Test unterziehen, in dem er vermutlich Hitze, Kälte oder Gefahren ausgesetzt war. Eine „Martergrube" aus dem frühen 3. Jahrhundert wurde im Mithräum in Carrawburgh, Northumberland, England gefunden.

Rund 400 Mithräen wurden bisher entdeckt. In ihnen finden sich Hinweise auf feierliche Rituale, so etwa Esszubehör und Speisereste einschließlich Tierknochen. Kirschkerne bestätigen, dass die Feierlichkeiten zu Mittsommer (Ende Juni, Anfang Juli) stattfanden. Die Tempel von Mithras wurden stets unterirdisch gebaut, entweder unter römischen Villen ausgehoben und dann mit einem Gewölbe versehen oder in einer natürlichen Höhle eingerichtet. Mithrastempel waren im ganzen Römischen Reich verbreitet, vor allem aber in Rom, Istrien, Dalmatien und Britannien sowie entlang der Grenze Rhein/Donau.

Das Bodenmosaik im Felicissimus Mithraeum nahe Rom zeigt die verschiedenen Initiationsstufen und die damit verbundenen Symbole.

Mithras wurde oft bei seiner Felsgeburt dargestellt. In dieser Version ist er ein ausgewachsener Mann, der Dolch und Fackel in Händen hält.

MARIA MAGDALENA
JERUSALEM, ISRAEL 1. Jahrhundert n. Chr.

Biblische Figur, die zum vielschichtigen Symbol von Weiblichkeit wurde

Maria Maddalena in penitenza (1635) von Guido Reni im Walters Art Museum, Baltimore, USA, zeigt Maria als Heilige.

Die biblische Erzählung von Maria Magdalena ist nicht nur verwirrend und fragmentarisch, sondern auch sehr zweideutig, weshalb es für die Kirchenväter so einfach war, sie als reuige Sünderin hinzustellen. Doch hinter der geheimnisvollen Aura, die Maria Magdalena umgibt, dürfte durchaus die Tatsache stecken, dass sie vermutlich viel stärkeren Einfluss auf die Lehren und die Nachfolge Jesu hatte, als viele glauben. Einige Forscher haben sogar versucht, nachzuweisen, dass Maria Jesus' Ehefrau und die treibende Kraft hinter ihm war.

Ein undatiertes und anonymes Dokument, das der Abhandlung „Contra haereticos" von Ermengaud von Béziers beigefügt ist und daher möglicherweise von ihm stammen könnte, liefert einen Kommentar zu den Katharern, die der These von Marias Affäre mit Christus beipflichten. „Sie lehren in ihren geheimen Zusammenkünften, dass Maria Magdalena die Ehefrau Christi war. Sie war die samaritische Frau, zu der er sagte: ‚Geh, ruf deinen Mann und komm wieder her!' Sie war die Ehebrecherin, die Christus befreite, als die Juden sie steinigen wollten, und sie war an drei Orten bei ihm, im Tempel, am Brunnen und im Garten. Nach der Auferstehung erschien er ihr als Erstes." Über ihre wahre Beziehung zu Jesus und ob sie tatsächlich Kinder hatten, gibt es viele Theorien. Manche besagen, dass es noch heute Nachfahren von Jesus und Maria Magdalena gibt.

Der kleine Ort Saint-Maximin-la-Sainte-Baume wurde im späten 13. Jahrhundert zur Pilgerstätte, nachdem Maria Magdalenas Sarkophag in der Krypta der Basilika entdeckt worden sein soll. Ihre angeblichen Reliquien werden noch heute dort aufbewahrt, insbesondere ihr Totenkopf, der ausgestellt ist. Die Basilika zieht jedes Jahr tausende Pilger an, von denen viele auch die Höhlen hoch in den Bergen besuchen, wohin sich Maria Magdalena zurückgezogen haben soll.

Eine spätmittelalterliche Skulptur aus Lindenholz des deutschen Bildschnitzers Gregor Erhart zeigt Maria als sinnliche, mystische und eindrucksvolle Figur. Dieses spätgotische Werk offenbart nicht nur Marias spirituelle Anmut und Mystik, sondern lehnt sich auch an ein frühes Renaissanceideal des sinnlichen Frauenkörpers an. Dies tritt besonders in der Darstellung ihres Haars zutage: seine Länge, Fülle und goldene Farbe, sowie die Art, wie es die Figur gerade so viel verhüllt, dass sie nicht ganz nackt ist. Die Skulptur zeigt Maria als die sich selbst verleugnende Mystikerin, die sich in eine einsame Höhle in den Bergen von Sainte-Baume zurückzieht. Der Legende nach war sie während ihres dortigen Aufenthalts nur mit ihrem Haar bekleidet.

Außerdem soll Maria, nachdem sie im Heiligen Land mit ihrem Bruder Lazarus und einigen anderen Jüngern verfolgt wurde, die Gruppe in einem kleinen Boot übers Mittelmeer geführt haben. Auf wundersame Weise gelangten sie in das kleine Fischerdorf Saintes-Maries-de-la-Mer an der französischen Küste und begaben sich nach Massilia (Marseilles), wo sie ihre Arbeit fortsetzten und den Großteil der Provence zum Christentum konvertierten. In den letzten 30 Jahren ihres Lebens soll Maria der christlichen Legende nach ein Leben als Einsiedlerin geführt haben, um Buße für ihre Sünden zu tun. Jeden Tag sei sie von ihrer Höhle aus von Engeln in den Himmel gehoben worden, um den himmlischen Chor zu hören.

Erharts Statue ist im Louvre in Paris zu sehen, ursprünglich aber hing sie, von Engeln in einer Metallstruktur gehalten, von der Decke des Dominikanerklosters in Augsburg, wo der Künstler lebte. Sie ist ein vortreffliches Symbol für alles, was Maria Magdalena als Frau sein konnte: die archetypische Frau als Geliebte, Mutter, Hure und Jungfrau. Genau dieses komplexe Symbol der Weiblichkeit versuchen Künstler seit jeher einzufangen.

In der Tat wurden immer wieder viele Eigenschaften, sowohl gute als auch schlechte, auf weibliche Figuren wie Maria Magdalena,

Diese Marien-Holzstatue aus dem 16. Jahrhundert von Gregor Erhart im Louvre, Paris, vereint ihre nackte Frömmigkeit mit der sinnlichen Schönheit einer Frau.

Göttinnen wie Aphrodite und Lilith, und Ikonen der Moderne wie Mata Hari und Marilyn Monroe projiziert. Sie verkörperten ambivalente Wesenszüge: im einen Augenblick positive, im nächsten negative; manchmal Jungfrau, manchmal Geliebte, manchmal Mutter. Dieser weibliche Archetyp wurde vom Schweizer Psychologen C. G. Jung als „Anima" bezeichnet, der männliche als „Animus". Jung sah in der Geschichte und Mythologie viele Belege, wie eine Frau Heilige oder Hure, oder beides sein konnte. Diese Femme fatale hat die Kunst, die Literatur, das Kino und die menschlichen Beziehungen derart durchzogen, dass selbst heute das Weibliche in unserem kollektiven Unbewussten sowohl als nährend als auch als zerstörerisch erachtet wird.

Maria Magdalenas Überreste liegen angeblich in diesem Sarkophag aus dem 4.–5. Jahrhundert in der Basilika Sainte-Marie-Madeleine de Saint-Maximin-la-Sainte-Baume.

RUNENSTEIN VON ISTABY
BLEKINGEN, SCHWEDEN 550–790

Erste Runeninschriften, die der Weissagung dienten

Der Runenstein von Istaby, eines der prachtvollsten Exemplare eines Menhirs in Schweden, ist mit Runeninschriften überzogen, vermutlich zu Ehren eines bestimmten Kriegers und seiner Nachkommen.

Runen sind geheime Codes. Der Ausdruck „Rune" stammt von dem altgotischen Wort „runa", was Mysterium bedeutet. Die frühesten germanischen Stämme benutzten Runen, um ihre magischen Kräfte zu steigern oder um die Götter anzurufen. Die Runen wurden später von den Wikingern übernommen. Die wilden nordischen Krieger, „Berserker" genannt, schnitzten vor dem Kampf Runen in ihre Schwerter. Sie glaubten, dass die Sprache der Götter sie unbesiegbar machen würde. Runen wurden auch in große Steinsäulen, sogenannte Menhire geschnitzt, um Reisende vor der Kraft dieses bestimmten Ortes zu warnen. Viele Menschen schnitzten Runen als Schutztalismane auf ihre persönlichen Wertgegenstände wie Kämme, Schatullen und Schmuck sowie auf ihr Zuhause. Viele große Menhire in Nordeuropa weisen magische Rätsel, Liebeszaubersprüche und Beschwörungsformeln in Form von Runen auf, um Böses abzuwehren oder Reisende auf dem Weg zu unterstützen.

Der älteste erhaltene Runenstein Dänemarks ist der Runenstein von Istaby. Er wurde in Blekingen, heutiges Schweden, entdeckt, und seine Inschrift lautet: „Zum Gedächtnis des Herjulf. Half Hjörulfsson ritzte diese Runen." Blekingen ist eine bedeutende Runenstätte und umfasst vier Steine, die auf den Runenzauber und den Einsatz von Zaubersprüchen verweisen. Auf einem steht: „Wer diese Steine zerbricht, wird unter den verborgenen Kräften des Runenzaubers leiden."

Der römische Geschichtsschreiber Tacitus schrieb, dass die germanischen Stämme dem Auslosen und der Weissagung größte Bedeutung beimaßen. Er berichtete, wie sie von Nussbäumen Zweige abschnitten, diese in Streifen teilten, die Streifen mit verschiedenen Zeichen versahen und diese willkürlich auf ein weißes Tuch warfen. Der Priester oder Wahrsager betete sodann zu den Göttern, blickte zum Himmel empor und hob hintereinander drei Streifen auf. Je nach Zeichen, die sie aufwiesen, lieferte der Wahrsager dann seine Deutung. Die Tatsache, dass die Runen bedeutungsvolle Namen hatten, bestätigt, dass sie schon lange eine magische Bedeutung hatten, bevor sie zum Alphabet für Aufzeichnungen und Botschaften wurden.

Die 24 Runenzeichen werden in drei Gruppen geteilt, denen jeweils besondere Kräfte zugesprochen werden. Jede Gruppe wurde nach einem nordischen Gott benannt: Freyr, Heimdall und Tyr. Freyr war die Göttin der Fruchtbarkeit, Heimdall der Wächter der Götter und Tyr der Gott des Kampfes. In der nordischen Legende nahm der Kriegsgott Odin auf der Suche nach Weisheit und Verständnis des Lebens und Todes weder Essen noch Trinken zu sich. Nachdem er neun Tage und Nächte kopfüber am Weltenbaum Yggdrasil gehangen hatte, empfing er die Runen. Von da an verbreitete sich das Wissen über die Runen, gestützt durch die Reisen der Wikinger, weltweit.

Die Runen, die heute gemeinhin verwendet werden, entstammen dem älteren Futhark. Dieses Runenalphabet wurde aus den Symbolen erstellt, die in Nordeuropa am weitesten verbreitet waren. Die Namen der Runen haben ihren Ursprung vermutlich in der Indogermanischen Ursprache, die sich unter den Stämmen der Steppen Osteuropas,

an den Grenzen zum indischen Subkontinent entwickelte. Heute werden Runen noch gerne als populäre Form der Weissagung eingesetzt. Oft werden sie in einen kleinen Beutel gegeben und in die Mitte eines Kreises geworfen. Mitunter wird auch eine bestimmte Anzahl nacheinander aus dem Beutel genommen und auf bestimmte Weise als Orakel zur Selbstentfaltung angeordnet.

Dieser Wandteppich aus dem 12. Jahrhundert in der Kirche von Skog, Hälsingland, Schweden, zeigt die drei bedeutenden nordischen Götter Odin, Thor und Freyr, die in den Runen symbolisiert werden.

SYMBOLISCHE BEDEUTUNG DER RUNENZEICHEN

Fehu – spiritueller Reichtum

Uruz – Stärke

Thurisaz – spirituelle Autorität

Ansuz – Botschaft

Raido – Rad des Lebens

Kenaz – Erleuchtung

Gebo – spirituelles Geschenk

Wunjo – Ausgewogenheit

Hagalaz – Herausforderung

Nauthiz – Bedürfnis

Isa – Stillstand

Jera – Ernte

Eihwaz – Transformation

Pertho – Entscheidung

Algiz – Schutz

Sigel – Glück

Tir – Initiation

Beorc – Neubeginn

Ehwaz – Fortschritt

Mannaz – Schicksal

Laguz – Harmonie mit der Schöpfung

Ing – inneres Feuer

Daeg – Licht

Othel – Heimat

Dieses nordische Symbol für die Dreiergruppe Odin, Thor und Freyr umgibt ein Kreis aus Runen.

TABULA SMARAGDINA
ÖSTLICHES MITTELMEER 6.-8. Jahrhundert

Der vermeintliche Schlüssel zur Unsterblichkeit

TABULA SMARAGDINA HERMETIS.

VERBA SECRETORUM HERMETIS.

Die Tabula Smaragdina ist einer der Schlüsseltexte, die die westliche esoterische Magie, die Astrologie und den Mystizismus beeinflusst haben.

Laut der Götter-Gestalt Hermes Trismegistos, dessen Name eine Kombination aus dem griechischen Gott Hermes und Thot, dem ägyptischen Gott der Schrift, der Magie und des Wissens, offenbarte die „Tabula Smaragdina" („smaragdene Tafel") nicht nur das Geheimnis der Verwandlung von Blei in Gold, sondern auch das der Seelenwanderung und den Schlüssel zur Unsterblichkeit. Das kryptische Werk beeinflusste mit seiner zentralen Philosophie „Wie oben, so unten" bedeutende Physiker wie Isaac Newton und Robert Fludd sowie hermetische Magi, Astrologen und Rosenkreuzer. Es genoss großes Ansehen unter den europäischen Alchemisten als Grundlage ihrer Kunst und als Bibel für die hermetische Tradition. Trotz der Behauptung, die Tabula Smaragdina stamme noch aus Zeiten vor der Antike, geht man

mittlerweile davon aus, dass es sich um ein arabisches Schriftwerk handelt, das zwischen dem 6. und 8. Jahrhundert n. Chr. verfasst wurde. Die älteste dokumentierbare Textquelle ist das *Kitab Sirr al-Khaliqa* (*Buch des Geheimnisses der Schöpfung*), das selbst eine Zusammenstellung früherer Werke ist. Es wird dem aus dem 8. Jahrhundert n. Chr. stammenden Mystiker Balinus, auch Apollonios von Tyana genannt, zugeschrieben. Er bezeichnet die Tabula Smaragdina als wundersames Werk antiker hermetischer Weisheit. Balinus beschreibt auch, wie er den Text in einem Gewölbe unter der Statue von Hermes in Tyana fand, wo ein alter Leichnam auf einem goldenen Thron die Tabula Smaragdina hielt.

Die Tafel wurde erstmals im 12. Jahrhundert von Hugo von Santalla ins Lateinische übersetzt. Der Text erscheint auch in einer erweiterten Ausgabe des *Secretum Secretorum* (*Buch des Geheimnisses der Geheimnisse*), *Kitab Sirr al-Asrar* genannt, aus dem 13. Jahrhundert. Eine bekannte Übersetzung von Isaac Newton wurde unter seinen alchemistischen Unterlagen entdeckt. Sie wird in der King's College Library, Cambridge, England aufbewahrt. Zahlreiche Übersetzungen, Interpretationen und Kommentare sind seither gefolgt, aber der Verbleib und die Quelle der ursprünglichen Tafel oder des Dokuments sind unbekannt.

Die Tabula Smaragdina wurde auch mit der Schaffung des Steins der Weisen in Verbindung gebracht, dem alchemistischen *Opus Magnum* (bedeutendes Werk) und der Entsprechung zwischen Mikrokosmos und Makrokosmos. Die Tafel wurde tatsächlich zur Hauptstütze der Alchemie im Mittelalter und in der Renaissance. Kommentare oder Übersetzungen wurden unter anderem auch von Johannes Trithemius, Roger Bacon und Albertus Magnus verfasst. Trithemius setzte Hermes' „ein Ding" mit der Weltenseele gleich. Diese Interpretation des hermetischen Textes

auf einem großen flachen Smaragd oder grünen Jaspis eingraviert. Er ist einer der bedeutendsten Texte der hermetischen Schriften, zu denen das *Corpus Hermeticum* zählt, eine Sammlung von Geheimtexten, die das geheime Wissen des Hermes Trismegistos, des Dreimal Großen Hermes, offenbaren. Das *Corpus Hermeticum* offenbart die geheimen Techniken, meist Zaubersprüche und Anrufungen zur Beherrschung und Manipulation der Natur und der Sterne. Die drei Teile des Geheimwissens oder der Philosophie, auf die am Textende der Tabula Smaragdina hingewiesen wird, sind Alchemie, Astrologie und Theurgie, ein Ritual zur Anrufung der Macht der Götter.

Zwar wurde die Hermetik durch die Inquisition in den Untergrund getrieben, doch wurzeln die meisten westlichen esoterischen Traditionen in ihrer Philosophie. Im 19. Jahrhundert erfuhr sie angesichts des neuen Interesses an Spiritualität eine Wiederbelebung und wurde von Gruppen wie dem Hermetic Order of the Golden Dawn praktiziert. Sie übte auch großen Einfluss auf Rosenkreuzer und Freimaurer aus.

wurde von Alchemisten wie John Dee, Agrippa von Nettesheim und Gerhard Dorn übernommen. Die Tabula Smaragdina ist das einzige Exemplar nichtgriechischer Hermetica (weiser Schriften), das im Westen weite Beachtung fand.

Der Originaltext, der, so glauben viele, so lange verborgen bleiben wird, bis „die Menschheit bereit ist", seinen wahren Ort zu entdecken, ist angeblich

Dieses Bodenmosaik im Dom von Siena zeigt Hermes Trismegistos im Magiergewand, der seinen Schülern die Geheimnisse seiner Weisheit offenbart.

ALTE ALCHEMISTISCHE SYMBOLE

ANTIMON

Antimon ähnelt seinem Aussehen und seinen physikalischen Eigenschaften nach Metall, reagiert aber chemisch nicht wie dieses. Dieses alchemistische Symbol steht für tierische Tendenzen, die auch im Menschen zu finden sind, oder die wilde Natur in uns allen. Traditionell diente es Alchemisten als Erinnerung an die instinktive tierische Kraft im Innersten.

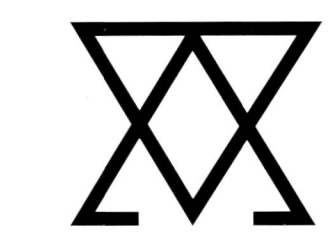

ARSEN

Arsen ist ein chemisches, giftiges Halbmetall, dessen Verbindungen als Pestizide, Herbizide, Insektizide und verschiedene Metalllegierungen verwendet werden. Das Symbol für Arsen wurde für medizinische und magische Kuren eingesetzt. Eine Verbindung aus Arsen und Schwefel bewirkte angeblich Trancezustände der Erleuchtung sowie philosophische Einblicke.

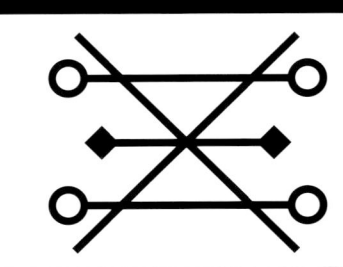

KUPFER

Kupfer ist ein rötliches Metall, das bereits in Artefakten aus dem Jahr 8700 v. Chr. vorkommt. In Zypern wurde es mit der Göttin Aphrodite assoziiert, wo es in großen Mengen gefunden wurde. Sein Symbol ist auch das Planetensymbol für Venus. Alchemistisches Kupfer bewirkt Liebe, Ausgeglichenheit, weibliche Schönheit und künstlerische Kreativität.

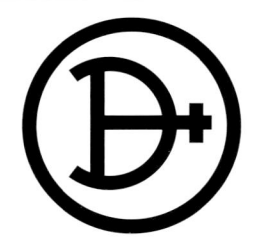

MAGNESIUM

Magnesium ist ein festes, silbrig weißes Leichtmetall (ein Drittel leichter als Aluminium), das bei Kontakt mit Luft leicht trüb wird. Entzündetes Magnesium ist sehr schwer zu löschen. Wegen dieser Eigenschaft wird das alchemistische Symbol mit Ewigkeit, der Unendlichkeit der Seele und spirituellem Aufstieg assoziiert.

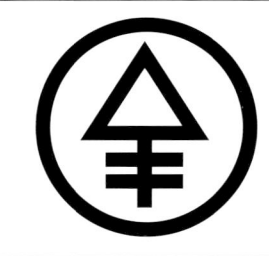

PHOSPHOR

Dieses Nichtmetall, das in der Dunkelheit von selbst leuchtet, entzündet sich spontan bei Kontakt mit Luft und beflügelte bei seiner Entdeckung die Fantasie der Alchemisten des 17. Jahrhunderts. Es schien geheimnisvoll, magisch und voller erstaunlicher Möglichkeiten und galt als „vitale Flamme des Lebens".

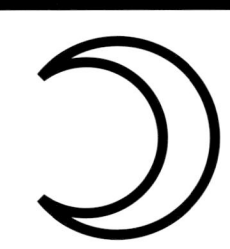

SILBER

In der Alchemie wird Silber, zusammen mit Blei, oft als *materia prima* zu Beginn einer Arbeit verwendet. Das alchemistische Symbol für Silber wird mit dem Mond assoziiert und steht auch für Weiblichkeit, Intuition, innere Weisheit und Kontemplation. Als Talisman soll das Symbol die künstlerische Ausdruckskraft begünstigen.

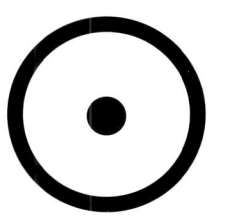

GOLD

Glänzend, schwer, verformbar und sehr weich – Gold ist eines der wertvollsten Elemente der Welt. Es symbolisiert Perfektion in jeder Hinsicht und steht für das Streben des Menschen nach geistiger Vollkommenheit. Für die mittelalterlichen Alchemisten war die Verwandlung von „Blei" in „Gold" nicht nur ein physikalischer, sondern auch ein spiritueller Akt.

EISEN

Eisen gilt als zehnthäufigstes Element im Universum. Es symbolisiert in der Astrologie den Planeten Mars. Als solches beherrscht Eisen die physikalische Stärke und steht primär für männliche Energie. In okkulten Kreisen symbolisiert Eisen das Bedürfnis, animalische Triebe zu mäßigen, aber zugleich sich das innere Feuer zu eigen zu machen.

BLEI

Blei ist ein dichtes, weiches, hoch verformbares, blau-weißes Metall von hoher Korrosionsbeständigkeit. Als alchemistisches Symbol ist Blei der Herrscher über die dunkle *materia prima*, die erste oder Urmaterie. Es wird mit dem Planeten Saturn assoziiert und mit der Herausforderung, dieses Grundmaterial in Gold zu verwandeln.

SCHWEFEL

Schwefel ist ein essentielles Element des Lebens. Er gilt auch als transzendentes alchemistisches Symbol und symbolisiert die Vielfalt der menschlichen Natur und das ewige Streben nach Erleuchtung. Ebenso steht er für die heilige Dreifaltigkeit. Schwefel gilt zusammen mit Salz und Quecksilber als eine der drei himmlischen Substanzen.

ZINN

Zinn wird von Jupiter beherrscht und ist ein Symbol für den Lebensatem. Als Symbol allein ist es schwächer als in Kombination mit anderen alchemistischen Symbolen. Dies offenbart, wie der einzelne Alchemist viele verschiedene Kräfte heranziehen muss, um Erleuchtung zu erlangen, denn allein schafft er es nicht.

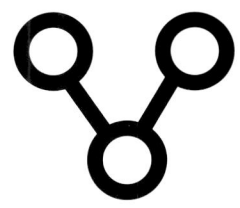

AQUA VITAE

Das „Wasser des Lebens", das für gewöhnlich aus Destillation von Wein gewonnen wurde, kann auch als Wasser „mit Leben" oder „mit Geist" darin bezeichnet werden. Dies ist eine Anspielung auf den einzelnen Menschen, der vorwiegend aus Wasser besteht, aber von Geist erfüllt ist. Es symbolisiert den Bewohner im Innersten, den wir finden müssen.

DAKINI
INDIEN ca. 9. Jahrhundert

Weiblicher Geist, dessen positiver Aspekt Vergnügen und Spiritualität bringt

Dieses Tempelgemälde aus dem 19. Jahrhundert zeigt die tanzende Dakini mit ihrer Totenkopfkette.

Dakini bedeutet im Sanskrit „Himmelstänzerin", und ursprünglich war eine Dakini im alten Indien ein weiblicher Geist, der die Seelen der Toten in den Himmel bringt. Der Legende nach war sie auch imstande, einen Sterblichen mit ihrem Blick auf der Stelle zu verführen. Angesichts ihres unberechenbaren Temperaments ist eine Dakini mit Geistern, Psychopomps und Engeln vergleichbar, die das Bewusstsein und die Glaubenshaltung eines Anhängers des buddhistischen Tantrismus durch Versuchung oder Verführung auf die Probe stellen.

Zwischen dem 9. und 12. Jahrhundert erfreuten sich Dakini-Tempel in Indien großer Beliebtheit. Die nach oben geöffneten Rundbauten wurden an entlegenen Orten, insbesondere auf Hügeln, errichtet. In ihrem Inneren befanden sich 64 Nischen mit prächtigen Steinschnitzereien, die verschiedene Gestalten der Energie der Muttergöttin abbildeten. Sie bildeten ein rundes Mandala um eine zentrale Darstellung von Shiva, der das Symbol des kosmischen Bewusstseins und der Mittelpunkt der yogischen Disziplin war.

Die meisten Darstellungen von Dakinis zeigen eine junge, nackte Figur in tanzender Pose. Sie hält einen Totenkopfbecher, der mit Menstruationsblut oder mit Lebenselixier gefüllt ist, in einer Hand und ein gebogenes Messer in der anderen. Oft trägt sie einen Kranz aus menschlichen Totenschädeln und einen Dreizack. Ihr Haar hängt meist wild den Rücken hinab. Mit ihrem Tanz auf einem Leichnam symbolisiert sie ihre Herrschaft über das Ego und die Unwissenheit. Gläubige behaupten oft, das Klappern des Knochenschmucks der tanzenden Dakini zu vernehmen.

Der dunkle Aspekt der Dakini offenbart sich in ihrer Kette aus Totenköpfen; ihr friedlicher Aspekt im Lotos-Wedel. Dakinis sind nicht nur Objekte der Begierde, sondern auch Träger kosmischer Energien, die Freude und Spiritualität bringen. Als inspirierende Boten wurden sie geschickt, um den tantrischen Novizen von einem selbstzentrierten Leben wegzulocken und nach Spiritualität streben zu lassen. Hatte sich der Praktizierende vor der Dakini behauptet, wurde er zum tantrischen Meister und gelangte ins Paradies der Dakinis, einen Ort erleuchteter Glückseligkeit. Die Darstellung

von Dakinis als hübsche nackte Gestalten stellte den Yogameister im Hinblick auf die Zügelung seiner sexuellen Begierden auf die Probe. Zum Praktizieren von tantrischem Sex gehörte eine symbolische, gedachte oder reale Dakini. Letztere war meist eine im tantrischen Yoga versierte Frau.

Im Tantra hat Sex drei Zwecke: Fortpflanzung, Vergnügen und Befreiung. Wer nach Befreiung trachtet, überwindet den Orgasmus zugunsten einer höheren Form der Ekstase. Sexuelle Rituale werden empfohlen und praktiziert und umfassen aufwendige Vorbereitungs- und Reinigungsriten. Der sexuelle Akt gleicht kosmische Energie im Körper der Partner aus und gipfelt in der Auflösung der eigenen Persönlichkeit und Identität mit dem Göttlichen. Tantriker verstehen diese Akte auf mehrerlei Ebenen. Mann und Frau werden körperlich vereint, ein Symbol für die Verschmelzung von Shiva und Shakti (männliches und weibliches Prinzip). Diese Verbindung bewirkt ein geeintes Energiefeld; auch auf individueller Ebene erfährt jeder Teilnehmer eine Verschmelzung mit seinen Shiva- und Shakti-Energien.

In dieser Malerei aus dem späten 18. oder frühen 19. Jahrhundert vereinigen sich Shiva und Shakti in dem Paar, das tantrischen Sex praktiziert.

LIEBESKUNST

Die alten Taoisten verstanden sich auf die Liebeskunst. Diese Praktiken, die als „Verbindende Energie" oder „Verbindung der Essenzen" bezeichnet werden, wurden zur Erlangung von Gesundheit und Langlebigkeit praktiziert. Nach der taoistischen Lehre waren bestimmte Zeiten besser für den Geschlechtsakt geeignet als andere. Demnach stellten Viertel- oder Vollmond, starker Wind, Regen, Nebel, Kälte oder Hitze, Donner, Blitz, verdunkelter Himmel, Sonnen- und Mondfinsternisse, Regenbogen und Erdbeben ein Hindernis dar. Sexualverkehr zu diesen Zeiten würde dem Geist des Mannes schaden und Frauen krank machen. Zu diesen Zeiten gezeugte Kinder würden verrückt, dumm, pervers, stumm, taub, verkrüppelt oder gewalttätig sein. Auch der Ort war von Bedeutung. Blendende Sonne, der Mond oder die Sterne waren ebenso zu meiden wie das Innere von Schreinen, die Nähe zu Tempeln, Brunnen, Öfen, Toiletten, Gräbern oder Särgen.

Taoistische Praktizierende sollten sich nicht auf eine Frau beschränken und nur mit hübschen Frauen Sex haben. Obwohl der Mann die Frau sexuell zu befriedigen hatte, galt sie als Objekt. In antiken Texten wird sie oft als „Feind" bezeichnet, da sie den Praktizierenden dazu bringen konnte, Samen zu vergießen und Vitalität zu verlieren.

Eine Tonfigur im British Museum, London, „Dakini of all the Buddhas" genannt, hält einen Dolch und einen Totenkopfbecher mit Blut – Symbole ihrer Macht, Böses und Unwissen zerstören zu können.

POINT ZÉRO
PARIS, FRANKREICH 12. Jahrhundert

Stelle, an der einst die geheimnisvolle Statue von Monsieur Legris stand

Die Point-Zéro-Markierung bei Notre-Dame in Paris gilt als Ort, an dem Wünsche in Erfüllung gehen. Genau hier stand einst eine geheimnisvolle Statue.

Im Boden des Place du Parvis in Paris vor der Kathedrale Notre-Dame, etwa 5 m direkt westlich vom linken Portal der Kathedrale, befindet sich ein Messingschild mit der Aufschrift „Point zéro des routes de France": der Nullpunkt der Straßen Frankreichs. Das 1924 von der Commission du Vieux Paris in Pflasterstein eingelegte Schild kennzeichnet den exakten Zentralpunkt der Hauptstadt, von dem aus alle Entfernungen in Frankreich gemessen werden.

Das Schild gilt als glückbringender Ort, an dem man sich etwas wünschen kann. Paare küssen sich hier, andere tanzen hier bei Vollmond oder segnen die Zielorte, die von hier aus gemessen werden. Stellt man sich als Tourist hierher, so bedeutet das, dass man nach Paris zurückkehren wird. Doch um die Stelle ranken sich noch weitaus mehr Mysterien.

Bis ins 18. Jahrhundert stand genau an dieser Stelle nämlich eine geheimnisvolle Statue. Ihr genaues Datum ist nicht bekannt, doch stammt sie aus der vorrömischen Zeit. Im 12. und 13. Jahrhundert, als die Errichtung der Kathedrale von Notre-Dame im vollen Gange war, nannten die Bewohner die Statue Monsieur Legris. Die Herkunft des Namens ist ungewiss, doch *le gris* bedeutet „der Graue". Die meisten Forscher vermuten, dass der Name daher rührt, dass der Stein durch Erosion und Verschmutzung grau aussah.

Im Mittelalter war die Kathedrale von schmalen Höfen, Holzhäusern und Giebelbauten umgeben, auf denen Schornsteine und Wetterfahnen thronten. Zwischen den dicht gedrängten Fachwerkhäusern lagen winzige Läden. Die Fachwerkhäuser hatten an jeder Straßenecke geschnitzte Balken und Nischen mit religiösen Statuen.

Die Statue von Monsieur Legris wurde auf einer Steinsäule am Ende einer Ladenzeile platziert. Es handelte sich dabei um einen Mann oder Gott, der ein Buch hielt und um den sich eine Schlange wand. Im Laufe der Jahre verwitterte der Stein so stark, dass die Figur kaum noch zu erkennen war. Die Einwohner erzählten den Pilgern, die ihren Weg aus dem Straßengewirr suchten, dass Monsieur Legris ihnen den Weg weisen würde, und zeigten auf die missgestaltete Statue.

Historiker und Forscher haben verschiedene Vorschläge geliefert, wen die Statue darstellte. Einige meinen, es war Herkules oder Asklepios, der griechische Gott der Heilkunst. Andere schlugen Jesus Christus, den katholischen hl. Guillaume de Paris, die hl. Geneviève, Schutzpatronin von Paris, und den römischen Gott der Grenzsteine Terminus vor. Auch Merkur, der Gott der Reisen und des Handels, war im Gespräch.

Die Hermetiker hielten die Statue für eine Abbildung des Philosophen Hermes Trismegistos, der angeblich Wissen über das ganze Universum besaß. Sie schufen in ihrer Geheimlehre, die sich auf dieses Wissen stützte, ein reiches Repertoire an Symbolen und alchemistischen Metaphern. Für die Alchemisten bedeutete Grau Feuer, eines der fünf Elemente und Bestandteil des alchemistischen Prozesses zur Erlangung göttlichen Wissens. Die Statue wurde auch „Maître Pierre" genannt, ein Ausdruck, der bei den Alchemisten den Stein der Weisen, den Schlüssel zur göttlichen Vereinigung, bezeichnete.

Im Jahr 1625 wurde eine römische Inschrift, die man auf der Statue entdeckte, wieder in den Brunnen geätzt. Im 17. Jahrhundert wurde Monsieur Legris auch „Vendeur des Jeûnes" genannt, was Fastenverkäufer bedeutet. Bei dieser Inschrift könnte es sich um eine christliche Mahnung handeln, zu fasten oder zu beten oder in die Kathedrale zu gehen und sich der Jungfrau Maria hinzugeben. Ein politisch-satirisches Pamphlet, das 1649 von Königsgegnern herausgegeben wurde, als der junge Ludwig XIV. unter der Obhut des korrupten Kardinal Mazarin stand, trug den Titel „Oracle rendu par le Jeûneur du parvis Notre-Dame" (Orakel des Fasters vom Vorplatz der Notre-Dame) und führte alle Abhilfemaßnahmen an, die nötig waren, um das Land von seinen Kardinälen und Königen zu heilen. Vielleicht war diese Statue also einst auch ein Orakel für Botschaften von den Göttern?

Die Statue wurde 1748 zerstört, als der Platz vergrößert und viele der Häuser abgetragen wurden. Sie wurde durch eine dreieckige Markierung mit dem Emblem von Notre-Dame in der Mitte ersetzt. Während des Österreichischen Erbfolgekrieges (1740-1748) wurde diese zum „Nullpunkt" für die Ermittlung der Entfernungen zu den militärischen Außenposten und Lagern entlang einer Reihe von Meilensteinen (circa alle 2 km) von diesem Zentralpunkt in Paris.

Monsieur Legris wurde als Orakel, Bote und Alchemist sowie als der Held Herkules und der römische Gott Terminus gedeutet.

HIMMELSASTROLABIUM
IRAN 1144

Von Astrologen zur Ermittlung von Horoskopen verwendet

Dieser Himmelsglobus, der vermutlich aus Isfahan, Iran, stammt und auf 1144 datiert, ist das drittälteste erhaltene Exemplar der Welt.

Im Mittelalter fungierten islamische Astrologen auch als Astronomen und zweidimensionale oder abgeflachte Astrolabien zur Ermittlung von Horoskopen erfreuten sich großer Beliebtheit, da sie eine enorme Zeitersparnis beim Berechnen bedeuteten.

Das Interesse für Astrologie hatte im Nahen Osten seinen Ausgang in der sassanidischen Stadt Harran, im Nordwesten Mesopotamiens. Harran war ein bedeutendes Zentrum für Mystizismus, hermetische Philosophie, Astrologie und Magie und übte bis in die Renaissance hinein Einfluss auf die magischen Traditionen des Wes-

tens aus. Die Gelehrten von Harran hielten auch als Letzte die mandaäische Religion hoch, eine präislamische Religion des Nahen Osten, in der die Verehrung der Sterne eine Rolle spielte. Bis ins 11. Jahrhundert hielten sie sowohl dem Christentum als auch dem Islam stand und nahmen Hermes als ihren Propheten an, indem sie ihn mit Idris im Koran gleichsetzten.

Der Islam nahm die Astrologie mit Inbrunst an, vor allem aufgrund der islamischen Doktrin Tauhid, die die Einheit Gottes mit der Ganzheit der Weisheit gleichsetzt. Im 13. Jahrhundert hatten islamische Gelehrte die heidnische Astrologie mit einer philosophischen Grundlage vereint, und das Astrolabium wurde zum sichtbaren Symbol der Fähigkeiten des Astrologen oder Astronomen. Ein Großteil des Wissens stammte vom Mathematiker und Astrologen Ptolemäus, wenngleich die islamischen Astrologen ihren eigenen Korpus an Techniken und Beobachtungen aufstellten.

Unter den islamischen Astrologen des Mittelalters entstand ein Mythos, wonach Ptolemäus das Astrolabium durch Zufall entdeckt hatte. Bei einem Ausritt trug er einen kleinen Himmelsglobus aus Messing mit sich, den er fallen ließ. Sein Pferd trampelte ihn flach, und so entstand das erste zweidimensionale Astrolabium. Die Zuschreibung ist wahrscheinlich korrekt, wenngleich die Umstände etwas anders gewesen sein dürften. Zwar dürfte die Theorie, eine Himmelskugel auf eine ebene Fläche zu projizieren, Ptolemäus durchaus bekannt gewesen sein, doch gibt es keinen Beweis für irgendwelche Instrumente dieser Art, die zu dieser Zeit im hellenischen Ägypten gefertigt wurden.

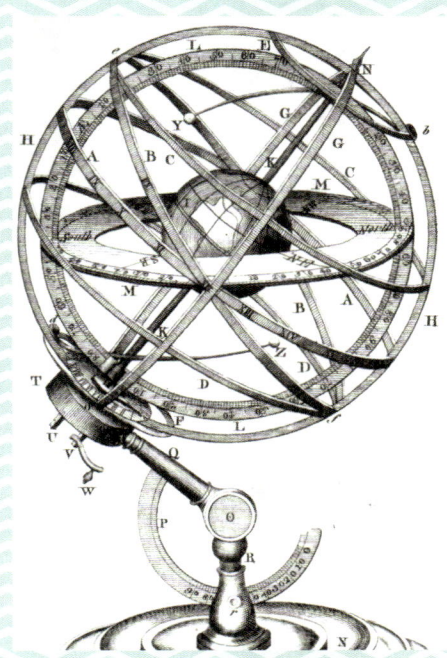

Eine Armillarsphäre besteht aus mehreren Ringen, die die Erde umgeben, und stellt die Bewegung von Himmelskörpern dar.

FRÜHES ASTROLABIUM

Dieses seltene sphärische Astrolabium aus Bronze ist ein dreidimensionales Modell des Universums, das von Astrologen, Seefahrern und Astronomen für Beobachtungen und Vermessungen benutzt wurde. Es zeigt die 48 Sternbilder, die Ptolemäus in Alexandrien im 1. Jahrhundert ermittelte. Die 1.025 Sterne werden durch Silberpunkte dargestellt, deren Größe je nach Helligkeit variiert. Es ist mit der Aufschrift „Yunus b.al-Husayn al-Asturlabi" versehen, die besagt, dass Yunus die Koordinaten unter Berücksichtigung der Zeitspanne zwischen Ptolemäus' Werk und seinem neu ermittelte. Das kunstvolle sphärische Astrolabium, das auf mathematischer Astronomie basierte und ein beeindruckendes Modell des Himmels darstellte, war nicht nur ein Symbol für das bekannte Universum, sondern auch für den Prozess, in dem die klassische Wissenschaft und Astrologie von islamischen Gelehrten entwickelt und schließlich in den Westen überliefert wurden.

Der islamische Philosoph al-Kindi vereinte die hellenistischen Konzepte mit islamischen Vorstellungen. Er beschäftigte sich mit den Grundlagen der Magie und wie sich die Strahlen der kosmischen Energie auf andere Dinge wie etwa die astrologische Kraft der Planeten auswirkten. Er glaubte, dass der, der Wissen über die himmlische Harmonie erlangte, die Vergangenheit, Gegenwart und Zukunft kennen würde. So verwundert es kaum, dass islamische Astrologen begierig alles über den Himmel erfahren wollten, und mit Astrolabien ließ sich genau dieser abbilden.

Alsbald wurden Astrologen von Militärführern eingesetzt, da die alten Sternkataloge und Dokumente, die den wahrscheinlichen Ausgang einer Schlacht vorhersagen sollten, zeitaufwendig und inmitten der Schlacht fragil waren. Das Astrolabium aber war ein virtuoses Gerät, das auf das Schlachtfeld mitgenommen und vom Astrologen auch zu Pferd benutzt werden konnte.

In Europa hielt das Astrolabium im 11. Jh. über Spanien Einzug. Im 15. Jh. verkaufte der Instrumentenbauer Jean Fusoris erstmals Astrolabien sowie tragbare Sonnenuhren und andere wissenschaftliche Geräte in seinem Laden in Paris. Das Astrolabium war vermutlich ein Vorgänger der astronomischen Uhr, von der ein Exemplar am Altstädter Rathaus in Prag zu bewundern ist.

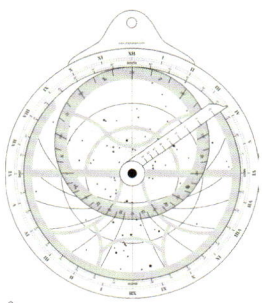

Das Planisphärum (flaches Astrolabium) ersetzte schließlich den Himmelsglobus, weil es einfacher zu transportieren war.

TIERKREIS
FLORENZ, ITALIEN 1207

Tierkreis aus Marmor, der den Anbruch einer neuen Ära symbolisiert

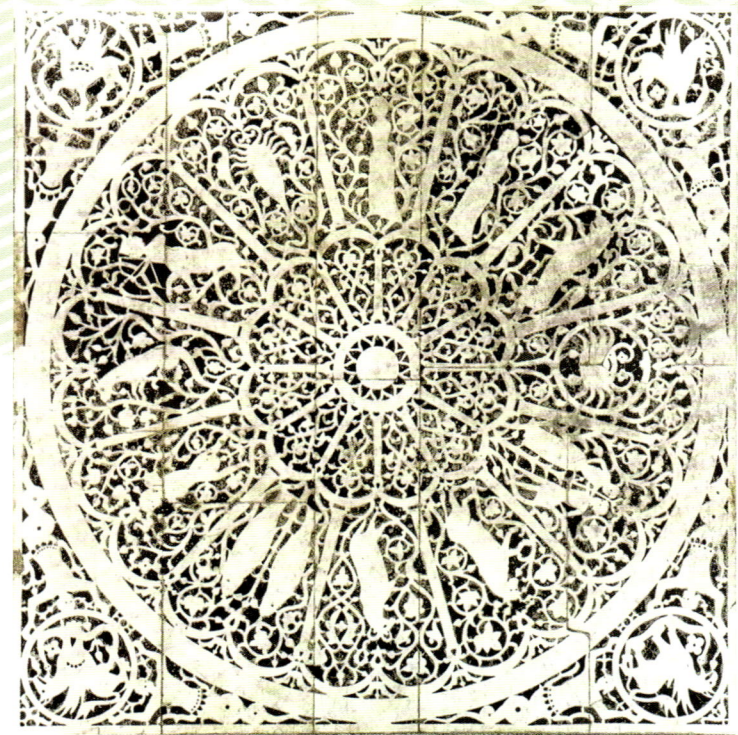

Die meisten mittelalterlichen Kirchen wurden nach Ost-West ausgerichtet – entsprechend dem Bild eines Sonnen-Christus, der die Rolle der heidnischen Sonnengötter und ihrer täglichen Ost-West-Reise am Himmel übernahm. Im Gegensatz zu anderen mittelalterlichen Kirchen liegt San Miniato auf einer ungewöhnlichen Nordwest–Südost-Achse. Obwohl die Kirche nicht auf den Sonnenaufgang ausgerichtet ist, ist der Tierkreis, und insbesondere das Zeichen des Stiers, perfekt ausgerichtet. Darüber hinaus wird auf das Symbol des Stiers mit seiner Beständigkeit und Ausdauer in dem kodierten Text hingewiesen.

Die über 3 m lange Inschrift ist ein komplexes System aus mittelalterlichen Codes. Am 28. Mai 1207 war laut mittelalterlichen Astronomen eine Gruppierung von Planeten im Sternbild Stier in der Morgendämmerung zu sehen. Dieses bestimmte Stellium im Stier sollte laut Vorhersagen erst in tausenden von Jahren wieder auftauchen. Das vom Steinmetz in der Inschrift vermerkte Datum bezeichnet nicht nur das Datum der Vollendung seines Meisterwerks, sondern auch das exakte Datum dieses ungewöhnlichen astronomischen Ereignisses. Doch vor allem offenbart es, dass die astrologische Ausrichtung im Stier jenes Tages den Beginn einer neuen Ära kennzeichnet und der Tierkreis somit ein Symbol dieses neuen Zyklus ist.

Im frühen 13. Jahrhundert war der Glaube an die Ankunft des Antichrist und das Ende der Welt, wie es der italienische Theologe Joachim von Fiore vorhersagte, weit verbreitet und sorgte für große Angst und Schrecken. Die Stier-Ausrichtung am Himmel war ein Zeichen, dass es sich ganz im Gegensatz zum Ende der Welt, um den Beginn von etwas Dauerhaftem und Ewigem handelte. Darüber hinaus offenbarte der neue Zyklus für diejenigen, die Zugang zur esoterischen Welt gefunden hatten, dass es Zeit war, die heilende

Der Tierkreis von San Miniato ist nicht nur Dekor, sondern birgt eine tiefere Bedeutung in sich.

Das Zeichen des Stiers ist direkt auf den Sonnenaufgang ausgerichtet und verkündet eine neue Ära.

Der Tierkreis auf dem Boden, die Marmorpflasterung, die Kanzel und die schmuckvollen Schnitzereien in der Basilika San Miniato al Monte, Florenz, stammen von einer Gruppe geheimnisvoller Steinmetze. Einer von ihnen hinterließ die Inschrift „Josef". Heidnische und christliche Symbole zieren auch die steinernen Eingänge, Fassaden und Mauern der Basilika. Besonders ins Auge sticht allerdings der marmorne Tierkreis und die dazugehörige Inschrift, die den Zeitpunkt, das Datum und die Namen der Planeten des Stellium angibt. Darüber hinaus enthält der Tierkreis eine vielschichtige Geheimbotschaft: So besagt etwa eine Deutung, dass die symbolische Natur der Basilika als Tor zwischen der göttlichen Welt und der profanen Welt fungiert.

Kraft der Sonne hochzuhalten. Genau dieses Geheimnis muss in den Marmoreinlagen und Mauern der Basilika San Miniato al Monte noch entziffert werden.

Einigen Berichten zufolge gehörten Josef und die anderen Steinmetze einer esoterischen Gruppe an, die die christliche Kabbalah und die Mysterien der altägyptischen Weisheit kannten. Eine Legende erzählt, wie Josef eines Morgens im Jahr 1207 – am Höchepunkt der Weltuntergangspanik –, als die Sonne über Florenz aufging, Josef den Staub von der lateinischen Inschrift fegte, die er in den Marmorboden der Basilika gehauen hatte. Als sich der Steinmetz voll Freude über die Vollendung seines Werks erhob, strahlte die Sonne vom Ostfenster diagonal durch das Schiff. Die glitzernde Strahlen schienen direkt auf die Mitte des prachtvollen Tierkreises, den er einige Monate zuvor geschaffen hatte. Die Dämmerung einer neuen Zeit verhieß nicht das Ende der Welt, sondern einen neuen Anfang.

Die Kanzel der Basilika San Miniato al Monte, Florenz, wurde von denselben Steinmetzen gestaltet wie der Tierkreis am Boden.

ANDERE TIERKREISE

In vielen christlichen Kirchen und Kathedralen in Europa finden sich bemerkenswerterweise Tierkreiszeichen, ob als Fassadenreliefs, Mosaike, Bodenmedaillons oder gar in Buntglasfenstern. Bevor die Astrologie von der Kirche als ketzerisch erachtet und somit von ihr verbannt wurde, wurde sie als Bestandteil in das tägliche Leben aufgenommen. Die zwölf Tierkreiszeichen und Sternbilder symbolisierten nicht so sehr die esoterischen Eigenschaften, die mit der astralen Magie verbunden wurden, sondern einfach die Monate des Jahres und die jeweils typischen Tätigkeiten.

In Frankreich finden sich prachtvolle Exemplare in der Kathedrale von Chartres mit ihrem Tierkreisfenster aus dem Jahr 1217 und anderen mit dem Tierkreis verbundenen Statuen im West- und Nordteil des Baus. Die Notre-Dame in Paris zeigt eine komplette Sammlung von Tierkreiszeichen mit dazugehörigen monatlichen Aktivitäten und damit verbundenen Sünden im westlichen Rosettenfenster sowie in den Skulpturen auf den Portalen der Westfassade. Tierkreiszeichen finden sich auch in mehreren kleineren französischen Kirchen, so etwa in Avallon in der Bourgogne. In Italien ist die Kathedrale von Otranto berühmt für ihre Tierkreismosaike, und in der Kathedrale von Canterbury, England, zeigen Bodenmedaillons aus dem 13. Jahrhundert neben atemberaubenden Bronze-Tierkreiszeichen Monate, Arbeiten, Laster und Tugenden.

Obwohl nicht Teil der jüdisch-orthodoxen Religion, sprach die astrale Kultur der griechisch-römischen Zeit die nicht rabbinischen mystischen Juden an. So findet sich etwa in der Beth-Alpha-Synagoge aus dem 6. Jahrhundert am Fuße des Berges Gilboa, nahe Bet She'an, Israel, ein wunderbares Exemplar einer jüdischen Adaption des griechisch-römischen Tierkreises. Die zwölf Zeichen erscheinen im Außenkreis, während der Sonnengott Helios in all seiner Herrlichkeit den Innenkreis dominiert. Der Außenkreis besteht aus zwölf Tafeln, die jeweils einem Monat entsprechen und das jeweilige Symbol für die Tierkreiszeichen enthalten. Vier weibliche Figuren, die die vier Jahreszeiten symbolisieren, sind in den vier Ecken unmittelbar außerhalb des Tierkreises zu erkennen. Es scheint, dass trotz all der Versuche der organisierten Religionen, heidnische Glaubensvorstellungen auszurotten, der Tierkreis weiterhin in der religiösen Kunst und Architektur verhaften blieb – so wie er auch perfekt am Himmel verbleibt.

Dieses Fresko (1573) in der Kathedrale von Santa Severina, Italien, zeigt den Propheten Joachim von Fiore aus dem 13. Jh.

BUCH DES RAZIEL
HALBINSEL SINAI 13. Jahrhundert

Grimoire der kabbalistischen Magie aus dem Mittelalter

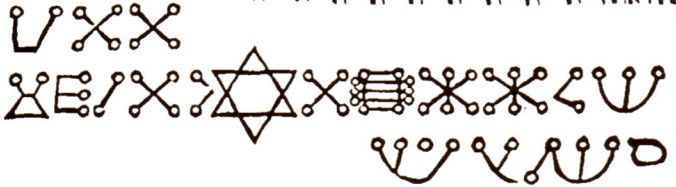

Das Buch des Raziel beinhaltet eine vollständige Sammlung magischer Talismane und Sigille zur Durchführung von Schutzzaubern und zur Herstellung von Heilamuletten.

Legenden zufolge war das Buch des Raziel ursprünglich ein Werk über die göttlichen Geheimnisse, die der Erzengel Raziel Adam offenbarte. Raziel stand nah bei Gottes Thron und schrieb alles nieder, was gesprochen wurde. Er gab das Buch angeblich Adam, nachdem dieser und Eva vom Verbotenen Baum gegessen hatten, damit er Gott besser verstünde. Die übrigen Erzengel waren wütend, dass er das Wissen an die Menschen preisgegeben hatte. Daher stahlen sie Adam das Buch und warfen es in den Ozean. Gott bestrafte Raziel nicht, sondern entsandte einen anderen Engel in den Ozean hinab, um das Buch zu bergen und Adam und Eva zurückzugeben.

Einigen Quellen zufolge wurde es schließlich an Henoch weitergegeben, der später der Engel Metatron, der Wächter über die himmlischen Schätze, wurde und seine eigenen Schriften in das Werk eingefügt haben dürfte. Nach Henoch übergab der Erzengel Raphael das Buch an Noah, der mit dem darin enthaltenen Wissen die Arche baute. Später soll es in den Besitz des Königs Salomon gelangt sein, und eine Reihe von Texten, die Salomons spezifischem Band zugeschrieben wurden, sind in jüngster Zeit aufgetaucht.

Die meisten Historiker gehen davon aus, dass das Buch des Raziel seinen Ursprung im 13. Jahrhundert hatte, sich aber auf ältere Texte stützte. Die mittelalterliche Version wurde vermutlich von dem jüdischen Mystiker Eleasar ben Juda zusammengestellt, der mehrere kabbalistische mystische Werke miteinander vereinte. Das vollständige Werk wurde nachher in fünf Bücher unterteilt. Ein Teil davon hat die Form einer mystischen Schöpfungsgeschichte, doch vorwiegend enthält es eine aufwendige Angelologie, magische Anwendungen des Tierkreises, Gematrie, Namen von Gott, Schutzzauber und eine Methode zur Herstellung magischer Heilamulette. Laut dem

Werk von Eleasar ben Juda aus Worms lehrte Raziel Adam die Macht der Sprache und die Macht der Seele innerhalb der Grenzen des physischen Körpers und der physischen Welt. Raziel legte ihm dar, dass man mittels „Magie" – ob durch Gematrie oder durch Anrufung planetarer Kräfte mittels Talismanen – sein Leben formen könne, anstatt sich seinem Schicksal zu ergeben. Gematrie war eine assyro-babylonische Technik, bei der jüdische Mystiker einem Wort oder einer Phrase einen numerischen Wert zuwiesen und somit dem Wort und der Zahl magische Eigenschaften verliehen. Jeder Buchstabe des hebräischen Alphabets hat eine tiefe Symbolik, sowohl hinsichtlich seines Klangs als auch seiner Position im Wort.

KABBALAH

Das Buch des Raziel wurde in der deutschen Renaissancemagie zusammen mit dem *Picatrix*, einem weiteren Handbuch zur Talismankunde, von der Kirche als ketzerisch betrachtet. In der Renaissance bezogen viele, die Okkultismus ausübten, heretische Gedanken, christliche Glaubensvorstellungen und mystische Kabbalah in ihre esoterischen Erkundungen mit ein. Kabbalah ist eine Jahrhunderte alte jüdische Weisheit, die offenbart, wie das Universum und das Leben funktionieren. „Kabbalah" bedeutet wörtlich „erhalten". Sie lehrt, wie man Erfüllung im Leben erhält.

Im Mittelalter glaubten die Kabbalisten, dass alle Dinge durch die Sephiroth, die zehn göttlichen Emanationen, mit Gott verbunden sind. Diese Emanationen machen alle Ebenen der Schöpfung zum Teil einer großen, allmählich absteigenden, Kette des Seins. Laut lurianischer Kabbalah entsprechen die Sephiroth verschiedenen Phasen der Schöpfung in jeder der vier Welten, und vier Welten innerhalb jeder der größeren vier Welten, die jeweils zehn Sephiroth enthalten, die selbst zehn Sephiroth enthalten, und so weiter bis zur Unendlichkeit. Diese entsprangen dem Schöpfer bei der Schöpfung des Universums. Heute ist die Kabbalah eine populäre Form des Mystizismus und floriert im Rahmen einer neuen Welle jüdischer liberaler Traditionen sowie westlicher esoterischer nicht jüdischer Spiritualität.

SYMBOLE DER KABBALAH

EIN SOF
Ein Sof symbolisiert Gottes Licht und die unendliche Natur Gottes, die vor der Schöpfung existierte. Es handelt sich um ein unerkennbares Nichts, das sich als der Gott der Schöpfung manifestierte und wird über die Sephiroth angebetet.

SEPHIROTH
Der kabbalistische Lebensbaum ist oft umgekehrt und wurzelt im Himmel. Jede der zehn Phasen, Sephiroth genannt, symbolisiert die verschiedenen Aspekte der sich vertiefenden Beziehung des Einzelnen mit Gott. Sie sind mit anderen über Pfade und Gruppen von Emanationen verbunden.

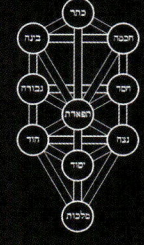

ZWEIUNDSIEBZIG NAMEN GOTTES
Dieses Symbol wird in der kabbalistischen Meditation benutzt und soll Propheten dazu befähigt haben, Wunder zu vollbringen. Die zweiundsiebzig Namen stammen aus den drei Versen des Exodus, von denen jeder zweiundsiebzig hebräische Buchstaben enthält. Nimmt man einen Buchstaben aus jedem Vers, indem man für den ersten Vers von links nach rechts liest, dann für den zweiten von rechts nach links, und so weiter, bilden sich die zweiundsiebzig Namen Gottes.

TETRAKTYS
Sie ist ein Symbol des Kosmos, das auf Pythagoras' ursprünglichem Symbol für die Pyramide der Schöpfung basiert. Diese Version verwendet die Buchstaben des hebräischen Alphabets, die den aus vier Buchstaben bestehenden Namen Gottes ergeben: Y. H. W. H.

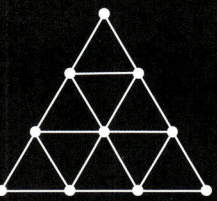

HEBRÄISCHE TRIADE
Sie ist eine grafische Darstellung oder ein Zeichen für die ersten drei Sephiroth. Sie symbolisiert den Vater links, die Mutter rechts und die Krone in der Mitte.

SIGILLUM DEI
LONDON, ENGLAND 14. Jahrhundert

Magisches Sigill des Astrologen John Dee

hebräische Wort *segulah* hingegen beschreibt sehr genau, was ein Sigill ist. *Segulah* bedeutet ein „Wort, eine Tat oder einen Gegenstand mit spiritueller Wirkkraft" ähnlich einem Talisman. Sigille sind meist gezeichnete Symbole, können aber dreidimensionale Objekte sein. Ob komplex oder einfach, ihre Gestalt und Erschaffung birgt stets komplizierte und geheime Bedeutungen in sich. Sigille sind meist aus vielen verschiedenen Elementen zusammengesetzt, und astrologische Zeichen und entsprechende Planeten haben alle ihre eigenen Sigille.

Dee verkörperte alles, was für die Renaissancezeit typisch war – vom esoterischen und literarischen Wiedererwachen, über die Kunst und die Suche nach Wahrheit und göttlichem Wissen bis hin zur wissenschaftlichen Revolution, die allem zu widersprechen schien, was die Renaissance wirklich repräsentierte: die Wiedergeburt des goldenen Zeitalters. Für Dee war die Entwicklung der Wissenschaft schlichtweg eine Entdeckung von allem, das bereits im kosmischen Geist vorhanden war und nur darauf wartete, vom Menschen offengelegt zu werden, und die Geheimnisse des Universums wurden auf verschiedene Arten entdeckt. Einige von denen, die als Begründer der modernen Wissenschaft gelten, wie Kopernikus, Tycho Brahe, Johannes Kepler und Isaac Newton, hatten ebenso ein tiefes Interesse an der mystischen Welt.

Während sich Dee in Magie versuchte, war er, wie viele andere Wissenschaftler und Philosophen seiner Zeit, besonders an einem Buch mit dem Titel *Steganographia* interessiert. Dabei handelt es sich angeblich um ein Werk über die Engelsmagie, das der Mönch Johannes Trithemius verfasste. Dee hatte bereits mithilfe von Medien versucht, Kontakt zu Geistern aufzunehmen. Doch als er 1582 die Bekanntschaft des Medi-

Das Sigillum Dei wurde erstmals in einem Grimoire aus dem 14. Jahrhundert beschrieben und später im 16. Jahrhundert vom Astrologen John Dee benutzt.

Das Sigillum Dei (Siegel Gottes) war ein Diagramm, das der elisabethinische Mathematiker, Astrologe und Magier John Dee bei seiner Beschwörung der Engel benutzte. Dee entwickelte es aus einem magischen Diagramm aus dem 14. Jahrhundert, das aus zwei Kreisen, einem Pentagramm und drei Heptagonen besteht, die mit dem Namen Gottes und seiner Engel beschriftet sind. Dee erschuf das Siegel als vielgestaltige symbolische Karte, mit der man angeblich die Mächte der Engel anrufen konnte.

Ein Sigill war ein Amulett, das antiken Texten zufolge dem Magier Macht über alle Wesen, außer Erzengeln, verlieh. Das Wort „Sigill" leitet sich vom lateinischen „Sigillum" („Siegel") ab. Das

ums Edward Kelly machte, gestaltete sich dieses Unterfangen anscheinend einfacher. Offenbar übte Kelly einen so starken Einfluss auf Dee aus, dass Kelly bis zum Zeitpunkt ihres Zerwürfnisses 1587 sich nicht nur als Alchemist etablierte, sondern Dee auch zum Frauentausch überredet hatte.

Unter Dees Sammlung von Spiegelobjekten, die er für seine okkulten Tätigkeiten benutzte, befand sich ein Spiegel aus Obsidian. Aztekische Priester verwendeten stark polierte Spiegel in diversen Ritualen: zur Weissagung, zum Eintritt in die Unterwelt und zur Kommunikation mit den Geistern der Toten. Diese Spiegel wurden mit Tezcatlipoca, dem Azteken-Gott der Herrscher, Krieger und Zauberer, dessen Name „Rauchender Spiegel" bedeutet, assoziiert. Dees Spiegel aus Obsidian war eine von vielen Kostbarkeiten, die Hernán Cortés nach der Eroberung Mexikos zwischen 1527 und 1530 nach Europa brachte.

Magier des Mittelalters benutzten Sigille zur Anrufung von Engeln, Dämonen und anderen Geistern. Jedes Wesen hatte sein eigenes Sigill, das seine grundlegende Natur repräsentierte, eine Art spirituelle Unterschrift oder Blaupause jenes Wesens. Sigille waren mächtige Hilfsmittel, wenn sie in die richtigen, aber auch falschen

Hände gelangten. In mittelalterlichen Grimoires (Zauberbüchern) und magischen Texten finden sich seitenweise Sigille, besonders in dem Werk „Kleiner Schlüssel Salomons". Dieser Text eines unbekannten Verfassers aus dem 17. Jh. enthält eine vollständige Übersicht über die persönlichen Sigille der 72 Dämonen der Hölle.

Das auch als „Clavicula Salomonis Regis" bezeichnete Werk ist in fünf Bücher geteilt. Eines zeigt dem Magier, wie er eine Wachstafel herstellt, mit der er Kontakt zu den Engeln aufnehmen, oder wie er mithilfe einer Kristallkugel oder eines spiegelnden Materials in die Geisterwelt „blicken" kann. Ein anderes enthält Gebete, die dem Magier augenblicklich Wissen bringen.

Sobald der Eingeweihte wusste, wie man ein Sigill benutzt und Aufmerksamkeit auf das Ritual und das Ergebnis legte, würde er rasch Macht über das Ding oder Wesen haben, das er heraufbeschwor. In jüngerer Vergangenheit benutzten selbsternannte Experten wie der Okkultist Aleister Crowley Sigille in ihren mystischen und magischen Erkundungen. In der Wicca werden Sigille noch heute als Mittel eingesetzt, mit dem man das Objekt seiner Begierde anlocken kann.

Diese Maske zeigt den Zauberer-Gott der Azteken Tezcatlipoca, dessen Name „Rauchender Spiegel" bedeutet. Dees Obsidian-Spiegel wurde mit Tezcatlipoca assoziiert.

Die Hieroglyphe, bestehend aus den Symbolen für Sonne, Mond und Sterne, symbolisiert John Dee.

SANDBILDER
NORDAMERIKA ca. 1400

Magische Bilder, die während Heilritualen und Zeremonien erschaffen werden

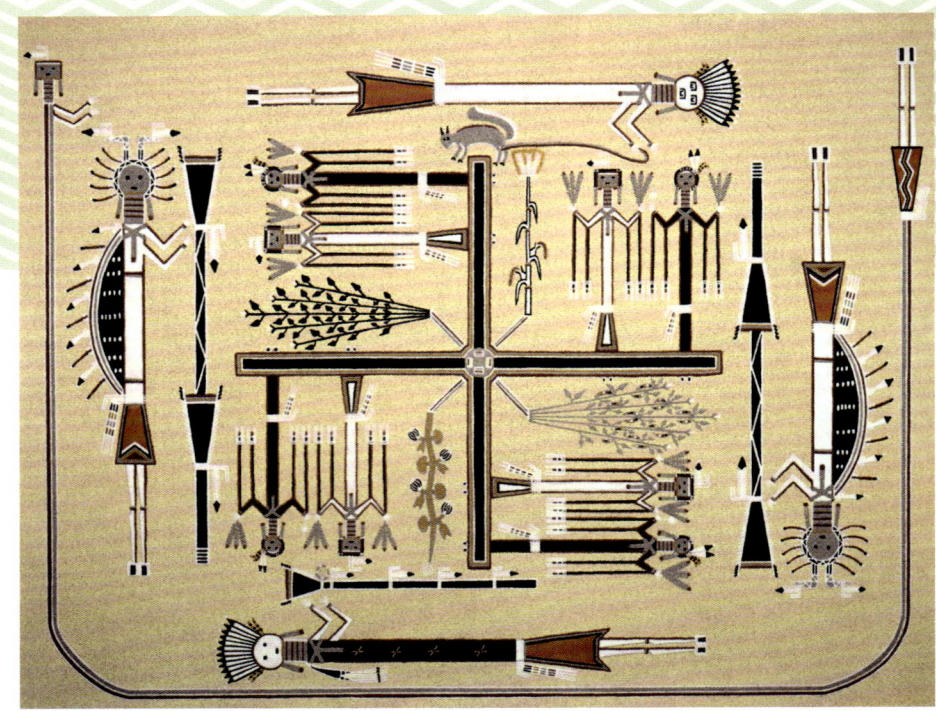

Dieses Sandbild der Navajo stellt die Whirling-Logs-Erzählung dar. Sie steht oft in Verbindung mit der als Night Chant bezeichneten Heilzeremonie.

Das Sikku Kolam ist meist von jedem Punkt aus betrachtet geometrisch. Sikku bedeutet „Knoten".

Die Navajo aus dem Südwesten der USA sind bekannt für ihre Sandbilder und deren Einsatz in Heilzeremonien und Ritualen. Das ist die Kunst, verschiedenfarbigen Sand oder pulverisierte Pigmente von Mineralien oder Kristallen auf eine Oberfläche zu streuen. Die Bilder sind permanent oder vergänglich. Vergängliche Sandbilder haben in verschiedenste Kulturen der Erde eine lange Tradition und sind oft temporäre rituelle Bilder, die für religiöse oder heilende Zeremonien erstellt werden. Diese Art von Sandbildern wird von tibetischen und buddhistischen Mönchen ebenso verwendet wie von den Ureinwohnern Australiens oder auch von lateinamerikanischen Gemeinschaften an bestimmten christlichen Feiertagen.

Bei den Navajo malt der Medizinmann am Boden des „Hogan" – des traditionellen Wohnbaus

der Navajo – oder an einem anderen Zeremonienort. Mit ruhiger Hand und viel Geschick lässt er den mehrfarbigen Sand durch seine Finger rieseln. Die Sandbilder können auch auf einem Stück Hirschleder oder Plane angefertigt werden. Experten zufolge gibt es etwa 600 bis 1.000 verschiedene traditionelle Motive für Sandbilder. Die Navajo erachten die Bilder nicht als statische Objekte, sondern als spirituelle Lebewesen, die es mit großem Respekt zu behandeln gilt. Zu einer Zeremonie können über dreißig verschiedene Sandbilder gehören.

Die Farbvielfalt entsteht für gewöhnlich durch natürlich gefärbten Sand: Verwendet werden zerstoßener Gips für Weiß, gelber Ocker, roter Sandstein, Kohle und eine Mischung aus Kohle und Gips für Blau. Andere Farbstoffe sind Maismehl, Blütenstaub und pulverisierte Wurzeln und Rinden.

Viele der Bilder zeigen Darstellungen von Yeibichai: übernatürliche Wesen, die die Navajo erschufen und sie lehrten, wie man im Einklang mit dem Universum lebt. Während des „Malens" singt der Medizinmann und bittet die Yeibichai, in das Bild zu kommen und bei der Heilung des Patienten zu helfen.

In ähnlicher Weise praktizierten buddhistische Künstler im Japan des 15. Jahrhunderts die Kunst des Bonseki. Dabei wurden mehrfarbiger Sand und Kieselsteinchen auf schwarze Lacktabletts gestreut. Mithilfe von Vogelfedern wurden auf der sandigen Oberfläche landschaftliche Szenen abgebildet. Diese buddhistischen Tablettbilder entwickelten sich wahrscheinlich aus den aufwendigeren bunten Sandmandalas der buddhistischen Mönche in Tibet und aus den Kolams in Indien.

Die Muster der Kolams leiten sich von alten magischen Motiven und abstrakten Mustern ab, die sich mit philosophischen und religiösen Motiven vereinten. Zu den Symbolen gehören Fische, Vögel und andere Tierbilder, die die Einheit von Mensch und Tier symbolisieren. Ebenso sind Motive wie Sonne, Mond und andere Tierkreissymbole gebräuchlich, die für den Kosmos und

Sandbilder gibt es in vielen Kulturen der Erde. Dieses hier stammt von australischen Aborigines.

die Macht der Planeten stehen. Die rituellen Kolam-Muster, die zu besonderen Anlässen wie Hochzeiten erschaffen werden, ziehen sich oft eine ganze Straße entlang. Viele dieser Muster wurden von einer Generation an die nächste, von Mutter zu Tochter, weitergegeben.

KOLAM

Ein Kolam ist eine Art heiliges Bild, das in verschiedenen Regionen Indiens sowie in Indonesien, Malaysia und Thailand angefertigt wird. Die Bilder bestehen aus Reis, Kreide oder Gesteinspulver sowie natürlichen Farbpigmenten. Meist zeigen sie geometrische Zeichnungen aus geschwungenen Linien, die rund um ein Punktraster gezeichnet werden, es gibt aber auch freie Motive. In Südindien praktizieren Hindu-Frauen diese Kunst vor ihrem Haus. An Feiertagen und zu besonderen Ereignissen werden oft komplexere Kolams gezeichnet.

Traditionell sind Kolams ein Zeichen der Einladung oder Begrüßung im eigenen Heim, meist an Lakshmi, Göttin des Wohlstands, gerichtet. Die Linien müssen geschlossen sein, um böse Geister symbolisch daran zu hindern, ins Innere der Formen und somit ins Innere des Hauses zu gelangen.

DIE DAME MIT DEM EINHORN
FLANDERN 15. Jahrhundert

Serie von Wandteppichen, die die Vorstellung vom sechsten Sinn präsentiert

Diese wunderschöne Serie von Wandteppichen entstand im 15. Jahrhundert in Flandern. Sie wurden vom Schriftsteller und Archäologen Prosper Merimée im Château de Boussac im Limousin, Frankreich entdeckt und galten bald als bedeutende Werke mittelalterlicher Kunst, sodass sie schließlich 1882 vom Musée national du Moyen Âge in Paris angekauft wurden.

Fünf der insgesamt sechs Wandteppiche symbolisieren die bekannten fünf Sinne – Le goût (Schmecken), L'ouïe (Hören), La vue (Sehen),

L'odorat (Riechen) und Le toucher (Tasten). Jeder der fünf Teppiche, die die Versuchung der sinnlichen Welt darstellen, zeigt eine unbekannte Dame umgeben von einem Löwen und einem Einhorn sowie anderen bekannten Tieren wie Kaninchen, Hunden, Affen und Vögeln. Der sechste Wandteppich, dessen Bedeutung umstritten ist, symbolisiert den geheimnisvollen sechsten Sinn.

Einigen Theorien zufolge repräsentiert der sechste Teppich, der sich auf der Wand gegenüber von den anderen befindet, entweder die

Seele oder ein esoterisches Geheimnis, das nur dem Besitzer bekannt ist. Das abgebildete Zelt ist mit der Inschrift *„À mon seul désir"* versehen, die oft als „Mein einziges Verlangen" oder „für das Verlangen meines Herzens" übersetzt wird. Es könnte sich aber auch um ein Wortspiel des Wortes *seul* handeln. Im Französischen bedeutet *seul* „einzig", aber die alten sächsischen, germanischen und flämischen Bezeichnungen für „Seele" haben Schreibweisen wie *seola* und *seula*. Die Inschrift könnte sich also auf die Seele und nicht auf das Verlangen beziehen.

Das Wort *désir* bedeutete im Frankreich des 14. Jahrhunderts „Lust", aber der Ausdruck wurzelt in einem altlateinischen Wort, das „von den Sternen" bedeutet. In anderen Worten: Die Wendung könnte ein geheimes oder mystisches Lockmittel sein und verraten, dass die Seele mit den Sternen verbunden ist.

Ebenso umstritten ist, ob die Dame das Halsband in die Schatulle legt oder es herausnimmt. Einigen Historikern zufolge möchte sie nicht von ihren Sinnen oder Begierden in die Irre geführt werden und hat beschlossen, rein und tugendhaft zu bleiben und daher die verlockenden Juwelen zurückzulegen. Andere meinen, sie sei willens, sich verführen und in die Irre führen zu lassen.

Viele Historiker gehen mittlerweile davon aus, dass die Serie eine Allegorie auf die höfische Liebe ist. Im Mittelalter wurden Hofdamen von heldenhaften Rittern umworben, während Minnesänger und Dichter von Hof zu Hof zogen und Liebesgeschichten zum Besten gaben. Ritter sandten Geschenke und geheime Botschaften und schwärmten von ihrer Auserwählten, die jedoch oft unerreichbar war. Unerfüllte Liebe war in Mode, und die sexuelle Anziehungskraft einer Dame, von der katholischen Kirche verteufelt, wurde vom Ritter oder Liebhaber idealisiert. Je größer das Verlangen nach ihr, desto unerreichbarer war sie, und desto erotischer die Erfahrung.

Das Einhorn strotzt nur so vor Symbolik. In den griechischen Mythen hatte es übernatürliche Kräfte. Im Mittelalter galt es nach christlichem Mythos als mystisches Tier, das sich nur von einer Jungfrau zähmen ließ. Es wurde auch zum mythischen Symbol der „Dame", da es rein wie die Jungfrau

Maria war. Ebenso wurde es zum Symbol des wiederauferstandenen Christus. Im Volksglauben und an den Höfen setzte sich der Mythos in den Allegorien der höfischen Liebe fort. Hier stand das Einhorn für den Geliebten oder Ritter in glänzender Rüstung, der seinen Kopf in den Schoß der Dame legte: ein Symbol seiner Unterwerfung. Auf einem Teppich legt das Einhorn seine Hufe in den Schoß der Dame und blickt in den Spiegel, in dem sich seine eigene Lust spiegelt.

Die Wandteppiche wurden anscheinend für Jean Le Viste, einen reichen Aristokraten, gefertigt. Sein Familienwappen ist überall zu sehen. Die Familie hatte sich in den Adel eingekauft und man geht davon aus, dass die Wandteppiche den Wohlstand von Jean Le Viste zur Schau stellen sollten oder dass sie als geheimes Zeugnis seiner Liebe zu einer anderen Frau, nicht seiner Gemahlin, dienten. Wie dem auch sei, die Wandteppiche zeigen nicht nur, wie sich die Symbole für Romantik und Liebe mit dem christlichen Mystizismus verweben lassen, sondern auch, wie sich verschiedene Allegorien ineinander widerspiegeln.

Diese Abbildung aus dem 15. Jahrhunderts stammt aus den Cantigas de Santa Maria, die im Auftrag von Alfons X. gesammelt wurden.

Das Einhorn mit seinen übernatürlichen Kräften wurde vom Christentum als Symbol der Wiederauferstehung übernommen.

TAROT
ITALIEN 15. Jahrhundert

Universelle Sprache archetypischer Symbole

Das Gemälde *Damen und Herren beim Tarotspiel* aus der Frührenaissance, lombardische Schule, Italien, zeigt eine Gruppe, die vermutlich mit Tarot ihre Zukunft vorhersagen möchte.

Die Ursprünge des Tarot dürften tausende Jahre vor unserer Zeitrechnung im alten Ägypten liegen, als Orte wie Gizeh und Abydos Zentren der Götterverehrung und mystischer Praktiken waren. Mithilfe bestimmter Symbole wurde eine Geheimsprache geschaffen, die nur jenen bekannt war, die in diese Mysterien eingeweiht waren. Die frühesten Tarotspiele tauchten in Italien im 15. Jahrhundert auf. In der Renaissance erwachte das Interesse an antiken esoterischen Mysterien neu und in Italien entstand eine beachtliche Anzahl von Spielen wie das Visconti-Tarot, das für den Herzog von Mailand gestaltet wurde.

Das Tarot umfasst meist ein Spiel von 78 symbolträchtigen Karten, wenngleich einige frühe Spiele eine andere Zahl haben. Jede Karte besitzt einen Namen, eine Zahl und ein spezifisches Bild, die gemeinsam die Bedeutung der Karte ergeben.

Das Tarot ist eine universelle Sprache, die mittels archetypischer Symbole gesprochen wird.

Das Tarotspiel besteht aus 22 Hauptkarten, große Arkana genannt, und 14 Karten in jeweils vier Farben, kleine Arkana genannt. Die 22 Karten symbolisieren universelle Archetypen, während die kleinen Arkana die Art symbolisieren, wie sich diese im Alltag manifestieren. Der Ausdruck *arcana* ist der lateinische Plural von *arcanum* („Geheimnis"). Die großen und kleinen Arkana bezeichnen also große und kleine Geheimnisse.

Ein Archetyp ist eine Eigenheit, ein Wesenszug, eine Vorlage oder ein Originalmodell eines Verhaltens, eines Persönlichkeitszuges, eines Gefühls, einer Erfahrung oder einer Vorstellung. Im Laufe der Geschichte wurden bestimmte Worte, Symbole und Codes benutzt, um diese Archetypen zu beschreiben. Dem Psychoanalytiker C. G.

Jung zufolge sprechen wir alle auf diese Symbole an, weil sie sowohl in unserem persönlichen als auch kollektiven Unbewussten vorhanden sind.

Dem französischen Linguisten und Freimaurer Antoine Court de Gébelin, 18. Jahrhundert, zufolge leitete sich das Wort „Tarot" vom ägyptischen Gott der Weisheit Thot ab. Seiner Auffassung nach basierten die 22 Hauptkarten auf einem antiken Satz von Tafeln mystischer Weisheit, die aus den Ruinen eines brennenden Tempels geborgen worden waren. Das Buch von Thot entwarf eine Geheimsprache, in der alle Götter mittels Hieroglyphen und Zahlen kontaktiert werden konnten.

Er entdeckte auch, dass die Hieroglyphe „tar" „Weg" oder „Straße" und „ro" „König" bedeuteten, zusammen also die „königliche Straße des Lebens". Steinschnitzereien deuten auf die Existenz von Thot-Tafeln hin, die den Pharaonen zur Weissagung dienten. Viele Forscher meinen, dass nach der Eroberung Alexandriens durch die Griechen Mystiker und Seher aus Ägypten diese Hieroglyphen in Bilder übersetzten, die in Europa verständlich waren. Einige Forscher des 19. Jahrhunderts glauben eher, dass „Tarot" ein Anagramm des Lateinischen *rota* („Rad") ist. In okkulten Kreisen bedeutet „rota" den ewigen Schluss und Anfang der Zyklen der Veränderung, wie er sich beim Kartenlesen offenbart.

SYMBOLISCHE BEDEUTUNG DER GROSSEN ARKANA

DER NARR
Astrologie: Uranus
Stichwort: Abenteuer

DER MAGIER
Astrologie: Merkur
Stichwort: Manifestation

DIE HOHEPRIESTERIN
Astrologie: Mond
Stichwort: Geheimnisse

DIE KAISERIN
Astrologie: Venus
Stichwort: Fülle

DER KAISER
Astrologie: Widder
Stichwort: Autorität

DER HOHEPRIESTER
Astrologie: Stier
Stichwort: Wissen

DIE LIEBENDEN
Astrologie: Zwillinge
Stichwort: Liebe

DER WAGEN
Astrologie: Krebs
Stichwort: Willenskraft

KRAFT
Astrologie: Löwe
Stichwort: Mut

DER EREMIT
Astrologie: Jungfrau
Stichwort: Selbsterkundung

RAD DES SCHICKSALS
Astrologie: Jupiter
Stichwort: Beginn

GERECHTIGKEIT
Astrologie: Waage
Stichwort: Balance

DER GEHÄNGTE
Astrologie: Neptun
Stichwort: Opfer

TOD
Astrologie: Skorpion
Stichwort: Veränderung

MÄSSIGKEIT
Astrologie: Schütze
Stichwort: Kompromiss

DER TEUFEL
Astrologie: Steinbock
Stichwort: Illusion

DER TURM
Astrologie: Mars
Stichwort: Störung

DER STERN
Astrologie: Wassermann
Stichwort: Erkenntnis

DER MOND
Astrologie: Fische
Stichwort: Verwirrung

DIE SONNE
Astrologie: Sonne
Stichwort: Freude

GERICHT
Astrologie: Pluto
Stichwort: Befreiung

DIE WELT
Astrologie: Saturn
Stichwort: Erfüllung

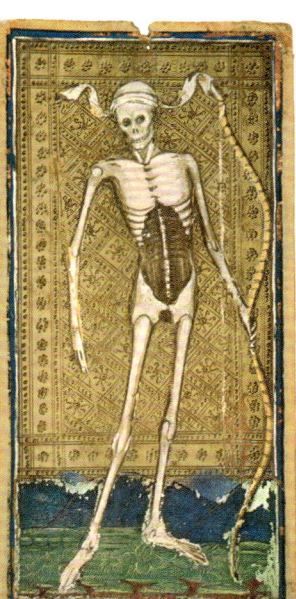

Die großen Arkana im Tarotblatt zeigen eine Reihe von einfachen Bildern wie Tod, der Magier und der Gehängte, die von Experten leicht zu deuten sind.

TAROTKARTEN

DER NARR

Diese Karte wird mit dem Planeten Uranus und der Zahl Null verbunden und zeigt an, dass der Fragende bereit ist, ein Risiko einzugehen. Der Narr ist ein ewiger Optimist. Er symbolisiert Neuanfänge, unkonventionelle Lebensziele, und den Drang, in Unbekanntes vorzudringen. Er erinnert uns, dass Widerstand manchmal törichter ist als Risiko.

DER MAGIER

Der Magier richtet in der einen Hand einen Zauberstab zum Himmel, die andere Hand zeigt auf die Erde. Diese Karte, die mit Merkur und der Zahl Eins verbunden ist, symbolisiert die Umsetzung von Ideen und die Manifestation von Träumen. Es ist Zeit, mit Ideen zu jonglieren, sich an veränderte Umstände anzupassen und bereit zu sein, andere von Plänen zu überzeugen.

DIE HOHEPRIESTERIN

Diese Karte ist mit dem Mond, der Zahl Zwei, verborgenen Dingen und Geheimnissen verbunden. Sie zeigt meist an, dass ein Geheimnis offenbart werden wird, entweder eines, das der Fragende selbst oder eine Person in seinem Umfeld hat. Es kann auch beuteten, dass eine weise Frau oder ein Heiler in Zukunft einen günstigen Einfluss haben wird.

DER GEHÄNGTE

Diese eigenartige Karte bedeutet, die Wahrheit von einem neuen Blickwinkel aus zu betrachten. Sie symbolisiert, dass wir etwas Unvorhergesehenes tun, das uns Vorteile bringt. Eine andere Sichtweise ist der Schlüssel zum Erfolg. Es bedeutet, dass wir uns mitunter von alten Meinungen, Vorstellungen oder Gefühlen lösen müssen, um glücklich zu sein.

TOD

Zwar gilt die Karte oft als Vorbote für Unheil, doch geht es darum, eine Tür zu schließen und eine andere zu öffnen. Sie symbolisiert den Scheideweg, das Schließen von Türen und das Abwerfen von emotionalem Ballast. Unvermeidbare Veränderungen bedeuten, dass sich andere Türen öffnen und neue Emotionen und Begegnungen Glück bringen.

DER TURM

Der Turm selbst steht für Struktur in unserer persönlichen Welt. Der Blitz aber symbolisiert unerwartete oder äußere Ereignisse, die unser Leben verändern oder uns zwingen, es zu überdenken. Es ist Zeit, sich rasch an den Wandel anzupassen; es wird zum Besten sein, aber wir müssen die Herausforderung und das Chaos um uns annehmen.

DER HOHEPRIESTER

Diese Karte symbolisiert den Einfluss einer religiösen Figur oder einer Person aus einem traditionellen Umfeld. Der Fragende muss dem, was andere sagen, zustimmen und vertrauen oder den Rat eines Gurus oder vertrauenswürdigen Freundes annehmen. Sie kann auch bedeuten, dass das zu tun, was von einem erwartet wird, der richtige Weg ist.

DIE LIEBENDEN

Zwei nackte Liebende werden von einem Engel behütet. Bei einigen Tarotspielen erscheint eine dritte Person in der Szene, als ob eine Wahl zu treffen wäre. Diese Karte wird mit dem Sternzeichen Zwillinge und mit Paaren verbunden und deutet an, dass eine Liebesbeziehung großen Einfluss haben wird und dass in Zukunft eine wichtige Wahl oder Zusage getroffen werden muss.

RAD DES SCHICKSALS

Diese Karte symbolisiert einen Wendepunkt, die abwechselnden Zyklen in unserem Leben und wie wir von unserem vermeintlichen Schicksal und unserem freien Willen beeinflusst werden. Eine Wahl muss getroffen werden, neue Reisen müssen begonnen werden und es ergibt sich die Chance auf Veränderung. Sie zeigt auch, dass Glück je nach unserer Sichtweise gut und schlecht sein kann.

DER STERN

In der Antike dienten die Sterne den Seefahrern zur Orientierung. Dem Fragenden bedeutet sie, dass wir darauf vertrauen können, dass das Universum uns beim Sichtbarmachen unserer Ziele hilft. Die Karte, die mit dem Sternzeichen Wassermann verbunden ist, impliziert Fortschritt, neues Selbstvertrauen und eine Zeit für Inspiration und „Erleuchtung".

DAS GERICHT

Diese Karte bedeutet, dass es Zeit ist, aufzuwachen und sich von der Vergangenheit zu befreien, das, was man hat oder nicht hat, neu zu bewerten und die Wahrheit anzunehmen. Sie deutet an, dass wir alte Werte zugunsten neuer ablegen können. Schon bald fallen Last der Schuld, Selbstsabotage oder Vorwürfe von uns: Zeit für einen Neustart.

DIE WELT

Bei dieser Karte geht es um die Erfüllung unserer Träume. Die Welt-Karte bedeutet uns, dass es an der Zeit ist, ein Projekt zu vollenden oder für etwas belohnt zu werden. Nun können wir ein gutes Gefühl hinsichtlich unserer Zukunftspläne haben und eins mit dem Universum sein.

WAHRSAGEKALENDER
MEXIKO ca. 1520

Codices der Azteken, die heilige Wahrsagekalender darstellen

Seite 13 des Codex Borbonicus zeigt eine Phase von 13 Tagen, beginnend mit 1 Erdbeben, 2 Feuerstein/Messer und 3 Regen in der unteren Reihe.

Bei den Azteken nahm die Göttin Tlazolteotl („Schmutzfresserin") Sünden auf und befreite die Sünder von ihrer Schuld.

Der Codex Borbonicus wurde von den Spaniern um 1520 in Auftrag gegeben und umfasst ein einziges 14 m langes Blatt aus Amatl-Papier. Dieses Papier wurde aus dem Ficus-Baum hergestellt, dem magische Eigenschaften nachgesagt wurden. Der Codex gliedert sich in drei Teile, wobei der erste einen der bemerkenswertesten erhaltenen heiligen Wahrsagekalender darstellt. Den Großteil der Seite nimmt eine Abbildung der herrschenden Gottheit oder Gottheiten ein, den Rest die 13 Tageszeichen der Trecena (dreizehntägige Phase) und 13 andere Glyphen und

Gottheiten. Mit diesen 26 Symbolen konnten die Priester Horoskope erstellen und die Zukunft vorhersagen.

Ursprünglich waren es vierzig Seiten, die wie eine Ziehharmonika gefaltet waren, doch die ersten beiden und die letzten beiden Seiten fehlen. Wie alle präkolumbianischen Codices bestand er ausschließlich aus Piktogrammen, erst später wurden einige spanische Beschreibungen hinzugefügt. Die ersten 18 Seiten des Codex (von den ursprünglich 20) sind deutlich abgenutzter als die hinteren Teile. Dies lässt vermuten, dass diese Seiten öfter konsultiert wurden. Die ursprüngliche Seite 13 des Codex Borbonicus zeigt die 13. Trecena des 260-tägigen Aztekenkalenders, der in 20 Trecenas geteilt war. Diese 13. Trecena stand im Zeichen der Göttin Tlazolteotl, die oben links in eine abgezogene Haut gekleidet ist und Cinteotl, den Gott des Maises, zur Welt bringt.

Der zweite Teil des Codex belegt den mesoamerikanischen 52-Jahres-Zyklus und zeigt in Abfolge die Termine der ersten Tage jedes dieser 52 Sonnenjahre. Diese Tage korrelieren mit den neun Herren der Nacht. Der dritte Teil beschäftigt sich mit Ritualen und Zeremonien, insbesondere jenen, die den 52-Jahres-Zyklus beenden. Die Abfolge endet scheinbar mit einer Feuerzeremonie, die das Ende eines Zyklus und den Beginn eines neuen kennzeichnet.

CODEX BORGIA

Der mesoamerikanische Codex Borgia gilt als eine der schönsten aztekischen Ritual- und Wahrsagungshandschriften, die je entdeckt wurden. Es wird allgemein angenommen, dass er vor der Eroberung Mexikos durch die Spanier verfasst wurde. Benannt ist er nach seinem ersten bekannten Besitzer im späten 18. Jahrhundert Kardinal Stefano Borgia. Der Codex ist aus Tierhaut gefertigt und in 39 Blätter gefaltet, die insgesamt eine Länge von etwa 11 m ergeben. Bis auf die Endblätter sind sie immer beidseitig bemalt, sodass es sich insgesamt um 76 Seiten handelt. Der Codex wird von rechts nach links gelesen.

Die ersten acht Seiten listen die 260 Tageszeichen der Tonalpohualli (Tageszeichen) auf, während jede Trecena aus 13 Zeichen eine horizontale Reihe bildet, die zwei Seiten umspannt. Bestimmte Tage sind mit einem Fußabdruck-Symbol gekennzeichnet, Wahrsagungssymbole sind über und unter den Tageszeichen platziert. Die Seiten 9-13 sind in vier Viertel unterteilt. Jedes Viertel enthält eines der 20 Tageszeichen, seine Schutzgottheit und dazugehörige Symbole.

Seite 14 ist in neun Abschnitte für jeden der neun Herren der Nacht gegliedert. Sie werden von einem Tageszeichen und Symbolen begleitet, die positive oder negative Assoziationen kennzeichnen. Die Seiten 29 bis 46 zeigen offenbar eine Reise, aber aufgrund der komplexen Ikonografie und fehlender Vergleichsdokumente entstanden vielfältigste Deutungen. Diese reichen von einem Bericht der tatsächlichen astronomischen und historischen Ereignisse bis zur Passage von Quetzalcoatl in Gestalt des Planeten Venus, zu einer Reise durch die Unterwelt oder einer Erzählung über die Schöpfung des Kosmos.

Seite 71 zeigt den Sonnengott Tonatiuh, der Blut von einem geköpften Vogel empfängt. Die Szene ist von 13 Vögeln des Tages umgeben, die jedem der 13 Tage einer Trecena entsprechen.

Die präkolumbianischen Codices gelten als herausragendes Zeugnis der frühen Aztekenkultur. Die meisten von ihnen enthielten Wahrsagekalender und spezifische Termine und Zyklen, an denen Rituale durchgeführt werden sollten. Spätere Codices wie der Codex Boturini, der eine legendenhafte Aztekenreise darstellt, stellen wertvolle gesellschaftliche Aufzeichnungen der Aztekenherrscher und ihrer Geschichte dar.

Im Codex Borgia ist der Sonnengott Tonatiuh von den 13 Vögeln jedes Tages umgeben. Die Aztekenpriester sagten damit die Zukunft vorher.

PORTA ALCHEMICA
ROM, ITALIEN 1678–1680

Das einzig erhaltene Villenportal mit alchemistischen Inschriften

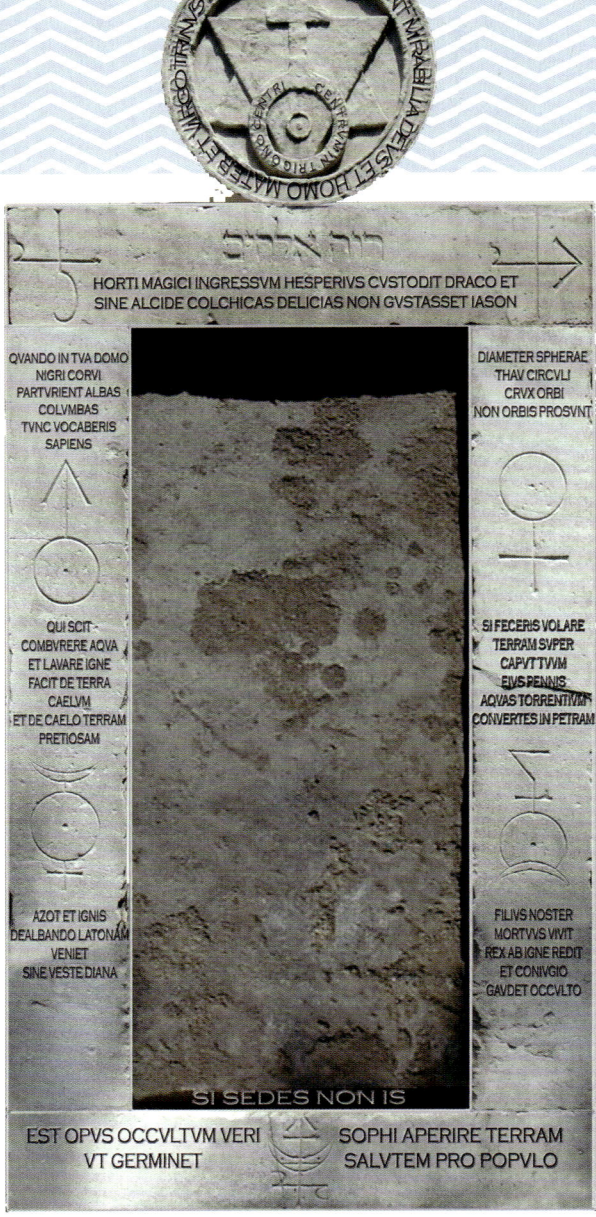

Im Osten des historischen Zentrums von Rom auf dem Esquilin findet sich ein geheimnisvolles zugemauertes Portal am einstigen Standort der Villa Palombara. Diese sogenannte Porta Alchemica (alchemistisches Tor) ist als einziger von den einst fünf Zugängen zur Villa erhalten geblieben.

Mitte des 17. Jahrhunderts gehörte die Villa Massimiliano Palombara, dem Marquis von Pietraforte. Der Marquis, der den Rosenkreuzern und den Elitekreisen Roms angehörte, hegte großes Interesse für esoterische Kunst, und dank seines Wohlstands und seines gesellschaftlichen Rangs war er in der Lage, als Förderer zahlreicher Alchemisten zu agieren. In seiner Villa fanden oft Zusammenkünfte einflussreicher Leute statt, die seine Interessen teilten, so etwa die exzentrische schwedische Königin Christina, die nach ihrer Abdankung in Rom lebte. Zu dem Kreis gesellten sich der angesehene Astronom Giovanni Domenico Cassini, der bekannte Gelehrte Athanasius Kircher und ein junger Doktor und Alchemist namens Giuseppe Borri. Letzterer war aufgrund seiner Faszination für Alchemie aus dem Jesuitenkolleg ausgeschlossen worden.

Um Borri und die Porta Alchemica ranken sich zahlreiche Legenden. Einer zufolge führte Borri, finanziell vom Marquis unterstützt, mehrere Experimente durch, um den mythischen Stein der Weisen zu entdecken und Blei in Gold zu verwandeln. Eines Nachts aber verschwand er plötzlich, nachdem er erfahren hatte, dass er von der Inquisition verfolgt wurde. Er ließ zahlreiche Schriften zurück, die mit geheimnisvollen Symbolen versehen waren, die niemand zu deuten

Die Porta Alchemica zieren Symbole, Sigille und lateinische Inschriften, die angeblich Hinweise auf die geheime Formel zur Herstellung von Gold geben.

wusste. Der Marquis ließ sie auf den Eingang zu seinem Labor schreiben, dann wurden sie auf das Außentor übertragen.

Einer historischen Aufzeichnung aus dem Jahr 1802 zufolge soll Borri eine Nacht im Garten der Villa verbracht haben, wo er nach einem geheimnisvollen Kraut suchte, das Gold erzeugen konnte. Am nächsten Morgen sah man ihn durch das Tor hasten. Er soll jedoch als Ergebnis seiner erfolgreichen alchemistischen Transmutation ein paar Goldflocken hinterlassen haben. Ebenso blieb ein geheimnisvolles Dokument voller Rätsel und magischer Symbole zurück, die angeblich die Geheimformel enthielten. Irritiert von den Symbolen und Rätseln ließ der Marquis diese auf alle fünf Tore der Villa und auf die Mauern des Herrenhauses gravieren, in der Hoffnung, dass eines Tages jemand imstande wäre, sie zu entschlüsseln.

MORDKOMPLOTT

Dann gibt es noch eine unheimlichere Geschichte. Die rätselhafte Königin Christina richtete sich im Riario-Palast, in dem sie während ihres Aufenthalts in Rom residierte, ein geheimes Alchemielabor ein. Mithilfe von Borri soll sie die Geheimformel zur Herstellung von Gold entdeckt haben. Zur Feier der Entdeckung errichtete Borri zwischen 1678 und 1680 mit Athanasius Kircher die Porta Alchemica. Das Tor wurde von einem mit Kircher befreundeten Architekten entworfen, und zwar dem berühmten Barockmaler und -bildhauer Gian Lorenzo Bernini, der die Geheimnisse des alchemistischen Experiments auf der Tür verewigte. Es wird vermutet, dass Borri, aus Angst der Marquis, Bernini und Kircher könnten die Formel aus den Symbolen ableiten, die drei Männer am 28. November 1680 vergiften ließ. Anscheinend wollte Borri das Geheimnis für sich behalten und floh mit der Gewissheit, dass niemand das Geheimnis entschlüsseln würde.

Sechs Sigille rund um das Tor sind mit eigenartigen Inschriften verbunden. Das Sigill für Saturn/Blei ist mit dem Spruch „Wenn in deinem Haus schwarze Krähen weiße Tauben zur Welt bringen, wird man dich weise nennen" versehen. Der Spruch neben dem Mars/Eisen-Sigill lautet: „Wer

mit Wasser brennen und mit Feuer waschen kann, macht die Erde zum Himmel und eine kostbare Erde aus dem Himmel." Das Venus/Bronze-Sigill hat die Inschrift „Wenn du die Erde umgedreht fliegen lässt, kannst du mit ihren Flügeln reißende Gewässer in Stein verwandeln", für Vitriol/Schwefelsäure lautet sie: „Es ist ein okkultes Werk wahrer Weisheit, die Erde zu öffnen, sodass sie Rettung für die Menschen bringt."

Auf der Türschwelle prangt das Palindrom „SI SEDES NON IS", das von links nach rechts gelesen „Wenn du sitzt, schreitest du nicht voran" bedeutet. Von rechts nach links –SI NON SEDES IS – bedeutet es „Wenn du nicht sitzt, schreitest du voran". Beides besagt, dass man mit Beharrlichkeit den Stein der Weisen finden kann. Die Inschrift deutet zudem an, dass die Tür eine Schwelle der Rosenkreuzer dargestellt haben könnte, die die Gläubigen symbolisch überschritten. Dies diente dazu, die höchste Stufe der Reinheit ihrer Seelen zu erlangen. Den Prinzipien der Rosenkreuzer zufolge war dies unabdingbar, um die alchemistischen Geheimnisse zu ergründen.

Die Figuren zu beiden Seiten der Tür gehörten ursprünglich nicht zur Villa. Sie wurden in der Nähe des Quirinal entdeckt, wo einst ein den ägyptischen Göttern Isis und Serapis geweihter Tempel stand. Bei den Arbeiten zur Eröffnung der Piazza Vittorio 1888 wurden die Statuen zur Porta Alchemica umgesiedelt. Sie sind angemessene Bewacher der Geheimnisse des Tors.

Dieses Porträt (links) aus dem Jahr 1675 zeigt den ehemaligen Jesuitenarzt Giuseppe Borri, der sich mit Alchemie befasste, aber vor der Inquisition floh.

Anselm van Hulles Porträt (rechts) zeigt Königin Christina von Schweden, die abdankte und sich in Rom ein geheimes Labor einrichtete, wo sie die magischen Künste und Alchemie praktizierte.

Dieses Symbol ist an einem prominenten Platz zuoberst an der Porta Alchemica zu sehen.

ARBEITSTAFELN DER FREIMAURER
ENGLAND ca. 1700

Tafel zur Darstellung der Symbole des Freimaurertums

Diese Arbeitstafel, die um 1800 datiert, zeigt die zahlreichen Symbole zur Vermittlung der Geheimnisse des Freimaurertums.

Winkel und Zirkel symbolisieren unter anderem Gott, der Pläne fürs Universum zeichnet.

Im frühen 18. Jahrhundert brachten praktizierende Freimaurer ihre Werkzeuge, darunter Gegenstände wie Leitern und sogar Bienenstöcke, zur Freimaurerloge, wo sie arrangiert wurden und zur Illustration des Mysteriums des Freimaurertums eingesetzt wurden. Da es schwierig war, die Logen (meist privat angemietete Räume in Tavernen) mit den Gerätschaften zu füllen, gingen künstlerisch begabte Freimaurer daran, die Gegenstände als Symbole auf eine Arbeitstafel zu zeichnen. Zunächst wurden sie mit Kreide und Kohle auf den Boden gezeichnet; später wurden sie auf kleine Marmorquadrate und größere Leinwände gemalt. Der bemalte Stoff, der mitunter über 1,8 m in Länge maß, wurde entweder an der Wand aufgehängt oder flach auf den Boden gelegt. Somit wurde er zum Bestandteil der Initiationsrituale.

Einiges deutet darauf hin, dass zunächst ein Quadrat, Rechteck (oder doppeltes Quadrat) oder Kreuz aufgezeichnet und dann verschiedene Freimaurer-Symbole eingefügt wurden. Symbole für Gegenstände wurden hinzugefügt und manchmal waren Zeichnungen mit physischen Objekten austauschbar. Am Ende musste oft ein neues Mitglied die Zeichnung mit einem Wischlappen als Demonstration seiner Schweigepflicht entfernen.

Da es sehr zeitaufwendig war, die Symbole bei jedem Treffen neu zu zeichnen, ging man dazu über, ein „Bodentuch" zu verwenden, auf dem die Symbole aufgezeichnet waren und von dem man verschiedene Teile zur Schau stellen konnte. Mitte des 19. Jahrhunderts waren Arbeitstafeln weit verbreitet, die in verschiedensten Ausführungen noch heute erhalten sind. Einige sind für den Boden, andere für die Wand gedacht. Wurde die Arbeitstafel auf Leinwand gemalt, konnte man sie auf einer Staffelei aufstellen. Bei der Initiation hielt der Freimaurer-Meister eine Vorlesung, bei der er auf die nötigen Symbole zeigen konnte.

Sätze von drei Tafeln, entsprechend den drei Graden, sind nun ein anerkannter, wenngleich inoffizieller Bestandteil der Freimaurer-Gesellen, und mitunter gibt es Arbeitstafeln in anderen Graden. Da verschiedene Traditionen der Freimaurer nun standardmäßige Rituale zur Beförderung in die verschiedenen Grade schufen, setzten sich zunehmend standardisierte Muster durch. Dennoch wird die Arbeitstafel weiterhin bei den drei Freimaurer-Graden verwendet und ist auch in einigen sogenannten Hochgradsystemen zu finden.

Das Freimaurertum hat nichts mit dem Beruf des Maurers zu tun, sondern verwendet die Arbeit als Symbol oder Metapher für die moralische Entwicklung. Zu diesen Symbolen gehören der Zeichenwinkel, der Kandidaten und Mitglieder

auf den richtigen Weg zu Pflicht und moralischem Gehorsam führt. Der Zirkel ist ein wichtiges freimaurerisches Emblem und symbolisiert Gott beim Zeichnen seiner Pläne für die Welt. Beide Symbole gemeinsam deuten die Kraft der Energie von Sonne und Mond an, oder die Vereinigung von Gegensätzen wie das Yin-undYang-Symbol im Taoismus. Die Wasserwaage symbolisiert Gleichheit und Gerechtigkeit und wird bei der rituellen Arbeit stets gemeinsam mit dem Senkblei verwendet. Letzteres ist auch ein Abzeichen des Zweiten Aufsehers der Loge.

Auch geheime Gesten sind Erkennungszeichen. So soll etwa ein echter Freimaurer beim Handschlag den Daumen gegen die Spitze des ersten Fingergelenks des Bruders drücken. Das Ergreifen einer anderen Hand mit gespreiztem Mittel- und Ringfinger in „V"-Form wie eine Löwentatze soll das Kennzeichen eines Meisters sein.

Viele Mysterien ranken sich um das Freimaurertum und es wird oft als elitäre Gesellschaft erachtet, die ihre wahren Absichten verbirgt. Es scheint zwei Ursprünge zu haben. Der erste liegt im Mittelalter, als europaweit zahlreiche Steinmetze im Auftrag von Königshäusern und der Kirche Kirchen, Kathedralen und Schlösser errichteten. Es gab zwei Arten von Steinmetzen: die „Roughstone Masons", die mit hartem Stein arbeiteten, und die „Freestone Masons", die als Bildhauer weicheren Stein bearbeiteten. Schließlich bildeten die „Freestone Masons" ihre eigenen Gilden und schufen ihre eigenen Bestimmungen betreffend Bezahlung, Handwerkskunst und Moral. Aus diesen Gilden bildeten sich die Logen heraus.

Im Gegensatz dazu gehen einer Legende zufolge, die Aufnahmekandidaten erzählt wird, die Wurzeln des Freimaurertums auf biblische Zeiten und die Errichtung des Tempels von König Salomon in Jerusalem im Jahr 967 v. Chr. zurück. Der Tempel wurde als eines der kraftvollsten Symbole der Freimaurer übernommen, laut einigen freimaurerischen Forschern der vollkommenste, prachtvollste Bau, der je errichtet wurde. Der Legende nach waren die Erbauer des Tempels die Vorfahren der heutigen Freimaurer. Salomon beauftragte den bedeutenden Steinmetz Hiram Abiff als Baumeister und dieser behauptete, alle mythischen Geheim-

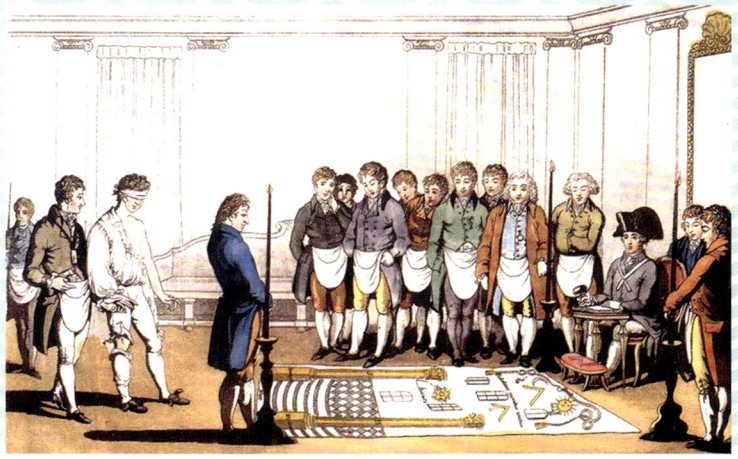

nisse des Tempels zu kennen. Als er sich weigerte, diese preiszugeben, wurde er von drei „Roughstone Masons" ermordet und Salomon erkannte, dass mit seinem Architekten auch die Geheimnisse für immer verloren waren. Dem Mythos nach schuf Salomon ein neues Geheimnis, und zwar das Wort „mahabone", was so viel heißt wie „die Großlogentür ist offen". Dieses Wort soll das Passwort sein, um den dritten Grad zu erreichen.

Dieser Stich (*um* 1805), basierend auf einem des Freimaurers Gabanon aus dem Jahr 1745, zeigt ein Einweihungsritual.

FREIMAURER-ALPHABET

Der von Freimaurern für die Aufzeichnung von Geheimnissen benutzte Code ersetzt Buchstaben durch Zeichen, die aus Strichen und Punkten bestehen.

FREIMAURERCODE

LOA
HAITI 18. Jahrhundert

Voodoo-Geister, die verschiedene Aspekte der Natur symbolisieren

In *Voodoo Ceremony around a Holy Tree* (1963) von Gérard Valcin, werden die Geister der Natur feierlich verehrt.

Die Geister der Voodoo-Kultur, Loa genannt, manifestieren sich auf verschiedene Weise. Dem obersten Gott Grand Maître (Großer Meister) unterstehen eine Vielzahl von Loa. Meist sind es Ahnengeister, die verschiedene Aspekte der Natur symbolisieren. Ob Flüsse, Ozeane, Liebe, Geburt, Bäume, Hunger oder abstrakte Konzepte, diese Geister können das, wofür sie stehen, zum Guten oder Schlechten beeinflussen. Die meisten Voodoo-Anhänger rufen einen Loa zu Beginn eines Rituals an, indem sie das Veve (Symbol) des Geistes auf den Boden zeichnen. Dabei wird meist eine Art Pulver wie Maismehl, Weizenmehl oder Rinde in einer ununterbrochenen Linie oder einer Reihe von Linien aufgestreut. Im haitianischen Voodoo wird eine Mischung aus Maismehl und Holzasche verwendet.

Es gibt zwei Arten von Loa, und zwar die Rada, oder wohltätigen Geister, die angeblich afrikanischen Ursprungs sind, und die Petro, die zerstörerischen Geister, die rachsüchtig und angeblich karibischen Ursprungs sind. Priester, die Rada anrufen, betreiben angeblich heilbringende weiße Magie und erschaffen Schutzamulette und Talismane, die als Wanga bezeichnet werden. Sie bereiten auch Liebestränke und Heilsalben zu. Eine dunklere Form des Voodoo wird mit Zauberei und schwarzer Magie assoziiert, in der die Petro angerufen werden. Diese Form hat zur negativen Konnotation von Voodoo geführt.

Jeder Loa hat ein anderes Symbol, das sich aus einer einmaligen Kombination aus Motiven zusammensetzt, die verschiedene Aspekte ihrer Macht symbolisieren. Als Gegenleistung für Speisen, die Gläubige in Form von Brot, Süßigkeiten oder symbolischen Tieropfern darbieten, bringt der Loa Glück und Schutz gegen böse Geister.

Veve leiten sich angeblich von den Glaubensvorstellungen der indigenen karibischen Stämme oder der Kongo-Stämme aus Westafrika ab. Andere Theorien besagen, dass die Symbole ihren Ursprung auch in der Nsibidi-Schrift haben könnten, die in Süd-Nigeria verbreitet war und über den Sklavenhandel nach Haiti gelangte und Eingang in die Veve fand. Jeder Loa hat ein eigenes Veve, wenngleich sich dieses von Region zu Region unterscheiden kann. Veve können auch Siebdrucke, Gemälde, Patchwork, Wandbehänge, Kunstwerke und Banner zieren.

HAITIANISCHER VOODOO

Voodoo, das sich vom westafrikanischen Wort *vodun* („Geist") ableitet, ist im Wesentlichen eine haitianische Religion, die ihren Ausgang zur Sklavenzeit des 18. Jahrhunderts nahm. Er vereint Elemente aus vielen verschiedenen afrikanischen Glaubensvorstellungen, die von den Sklaven in

Kombination mit christlichen Ritualen hochgehalten wurden. Sie gaben den alten Geistern auch christliche Namen, behielten aber die ursprüngliche Symbolik bei. Voodoo wird oft mit schwarzer Magie und bösen Geistern assoziiert und von Außenstehenden noch heute mit großem Misstrauen beäugt.

Im haitianischen Voodoo ist Papa Legba der Loa, der als Mittler zwischen allen Geistern und den Menschen fungiert. Er ist der Hüter der Wegkreuzungen und gewährt (oder verweigert) die Erlaubnis, mit den Loa zu sprechen. Sein Veve dient als Signal für andere Geister und als Symbol seiner Präsenz bei Ritualen und Heilungen. Papa Legba wird stets als erster und letzter Geist in einer Zeremonie angerufen, da seine Erlaubnis für jegliche Kommunikation zwischen Sterblichen und Loa erforderlich ist. Er ist mit einem spirituellen Türsteher vergleichbar, der die Tür zwischen physischer und spiritueller Welt öffnet und schließt.

In Haiti gilt er als Gott der Kommunikation, und seine Anrufung hilft auch bei der Heilung von Sprach- oder Gedankenprozessen. In der Yoruba-Tradition von Westafrika, Kuba und Brasilien wird ein Geist namens Eleggua ebenso mit Papa Legba gleichgesetzt, da beide als Götter der Wegkreuzungen fungieren. Im Gegensatz zu Papa Legba aber ist Eleggua ein Trickster. Legba wird oft mit Orunmila, dem Gott der Weissagung assoziiert, der die Menschheit die Verwendung des Ifá-Orakels lehrte. Dabei handelt es sich um ein System zur Weissagung, das von den Yoruba benutzt wird. Im Benin und in Nigeria wird Legba als jung und viril, oft mit Hörnern und Phallus dargestellt. Sein Schrein befindet sich meist am Tor des Dorfes.

Ein weiterer wichtiger Loa im haitianischen Voodoo ist Baron Samedi, die Gottheit des Geschlechtsverkehrs und Todes. Von Baron Samedi besessene Gläubige tanzten im tranceartigen Zustand hinter einem Meister, der als Baron fungierte. Dieses Ritual wurde später zum Todestanz, als die Orgien des Barons an der Grenze zum Jenseits endeten. Traditionell wurde er schwarz gekleidet mit Zylinder dargestellt, in jüngster Zeit aber auch mit Sonnenbrille und einer Zigarettenspitze zwischen den Fingern.

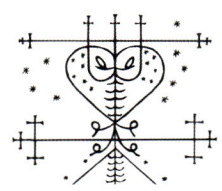

Veve (Symbole) für Voodoo-Loa (von oben nach unten): Ogoun, der Kriegsgeist; Maman Brigitte, die Friedhöfe beschützt; und Legba, der spirituelle Türsteher.

Bei einigen afrikanischen Stämmen ist Legba als jünger gehörnter Mann mit erigiertem Phallus dargestellt, wie bei dieser Statue im Tropenmuseum, Amsterdam.

REGISTER

REGISTER

BILDNACHWEIS

o (oben) r (rechts) u (unten) m (Mitte) l (links) ur (unten rechts) or (oben rechts) um (unten Mitte) om (oben Mitte) ul (unten links) ol (oben links)

2-3 © Fridmar Damm/Corbis 4-5 21/Shutterstock.com (r) © The Trustees of the British Museum 6-7 AridOcean/Shutterstock.com 8 Werner Forman Archive/Bridgeman Images 9 Richard I'Anson/Getty Images 10 © Corbis 11 jejim/Shutterstock.com 12 Danita Delimont/Getty Images 18 © Marc Dozier/Corbis 19 Richard I'Anson/Getty Images 20 (ol) ostill/shutterstock.com 21 (ul) Khomkrit Phonsai/Shutterstock.com (um) KUCO/Shutterstock.com 22 REX/Eye Ubiquitous 23 (o) Photoshot (u) Eduardo Rivero/Shutterstock.com 24 Pius Lee/Shutterstock.com 25 (u) siloto/Shutterstock.com 28 (l) © Sandro Vannini/Corbis (r) © The Trustees of the British Museum 30 (om) Werner Forman/Contributor/Getty Image (um) Werner Forman/Contributor/Getty Images (ur) © ancientnile/Alamy 31 (ur) © Heini Schneebeli/Bridgeman Images 33 (o) Nancy Bauer/Shutterstock.com (u) KsanasK/Shutterstock.com 34 (o) Tairy Greene/Shutterstock.com, lynea/Shutterstock.com, Hein Nouwens/Shutterstock.com (u) Morphart Creation/Shutterstock.com, lynea/Shutterstock.com, Yudina Anna/Shutterstock.com 37 © George H.H. Huey/Corbis 38 © The British Library Board 39 (o) Pikoso.kz/Shutterstock.com (u) 21/Shutterstock.com 40 Duncan Walker/Getty Images 41 (or) DEA/W. BUSS/Contributor (u) veronchick84/Shutterstock.com 42 (o) topselleri/Shutterstock.com, Africa Studioi/Shutterstock.com, jreikai/Shutterstock.com (u) Kucher Serhii/Shutterstock.com, Bo Valentino/Shutterstock.com, Blinka/Shutterstock.com 43 (o) vivanm/Shutterstock.com, Volosina/Shutterstock.com, oksana2010/Shutterstock.com (u) Evgeny Karandaev/Shutterstock.com, Nujalee/Shutterstock.com, Volosina/Shutterstock.com 44 © Nelson-Atkins Museum of Art 45 (u) Maria Evans Picture Library (o) Service Historique de la Marine, Vincennes, France / Giraudon / Bridgeman Images 46 © Heritage Images/Corbis 47 (l) Glowonconcept/Shutterstock.com (m) © Maria Evans Picture Library/Alamy (u) ezlock/Shutterstock.com 49 (o) National Gallery, London, UK/Bridgeman Images (u) Sushko Anastasia/Shutterstock 50 (or) Neftali/Shutterstock.com 52 Werner Forman Archive/Bridgeman Images 53 Travel Ink/Getty Images 54 (or) Jef Thompson/Shutterstock.com (ul) tschitscheri/Shutterstock.com 56 (u) tschitscheri/Shutterstock.om 57 (l) Bill Perry/Shutterstock (ur) shiva3d/Shutterstock.com 58 © The Trustees of the British Museum 59 French School/Getty Images 63 Timur Kulgarin/Shutterstock.com 64 © Skyscan/Corbis 65 (o) The Art Archive/Bibliothèque des Arts Décoratifs Paris/Gianni Dagli Orti (r) Dragana Gerasimoski 67 (o) tr3gin/Shutterstock.com (u) John T Takai/Shutterstock.com 69 (o) REX/Design Pics Inc (u) Christos Georghiou/Shutterstock.com 70 © imageBROKER/Alamy 72 (or) Jef Thompson/Shutterstock.com, Shutterstock.com (ur) Shutterstock.com, Mur34/Shutterstock.com, flankerd/Shutterstock.com 73 (or) Pogaryts'kyy/Shutterstock.com, sharpner/Shutterstock.com, Greg291/Shutterstock.com (ur) Markus Gann/Shutterstock.com, Billy Read/Shutterstock.com, Yagello Oleksandra/Shutterstock.com 74-5 © Luca Tettoni/Corbis 76 Musee des Antiquites Nationales, St. Germain-en-Laye, France/Bridgeman Images 77 Private Collection/Photo © Christie's Images/Bridgeman Images 78 The Art Archive/Musée du Louvre Paris/Gianni Dagli Orti 79 (u) © Massimo Listri/Corbis (o) The Art Archive/National Archaeological Museum Athens/Gianni Dagli Orti 80 Fine Art Images/Heritage Images/Getty Images 81 Wikimedia Commons/Atkinson Art Gallery Collection 82 (um) The Art Archive/Jane Taylor 83 (ur) The Art Archive/Musée du Louvre Paris/Gianni Dagli Orti 85 (l) Valley of the Queens, Thebes, Egypt/Bridgeman Images (r) Werner Forman Archive/Bridgeman Images 87 (o) Private Collection/Ancient Art and Architecture Collection Ltd./Bridgeman Images (u) tschitscherin/Shutterstock.com 88 Sunderland Museums & Winter Garden Collection, Tyne & Wear, UK/© Tyne & Wear Archives & Museums/Bridgeman Images 89 (o) Zurijeta/Shutterstock.com (o) 123dartist/Shutterstock.com (om) Palys/Shutterstock.com (um) © Steve Sant / Alamy (u) Imfoto/Shutterstock.com 90 The Art Archive/Archaeological Museum Istanbul/Gianni Dagli Orti 91 (o) Photo Scala, Florence, Courtesy of Ministero Beni e Att. Culturali (u) Tribalium/Shutterstock.com 92 (ol) StockStudio/Shutterstock.com (or) Bikeworldtravel/Shutterstock.com (ul) fridhelm/Shutterstock.com 93 (ol) StockStudio/Shutterstock.com 94 Archive Timothy McCarthy/Art Resource, NY 95 © adoc-photos/Corbis 96 © Sandro Vannini/Corbis 97 (or) 2006 © BPK, Berlin/Photo Scala, Florence (u) © Erich Lessing 101 Werner Forman Archive/Statens Historiska Museum, Stockholm 102 (o) © Erich Lessing (u) © 2014. DeAgostini Picture Library/Scala, Florence 104 Private Collection/Bridgeman Images 105 Philadelphia Museum of Art, Pennsylvania, PA, USA/Gift of Mrs. S. Emlen Stokes, 1964 / Bridgeman Images © 2014. 106 Photo Scala Florence/Heritage Images (o) © 2014. Photo Scala Florence/Heritage Images 107 (u) Shutterstock.com 108 © Dinodia Photos/Alamy 109 (o) © The Trustees of the British Museum (u) © Victoria and Albert Museum, London 111 (ol) © 2014. Image copyright The Metropolitan Museum of Art/Art Resource/Scala, Florence 112 CESAR MANSO/Stringer/Getty Images 113 Birmingham Museums and Art Gallery/Bridgeman Images 114 © 2014. Photo Scala, Florence 115 (o) Galleria dell' Accademia, Florence, Italy/Bridgeman Images (u) Artishok/Shutterstock.com 116 (o) jejim/Shutterstock.com (u) Eugene Zagatin/Shutterstock.com 117 UniversalImagesGroup/Contributor 118 steve estvanik/Contributor 119 (o) © Heritage Images/Corbis (ul) Michael Langford/Getty Images 120 © The Trustees of the British Museum 121 (o) © The Trustees of the British Museum 122 © adrian davies/Alamy 124-5 © adrian davies/Alamy 127 (r) westlaker/Shutterstock.com 129 (o) Private Collection/J. T. Vintage/Bridgeman Images. 133 De Agostini Picture Library/Bridgeman Images 135 (o) Vector/Shutterstock.com (u) DEA/A. DAGLI ORTI/Contributor/Getty Images 136 (o) Print Collector/Contributor/Getty Images (u) Svitlana Amelina/Shutterstock.com 137 (o) Werner Forman Archive (u) Yurumi/Shutterstock.com 138 DEA/G. NIMATALLAH/Contributor 141 De Agostini/G. Dagli Orti 142 © Robert Harding/Robert Harding Welt Imagery/Corbis 143 BasPhoto/Shutterstock.com 144 (or) vladmark/Shutterstock.com 147 (o) Kachalkina Veronika/Shutterstock.com 148 © The Trustees of the British Museum 149 tramway5/Shutterstock.com 151 © Guy Edwardes Photography/Alamy 153 (o) © The Gallery Collection/Corbis (ur) © Arte & Immagini srl/CORBIS 160 (r) © 2014. Image copyright The Metropolitan Museum of Art/Art Resource/Scala, Florence 161 (u) Sergey Kandakov/Shutterstock.com 162 © Christophe Boisvieux/Corbis 163 (o) Photogrape/Shutterstock.com (u) Benchaporn Maiwat/Shutterstock.com 164 James Wyper/All That Is/2012/Acrylic on Canvas, 36 x 36 in./ jameswyper.com 165 (ol) © Jim Henderson/Alamy 166 Private Collection/Archives Charmet/Bridgeman Images 167 (o) Nila Newsom/Shutterstock.com (u) kumarworks/Getty Images 168 © Charles & Josette Lenars/CORBIS 169 (o) © 2014. Image copyright The Metropolitan Museum of Art/Art Resource/Scala, Florence (u) Real Illusion/Shutterstock.com 170 (o) © DILEEP CHANDRAN/Alamy (u) © Bettmann/CORBIS 171 (o) © Doug Chinnery/Alamy (u) tschitscherin/Shutterstock.com 175 (o) French School/Getty Images (u) National Library of Ireland 178 © Corbis 179 (ur) DEA/A. DAGLI ORTI/Contributor/Getty Images 182 (u) Nicku/Shutterstock.com 183 Print Collector/Contributor/Getty Images 184 (o) Private Collection/Bridgeman Images (u) Keystone/Staff/Getty Images 185 (o) The National Library of Russia, St. Petersburg, Russia/Photo © Zev Radovan/Bridgeman Images 186-7 Werner Forman/Contributor/Getty Images 188 Auscape/UIG 189 (o) Robert Francis/Robert Harding (u) Steve Turner 190 AFP/Stringer 191 UniversalImagesGroup/Contributor 192 DEA/G. DE VECCHI 193 (ol) © The Trustees of the British Museum (or) akg-images/John Hios (u) Sonia Halliday Photographs/Bridgeman Images 194 Leemage/Contributor 196 Werner Forman/Contributor/Getty Images 197 © British Library Board. All Rights Reserved/Bridgeman Images 198 © The Trustees of the British Museum 199 (o) GEORGE BERNARD/SCIENCE PHOTO LIBRARY (u) NEW YORK PUBLIC LIBRARY/SCIENCE PHOTO LIBRARY 202 Bibliothèque des Arts Decoratifs, Paris, France/Archives Charmet/Bridgeman Images 203 (u) LANTERIA/Shutterstock.com 204 (o) © World Religions Photo Library/Bridgeman Images (u) muratcankaragoz 206 (ol) Liukas/Shutterstock.com (ul) Dario Lo Presti/Shutterstock.com 207 (ol) Sean Pavone/Shutterstock.com 208 © The Trustees of the British Museum 210 © The Trustees of the British Museum 211 Photo © Christie's Images/Bridgeman Images 213 © Oriental Museum, Durham University, UK. 214 Marzolino/Shutterstock.com 215 The Walters Art Museum, Baltimore, Maryland, USA 224 The Art Archive/Private Collection Paris/Gianni Dagli Orti 225 (o) Album painting/Werner Forman Archive/Bridgeman Images (u) © The Trustees of the British Museum 226 De Agostini Picture Library/C. Sappa/Bridgeman Images 231 The Art Archive/DeA Picture Library/G. Nimatallah 235 Werner Forman Archive/Bridgeman Images 236 © Geoffrey Clements/Corbis 237 © Charles & Josette Lenars/CORBIS 238 © Leemage/Corbis 239 © The Gallery Collection/Corbis 240 © 2014. Photo Scala, Florence 241 akg-images 244 © The Trustees of the British Museum 250 Private Collection/Bridgeman Images